Mehr als Marathon

Wege zum Ultralauf

MEHR ALS MARATHON

WEGE ZUM ULTRALAUF

WERNER SONNTAG

Sportwelt
Verlag

Covergestaltung und Satz:	Röser MEDIA GmbH & Co. KG
Coverfoto:	Newspower; Ultra Trail du Mont Blanc

3. Auflage 2019

Luthmerstraße 14
65934 Frankfurt
mail@sportwelt-verlag.de
www.sportwelt-verlag.de

ISBN 978-3-941297-28-9
Auch als eBook erhältlich.

Weitere Titel im Internet unter **www.sportwelt-verlag.de**

Inhalt

Der Autor benützt in voller Absicht die konservative Orthographie, aus Kritik an Konzept und politischer Durchsetzung der Rechtschreibreform. Zitate aus der seit dieser Zeit erschienenen Literatur sind der konservativen Orthographie angepaßt worden. Worttrennungen am Ende der Zeile sind digital gesteuert und daher vom Autor nicht beeinflußbar.

Das Wort ‚Läufer' ist als Gattungsbegriff zu betrachten und umfaßt daher grundsätzlich beide Geschlechter.

Der Inhalt dieses Buches ist nach bestem Wissen und Gewissen erarbeitet; eine Haftung kann jedoch nicht übernommen werden.

„Wenn ich schon nicht schneller laufen kann, dann laufe ich halt länger."

Doug Barber, amerikanischer Ultraläufer

1

Was in diesem Buch steht

Das vorliegende Werk trägt zwar den selben Titel wie mein zweibändiges Ultralauf-Buch von 1985/86, aber es ist fast gänzlich ein neuer Text. Nicht nur, daß sich seit damals unser Erfahrungsschatz deutlich vergrößert hat und sehr viele ultraspezifische Beiträge publiziert worden sind, – auch ich selbst kann nun dank eigenem Erfahrungswachstum und der jahrelangen gedanklichen Beschäftigung mit diesem Thema einschließlich der Ernährung persönlicher werden. Ich bin in mancher Hinsicht unbekümmerter – manche werden sagen: mutiger – geworden.

Ich weigere mich, trotz meinen 147 Ultramarathons Trainingskompetenz vorzuspiegeln. Daher steht in diesem Buch zwar eine Trainingsanleitung, aber es enthält keine Trainingspläne. Bei einem Marathontraining kann man im Prinzip Versprechungen für das Ergebnis, das Finish, geben. Der Ultramarathon hingegen bleibt ein Abenteuer. Kein Trainingsplan kann eine Krise verhindern. Auch die beste Trainingssteuerung, für die sich Trainer und Institute anbieten, kann das Ankommen nach 100 Kilometern nicht garantieren.

Entschiedener noch als in den 1980er Jahren vertrete ich eine vollwertige Ernährung und den völligen Verzicht auf sogenannte Sportgetränke und Präparate. Der Diskussion sehe ich gelassen entgegen. Dieses Buch vertritt allein die Meinung des Autors und steht in keinerlei Abhängigkeit von Produzenten oder Sponsoren.

Es ist kein Buch für die Elite des Ultramarathons, sondern vor allem eine Hinführung für angehende Ultraläufer. Denn wie mir auch das Interesse an den „Bieler Juni-Nächten“ gezeigt hat, besteht hieran mehr denn je Bedarf. Ich stelle mir vor, daß die Leser dieses Buches solche Menschen sind, die nach etlichen Marathons das Bedürfnis nach einer neuen Herausforderung, aber keineswegs eine professionelle Vorbereitung auf einen Hochleistungsultralauf im Sinn haben.

Das Reservoir des Ultramarathons ist der Marathon. Mit der Ausbreitung des Marathons, der Entwicklung des Marathonlaufens zum Volkssport und damit der Attraktivität für potentielle Veranstalter und Teilnehmer, hat sich auch das Potential für den Ultramarathon vergrößert. Der Rückgang an Marathonteilnahmen ist kein Widerspruch, sondern eher eine Bestätigung dafür, daß so mancher Marathonläufer sich anderen Wettbewerben, eben auch dem Ultramarathon, zugewandt hat.

Bei dem ältesten und berühmtesten Ultramarathon in Europa, den 100 Kilometern der Bieler Lauftage (Schweiz), nimmt alljährlich ein reichliches Drittel der Teilnehmer zum erstenmal die 100 Kilometer in Angriff. Die meisten, wenn nicht fast alle, haben schon Marathonerfahrung. Inzwischen gibt es zwar eine Anzahl sportlicher Alternativen, beispielsweise den Berglauf und den Triathlon, aber der Wunsch nach einer meßbaren Ausdauerprüfung im Laufen ist nach wie vor stark. Wahrscheinlich wirkt darin ein anthropologisches Erbe nach: Der Mensch der Vorgeschichte mußte weite Strecken laufend zurücklegen. „Mehr als Marathon“ diente damals dem Überleben.

Die Motive heute sind schwerer zu erfassen. Der erste Marathon, wie immer er verlaufen sein mag, ist ein grandioses Erlebnis, der zehnte hingegen nur eine Variation, der fünfzigste Routine. Eine neue Herausforderung muß her! So hat mancher zum Ultralauf gefunden. Beim Marathon, so hat sich gezeigt, kommen die meisten ins Ziel. Beim Ultramarathon, selbst wenn man schon Erfahrung hat, ist dies dagegen nicht sicher. Hier lockt also noch das Abenteuer. Seit geraumer Zeit ist eine sportliche Hinwendung zum Extremen zu beobachten, erkennbar allein an der Erfindung des Trail-Laufens. Als ob nicht auch früher schon, abseits der vom Verband verwalteten Laufveranstaltungen, über Stock und Stein gelaufen worden wäre!

Schon der Start eines Ultramarathons verläuft anders als bei einem Marathon. Wer zu 100 Kilometern aufbricht, hält sich zurück, vor allem wenn er bereits einige Ultra-Erfahrung hat. In Biel plaudern die Teilnehmer vielleicht auf den ersten Kilometern noch ein Weilchen, drücken anderen die Hand. Hier geht es familiär zu, die Strecke über eine einzige große Runde ist ein Landschafts- und Erlebnislauf. Insbesondere Frauen, die generell weniger wettbewerbsorientiert sind als Männer, schätzen das.

Über den Charakter eines Ultralaufs dürfte jeder schon so einiges gehört haben, ganz sicher jedoch nichts, was ihm den Weg dahin erleichtert. Denn wer einen Ultralauf hinter sich gebracht hat, neigt – zumindest vorübergehend – zur Dramatisierung, nämlich dazu, Probleme in den Vordergrund zu stellen. Doch diese Überbetonung realer Vorkommnisse schreckt andere nicht ab, sondern bildet im Gegenteil einen Anreiz. Als 1978 mein literarischer Text „Irgendwann mußt du nach Biel" erschienen war, befürchteten manche Leser und auch ich selbst, das Buch werde wahrscheinlich Interessenten vom Ultralauf abschrecken. Zuviel psychologische Ausnahmesituation, zuviel Kampf mit der Strecke, zuviel Quälerei waren darin zu lesen. Doch das Gegenteil war der Fall: Nicht wenige haben gerade diese Schilderungen, wie sie mir erzählten, bewogen, das Abenteuer auf sich zu nehmen. Ich gebe jedoch zu, daß mit zunehmender Verbreitung des Ultramarathons das Abenteuer verflacht. Das bewegt inzwischen manchen dazu, Herausforderungen in fernen Regionen zu suchen.

Der Ultramarathon ist nicht nur eine physische Strapaze, auf die man sich langfristig vorbereiten muß – nach der Marathonreife etwa zwei Jahre lang –, sondern vor allem auch eine mentale Herausforderung. Wer ihr nicht gewachsen ist, wird selbst bei guter physischer Ausgangslage, zumal da bei einer Steigerung seiner Ansprüche, den Kürzeren ziehen. Trainingsdefizite dagegen, vermeintliche und reale, können beim Ultramarathon durch psychische Stärke und Taktik in gewissem Maße ausgeglichen werden.

Bei einem Marathon ist die Gefahr der Fremdsteuerung mittlerweile hoch. All die Von-Null-auf-Zweiundvierzig-Läufer haben ja nicht von sich aus zum Marathon gefunden, sondern weil Medien den Anstoß dazu gaben und mit sozialer Prämierung durch eine von ihnen selbst hergestellte Öffentlichkeit winkten. Beim Ultramarathon hingegen muß der Wunsch danach von innen kommen. Für den Ultramarathon gibt es, außer vielleicht im lokalen, zum Teil auch regionalen Umfeld, fast keine Öffentlichkeit. Früher hat uns das zuweilen verdrossen; jetzt sind wir froh darum. Wir wissen nun: Wer einen Ultramarathon läuft, will ihn auch wirklich laufen. Das verbindet. Ultraläufer sind keine besseren Menschen, wie sich in der Entwicklung gezeigt hat; aber sie haben allesamt dasselbe Interesse. Das drückt sich auch im Umgang miteinander aus, unabhängig von sozialer Stellung und Alter, die Anrede in zweiter Person, das Du, herrscht vor.

War der Ultralanglauf ursprünglich ein Abenteuer, das es irgendwie zu überstehen galt, so hat Mitte der achtziger Jahre seine ‚Versportlichung' eingesetzt. Auf verschiedenen Ultradistanzen werden Meisterschaften ausgetragen, der Leistungsgedanke hat das Bild des Ultramarathons immer stärker geprägt. Zwar hat die Ausdifferenzierung des Ultralanglaufs zu Veranstaltungen unterschiedlichen Charakters geführt, das Angebot einer Herausforderung für Jedermann ist aber erhalten geblieben. Nach wie vor kann man die 100 Kilometer auch in flottem Gehschritt zurücklegen. Das macht die Strecke auch für Ältere noch interessant.

Ich gehöre der ersten Generation der Volksläufer an; ich bin ein ‚Jedermann', gewiß einer mit langer Erfahrung, aber kein Spitzenläufer. Ziel dieses Buches ist daher nicht das Erreichen von Spitzenzeiten, was über ein Buch ohnehin nur sehr eingeschränkt möglich ist, sondern die Darstellung des Ultralaufs ‚von innen' her, die Motivierung für Durchschnittsläufer kürzerer Distanzen, es auch einmal mit der Ultralangstrecke zu probieren. Anders als beim Marathon gibt es zum Ultramarathon keinen Königsweg, der durch ein breites Tor zum Erfolg führt. Den Weg zum Ultramarathon muß man sich selbst erarbeiten. Dazu will dieses Buch eine Handreichung sein.

„Ohne viel zu überlegen, meinte ich, daß diese Strecke ‚zu schaffen' sei."

Dr. Adolf Weidmann,
vor seinem ersten 100-Kilometer-Lauf 1966 in Biel

2

Was ist Ultramarathon?

Ob die Begriffe ‚Ultralanglauf' oder ‚Ultramarathon' glücklich gewählt worden sind oder nicht, haben wir nicht mehr zu entscheiden. Sie haben sich etabliert und lösen eine bestimmte Assoziation aus.

Das Wort „Ultra" ist indes oft negativ besetzt; es klingt nach Extremismus, nach dem Äußersten, nach einer Leistung, die nichts für ‚Normale' ist. Diese Position hatte auch der Marathonlauf einst inne. Nichts hatte darauf hingedeutet, daß ein Mythos, der angebliche Lauf von Marathon nach Athen, einmal Volkssport und gar ein Sport eher sozial höher angesiedelter Schichten sein würde. Dabei ist die lateinische Herkunft von ‚Ultra' – wie aus der technischen Terminologie ersichtlich (‚Ultraschall') – durchaus wertneutral und bedeutet schlicht „jenseits von, über etwas hinausgehend". Der Ultralanglauf oder Ultramarathon geht über den Marathon hinaus. Er ist eben mehr als Marathon. Diese Definition, die ich für mein Ultralaufbuch von 1985 als Titel gewählt habe, ist sehr bald zu einer läuferischen Metapher geworden.

Die Synonyme für den Begriff Ultralanglauf sind Ultramarathon, ein Ausdruck, der wahrscheinlich in den USA geprägt worden ist, oder Supermarathon, den der ungarische Physiotherapeut Györgi Schirilla, der 1967 von Budapest nach Moskau (2.226 Kilometer in 30 Tagen) gelaufen ist, wohl in den siebziger Jahren erstmals verwendete. Der Name des Ende 1985 gegründeten Fachverbandes Deutsche Ultramarathon-Vereinigung (DUV) deutet bereits daraufhin, daß sich schon damals die Bezeichnung Ultramarathon international durchgesetzt hat.

Der Ultramarathon erscheint als eine relativ junge Laufdisziplin, eine Abspaltung des Marathons. Daher enthalten denn auch viele Marathonanleitungen pflichtgemäß ein einschlägiges Kapitel über den Ultralanglauf. Vielleicht merkt man dem dann an, daß die Verfasser noch nie selbst einen Ultramarathon gelaufen sind.

Im Gegensatz zum Marathon hat der Ultramarathon eine Jahrtausende lange Geschichte. Allerdings waren die ultralangen Läufe fast immer die Leistungen Einzelner oder wurden im Militärverbund erbracht. Zu einer sportlichen Laufdisziplin, zumindest in Europa, ist der Ultralanglauf erst nach 1959 geworden, dem Jahr mit dem ersten 100-Kilometer-Lauf und -Marsch in Biel, der schweizerischen Uhrenstadt und Nahtstelle zwischen deutsch- und französischsprachigen Kantonen. Niemand ahnte damals, daß sich daraus eine Breitensportbewegung entwickeln würde. Zwar gab es bereits früher Ultralauf-Veranstaltungen, wie etwa einen nur ein einziges Mal organisierten 100-Kilometer-Lauf in der Schweiz, den Comrades-Marathon in Südafrika oder den Lauf von London nach Brighton – von den langen Wettläufen der Tarahumara im mexikanischen Hochland gar nicht zu reden. Aber erst in Biel ist das Modell eines Ultralaufes für alle entwickelt worden, entstand das Vorbild für eine Anzahl von 100-Kilometer-Läufen in ganz Europa. Erst Biel machte aus einer exotischen Ausdauerprüfung eine Massenbewegung.

Unter einer Ultralangstrecke ist, bezogen auf Europa, häufig vereinfacht die 100-Kilometer-Strecke verstanden worden. Auch in diesem Buch wird diese Distanz gewissermaßen als die Standardstrecke des Ultralaufs betrachtet. Das hat praktische Gründe: Wer sich erstmals als Ultralangläufer versucht, tut dies in Europa häufig auf einem 100-Kilometer-Kurs. In den USA sind die Basis des Ultralanglaufs 50 Meilen (etwas über 80 km) und das Traumziel 100 Meilen (160,9 km). Umgekehrt haben sich 100-Meilen-Läufe auch in Europa etabliert.

Die korrekte Definition würde lauten: Alles, was über den Marathon, nämlich 42,195 Kilometer, hinausgeht, ist eine Ultralangstrecke. Doch ist dies nicht ganz wörtlich zu nehmen. Manche Marathonläufe sind, nicht anders als Ende des 19. und Anfang des 20. Jahrhunderts, länger als die Londoner Norm von 1908, zum Beispiel der Marathon des GutsMuths-Rennsteiglaufs von Neuhaus nach Schmiedefeld (43,5 km), die Verlängerung des Zermatt-Marathons zum Gornergrat (44 km) im Jahr 2011 oder der ursprüngliche Schwäbische-Alb-Marathon (einst 44 km). Solche Abweichungen wird man wohl weiterhin unter der Marathonstrecke aufführen. Es scheint Einverständnis darüber zu bestehen, daß der Ultramarathon bei Kilometer 50 beginnt. Vielläufer, die ihre Läufe dem 100 Marathon Club melden, sollten das berücksichtigen und den Rennsteig-Marathon nicht als Ultralauf angeben.

Bliebe es jedoch bei der Distanz von 50 Kilometern, brauchte man sich nicht eigens mit dem Komplex Ultralanglauf zu befassen. Denn wer 42 Kilometer gelaufen ist und ohnehin schon vermehrt Energie aus dem Fettstoffwechsel bezieht, schafft im ‚steady state', in ruhigem Gleichmaß ohne Sauerstoffschuld, üblicherweise problemlos auch noch weitere 8 Kilometer.

Der Ultralanglauf ist sowohl von der Streckenlänge und der Streckenführung als auch vom Charakter der Veranstaltungen sowie der Form der Bewältigung her äußerst facettenreich – auch in dieser Beziehung ist er eben als Lauf ‚mehr als Marathon'. Er reicht vom Gemeinschaftsunternehmen ohne Wettkampfcharakter bis zum Berg Ultramarathon, vom 6-Stunden- bis zum 24-Stunden-Lauf und länger, von der individuellen ‚Laufwanderung' bis zur Meisterschaft im 100-Kilometer-Lauf, vom Lauf für Ultra-Einsteiger bis zu Mehrtageläufen und schließlich der Durchquerung eines ganzen Kontinents. Im Sportbetrieb werden die Rennen eingeteilt in Distanz-, Etappen- und Stundenläufe.

Ursprünglich hatte ein Marathonläufer, der Ultra laufen wollte, gleich den gewaltigen Sprung von 42 zu 100 Kilometern machen müssen. Längst gibt es jedoch Zwischenstufen, seien es Laufveranstaltungen von 50, 60 oder 70 Kilometern, oder Abschnittswertungen auf 100-Kilometer-Strecken – in Biel zum Beispiel nach 38,8, 56,1 und 76,9 Kilometern, sowie bei 100-Kilometer-Rundenläufen von 50 Kilometern an alle zehn Kilometer. Man kann sich also an das große Ziel, die 100 Kilometer oder mehr, auf kürzeren Distanzen herantasten. Allerdings besteht dabei immer die Gefahr, daß die Wertung nach Abschnitten dazu verlockt, beim Auftreten eines Problems allzu rasch das ursprünglich anvisierte Ziel aufzugeben und sich mit der Wertung des zurückgelegten Abschnitts zu begnügen. Diese Erfahrung haben die Veranstalter auch beim 100-Kilometer-Lauf von Unna, dem ersten deutschen Ultramarathon, machen müssen, nachdem sie eine große Runde in zwei halb so lange verwandelt hatten, weil viele Läufer nach der ersten Runde aussteigen.

Im Grunde entspricht ein Lauf von A nach B, wie beim Comrades-Marathon von Durban nach Pietermaritzburg oder umgekehrt, der anthropologischen Vorgabe eines Laufes am ehesten. Man läßt einen Ort hinter sich, um einen neuen zu erreichen. Oder man folgt – sehr beliebt – einem Fluß (in der Bundesrepublik gab es einen Niddalauf und einen Isar-Run). Der organisatorische Aufwand für eine solche Punkt-zu-Punkt-Strecke im Wettbewerb ist, wie sich denken läßt, beträchtlich. Für individuelle Unternehmungen ist die Punkt-zu-Punkt-Strecke psychologisch optimal. Bei einem Rundkurs verbindet sich eine meist abwechslungsreiche Strecke mit dem Vorzug, daß Start und Ziel am selben Platz, zumindest am selben Ort, sind. Eine kleine Runde gewährleistet, daß der Lauf ständig vor Publikum stattfinden kann. Dennoch, mit Publikum ist nicht zu rechnen.

Streckenläufe und Ein-Runden-Kurse lassen Leistungsvergleiche nur sehr schwer zu; das Wesen des organisierten Sports hingegen besteht in der Vergleichbarkeit der Leistungen. Mit der Betonung des Wettkampfmoments im Ultralauf, die in der Bundesrepublik Deutschland ungefähr mit der Gründung der Deutschen Ultramarathon-Vereinigung 1985 anzusetzen ist, entstand der Bedarf an homogenen Strecken. Davon gab es hierzulande damals nur eine einzige: Am 31. Oktober 1976 nämlich veranstaltete der OSC Hamm erstmals einen 100-Kilometer-Lauf über zehn Runden, mit 36 Metern Höhendifferenz je Runde, dazu windanfällig. Wer wollte, konnte an der Marathonmarke aussteigen. Harry Arndt, der Initiator der Deutschen Ultramarathon-Vereinigung, organisierte später, von 1984 an, in einem Waldgebiet seines Wohnorts Rodenbach bei Hanau einen flachen Zehn-Runden-Lauf mit einer Begegnungsstrecke. Die dort Entgegenkommenden bieten den Läufern eine willkommene Abwechslung oder eine Orientierung über die eigene Plazierung.

Die zehn Runden sind allerdings auch für Kurse mit welligem Profil übernommen worden, so daß die Vergleichbarkeit von auf unterschiedlichen Strecken erbrachten Leistungen wieder in Frage gestellt ist. Maßgebend dafür war offensichtlich die viel leichter zu bewerkstelligende Organisation. Denn auf einer 10-Kilometer-Runde braucht man eben nur zwei Verpflegungsstände und hat einen geringeren Aufwand bei der Vermessung. In Pfalzgrafenweiler im nördlichen Schwarzwald wurde der 100-Kilometer-Lauf auf einer 5-Kilometer-Runde ausgetragen. Dies ist auch bei dem leistungsorientierten Grünheide/Kienbaum-Lauf in Berlin und dem 50-Kilometer-Lauf von Rodgau der Fall.

Zwei amüsante Irrtümer kennzeichnen die Entwicklung des Ultramarathons der Anfangszeit: Als der Turnverein Unna 1861 e. V. im Jahr 1969 beim Fußball- und Leichtathletikverband Westfalen eine Veranstaltung für den 25. Oktober 1969 beantragt hatte, erhielt er die vorsorgliche Rückfrage, „ob es sich hier bei der Ausschreibung nicht um einen Irrtum handelt, denn als Länge des Marsches bzw. Laufes werden ‚100 km' angegeben. Ich möchte annehmen, daß es sich hier um einen Schreibfehler handelt und die Länge der Strecke 10 km betragen soll". Der schlaue Kopf im Verband irrte. Der Turnverein Unna veranstaltete damals, nach Bieler Muster, den ersten 100-Kilometer-Lauf in der Bundesrepublik Deutschland. Der andere Irrtum: In „Spiridon" 5/1977 erschien eine Notiz, worin ein 175-Kilometer-Lauf in Huchem-Stammeln (Nordrhein-Westfalen) angekündigt wurde. Durch die Kreise der Langstreckenläufer ging damals ein Raunen, galten doch die

100 Kilometer schon als eine Sache für Extremläufer. Daran, daß sich auf jene Notiz immerhin an die 20 Läufer meldeten, ist bereits eine Entwicklung zu erkennen: Es gab ein Potential an Ultraläufern. Und einige setzten sich noch ehrgeizigere Ziele als die 100 Kilometer. Bis dann die Aufklärung kam: Gemeint waren 17,5 Kilometer; in der Meldung hatte schlicht das Komma gefehlt. Etwa zehn Jahre später erregte die Ankündigung eines Laufes über 175 Kilometer in der Ultraszene indes kaum noch Aufsehen, denn jetzt hatte sich bereits der 24-Stunden-Lauf für Einzelläufer etabliert.

Ursprünglich, nämlich seit 1970, fand in Mörlenbach im Odenwald ein Staffellauf über einen vollen Tag statt. Gewechselt wurde nach jeweils 1.355,9 Metern. Im Jahr 1979 wechselte ein Läufer nicht: Friedrich Marquardt aus Hamburg hatte sich als ‚Ein-Mann-Staffel' angemeldet. Er war damit der erste, der als Einzelläufer einen deutschen 24-Stunden-Lauf bestritt.

Später wurden 24-Stunden-Läufe auch zu einer 12-Stunden-Variante halbiert. Die kürzeste Ultra-Einheit ist der 6-Stunden-Lauf. Für angehende Ultramarathon-Läufer ist dies ein guter Einstieg; es gibt keine Stationen, die man in einer bestimmten Zeit erreichen muß. Umgekehrt: Ältere Läufer, die vielleicht den Zielschluß eines Distanzlaufs nicht mehr zeitgerecht schaffen, finden hier einen Wettbewerb, in dem sie auch gehend noch mithalten können. Bei Stundenläufen wird am Schluß nach Ertönen eines Signals, das die Teilnehmer zum Stehenbleiben verpflichtet, die Kilometerzahl samt Kommastellen gewertet.

Doch es blieb nicht bei 24-Stunden-Läufen: In Köln wurde die Leistungsanforderung sogar verdoppelt. Und mit einer Laufveranstaltung über 6 Tage, bei der es an den Teilnehmern liegt, wie sie ihre Regenerationspausen strukturieren, ist vollends der Rückgriff auf Dauerleistungen von Pedestrianisten und Schauläufern des 19. Jahrhunderts vorgenommen worden, mit denen wir uns in Kapitel 18 näher befassen werden.

Eine weitere sich steigernde Kategorie sind Mehrtage-Läufe mit fester Strukturierung, angefangen beim Etappenlauf Wien–Budapest und dem Lauf um den Plattensee über Deutschlandläufe bis zur Durchquerung eines ganzen Kontinents.

Wer erst zum Ultralauf findet, sollte sich aber weniger an solchen Leistungsspitzen im Grenzbereich orientieren als vielmehr mit ganz gewöhnlichen, nichtsdestoweniger erlebnisreichen Wanderungen über mehrere Tage, beispielsweise einer Alpenüberquerung, beginnen. Es ist wichtiger, Ausdauer ohne Rücksicht auf die erstrebte Schnelligkeit zu erwerben, als bereits am Beginn der Ultra-Vorbereitung der Grundschnelligkeit Priorität einzuräumen.

MERKZETTEL

- Ultramarathons, auch Supermarathons genannt, sind im Prinzip Laufstrecken, die über die Marathondistanz von 42,195 Kilometern hinaus gehen. In der Veranstaltungspraxis beginnen sie bei 50 Kilometern.
- Ursprung des Ultramarathons als Volkssport in Europa ist der 1959 erstmals (und zunächst nichtöffentlich) veranstaltete 100-Kilometer-Lauf und -Marsch in Biel (Schweiz).
- Die Standard-Ultrastrecke in Europa ist der 100-Kilometer-Lauf.

„Der Unterschied zwischen unserer Wirklichkeit und unserem Potential ist gewaltig."

Bernd Heinrich,
deutscher Biologie-Professor in den USA

3

Weshalb Ultramarathon?

Wer zu einer bestimmten Sportdisziplin findet, fragt gewöhnlich nicht, weshalb er diesen Sport ausüben möchte. Ihn reizt die Herausforderung, er hat eine Neigung zu diesem Sport.

Was haben sich Ultraläufer nicht alles anhören müssen! Die folgende Äußerung könnte erfunden sein, ist es aber nicht. Sie fiel im Juni 1982 in Königsfeld im Schwarzwald: Den Hotelgästen war nicht verborgen geblieben, daß am Ort eine Laufveranstaltung stattfinden sollte (schließlich wollte der Restaurantleiter selbst daran teilnehmen). Als sich die Damen am Tisch erkundigt hatten, wie lang denn ein Marathon sei – solche Fragen stellte man im Jahr 1982 –, fügte ein Kenner hinzu: „Und dann gibt es auch noch so Verrückte, die laufen 100 Kilometer!" Er wiederholte so abschätzig, wie man Verrückte behandeln zu können glaubt: „100 Kilometer!" Mit solchen Einschätzungen sahen wir Ultralangläufer uns in der Regel jahrzehntelang konfrontiert. Wir begegnen auch Sportfreunden, die sich nicht damit begnügen zu sagen: „Mir reicht die Marathonstrecke. Mehr mag ich nicht laufen", sondern so intolerant sind, mit der 100-Kilometer-Strecke zugleich auch die 100-Kilometer-Läufer abzuqualifizieren. Anderen wiederum war jahrzehntelang nicht bekannt, daß es überhaupt längere Wettkampfstrecken als den Marathon gibt. Erst in den vergangenen Jahren hat sich, nicht zuletzt unter dem Eindruck von Abenteuer- und Extremläufen, das Bild gewandelt.

Hier noch ein anderes Beispiel aus der Vergangenheit, aus einem Leserbrief[1]: „In letzter Zeit ist viel über 100-Kilometer-Läufe berichtet worden. Ich frage mich und Sie, was sollen diese ‚Super-Läufe' eigentlich bezwecken? Ich meine, daß dies mit Sport und Spiel nichts mehr zu tun hat. Bleiben wir doch, wie bisher, bei den schon bewährten und bekannten klassischen Strecken von 10 km bis Marathon. (...) Meinen ersten (und letzten) 100-km-Lauf habe ich in Illertissen/Bayern mitgemacht und wollte auch hierin Erfahrung sammeln und war enttäuscht, nicht nur über meine eigene Leistung, sondern über die vielen anderen Teilnehmer, die ja fast alle unerfahren waren. (...) Der sportliche Effekt ist doch gleich Null und für viele unbewußt gesundheitsschädlich, denn der Körper ist bei weitem überfordert, finde ich. (...) Fazit also: Einige Läufer werden es nicht lassen können, sich hierin zu messen, aber ohne großes Interesse in der Öffentlichkeit, da man diese Art von Läufen nicht besonders ernst nimmt und ohne besonderen Kommentar abtut."

Der österreichische Sportlehrer Adolf Gruber, ein ehemals verdienter Marathonläufer, kündigte 1987 das Abonnement einer Verbandsmitgliedschaft mit den Worten: „Vor allem stört uns (...), daß die Zeitschrift von den IAAF-Disziplinen – 100 m bis 42,195 km – abgeht und so belanglose und inferiore Reklameläufe wie Quer durch Deutschland oder 100 km, 200 km und mehr, Berg-Marathons, Triathlon etc. seitenlang herausschälte und so neuerfundenen Bewerben großen Raum gibt! Schuld daran sind die Neuläufer in den letzten Jahren, die – ohne den 5- bis 10jährigen Trainingsaufbau zu absolvieren – gleich was gewinnen wollen!" Grubers Haltung war auch in Deutschland, selbst bei Funktionären des DLV, weit verbreitet. Nebenbei: Der Trainingsaufbau für Ultrastrecken dauert länger als für einen Marathon, auf welchem Niveau auch immer.

Zum Marathon finden heute viele, und wenn ihnen die Chance eines öffentlichen Auftritts winkt, stürzen sich nicht weniger als 18.000 Menschen in eine anfechtbare Fernseh-Aktion „In einem Jahr von Null auf Zweiundvierzig" – anfechtbar deshalb, weil der Weg zum Marathon für jemanden, der mit dem Laufen erst beginnen will, ohne Risiko eben nicht in einem Jahr zu schaffen ist. Eine Instrumentalisierung wie beim Marathon zu Werbezwecken, sei es für einen Sender, für Berufssportler als Galionsfiguren oder für Profil suchende Ärzte, kann beim Ultramarathon nicht passieren. Dazu ist die Zahl der Ultramarathonläufer zu klein, auch wenn sie stetig steigt, und das öffentliche Interesse noch zu gering. Die Angabe in „Laufen!" von Aderhold/Weigelt, wonach sechs Prozent aller Läufer längere Strecken als den Marathon zurücklegen, scheint

1 Spiridon 8/1978.

realistisch zu sein. Anzunehmen ist, daß der erstmals im Jahr 2012 in Kinos gezeigte Film „I want to run", der den Trans-Europa-Lauf 2009 und die Leistung acht seiner Teilnehmer dokumentiert, den Ultramarathon ins Bewußtsein der Öffentlichkeit gerückt hat.

Im Gegensatz zum Marathon, bei dem manche nur einem Trend gefolgt sind – auch der frühere Bundesaußenminister Joschka Fischer fand die Teilnahme auf einige Jahre opportun –, kommt man mit Fremdbestimmung nicht sehr weit über die zweiundvierzig Kilometer hinaus. Beim Marathon wird einem heute die Sinnfrage abgenommen; wenn so viele Prominente es machen, fragt man nicht weiter. Beim Ultramarathon dagegen ist man von vornherein auf sich selbst gestellt. Man muß ihn wollen, und zwar ohne die Hoffnung auf öffentliche Anerkennung. Mit einer Spitzen-Marathonzeit kann man im Sportmanagement immer noch etwas werden, mit einer 100-Kilometer-Zeit, und sei sie unter sieben Stunden, hingegen nicht. Der Ultralauf ist, von wenigen Ausnahmen abgesehen, die Disziplin der überzeugten Amateure. Die Griechen, die den lange Jahre weltbesten Ultramarathonläufer, Yiannos Kouros, zu den Ihren zählen können, haben ihn immerhin zu einer Leitfigur zu machen versucht. Wäre es allein nach ihnen gegangen, wäre der 100-Kilometer-Lauf 2004 in Athen eine olympische Disziplin geworden.

Auch wenn der Ultramarathon noch immer als eine exotische Disziplin angesehen wird – eher als Rekordversuche für das Guinness-Buch denn als Sport –, basiert er auf einer der Hauptbeanspruchungsformen des Menschen, das heißt, den psychophysischen Fähigkeiten, die jedem gesunden Menschen zur Verfügung stehen und trainiert werden können. Im Falle des Ultramarathons ist dies vor allem die Ausdauer.

Nach Professor Wildor Hollmann werden folgende Hauptbeanspruchungsformen unterschieden: Ausdauer, Kraft, Schnelligkeit, Flexibilität und Koordinationsvermögen. Nur wenige Sportarten beanspruchen eine einzige dieser Fähigkeiten; meist sind zwei oder mehr gefordert. Dabei wechselt in der noch jungen Geschichte des Sports die Popularität bestimmter Fähigkeiten: Sie unterliegen dem Zeitgeist ebenso wie den materiellen Voraussetzungen. Im 19. Jahrhundert dominierte in der Beliebtheit von Sportvorführungen die Kraft. Das hat damit zu tun, daß Kraft im Gegensatz zu heute im Alltagsleben ständig gebraucht wurde. Wenn ein Müller Zentnersäcke zu wuchten hatte, lag es nahe, daß andere es ihm gleich tun wollten oder ein Müller selbst Lasten bei einem Jahrmarktsspektakel stemmte. Einer der Meisterringer im 19. Jahrhundert war Gustav Abs, ein Zimmermann, der gewohnt war, Balken zu schleppen. Seinem Arbeitgeber imponierte das so sehr, daß er auf die Idee kam, seinen Zimmermann gegen einen jener Ringkämpfer antreten zu lassen, die damals als Darsteller unterwegs waren und Gegner für Kämpfe vor Publikum suchten.

Doch die Kraftdemonstration bekam Konkurrenz: Ende des 19. Jahrhunderts hatte sich aus einem regellosen Massenspiel, bei dem ein Fußball über die Felder getrieben wurde, das Fußballspiel unter Mannschaften entwickelt, der Association-Fußball, abgekürzt Soccer. Im 20. Jahrhundert begann auch das deutsche Publikum, immer stärker an den Darstellungen des Koordinationsvermögens und der Beweglichkeit auf dem Spielfeld Gefallen zu finden.

Wahrscheinlich ist es auch kein Zufall, daß seit Beginn des 20. Jahrhunderts von den Medien immer stärker die Schnelligkeit favorisiert worden ist. Der Zeitgeist hatte sich – durch das Bedürfnis nach Mobilität, das mit immer schnelleren Verkehrsmitteln befriedigt worden ist – von der Bevorzugung der Kraft zur Schnelligkeit gewandt. Auch im Sport begann das Faszinosum Schnelligkeit zu dominieren. Die Verbesserung eines Landesrekords im 100-Meter-Lauf ist allemal von höherem Nachrichtenwert, als wenn irgendwo 5.000 Leute einen Marathon rennen. Erst wenn die Quantität in Qualität umschlägt,[2] und 20.000 oder 30.000 Menschen auf einmal starten, ist dies wieder eine Meldung wert. Das ist deutlich an der Entwicklung der Marathon-Berichterstattung abzulesen. Es gab eine Zeit, in der die „Süddeutsche Zeitung“ den Marathon an ihrem Verlagssitz in München mit einem Bild und ein paar Zeilen Bildunterschrift abhandelte. Im Jahr 2012 dagegen ist im Verlag ein „Laufbuch“ erschienen, das selbstverständlich auch den Marathonlauf behandelt.

Was hat das alles mit dem Ultralanglauf zu tun? Nun, wie kaum eine andere Sportdisziplin beruht der Ultralanglauf im Prinzip auf der extremen Beanspruchung der Ausdauer, genau: der allgemeinen aeroben Ausdauer (von ihr spricht man bei Belastungen von mehr als 30 Minuten Dauer). Im allgemeinen ist bei den Menschen unserer Zeit die Ausdauerfähigkeit am wenigsten ausgeprägt, obwohl sie doch die wichtigste physische Fähigkeit ist. Ausdauertraining führt zu einer Anpassung der Organe, nämlich vor allem von Herz, Lunge und Leber. Die Glykogenspeicher in Muskeln und Leber vergrößern sich. Der Fettanteil im Körper nimmt bei gleichbleibender Ernährung ab. Allerdings bilden sich, wenn das Training aufgegeben wird, die Anpassungserscheinungen relativ rasch zurück. Nach etwa zehn Jahren ist zwischen einem ehemals trainierten Ausdauersportler und einem schon immer Untrainierten kein Unterschied mehr auszumachen.

2 Nach Hegel.

Ursprünglich war die Herausforderung des Ultramarathons in der puren Ausdauer gesehen worden; die Zeit spielte für die meisten Ultralangläufer nur eine sekundäre Rolle. Erst mit der Versportlichung der Ausdauerleistung, mit Meisterschaften und Altersklassenwertungen, ist ihr Charakter auch vom Wettbewerbsstreben geprägt worden. Außer der Ausdauer ist, jedenfalls für ambitionierte Läufer, Schnelligkeit erforderlich, für den Bergultralauf auch Kraft und beim Bergablaufen auf Trailstrecken wie denen des Swiss Alpine Marathons außerdem ein gut entwickeltes Koordinationsvermögen. Nach wie vor bildet jedoch die Ausdauer, die Widerstandsfähigkeit gegen Ermüdung, das Fundament der Langstrecke überhaupt.

Zwar sind zur harmonischen körperlichen Ausbildung alle fünf Fähigkeiten wichtig, aber für den Gesundheitssport hat Ausdauer die größte Bedeutung, vor allem im Alter. Ohne körperliche Schnelligkeit kann man gut leben, es sei denn, man muß zu öffentlichen Verkehrsmitteln sprinten, und als Neunzigjähriger spielt man vielleicht nicht unbedingt noch Tennis. Ohne das Training der allgemeinen aeroben Ausdauer jedoch verkümmern elementare Körperfunktionen. Etwas philosophisch ausgedrückt: Das Leben schlechthin und insbesondere das Altwerden erfordern Ausdauer. Und im Alter ist die allgemeine aerobe Ausdauer leichter und effizienter trainierbar als andere Fertigkeiten. Hinzu kommt, daß die Ausdauer im Alter weit weniger abnimmt als insbesondere Schnelligkeit und Kraft.

Wer also die aerobe Ausdauer trainiert, leistet einen erheblichen Beitrag zu seiner Gesunderhaltung. Das bedeutet in sportlicher Hinsicht: Man kann einen extremen Ausdauersport, gesunde Gelenke vorausgesetzt, auch in hohem Alter noch betreiben, sofern man die Abnahme der Schnelligkeit akzeptieren kann. Das fällt beim Ultramarathon erheblich leichter als beim Marathon, abgesehen davon, daß bei den meisten Marathonveranstaltungen die Schlußzeiten für betagte Menschen, selbst wenn sie auf reiche Trainingserfahrung zurückblicken, irgendwann kaum mehr einzuhalten sind. Bei der Ultralangstrecke steht außer für eine kleine Elite nicht die Plazierung, sondern die Bewältigung der Strecke im Vordergrund. Entsprechend ist auch das Gefühl am Ziel. Beim Marathon zählt gewöhnlich auch im hinteren Feld noch die Zeit. Zwischen vier und fünf Stunden liegt eine Welt, erst recht zwischen drei und vier Stunden. Am Ziel des Ultramarathons hingegen überwiegt bei allen die Freude darüber, die Strecke überhaupt bewältigt zu haben. Die Zeit rückt in den Hintergrund.

Für Zuschauer allerdings ist eine sich über lange Zeit erstreckende Ausdauerleistung völlig unattraktiv. Im Fernsehen ist sie kaum darstellbar, außer vielleicht durch Bilder des Leidens. Wer also beabsichtigt, 100 Kilometer zu bewältigen, braucht auch den Mut, dies außerhalb jeglicher Publizität zu tun. Das Glücksgefühl am Ziel potenziert sich jedoch im Verhältnis zur Streckenlänge.

Der besondere Reiz des Ultramarathons beginnt schon beim Start, selbst wenn das Starterfeld wie in den besten Zeiten der 100 Kilometer von Biel 4.248 im Jahr 1983 oder beim Comrades-Marathon die Zahl von 20.000 Teilnehmern erreichen sollte. Da die Zahl der Ultraläufer in jeder Nation dennoch überschaubar ist, stellt sich hier noch eine Art Familiengefühl ein, so wie das auch in den ersten Jahren der Volksmarathons der Fall war. Am Start selbst eines großen Ultramarathons steht keine anonyme Masse, sondern eine überschaubare Menge, die sich als Gemeinschaft begreift. Mit Sicherheit wird man zumindest einigen davon beim nächsten Ultramarathon wieder begegnen. Der Start vollzieht sich im allgemeinen ohne Hektik; die negative Wirkung eines voransprintenden gekauften Elitefeldes bleibt Ultraläufern erspart. Daher gibt es Läufer, die genau aus diesem Grunde lieber einen Ultramarathon als einen City-Marathon laufen.

Das unmittelbare Motiv, einen Ultra zu laufen, ist die höhere Anforderung an die Ausdauer. Eine Strecke von 100 Kilometern erscheint zunächst so lang, daß das Ankommen unvorstellbar ist. Auch wer zunächst auf einer kürzeren Ultrastrecke startet, betritt persönliches Neuland. Gerade das macht den Reiz der neuen Aufgabe aus. Es ist ein logischer Weg, der zur Läuferkarriere führt: Man probiert einmal einen Volkslauf über 10 Kilometer, schafft einen Halbmarathon und bereitet sich dann auf einen Marathon vor. Hat sich auf diesem Gebiet so etwas wie Routine eingestellt, lockt die Herausforderung, diese Routine zu durchbrechen. Ein Weg führt zum Ultramarathon. Alternativen sind der Triathlon, der Berglauf oder der Abenteuerlauf.

Im Grunde ist auch der Ultramarathon ein Abenteuer, wenngleich ein kontrolliertes. Wer grobe Fehler macht, wird nicht gleich durch gesundheitliche Risiken bestraft. Er hört dann einfach auf. Jedenfalls ist dies bei den meisten Ultraläufen so. Ultramarathons durch Gebirge haben auch hier die Anforderungen gesteigert.

Abenteuer bedeutet: Es kann eine Menge passieren. Ein verregneter Marathon dauert nur so lange, wie man Marathon läuft, drei Stunden, vier Stunden, allenfalls fünfeinhalb oder sechs Stunden. Beim 100-Kilometer-Lauf hat man in der Marathonzeit erst ein Drittel zurückgelegt. Wie wird man das Abenteuer bestehen? Fragen wie diese bewegen Menschen, die Herausforderung anzunehmen. Man will sich selbst kennenlernen, seine Möglichkeiten, seine Grenzen.

Ultramarathons sind überwiegend Landschaftsläufe. Trail-Läufer interessieren sich daher eher für einen Ultramarathon. Ihnen kommt es nicht so sehr auf die

Laufzeit an, sondern vielmehr auf das Lauferlebnis. Von der kleinen Gruppe Eliteläufer und vielleicht dem einen oder anderen Altersklassensieger abgesehen, geht es den meisten grundsätzlich darum, das ferne Ziel zu erreichen. Je länger die Strecke, desto weniger wird nach der Laufzeit gefragt. Wem also Konkurrenzdenken im Sport fernliegt und wer dennoch an Wettbewerben teilnehmen möchte, ist auf der Ultrastrecke am rechten Platz.

Nicht wenige Ultraläufer schätzen die familiäre Gemeinschaft ihres Sports. Zwar gab es auch in der Läufer-Organisation, der Deutschen Ultramarathon-Vereinigung, Probleme; aber die Ultraläufer insgesamt mußten sich davon nicht betroffen fühlen. Und inzwischen sind die Probleme auch bereinigt.[3]

Ultralauf ist ein stark emotionaler Sport. Detlev Ackermann, Jahrgang 1970, der Aufsehen erregte, als er von Köln nach München zum Marathon lief, drückte das einmal so aus: „Während ein Marathon noch überschaubar und berechenbar ist, wird man beim Ultralangstreckenlauf nach einer gewissen Zeit mit den unterschiedlichsten Emotionen konfrontiert. Zum Faktor Ausdauer kommt jetzt mentale Stärke hinzu. Da gilt es dann, Leid und Freude zu erfahren und zu verarbeiten. Es ist ein Abenteuer – außerhalb der eingefahrenen Routine des Alltags. Es ist aber auch ein besonderes Gefühl der Freiheit, sich fast grenzenlos im Raum bewegen zu können."

Wer im Laufwettbewerb die Emotion sucht, wird die Ultrastrecke attraktiv finden. Doch für eine Zuwendung zum Ultralauf kann es die unterschiedlichsten Gründe geben. Etwa das Älterwerden oder der Verlust der Schnelligkeit. Wem dies auf der Halbmarathon- oder Marathonstrecke zu ertragen schwer fällt, der sollte es mit dem Ultralauf probieren. Die Mentalität, die im Ultralaufbereich herrscht, dürfte generell auch Frauen entgegenkommen.[4]

MERKZETTEL

- Wem Konkurrenzdenken im Sport eher fernliegt, ist auf der Ultrastrecke am rechten Platz.
- Die meisten Ultraläufe sind Landschaftsläufe.
- Das Ambiente ist gelöster, das Startfeld hat eher familiären Charakter.
- Es gibt die unterschiedlichsten Gründe, bei einem Ultramarathon zu starten.

3 Die stark leistungsorientierte Konkurrenzorganisation VFUM (Verein für Ultramarathon), die ein abgewählter DUV-Präsident gegründet hatte, hat sich aufgelöst.

4 Näheres in den Kapiteln „Langsamer und länger im Alter" und „Die Chance der Frauen".

„Es kommt nicht so sehr auf die Zeit an, die ein Läufer läuft.
Jeder, der das Ziel erreicht, ist ein Held."

Dr. med. Ernst van Aaken

4

Weshalb ist es schwerer, 100 Kilometer statt Marathon zu laufen?

Muß man überhaupt fragen, weshalb es schwerer ist, 100 Kilometer zu laufen als 42,2 Kilometer? Man muß. Damit man nämlich auf die spezifischen Schwierigkeiten der Ultralangstrecke vorbereitet ist. Diese Schwierigkeiten liegen in

- dem Vorstoß in Richtung der persönlichen Grenzen der allgemeinen Ausdauer,
- psychischen Faktoren,
- der spezifischen Belastung durch die Strecke,
- wechselhaften und daher schwerer kalkulierbaren Einflüssen wie vor allem der Witterung,
- dem Lauf gegen den persönlichen Biorhythmus.

Ausdauer läßt sich trainieren, gewiß. Dem Sammeln von Trainingskilometern adäquat zur Länge der jeweiligen Ultralangstrecke steht jedoch nicht nur der hohe Zeitaufwand entgegen, der dafür erforderlich wäre, sondern auch – insbesondere bei Älteren – die Belastung der Gelenke. Sie sind der limitierende Faktor.

Auch eine Umverteilung der Trainingskilometer, etwa an einem Tag 60 Kilometer zu laufen statt an vier Tagen je 15 Kilometer, ist auf die Dauer nicht hilfreich. Hinzu kommt, daß überlange Trainingsläufe auch psychisch stark ermüden. 60 Kilometer oder mehr, das macht man als Vorbereitung auf den Hunderter einmal als Testlauf, aber nicht viel öfter. Von 60 Kilometern an wird es im Training doch ziemlich langweilig. Es fehlt die Stimulanz der Wettbewerbssituation. Macht man den Testlauf in einer Gruppe, gibt es bestimmt einen darunter, der vor Beendigung der beabsichtigten Strecke meint, daß es jetzt genug sei. Und dann hört man selbst halt ebenfalls auf.

Gewiß ist jeder, der als Läufer an einem 100-Kilometer-Lauf teilnimmt, als ausdauertrainiert zu bezeichnen. Doch je nach der Intensität des Trainings verändern sich auch die Ansprüche der Läufer. Mit anderen Worten: Je besser jemand trainiert ist, desto besser möchte er auch in einem Wettbewerb abschneiden und läuft fast immer an seine Grenze heran.

Anders als beim Marathon, zumindest weit öfter, übersteigt die 100-Kilometer-Strecke das Pensum des in einem Stück gelaufenen Abschnitts. Anders als bei der Marathonstrecke, die auch ein Novize mindestens zu zwei Dritteln mehrmals schon im Training zurückgelegt hat, bevor er an den Start geht, fehlt die 100-Kilometer-Erfahrung aus dem Training. Die Ausdauer ist bei vielen nicht in dem Maße trainiert wie für die Marathonstrecke.

Das wirkt sich auch psychisch aus: Selbst wer mental durchaus in der Lage ist, die 100 Kilometer durchzulaufen, kann psychisch an den Punkt geraten, an dem er das Unternehmen in Frage stellt. Im Grunde genommen ist das der kritischste Punkt der Ultralanglaufstrecke. Je länger die Strecke, desto wichtiger wird der psychische Faktor. Man kann vieles trainieren, aber wie es um das Durchhaltevermögen bestellt ist, muß man im Rennen erfahren. Im Training lernt man es nur sehr eingeschränkt kennen. Auch in dieser Beziehung ist der 100-Kilometer-Lauf zunächst ein Abenteuer, nämlich das Abenteuer, seine psychischen Kräfte zu erproben. Gewiß gibt es Läufer, die für bestimmte Strecken prädestiniert sind – der hervorragende 10.000-Meter-Läufer muß kein hervorragender Marathonläufer sein, obwohl er die Chancen dazu hätte, und umgekehrt. Dennoch sind beide Langstreckler.

Wenn Marathonläufer bei den 100 Kilometern verächtlich abwinken, keimt in mir der Verdacht, daß sie damit ihr persönliches Problem bei den 100 Kilometern nur zu objektivieren versuchen, nämlich Gründe dafür suchen, weshalb sie sich nicht an diese Strecke heranwagen oder ihren Versuch abgebrochen haben. Man muß als Langstreckler keine 100 Kilometer laufen; aber man sollte den Ultramarathon als Sport gelten lassen. Er ist eine der jüngeren Disziplinen, die sich im Laufe der Ausdifferenzierung des Laufsports herausgebildet haben. Wer als Läufer mit den 100 Kilometern nicht zurechtkommt, sollte sich, bevor er urteilt, fragen, ob dieses Mißfallen nicht auf eine ganz persönliche Frustration zurückzuführen sein könnte. Die Psyche spielt auch scheinbar rationalen Köpfen öfter einen Streich.

Auch von den Läufern selbst wird der psychische Faktor nicht immer erkannt. In den Jahren 1977 und 1978 befaßten sich Professor Klaus Jung und sein Team mit den Gründen, die Teilnehmer von 100-Kilometer-Läufen veranlaßt haben, den Wettbewerb vorzeitig zu beenden. Ich hatte in Biel die Gelegenheit dazu, mich unter denen, die aufgegeben hatten, umzusehen. Ich war darauf gefaßt, einen Krankensaal zu betreten und Bilder des Jammers zu sehen, die womöglich zu ernster Kritik an Ultra-Wettbewerben führen könnten. Doch ich wurde überrascht: Die meisten Teilnehmer benahmen sich so normal wie jeder, der eine Dauerleistung vollbracht und bereits eine Erholungspause, etwa durch das Duschen, hinter sich gebracht hat. Zu meinem Eindruck paßten auch die medizinischen Befunde, wonach die Abbrecher nichts wirklich Ernstes hatten. Sie nannten lediglich Beschwerden, wie sie im Langläuferleben vorkommen, und unter denen auch solche Teilnehmer leiden, die das Ziel erreichen. Jeder zweite der Aufgebenden klagte über Beschwerden an Muskeln und Sehnen; etwa 40 Prozent hatten wegen Schmerzen an Gelenken und Bändern den Lauf abgebrochen; bei 32 Prozent (das Prozentverhältnis erklärt sich aus Mehrfach-Nennungen) waren es Probleme mit der Haut, also insbesondere Blasen; 10,4 Prozent hatten Magen-Darm-Beschwerden, 11,4 Prozent andere Probleme aus dem internistisch-neurologischen Bereich; knapp 10 Prozent gaben an, erschöpft zu sein. Auch unter denjenigen, die am Ziel ankommen, fühlt sich mancher erschöpft[5], hat sich wundgelaufene Stellen zugezogen und sich womöglich übergeben müssen. Zum Kontext der Gründe für das Aufgeben gehört, daß 40 Prozent nicht zu sagen vermochten, welche der vorgebrachten Beschwerden nun konkret der Hauptgrund für ihr Aussteigen gewesen sei.

Auch diese Angaben belegen, welch große Rolle die Psyche bei der Ausdauerleistung in diesen Dimensionen spielt. Physische Beschwerden sind häufig nur der Anlaß, nicht der primäre Grund dafür, den Lauf vorzeitig zu beenden. Nach Jung zeigte sich bei einer genaueren und kontrollierten Erfassung zum Problem Allgemeine Erschöpfung „eindeutig die Tendenz der Läufer, ihre Beschwerden bewußt auf organische Defekte zu projizieren und zu lokalisieren“ (wobei ich in Frage stellen möchte, ob dies wirklich bewußt geschieht). Auch im Durchschnitt der Bevölkerung beobachtet man häufig eine Somatisierung psychischer Probleme. Bei ungünstigem Wetter steigt die Zahl der Aufgebenden; dem liegen in den wenigsten Fällen rein physische Ursachen zugrunde.

Jedoch – und damit sind wir bei einer weiteren, für den Ultralauf spezifischen Schwierigkeit – ist das Wetter in der Tat von Belang, auch wenn dieser Punkt

5 Nach physiologisch exakter Definition liegt meist nur starke Ermüdung vor; der Sprachgebrauch ist hier unscharf.

unter erfahrenen Läufern heruntergespielt wird. Es ist schon ein Unterschied, ob man beim Marathon drei bis vier Stunden oder beim 100-Kilometer-Lauf, wenn man Pech hat, zehn bis zwölf Stunden oder mehr im Regen läuft. Kommt dann noch Kälte hinzu, können objektive Schwierigkeiten entstehen. Das war im April 1977 in Illertissen südlich von Ulm ganz dramatisch der Fall, als Regen, Kälte und Wind sich vereinigten. Die reale Gefahr der Unterkühlung brach für nicht wenige im Jahr 1998 beim Swiss Alpine auf der damals neuen Strecke über die Kesch-Hütte und den Scaletta-Paß herein. Nicht zuletzt hängt vom Wetter gerade bei alpinen Läufen und bei 100-Kilometer-Rundkursen, sofern sie nicht wie einst in Unna fast völlig auf Asphalt verlaufen, auch der Streckenzustand ab. Manche Ultra-Veranstaltung ist da zumindest abschnittsweise zum Crosslauf geworden. Auch in dieser Hinsicht unterscheidet sich ein Ultra-Rundkurs von einem üblichen Marathon.

Mit einer schlechten Tageskondition kann man sich, wenn auch in ungünstiger Zeit, auf einer ‚kürzeren' Langstrecke noch immer über die Runden retten; der Ultralauf jedoch verstärkt subjektive Schwierigkeiten. Ein harmloses Verdauungsproblem kann sich auf einem 100-Kilometer-Lauf zu einem ziemlichen Mißgefühl über Stunden auswachsen. Eine Naht der Sporthose, die irgendwo reibt, durchnäßte Schuhe und Socken, die zu erst spät bemerkten Druckstellen und Blasen führen, können einen auf einem 100-Kilometer-Lauf an den Rand der Läufer-Existenz bringen. Auf einem Halbmarathon beachtet man solche Beeinträchtigungen kaum. Mit anderen Worten: Äußere und innere Schwierigkeiten potenzieren sich beim Ultramarathon.

Eine ganz spezifische Belastung, die auf keiner anderen Langstrecke auftritt, ist der Lauf über Tiefpunkte des Tagesrhythmus hinweg. Ausgeprägt ist dies bei Laufveranstaltungen, die abends gestartet werden, nämlich zu einer Zeit, in der die meisten Menschen ans Schlafengehen denken. Wie immer auch die zeitlichen Schlafgewohnheiten sind – die 100 Kilometer oder einen großen Teil des 24-Stunden-Laufs läuft man zu einer Uhrzeit, in der man sonst seine Tiefschlafphasen hat. Das geht zwar besser, als sich Untrainierte vorstellen können; aber wir müssen uns dennoch im klaren darüber sein, daß wir eine körperliche Hochleistung gegen den circadianen Rhythmus vollbringen müssen, jenen biologischen Rhythmus, dem alle Lebewesen unterworfen sind und durch den jeder Mensch zu bestimmten Tageszeiten eine Hoch- oder Tiefphase durchmacht. Das gilt, in geringerem Maße, auch für eine Veranstaltung mit dem Start am Morgen. Hier läuft man über das Tief am frühen Nachmittag hinweg.

Beobachtern, die sich vielleicht über den abendlichen Start wundern, muß man gelegentlich sagen, daß dies nicht der Romantik wegen geschieht oder damit die Läufer nicht zu übernachten brauchen, sondern damit für die große Masse derjenigen, die auf populären Läufen wie in Biel fast oder gänzlich die komplette Sollzeit ausschöpfen, genügend Zeit zur Verfügung steht. Wenn man schon abgeschlagen ist, läuft es sich weit besser in den frühen Morgen hinein als vom Abend in die Nacht. Der Lauf durch die Nacht verspricht aber auch ein besonders eindringliches Erlebnis.

Die natürliche Ermüdung kann auch bei gut Trainierten zu Überraschungen führen. Die Regel der Vorsichtigen, einen Trainingslauf zu jener Tages- oder Nachtzeit zu machen, in der dann auch der Wettkampf stattfindet, gilt auch und besonders hier als ratsam. Nur, wer macht schon gern allein, mit der Taschenlampe in der Hand, läuferisch die Nacht zum Tage?

Ein weiterer Unsicherheitsfaktor ist die Ernährung unterwegs. Die Gefahr einer leistungshemmenden Dehydrierung einerseits oder andererseits der Hyponatriämie, der sogenannten Wasservergiftung durch zuviel Trinken, ist auch während der nächtlichen Kühle nicht zu vernachlässigen. Mehr als alle anderen Probleme des Ultralaufs kann man dieses jedoch in den Griff bekommen.

Weniger Trainierten soll dieses Kapitel deutlich machen: Der 100-Kilometer-Lauf, erst recht der 24-Stunden-Lauf, ist kein Spaziergang. Über die Marathonstrecke kann man sich auf einem Volkslauf noch mogeln; denn bei jedem Volkslauf gibt es einen Ältesten, und der Veranstalter freut sich, wenn dieser nach sechs oder sieben Stunden auch noch eintrifft. Bis dahin fällt es gar nicht auf, wenn man nur joggt oder die Marathonstrecke zum großen Teil im Gehschritt zurücklegt. Der Ultramarathon dagegen stellt bestimmte Anforderungen, die auf anderen Ebenen nicht, zumindest nicht in diesem Maße, gestellt werden. Diese speziellen Anforderungen und Schwierigkeiten zu bestehen, macht zu einem Teil die Faszination des Ultramarathon-Wettbewerbs aus.

MERKZETTEL

- An einem Ultramarathon nimmt man teil, weil man die starke Herausforderung sucht.
- Der Ultramarathon ist ein kontrolliertes Abenteuer.
- Auch Trainierte laufen beim Ultra an ihre Ausdauergrenze heran.
- Schwierigkeiten, die sich beim Laufen einstellen, potenzieren sich beim Ultralauf.

„Die Ultralangstrecken sind für mich eine Sucht, aber eine positive."

Stefan Schlett,
Abenteuerläufer und Extremsportler

5

Weshalb ist es leichter, 100 Kilometer statt Marathon zu laufen?

Wer ist denn auf diese Idee gekommen, es könne leichter sein, 100 Kilometer zu laufen statt 42,2 Kilometer? Nun, wer wohl? Dr. med. Ernst van Aaken, der Verkünder des langsamen Dauerlaufs. „Das menschliche Herz", so schreibt er,[6] „ist der beste ‚Dauerläufer', gegenüber dem die Leistungen der Beine – an der Ausdauer gemessen – sehr schlecht sind. Der Mensch ist schon vom Herzen her nicht zum Sprintlauf über 100, 200 und 400 Meter geeignet, sondern als Landtier ein ausgesprochener Dauerläufer, wie z. B. auch das Pferd. Ja, der Mensch ist sogar in der Lage, länger zu laufen als ein Pferd; denn dieses wird bei Ermüdung seiner Muskeln seinen Lauf oder seine Gangart einstellen, der Mensch aber kann kraft seines Geistes und seines Willens die Dauerbewegung fortsetzen bis zur völligen Erschöpfung, was ein Tier aus sich heraus niemals tun würde."

Ein Vier- bis Fünfstunden-Läufer beim Marathon vermag die Behauptung, die 100 Kilometer könnten leichter fallen als ein Marathon, vermutlich nicht einzusehen; er ist froh, wenn er nach 42,2 Kilometern am Ziel ist. Nehmen wir aber einen Dreistunden-Läufer – nach drei Stunden kann er, seinem Gefühl

6 „Programmiert für 100 Lebensjahre".

nach, möglicherweise auch nicht weiterlaufen; liefe er hingegen dreieinhalb oder vier Stunden, ‚bummelte' er also, könnte er durchaus den Lauf fortsetzen. Im Training ist das ja sehr gut zu beobachten; man erzielt Fortschritte beim Ausdauertraining, indem man einfach eine Strecke langsamer läuft, sie jedoch ausdehnt oder im Intervalltraining nur ganz kurze Abschnitte in maximaler Geschwindigkeit zurücklegt.

Während Sprintstrecken völlig anaerob, das heißt mit Sauerstoffschuld, gelaufen werden, legen Spitzenläufer die Marathonstrecke mit etwa 80 Prozent ihres maximalen Sauerstoffaufnahmevermögens (VO_2max) zurück. Gut klassierte Teilnehmer von 100-Kilometer-Läufen dagegen laufen nur mit durchschnittlich 68 Prozent VO_2max.

Bei einer Untersuchung[7] von 14 gut klassierten Teilnehmern (Zielzeit unter 12 Stunden) des Bieler 100-Kilometer-Laufs ist eine durchschnittliche Sauerstoffaufnahmekapazität von 56,1 ml/min/kg ermittelt worden. Sie liegt zwar deutlich über dem entsprechenden Wert Untrainierter gleichen Alters, bleibt jedoch relativ weit unter den Werten (80 ml), die zur Erzielung von Spitzenergebnissen in anderen Dauerleistungsdisziplinen erforderlich sind.

Ältere haben ein verringertes Sauerstoffaufnahmevermögen. Man kann sagen, daß es – gemessen an Zwanzig- bis Dreißigjährigen – je Dekade um 5 Prozent abnimmt. Im Alter von Fünfzig liegt das VO_2max rund 15 Prozent unter dem eigenen Höchstwert. Das liegt unter anderem daran, daß die Pulszahl im Laufe der Zeit abnimmt – je Lebensjahr im Durchschnitt um einen Schlag in der Minute. Damit sinkt wiederum die Sauerstoffleistung. Andererseits sind ältere Läufer besser befähigt, nahe an ihrer submaximalen Sauerstoffaufnahme zu laufen.[8]

Diese Beobachtung habe ich selbst einmal in der Praxis gemacht, als ich bei einem Hunderter in Biel bei Kilometer 94 einen Endspurt begann und die sechs letzten Kilometer schneller lief als die ersten. Die Tatsache, daß dennoch generell mit relativ niedrigem VO_2max-Wert gelaufen wird, läßt den Schluß zu, daß Ältere vor allem auf der Ultramarathonstrecke noch Potential für Leistungssteigerungen haben.

Wenn bei submaximaler Anstrengung die Sauerstoffaufnahme weit unter dem Maximum liegt, wird zwangsläufig weniger Sauerstoff verbraucht und die Leistung der Organe reduziert. In ruhigem ‚steady state' (gleichbleibender Geschwindigkeit), bei einem Puls zwischen 80 und 120, kann man, abhängig

7 Schweizer Untersuchung durch Oberholzer, Claassen, Holsch, Howald.
8 Heath, Hagberg u. a. in J. Appl. Physiol. July 1, 2008 105: (1) 3-4.

vom Trainingspensum und Trainingsniveau, relativ lange Strecken ermüdungsfrei laufen.

In der ehemaligen Sowjetunion sind schon früh einschlägige Untersuchungen vorgenommen worden. In dem Band „Ausdauerentwicklung. Theoretische Grundlagen" heißt es: „Es ist bekannt, daß die Veränderungen im menschlichen Organismus um so größer werden, je intensiver und länger die Belastungen sind. Dabei befinden sich Intensität und Dauer der Muskelarbeit in umgekehrt proportionaler Abhängigkeit, d. h. je größer die Leistung ist, desto kürzer ist ihre Dauer. Jedoch ist diese Abhängigkeit nicht einfach umgekehrt proportional. In Übereinstimmung mit Handelsmann und Smirnow[9] sagen wir auch: ‚Die Dauer wächst mehr, als sich die Leistung verringert. So vergrößert sich bei zweifacher Verringerung der Leistung die Dauer um mehr als das Zehnfache.'" Auch wenn man daraus für den Ultramarathon kein Rechenexempel machen kann, lohnt es sich, im Hinblick auf die Laufgeschwindigkeit weit unter seinen Möglichkeiten zu bleiben.

Als wir (eine Gruppe von Läufern) im Spätsommer 1981 für eine Pilotstudie die Bundesrepublik laufend durchquerten, hatten wir nach dem jeweiligen Tagespensum von durchschnittlich 55 Kilometern keineswegs das Gefühl, einen Marathon oder gar mehr gelaufen zu sein. Das ist auf die ruhige Geschwindigkeit und eine lange Mittagspause zurückzuführen.

Es ist durchaus denkbar, als erste Langstrecke im Wettkampf einen 100-Kilometer-Lauf zu bestreiten und erst später einen Marathon. Ina Wester, Jahrgang 1936, hat das so gemacht: Im Juni 1971 nahm sie an einem 100-Kilometer-Lauf teil und erst im Oktober desselben Jahres an einem Marathon. „Ich sah hier: Ein Marathon ist eigentlich härter als 100 Kilometer. Weil die Strecke kürzer ist, muß man schneller laufen, um eine gute Zeit zu erreichen." Die Schweizerin Agnes Eberle, mit 8:17 Stunden Siegerin des Bieler 100-Kilometer-Laufs 1985, sagte ebenfalls, daß ihr ein 100-Kilometer-Lauf leichter falle als ein Marathon. Für Helmut Urbach, den ersten Deutschen, der die 100 Kilometer von Biel unter acht, dann unter sieben Stunden lief, waren die 100 Kilometer der erste Langstreckenwettbewerb, abgesehen von einigen 10-Kilometer-Rennen. Auch Harry Arndt, ehemaliger Sportwart, dann Präsident der Deutschen Ultramarathon-Vereinigung, lief zuerst die 100 Kilometer, dann einen Marathon. Das gleiche gilt für den Abenteuer- und Extremläufer Stefan Schlett.

9 Anm.: Sport und Gesundheit, 1963.

Die Entscheidung, ob man für den ersten Wettkampf eine Ultrastrecke wählt, ist individuell zu treffen. Unter didaktischem Aspekt, der allmählichen Vorbereitung auf die Ultrastrecke, ist jedoch nach meiner Ansicht die Teilnahme an einem Marathon zu empfehlen. Vielleicht lernt man dabei sogar die Vorzüge eines Ultramarathons noch besser zu schätzen.

Bereits bei der Startaufstellung gewinnt man einen positiven Eindruck vom Ultra-Wettbewerb. Das Startfeld eines Ultralaufs ist erheblich kleiner und übersichtlicher als das eines City-Marathons. Die Atmosphäre ist entspannt, es entsteht keine Hektik vor dem Start. Zwar ist auch der Ultralauf sportlicher geworden, aber die hohe Startgeschwindigkeit beim Marathon wird beim Ultra-Start nur von wenigen Spitzenläufern praktiziert. Für die Übrigen vollzieht sich der Start im Vergleich zum Marathon geradezu gemächlich. Nicht wenige Ultraläufer schätzen das.

Da ein ökonomischer Laufstil das Gebot der Stunde(n) ist, kann man seine Laufgeschwindigkeit auf der Ultrastrecke weit besser als beim Marathon, auf jeden Fall ohne die mindesten Bedenken, an die Topographie anpassen. Für die meisten Teilnehmer spielt es keine Rolle, wenn sie Steigungen im Gehschritt zurücklegen. Eine Gehpause beim Marathon kann gefährlich werden, wenn man sich eine bestimmte Laufzeit vorgenommen hat; auf der Ultramarathonstrecke hingegen kann man Gehpausen planen, und auch spontane Gehstrecken als Krisenbewältigung sind kein Unglück.

Seit bei dem traditionsreichen Bieler Lauf der Zielschluß von 24 auf 21 Stunden verkürzt worden ist, wird man die 100 Kilometer schwerlich noch komplett im Wanderschritt bewältigen können. Wer sie wie die Militär-Teams marschiert, muß auf eine ordentliche Geschwindigkeit achten. Dennoch, die Ultrastrecke gibt auch Älteren weit mehr Möglichkeiten als ein Marathon mit Zielschluß nach fünf oder fünfeinhalb Stunden.

MERKZETTEL

- Wenn von Anfang an die Laufgeschwindigkeit gesenkt wird, ist es möglich, die Ermüdung weit hinauszuschieben.
- Marathon wird mit durchschnittlich 80 Prozent des VO_2max (maximales Sauerstoffaufnahmevermögen) gelaufen, ein 100-Kilometer-Lauf dagegen mit durchschnittlich nur 68 Prozent.
- Mehrere qualifizierte Ultraläufer hatten noch keinen Marathon bestritten, als sie auf die 100-Kilometer-Strecke gingen.

„Wenn andere nachts feiern, kannst du auch laufen.“

Helmut Urbach,
unter anderem siebenfacher Sieger der 100 Kilometer von Biel,
1966 vor seinem ersten 100-Kilometer-Lauf

6

Bin ich ein Ultraläufer?

Eine Hinführung zum Ultramarathon ist keine Überredung zum Ultralauf. Man kann sportlich sein, aber man ist nicht in jeder Sportart kompetent. Selbst bei einer einzigen Sportart wie dem Laufen ist die Bandbreite der Disziplinen riesig. Was hat ein 100-Meter-Läufer mit einem 100-Kilometer-Marschierer gemein? Sie nutzen beide ihre Beine, um eine sportliche Leistung zu erzielen. Aber damit hört es schon auf. Anaerob oder aerob zu laufen, ist ein prinzipieller Unterschied. Von den fünf Hauptbeanspruchungsformen wird auf der Kunststoffbahn extrem die Schnelligkeit eingesetzt, auf der 100-Kilometer-Strecke extrem die Ausdauer.

Ich kenne einen Sportfreund, der bis ins hohe Alter hinein Spitzenplätze im 10.000-Meter-Lauf belegt hat. Einmal wollte auch er einen Marathon probieren. Beim Schwarzwald-Marathon an einem ziemlich warmen Oktobertag liefen wir Seite an Seite. Zwar stöhnt so mancher nach einem Marathon „Nie wieder“, erst recht nach einem Ultramarathon, hat das aber spätestens nach vierzehn Tagen vergessen. Doch mein Sportfreund vom Schwarzwald-Marathon meinte es wirklich so. Seine Schnelligkeit auf der 10.000-Meter-Strecke hatte ihm nicht geholfen. Umgekehrt bin ich nur ein einziges Mal in meinem Leben 10.000 Meter im Stadion gelaufen. Die Sonne brannte, wenngleich sicher nicht stärker als beim Schwarzwald-Marathon. Doch die Runden im Stadion prägten sich mir in der Erinnerung als läuferische Hölle ein. Dies mag merkwürdig klingen, wenn man die Erfahrung eines Extremlaufes hat. Doch auch frühe läuferische Erlebnisse können prägen. Nicht nur unsere Lebenserfahrungen, auch unsere läuferischen Erfahrungen sind völlig subjektiv.

Manche vergessen das und machen ihre individuelle Erfahrung zum Maßstab ihres Urteils. Unter solchen Urteilen haben insbesondere wir in der Ultramarathon-Szene gelitten. Ich erinnere mich, daß mich ein nicht einflußloser Laufsportler darüber belehren wollte, welcher Unsinn der 100-Kilometer-Lauf sei. Sein Urteil gründete sich auf seine persönliche Erfahrung, den Einbruch auf seinem ersten und wohl einzigen 100-Kilometer-Lauf.

Alle medizinischen Erkenntnisse sprechen dafür, mit zunehmendem Alter dem Ausdauertraining Vorrang einzuräumen. So gesehen ist es ziemlich unsinnig, Wettbewerbsstrecken für Ältere oder für Frauen, die von Natur aus ein hohes Maß an Ausdauer haben, zu verkürzen, wie das in der Vergangenheit auf Volkslaufveranstaltungen häufig geschehen ist. Nicht die Ausdauer fehlt ihnen, sondern die Schnelligkeit hat nachgelassen. Also muß man ihnen nur mehr Zeit gönnen.

Die Bevorzugung des Ausdauertrainings im Alter bedeutet nicht, nun alle Halbmarathonläufer zu Marathonläufern und diese zu 100-Kilometer-Läufern machen zu wollen. Wenn jemand sich in einer bestimmten Disziplin entwickelt hat, warum sollte er sie dann im Alter aufgeben? Wer immer den Sprint geschätzt hat oder die Kurz- und die Mittelstrecke, hat ein Potential erworben, das ihn auch im Alter trägt. Es ist ähnlich wie beim Autofahren: Mit siebzig sollte man wahrhaftig nicht mehr die Fahrerlaubnis erwerben wollen. Aber wer sie seit fünfzig Jahren hat und die entsprechende Fahrpraxis besitzt, ist mit Sicherheit dem Neuling weit überlegen. Ein paar Zehntelsekunden Verlust an Reaktionsschnelligkeit bedeuten nichts im Vergleich zu der Souveränität, sich zum Beispiel zwei Stunden lang ermüdungs- und streßfrei im Straßenverkehr zu bewegen.

Es ist ein Glück, daß heute die Anhänger der einen Laufdisziplin nicht mehr die der anderen herabsetzen. Ich denke, wir sind auch im Sport viel toleranter als früher geworden. Nicht zuletzt die Trendsportarten haben dazu geführt, jeden nach seiner Façon selig werden zu lassen.

Im Verlauf einer Läuferkarriere bilden sich bestimmte Vorlieben heraus. Gewiß sollte man offen sein für andere Disziplinen und Distanzen. Die Erfahrung eines Marathons gehört sicher dazu, und als Straßenläufer einmal einen Berglauf zu probieren, öffnet den Blickwinkel und führt vielleicht dazu, Laufen unter anderen als den gewohnten Aspekten zu betrachten, zum Beispiel das Naturerlebnis darin zu entdecken. Nichts spricht dagegen, danach zu den Wettbewerben seiner Lieblingsdistanz zurückzukehren. Kaum ein Läufer kann auf jeder Streckendistanz zu Hause sein. Im Grunde muß jeder im Verlauf seiner Läuferkarriere zu seiner bevorzugten Strecke finden. Selbst innerhalb des Ultralaufs gibt es Spezialisten. Für die einen endet der Ultralauf mit den 100 Kilometern, andere zieht es zu mehrtägigen Laufveranstaltungen, weitere bevorzugen Zeitläufe wie die 24 Stunden. Es können auch Lebensumstände eintreten, die zu einem Wechsel der Distanz zwingen.

Neue Erfahrungen zu wagen, sollte auch für Routinierte gelten. Der 5.000-Meter-Läufer hat erst dann das Laufen begriffen, wenn er irgendwann im Leben auch einen Marathon angegangen ist, nämlich entdeckt hat, daß es jenseits der bisher geübten Schnelligkeit noch andere Komponenten gibt, die Ausdauer, die Überwindung der Strecke und ihrer Schwierigkeit. Das ist wie im richtigen Leben. Im Beruf, um das Bild des Sportes zu übertragen, reüssieren noch immer die Schnellen. Die Langsamen werden beiseite gedrängt, und niemand fragt, ob nicht gerade die Langsamen die Ausdauernden sind, die Soliden, die Erfahrenen, die wissen, was bei Kilometer 35 oder 75 passieren kann. Wir brauchen einfach mehr Marathonläufer im Arbeitsleben. Vielleicht auch mehr Ultraläufer.

Es gibt auch gute Gründe dafür, an Wettkämpfen teilzunehmen: die Trainingsmotivation, das soziale und landschaftliche Erlebnis, die Annahme einer Herausforderung, das Erfolgserlebnis. Zur Offenheit gehört aber auch, diejenigen nicht auszugrenzen, die niemals eine Wettbewerbsteilnahme beabsichtigen. Auch sie dürften gute Gründe haben. So merkwürdig es auch klingt, der Ultralauf steht denjenigen, die mit einem Wettbewerb nichts im Sinn haben, viel näher als die kürzeren Distanzen. Wer nicht an einem Wettbewerb teilnehmen will, wird keine 10.000 Meter, keine Halbmarathon- oder Marathonstrecke auswählen; aber er wird vielleicht eines Tages von A nach B laufen wollen. Wenn B ungefähr 50 Kilometer entfernt liegt, muß er dafür eine Ultradistanz zurücklegen. Und schon ist der Trainingsläufer zum Ultraläufer geworden.

Marathonläufer sind auf das Ziel fokussiert. Im Prinzip wollen sie die Strecke möglichst rasch hinter sich bringen. Für die meisten Ultraläufer dagegen ist der Weg das Ziel. Man kann sich nicht vornehmen, ein ziemlich weit entferntes Ziel in möglichst kurzer Zeit zu erreichen. Dies wäre die falsche Strategie; sie scheitert bereits am ersten Problem, das auftritt. Wenn körperliche Bewegung Glücksmomente bringen kann,[10] dann erst in einer ‚entsportlichten' Phase, in der das Ziel (noch) keine Bedeutung hat.

Wer als mäßiger Läufer bei einem 100-Kilometer-Lauf zu einer großen Runde startet, wird binnen kurzem nicht mehr unbedingt das Gefühl haben, sich in

10 Was nach Professor Wolfgang Knörzer der Fall ist.

einem Wettbewerb zu befinden. Wenn nicht der Zufall oder eine Absprache eine Rolle spielt, wird er zumindest einen Teil der 100 Kilometer, vielleicht sogar den weitaus überwiegenden Teil, allein sein. Das muß er ertragen können. Manche Läufer schätzen dies sogar. Für sie gibt es keinen Zweifel, daß der Ultramarathon ‚ihre' Strecke ist. Auf diese Weise erklärt es sich wahrscheinlich, daß manche Ultraläufer einen Marathon erst nach dem ersten Ultramarathon gelaufen sind.

Ultraläufe, die aus einer einzigen großen Runde bestehen oder aus einer Strecke von A nach B, sind gewöhnlich Landschaftsläufe. Viele Ultraläufer rekrutieren sich aus dem Kreis derjenigen, die den Landschaftslauf oder das Trail Running schätzen.

Wer noch gar keine Wettbewerbserfahrung hat, sollte sich überlegen, ob und was ihn an einem Ultralauf reizen könnte. Man sollte sich auch selbst prüfen, ob man nicht schon, sei es psychisch, sei es beruflich, eine gewisse Affinität zur Ultrastrecke mitbringt.

In der frühen Ultra-Zeit konnte man einem Geher begegnen, der die 100 Kilometer von Biel mit zwei Krücken zurücklegte: Friedrich Berg aus Ennigloh, ein einseitig Beinamputierter. Er ist nicht der einzige geblieben, der die Ultrastrecke nur mit Gehhilfen bewältigen konnte. Erstaunlicherweise hat auch ein Blinder den K 78 des Swiss Alpine geschafft. Ein persönliches Handicap, so zeigt sich, kann also auch ein Motiv sein, sich an eine Ultra-Herausforderung zu wagen.

Laut einer Studie[11] erfahren ‚Extremausdauersportler' auch in ihrem Alltag mehr Belastungen als Normalsportler. Professor Dr. Siegfried Preiser und Birgit Ziessler befragten 51 Extremausdauersportler und 40 Mitglieder von Lauftreffs, eine Kontrollgruppe von Normalsportlern, nach vorangegangenen gravierenden enttäuschenden Lebensereignissen oder -Nichtereignissen sowie nach sozialer Unterstützung und Bewältigungsstrategien bei aktuellen Krisen. Dabei ermittelten sie, daß der Gesamtwert der Belastungen mit der Anzahl der Wochentrainingsstunden korrelierte. „Extremausdauersport erwies sich als eine Bewältigungsform für Lebenskrisen; mögliche Erklärungen werden in der Emotionsregulation, in der Stabilisierung des Selbstwertgefühls und im Erleben von Selbstwirksamkeit gesehen." Erfahrungsgemäß werden Lebensschwierigkeiten durch die Annahme großer Herausforderungen stark relativiert.

Selbst wenn man keine Neigung dazu spürt, sollte man einen Versuch beim Ultramarathon wagen, so wie ich jedem halbwegs ambitionierten Läufer empfehle, einmal einen Marathon zu laufen. Man muß diese Probe ja

11 „Extremausdauersport als Bewältigung von Lebensenttäuschungen?" in Report Psychologie, 2009, 34 (5).

nicht wiederholen, wenn man das Gefühl hat, die Strecke passe einem nicht. Schlimmstenfalls kann man sogar aufgeben. Auch einem Ultraläufer tut es gut, einmal auf der Mittel- oder Kurzdistanz zu starten, sofern die Läuferkarriere nicht auf der kurzen Strecke begonnen hat.

Erfahrungen auf anderen Strecken als den gewohnten erweitern den Horizont. Wer eine Funktion ausübt, als Trainer, Berater, Organisator oder Autor in der Laufszene, sollte auch einmal eine Ultrastrecke gelaufen sein. Es ist Dieter Baumann hoch anzurechnen, daß er, der Olympiasieger 1992 über 5.000 Meter, nicht nur Marathon, sondern auch die 100 Kilometer gelaufen ist (9:45:56 Stunden),[12] und dies bei sehr widrigen Wetterbedingungen. Erst auf der Ultrastrecke begreift man, was Laufen sein kann.

MERKZETTEL

- Man sollte zu ‚seiner' Strecke finden. Dazu muß man sie jedoch kennenlernen.
- Auf der Ultrastrecke begreift man, was Laufen sein kann.

12 Am 18./19. Juni 2011 in Biel.

„Ich wußte, wenn ich das Rennen nicht beendet hätte, würden alle sagen: Frauen können es nicht, sie sind zu schwach, zu zerbrechlich. Es war wirklich merkwürdig, weil mich alle männlichen Läufer um mich herum unterstützt haben.“

Kathrine Switzer,
in der Erinnerung an den Boston Marathon 1967,
als sie als erste Amerikanerin offiziell einen Marathon beendete

7

Die Chance der Frauen

An Ultraläufen nehmen noch weniger Frauen teil als an Marathonläufen, wenngleich sich beim Marathon eine positive Tendenz abzeichnet. In Deutschland sind bei manchen City-Marathons über 20 Prozent der Teilnehmer Frauen. In den Vereinigten Staaten wird manchmal sogar fast ein ausgeglichenes Geschlechterverhältnis erreicht.

Beim Ultralauf sind wir davon noch weit entfernt; dennoch ist auch hier die Tendenz positiv, insbesondere dort, wo das Erlebnis, nicht der Wettbewerb, im Vordergrund steht. Der Frauenanteil beim Swiss Alpine hat sich von 15 Prozent in den 1990er Jahren auf 34 Prozent im Jahr 2012 gesteigert. Dabei haben Frauen große Chancen, Ultraläufe erfolgreich zu beenden. Möglicherweise sogar größere Chancen als die meisten Männer, wenn nur die Strecke lang genug ist. Diese Hypothese stellte bereits der Laufpionier Dr. Ernst van Aaken auf. Er konnte sich auf eine ganze Anzahl physiologischer Gegebenheiten beziehen, aber auch auf bestimmte Eigenschaften des weiblichen Geschlechts, vor allem die psychische Ausdauerfähigkeit der Frau. Die Anforderungen einer Geburt sind sicher nicht geringer als die eines Ultralaufs. Vor einigen Generationen gab es nicht wenige Frauen, die zehn Geburten oder mehr hatten. „Die Frau ist durch ihr Knochengerüst und den typisch weiblichen Gang besser für die Langstrecken geeignet als der Mann als Geschlechtswesen, sie ist keine Sprinterin, sie ist ein Ausdauerleister."[13]

Ob die physiologische Aussage stimmt, mag zu bezweifeln sein; unstrittig ist, daß Frauen gute Dauerleister sind. Die erste Frau, die 1923 den Comrades-Marathon lief, war Frances Hayward; ihre Leistung, 11:35 Stunden, ist jedoch nicht anerkannt worden, da sie offiziell nicht hätte starten dürfen.

Ernst van Aaken war einer der ersten, der die Ausdauerfähigkeit von Frauen dokumentierte. Bereits 1969 widerlegte er das Vorurteil vom ‚schwachen Geschlecht':[14] „Die Frau ist aber in ihrer physischen und psychischen Konstitution ein Dauerleister, wenn in den Dauerbelastungen eine nicht zu hohe Muskelleistung gefordert wird." In seinem Aufsatz geht er insbesondere auf die Dauerleistungen von Kanalschwimmerinnen ein. „Die Fragestellung also, ob die Frauen nur ein schwaches Geschlecht sind, ist vom Muskelsystem her beurteilt zu bejahen, aber das ist ihr Vorteil für ihre biologische Dauerhaftigkeit. Zudem ist die Frau biologisch so konstituiert, daß sie z. B. trotz ihrer im Durchschnitt geringeren Blutmenge im Vergleich zum Manne einen größeren absoluten Blutverlust ohne Schaden verträgt. Die Frau hat von Natur aus anscheinend ein ökonomischer arbeitendes Fermentsystem, eben zur Dauerleistung, während der Mann ein Sprinter ist mit explosionsartig arbeitender Muskulatur und unökonomischer Energieverschwendung." An anderer Stelle[15] erwähnt er, „daß die damals 70jährige Rosa Vögeli aus der Schweiz, die von den Ärzten mehrfach aufgegeben war, nach meiner schonenden Ausdauermethode in drei Jahren so weit ist, daß sie unter 3.000 Teilnehmern des Bieler 100-Kilometer-Laufs 794. in 15 ½ Stunden wird, also 2.000 Männer hinter sich hatte, ... (Rosa Vögeli) ist ein extremes Beispiel, was Frauen leisten können". Die biologische Stärke von Frauen zeige sich auch in der durchschnittlich vier oder fünf Jahre längeren Lebensdauer.

Einer seiner praktischen Ansätze war der „1. offizielle 100-Meilen-Lauf (160,9 km) ‚nur' für Frauen" am 26./27. März 1983, den van Aaken an seinem Wohnort Schwalmtal-Waldniel veranstaltete. Kiddy Sandra (USA) stellte damals mit 15:40:50 Stunden eine neue Weltbestzeit auf. Sein Fazit: „Der Waldnieler 100-Meilen-Lauf hat bewiesen, daß einige von den Läuferinnen, die das Ziel passierten (im ganzen waren es 60 Prozent der angetretenen Teilnehmerinnen),

13 „Das Van Aaken Lauflehrbuch".
14 Im 20. Rundbrief der IGÄL.
15 „Condition" Nr. 16, 1973.

nach Absolvierung der Strecke genauso frisch waren wie beim Start, und unter den 14 durchs Ziel gekommenen Läuferinnen waren auf jeden Fall zwei Läuferinnen (über 40 Jahre alt und Mütter mehrerer Kinder), die in der Lage gewesen wären, auch 300 Kilometer in derselben Verfassung zu laufen. 500 Kilometer ist für eine Frau keine Utopie." „Genauso frisch wie beim Start" ist vielleicht übertrieben; Beobachtungen ergeben jedoch, daß Ultraläuferinnen durchweg in gutem Zustand ankommen.

Van Aaken wagte daher die Hypothese: „Man kann schon heute sagen, daß ein Mann wohl eine 500-Kilometer-Strecke gehen kann, aber nur einzelne Männer sie im Lauf durcheilen können. Ein 100-Meilen-Lauf ist für den Durchschnitt der Männer eine Unmöglichkeit. Es werden aber in Zukunft Tausende Frauen 100 Meilen laufen können, dazu hat sie die Natur so ausdauernd gemacht."[16]

Das ist sehr pointiert, wenn nicht überzogen ausgedrückt, soll aber veranschaulichen, welche Chancen van Aaken den Frauen eingeräumt hat. Tatsächlich dürften Frauen auch bei langen Ultramarathonstrecken infolge ihrer physischen Ausstattung, einschließlich ihres höheren Körperfettanteils und der vergleichsweise niedrigeren Sauerstoff-Transportfähigkeit, hinter den Leistungen der Männer zurückbleiben.

Nach Erich Vellage, dem DLV-Trainer und Autor des Buches „Läuferin, Langstrecklerin, Marathonläuferin" scheint es, „daß Frauen in der Lage sind, eine im Vergleich zu ihrer maximalen Leistung prozentual höhere Belastungsintensität über einen längeren Zeitraum durchzuhalten". Offenbar ist bei extrem langen Strecken die Fettoxidation von Frauen höher als die von Männern; sie kann bis zu 70 Prozent der Energiegewinnung ausmachen.

Entsprechend hoch ist die Erfolgsquote von Läuferinnen: Im Jahr 1967 starteten 1.162 Männer und 16 Frauen in Biel. Nur 742 Männer kamen ins Ziel, dagegen alle 16 Frauen; die älteste war 74 Jahre alt und lief knapp 16 Stunden.

Ultraläufe kommen der Mentalität von Frauen durchaus entgegen, da Frauen erfahrungsgemäß weit weniger wettbewerbsorientiert als Männer sind. Außerdem sind Ultraläufe oft Landschaftsläufe, im Gegensatz zu den meist als Leistungssport angelegten Marathonläufen. Der Einstieg in den Ultralauf ist auch für nicht wettbewerbsorientierte Frauen durchaus möglich. Ein klassisches Beispiel ist die Laufpionierin Ina Wester (Jahrgang 1936), die 1971 die 100 Kilometer in Unna in 11:53 Stunden absolvierte, ohne jemals zuvor einen Marathon gelaufen zu sein.

16 „Das Van Aaken Lauflehrbuch".

Auch Eva-Maria Westphal (Jahrgang 1918) aus Hamburg hat als erste Deutsche gezeigt, wie prädestiniert manche Frauen für den Ultralauf sind. Von der Konstitution und vom Alter her entsprach sie nicht im mindesten dem Typ einer Leistungssportlerin, lehrte jedoch eine Anzahl Männer das Staunen. Nach ihrem Sieg in Biel 1969 gewann sie zwei Jahre später im Alter von 54 Jahren dort abermals, und zwar in 10:11 Stunden. Den 100-Kilometer-Lauf in Unna gewann sie sogar viermal, 1972 in 11:10:01 Stunden.

In fortgeschrittenem Alter lief auch Gerda Schröder aus Hamburg auf der Ultrastrecke. 1983 nahm sie mit 54 Jahren an van Aakens 100-Meilen-Lauf für Frauen teil (19:20:16), 1985 wurde sie im 100-Kilometer-Lauf von Rodenbach in der Altersklasse 55 mit 9:43:27 Erste. 1986 legte sie im 24-Stunden-Lauf zu Mörlenbach 191,640 km zurück und 1997 im 48-Stunden-Lauf (in AK 65) 249,000 km, im Jahr 2000 lief sie in der AK 70 in 48 Stunden noch 230,142 km und die 100 km in Biel in 16:43:37 Stunden.

Sigrid Eichner war 2005 mit 64 Jahren die älteste Teilnehmerin am Badwater-Lauf, der von 85 Metern unter dem Meeresspiegel 135 Meilen (217,26 km) auf den Mount Whitney (2.530 m ü. M.) führt und dabei 4.000 Höhenmeter überwindet. Sigrid Eichner, derzeit die Läuferin mit den meisten Marathonläufen in der Welt, brauchte dafür 52:45:46 Stunden.

Eine weitere leistungsstarke Ultrapionierin war Christel Vollmerhausen. 1974 gewann sie die 100 km von Unna in 10:09:17 Stunden. 1986 lief sie die 100 km von Rodenbach in 10:00:56 Stunden (erste in AK 50). 1988 legte sie beim Sri Chinmoy-100-Meilen-Lauf zu Augsburg die Strecke in 19:22:23 Stunden zurück sowie beim 48-Stunden-Lauf in Blackpool 312 km. Ihre Bestleistungsliste weist weiterhin auf: 1993 (AK 60) 100 km Grünheide/Kienbaum in 10:44:10, 1994 beim 48-Stunden-Lauf Köln 295,879 km, 1996 100 km Rodenbach in 11:33:13 Stunden.

Eine der ersten deutschen Marathonläuferinnen, Christa Vahlensieck, lief 1976 die 100 km von Unna in 7:50:37 und stellte damit den Streckenrekord der Frauen.

Das Pendant zu Helmut Urbach bildete auf der 100-Kilometer-Strecke Birgit Lennartz (Jahrgang 1965), die unter anderem siebenmal in Biel siegte. Ihre persönliche 100-Kilometer-Bestzeit steht bei 7:18:57 (1990 in Rodenbach).

Der Mehrzahl der Frauen geht es jedoch nicht um Konkurrenz, sondern primär um die Bewältigung der langen Strecke. Die Voraussetzungen bringen sie mit: Sie sind generell bereit, lange Strecken allein oder, wahrscheinlich lieber, in einer sehr kleinen Gruppe zurückzulegen. Sie rennen nach dem Start nicht ungestüm los, sondern laufen kontrolliert in ruhiger, gleichbleibender Geschwindigkeit. Mit dieser Technik des beständigen Laufens ohne Beanspruchung der vollen Sauerstoffaufnahmekapazität haben sie vielen männlichen Sportfreunden einiges voraus. Karl Lennartz, der als Trainer von Tochter Birgit und Sohn Burghard eine Anzahl Rennverläufe beobachtet hat, brachte seine Erkenntnis auf den Punkt: „Frauen laufen im Ultrabereich klüger; die Männer sollten sich daran orientieren." Sehr oft könne man im 100-Kilometer-Lauf bei Männern angesichts der 10-Kilometer-Zeit, manchmal auch noch nach 50 Kilometern, auf eine neue Weltbestzeit schließen, ohne daß diese Erwartung erfüllt werden könnte. Frauen verhalten sich anders, so die Beobachtung von Karl Lennartz (und anderen); ihr Verlust zwischen dem ersten und dem letzten 10-Kilometer-Abschnitt sei oft recht gering. Es gebe sogar Athletinnen, die die zweite Hälfte eines Ultrawettbewerbs schneller als die erste laufen.

Vielleicht bedarf es nur eines Anstoßes, den Schritt zum Ultrawettbewerb zu unternehmen. Gar nicht so selten kennen Frauen die Bieler Wettbewerbsstrecke als Fahrradbegleiterin ihres Partners; eines Tages mögen sie nicht mehr die Betreuerin spielen, sondern wollen selbst aktiv sein. Kein schlechter Einstieg.

MERKZETTEL

- Physiologische und psychologische Gegebenheiten prädestinieren Frauen zur Ultrastrecke.
- Ultraläufe entsprechen der Mentalität von Frauen.
- Frauen laufen im Ultrabereich klüger (Dr. Karl Lennartz).

„Auffallend ist, daß die älteren Athleten (jenseits des 40. Lebensjahres) stets die längeren Distanzen im Visier ihrer Rekordbemühungen haben. Da die Langdistanzen eine geringere Belastungsintensität erfordern, kommt dieser Umstand offensichtlich den physiologischen Möglichkeiten der Alterssportler entgegen, die eher auf kontinuierliche Leistung ausgerichtet sind."

Prof. Dr. med. habil. Georg Neumann

8

Langsamer und länger im Alter

Zwar finden auch junge Menschen zum Ultramarathon, wie zum Beispiel der Abenteuerläufer Stefan Schlett, der mit 19 Jahren seinen ersten Hunderter lief. Zum 100-Kilometer-Lauf in Biel sind auch Sechzehnjährige zugelassen; aber frühzeitig hat sich aus Erfahrungen, Teilnehmerstatistiken und Untersuchungen die These herauskristallisiert, daß der Ultralauf eine Domäne der Älteren ist. Darunter ist hier ein Lebensalter von etwa 50 Jahren aufwärts zu verstehen. Der Begriff ‚alt' wird für Läufer ungefähr von 65 Jahren an verwendet; ‚hochaltrig' ist man von etwa 80 Jahren an. Physiologisch kann es auch bei Läufern beträchtliche Unterschiede zwischen kalendarischem und biologischem Alter geben. Der persönliche Leistungshöhepunkt liegt bei einem kalendarischen Alter von etwa 55 Jahren, die Leistungskurve kann auch zu diesem Zeitpunkt nach unten oder oben ausschlagen.

Wichtig ist: Ausdauer läßt sich, entgegen den bis in die 1970er Jahre verbreiteten Behauptungen, lebenslang trainieren. Ein Vergleich zwischen hochtrainierten fünfzig- bis sechzigjährigen Mittel- und Langstreckenläufern und Untrainierten derselben Altersgruppe hat ergeben, daß das Training den altersbedingten

Leistungsabbau weit mehr als nur ausgleicht. „Damit wird deutlich, daß exogene Einflüsse (z. B. Training) und (oder) genetische Prädispositionen sehr wahrscheinlich eine größere Bedeutung für die Ausdauerleistung im Alter haben als (altersbedingte) biologische Abbauprozesse“, so Professor Dr. Achim Conzelmann.[17]

Alterungsvorgänge manifestieren sich in Schüben, wie das Institut für Gerontologie an der Universität des US-Bundesstaates Pennsylvania erforscht hat. Nach der sich über 33 Jahre erstreckenden Untersuchung von 4.000 Personen altern nicht alle Menschen auf die gleiche Weise. Subjektiv wird der Leistungsrückgang als Leistungsknick empfunden. Das geschieht im Leben eines Sportlers mehrfach, am deutlichsten vom sechsten oder siebten Lebensjahrzehnt an. Der amerikanische Statistiker Ken Young (Association of Road Racing Statisticians), der für jedes Lebensalter den durchschnittlichen Leistungsabfall errechnet hat, gibt die Reduzierung für Fünfzigjährige mit 14,5 Prozent an, für Sechzigjährige mit 27,5 Prozent, für Siebzigjährige mit 42,5 Prozent und für Achtzigjährige mit 58,1 der einstigen Bestleistung, ausgedrückt in der absoluten Marathonzeit.

Dafür, daß das Durchschnittsalter nicht nur bei Ultra-Wettkämpfen, sondern wahrscheinlich im Ultralauf überhaupt höher liegt als bei den Teilnehmern kürzerer Wettbewerbe, gibt es mehrere Ursachen: demographische, biographische, physiologische und psychologische.

Die Industriegesellschaften verzeichnen einen deutlichen Anstieg des durchschnittlichen Lebensalters. Jüngere demographische Untersuchungen der Berliner Altersstudie prognostizieren für 2050, daß dann jedes neugeborene Mädchen eine Lebenserwartung von 86,6 Jahren und jeder neugeborene Junge von 81,1 Jahren haben wird.

Gegenwärtig sind in Deutschland 26,8 Prozent der Bevölkerung 65 Jahre alt und älter. Gleichzeitig ist eine physische und psychische ‚Verjüngung‘ im Gange. Der Altersforscher Professor Dr. Paul Baltes hat sie wie folgt beschrieben: „Die heute 70jährigen sind körperlich und geistig etwa so fit wie die 65jährigen vor 30 Jahren.“ Damit verstärkt sich das Potential lebenslanger Aktivitäten. Um 1950 wäre es undenkbar erschienen, daß 75jährige und Ältere Marathon laufen, und gar, daß die Bestzeit in M 75 unter 3:30 Stunden und in M 80 unter 4 Stunden liegen würde. „Untersuchungen an Seniorenleistungssportlern, die körperlich bis an ihre Grenzen gehen, erbrachten erstaunliche Befunde“, hält Achim Conzelmann fest.[18] „Vergleicht man zum Beispiel die Spitzenzeiten des Olympiamarathons von 1936 mit denen des Berliner Volksmarathons der 50- bis

17 Zur Entwicklung der Ausdauerleistungsfähigkeit im Alter.
18 „Glückliche Lebenslangläufer“ in „Psychologie heute“. (Heft-Nr. und Jahr über Internet nicht eruierbar)

59jährigen (!) aus dem Jahr 1990, so zeigen sich nahezu identische Leistungen. Sowohl bei den Siegerzeiten als auch bei den Zeiten für die Plazierten liefen die alten Herren von 1990 auf dem Niveau der Spitzensportler von 1936."

Wer zum Ultramarathon findet, hat in der Regel eine eher längere Laufpraxis hinter sich. Dadurch erhöht sich zwangsläufig das Durchschnittsalter der Teilnehmer von Ultrawettbewerben.

Nicht wenige Läufer haben erst in fortgeschrittenem Alter zu laufen begonnen, manche gar erst nach der Pensionierung. Die Läuferkarriere zum Marathon und verschiedentlich auch zum Ultramarathon entwickelte sich in dieser Gruppe erst im Lebensalter von 60 bis 70 Jahren. „Inwieweit die sportliche Vorgeschichte die Ausdauerleistungsfähigkeit im Alter beeinflußt, scheint ein interessantes, aber bisher noch ungelöstes Problem in der Sportwissenschaft und der Sportmedizin zu sein", findet Professor Conzelmann. Eine Vermutung (der Professoren Liesen und Hollmann), daß ein Trainingsbeginn im frühen Erwachsenenalter unabdingbare Voraussetzung einer maximalen aeroben Kapazität im höheren Alter sei, wird von Conzelmann in Zweifel gezogen. Dies deckt sich mit meinen eigenen Beobachtungen in der Ultralaufszene. Nach Conzelmann „fällt allerdings auf, daß auf den kürzeren Strecken ausnahmslos ehemalige Spitzenläufer, auf den längeren Strecken dagegen eher ehemalige Nicht-Wettkampfsportler (oder früher wenig erfolgreiche Leichtathleten) im Alter die besten Leistungen erzielen".

Auch wer in jüngerem Alter mit dem Ultramarathon begonnen hat, bleibt in der Regel dabei. Auf diese Weise steigt die Zahl der Ultraläufer. Daß bei den meisten Läufen die Teilnehmerzahlen sinken, ist kein Widerspruch, da sich das Angebot an Laufveranstaltungen enorm vergrößert hat.

Physiologisch ist bei gesunden Älteren der Schritt zum Ultramarathon durchaus sinnvoll; Einschränkungen sind aber im Hinblick auf die Gelenke zu machen. Der Alterungsprozeß am menschlichen Körper hat zur Folge, daß unter anderem die Herzleistung nachläßt, das Atemvolumen geringer wird, das Bindegewebe sich verändert, das Sauerstoffaufnahmevermögen sich reduziert (bei untrainierten Männern zwischen dem 25. und dem 70. Lebensjahr je Dekade um 8 bis 10 Prozent, bei Trainierten um 4 bis 5 Prozent), das Gesamttestosteron sich vermindert (nach dem 55. Lebensjahr um 0,85 Prozent pro Jahr), die Muskelmasse abnimmt und Fett ansetzt. Diese und andere Funktionseinbußen bewirken, daß die persönlichen Bestleistungen auch von Läufern nicht mehr gehalten werden können. Die Kraft geht vom Ende der Pubertät bis ins hohe Alter um 30 bis 40 Prozent zurück, die Bewegungsschnelligkeit um 35 bis 40 Prozent. Die

Beweglichkeit hat ihre Maximalwerte dann längst hinter sich gelassen, das Koordinationsvermögen nimmt zunächst bei sportlichen Tätigkeiten ab, im Alter auch im Alltag. Zwar geht die Ausdauer ebenfalls zurück – bei Sechzigjährigen um 20 bis 30 Prozent im Vergleich zu dem Wert im Alter von 25 Jahren –, aber sie bleibt vergleichsweise am längsten erhalten. Ausdauer sei die „Stärke des Alters“ hat schon Carl Diem in den 1920er Jahren festgehalten. Die Rückgänge der Fähigkeiten lassen sich durch Training verzögern, aber nicht verhindern. Das Training der Ausdauer ist im Alltag am leichtesten zu bewerkstelligen. Im Sport fallen die Alterseinbußen bei der Ausdauer am wenigsten ins Gewicht. Der Ultramarathon wiederum ist die Sportart, die am stärksten die Ausdauer beansprucht und sie gleichzeitig trainiert.

Allerdings setzt der Alterungsprozeß eines Tages auch beim Ultramarathonwettkampf Grenzen. Dies jedoch nicht, weil die Ausdauer zu sehr nachließe, sondern weil unweigerlich die Schnelligkeit zurückgeht und schließlich nicht ausreicht, noch bis zum Zielschluß eines Ultramarathons anzukommen. Da die Betreffenden dies wissen oder leidvoll erfahren haben, nehmen sie keine weiteren Ultramarathons mehr in Angriff und fahren schon aus diesem Grund ihren Trainingsumfang zurück. Eine Funktion, die nicht ausreichend trainiert wird, führt jedoch zu ihrer Reduzierung, hier der Ausdauer. Wenn in Biel die Startklasse M 80 oder F 75 nur dünn, in früheren Jahren gar nicht besetzt war, liegt dies nicht an einem vielleicht nicht vorhandenen Alterspotential, sondern daran, daß es nur wenigen über Achtzigjährigen vergönnt ist, die 100 Kilometer noch innerhalb der vorgegebenen 21 Stunden zurückzulegen. Wenn Wettkämpfern infolge zeitlich nicht ausreichender Leistung der Zugang verschlossen bleibt, fehlt die Motivation zum Ultratraining. Ohne eine Vorleistung des Veranstalters läßt sich daher eine Altersklasse, hier die M 80, bei Frauen wahrscheinlich F 75, nicht aktivieren.

Es wird jedoch immer schwieriger, ausreichend zu trainieren. Insbesondere Intensität und Volumen des Trainings müssen mit fortschreitendem Alter verringert werden, schon weil die Regeneration länger dauert. Das Training reicht dann für die vormals zurückgelegte Ultrastrecke nicht mehr aus.

Für die mentalen Anforderungen eines Ultralaufes sind Ältere indes weit besser gerüstet als jüngere Läufer. Nach der Gesundheitsberichterstattung des Bundes[19] liegen die potentiellen Stärken des Alters „insbesondere in der Fähigkeit zur psychischen Bewältigung von Anforderungen und Belastungen im Alltag. Das bedeutet u. a., daß viele ältere Menschen im Lebenslauf Daseinskompetenzen

19 Heft 10: Gesundheit im Alter. Hrsg. Robert-Koch-Institut, 2005.

entwickelt haben, die sie in die Lage versetzen, Einbußen, Verluste und andere Belastungen im Alter zu verarbeiten".

Konkret aufs Laufen bezogen, heißt das: Ihre Lebenserfahrung bewahrt die meisten auch im Sport davor, unbedacht loszustürmen. Ältere haben in ihrem Leben Enttäuschungen, vielleicht sogar Schicksalsschläge ertragen müssen. Ihre Zielvorstellungen sind von Realitätssinn geprägt. Die Überwindung von Schwierigkeiten hat sie psychisch erstarken lassen. All dies sind Voraussetzungen, mit den psychischen Belastungen eines Ultramarathons besser fertig zu werden.

„Die subjektive Gesundheit wiederum ist stark abhängig von der Fähigkeit, im Alter noch körperlich aktiv zu sein. Dabei fällt das Urteil über die eigene Gesundheit um so positiver aus, je sportaktiver die Person ist. ... Sport scheint also nicht nur die Lebenserwartung, sondern auch die Lebensqualität zu steigern", lautet die Erkenntnis von Achim Conzelmann.

Dies ist keine Aufforderung, sich generell im Alter dem Ultramarathon zuzuwenden, sondern eine Erklärung, warum so viele Ältere diesen Schritt gehen. Der sinnvollste Weg ist, in jüngeren Jahren mit dem Ultralauf zu beginnen und ihn bis ins hohe Alter zu pflegen. Mit dem Laufen erst nach dem Eintritt in den sogenannten Ruhestand zu beginnen und sich über den Marathon bis zum Ultramarathon empor zu arbeiten, ist zwar möglich, wie zahlreiche Beispiele zeigen, jedoch nicht für jeden Menschen geeignet. Die Teilnahme am Ultramarathon im Alter erfordert Realitätssinn und tunlichst die medizinische Begleitung durch einen sachverständigen Arzt.

Das herausragende Vorbild im Ultralangstreckenlauf ist Dr. Adolf Weidmann (1901–1997) aus Matzenbach in der Pfalz, nach dem ein Preis der Deutschen Ultramarathon-Vereinigung für besondere Leistungen im Alter benannt worden ist. Dr. Weidmann ist die 100 Kilometer von Biel erstmals im Jahr 1966, also im Alter von 65 Jahren, gelaufen (17:08 Stunden); 1974 erreichte er seine persönliche Bestzeit mit 14:50:00 Stunden. Eine solche Leistung im Alter ist jedoch nur bei biologisch günstigen Voraussetzungen und/oder einer sportlichen Vergangenheit möglich, selbst wenn diese erst relativ spät begonnen hat. Im Alter von 85 Jahren marschierte Weidmann die 100 Kilometer von Biel in 21:00 Stunden (Deutscher Rekord in M 85), im Alter von 90 Jahren in 22:35:13 Stunden (Deutscher Rekord in M 90). Damals war der Zielschluß in Biel erst nach 24 Stunden. Allerdings wurde er auf diesem Marsch von einem nicht zum Wettbewerb gemeldeten Geher begleitet, was heute in Biel nicht mehr gestattet ist. Weidmann hielt sich vor allem durch langes Wandern und Traben sowie Radfahren – Damenfahrrad ohne Gangschaltung – und Holzhacken (Krafttraining!) fit. Sein Trainingspensum in den Monaten vor dem Biel-Start gab er mit zwei Stunden täglich an, in denen er lief, walkte, Rad fuhr oder Holz hackte.

Weiteres Beispiel für beachtliche Leistungen im Alter ist der 90jährige Fran Albaugh, der bei einem 12-Stunden-Lauf am 20. Oktober 2012 in Erie, Pennsylvania, 30 Meilen (48 km) zurücklegte. Wegen des naßkalten Wetters hatten die meisten Läufer den Kurs nach acht oder neun Stunden verlassen; Albaugh jedoch hielt durch.

Josef Galia (1898–2001) wiederum war nicht nur der älteste deutsche Marathonläufer, sondern ist auch achtmal 100 Kilometer gelaufen (1979 im Alter von 81 Jahren in seiner Bestzeit von 13:37:48 Stunden in Unna und im selben Jahr zuvor in Biel in 15:02). Bemerkenswerte Leistungen vollbrachten auch der Schweizer Gottfried Naef im Alter von 85 Jahren (23:46) und Helmut Gnosa 1998 im Alter von 82 Jahren (15:32:36). In der jüngeren Zeit setzten Dr. Heinrich Gutbier, Jahrgang 1923, als Siebzigjähriger mit 9:13:17 Stunden für 100 Kilometer und Horst Feiler, Jahrgang 1922, als Achtzigjähriger mit 12:46:23 für 100 Kilometer sowie im Jahr 2012 in der Altersklasse M 90 im 24-Stunden-Lauf zu Höxter mit 101,633 Kilometern Akzente für den Leistungssport auf der Ultrastrecke. Auch diese beiden haben erst im Ruhestandsalter mit dem Lauftraining begonnen.

Im Jahr 2010 vollbrachte der Ultraläufer Alfred Schippels eine großartige Leistung, als er im Alter von 75 Jahren als bisher Ältester den Spartathlon, den 246 Kilometer langen Lauf auf historischen Spuren von Athen nach Sparta, in 33:43:16 Stunden beendete. Auch ein Japaner und ein Franzose hatten zuvor im Alter von 72 und 70 Jahren die Leonidas-Statue, das Ziel in Sparta, erreicht.

Einen der schwersten Ultramarathons der Welt, vielleicht sogar den schwersten, den bereits erwähnten Badwater-Lauf über 217 Kilometer und 4.000 Höhenmeter, bewältigte der Brite Jack Denness im Jahr 2010 im Alter von 75 Jahren in 59:13:20 Stunden (nach 60 Stunden ist Zielschluß). Und Ted Corbitt (1919–2007), ein Pionier des Ultramarathons in den Vereinigten Staaten, legte als Zweiundachtzigjähriger im Sechs-Tage-Walking 303 Meilen (485 km) zurück.

Ultra-Leistungen von Frauen in fortgeschrittenem Alter sind im Kapitel „Die Chance der Frauen“ enthalten. Die Leistungsfähigkeit sinkt jedoch bei achtzigjährigen Frauen, obwohl sie eine höhere Lebenserwartung haben, stärker als die von gleichaltrigen Männern.

Da die Leistungsintensität der Läufer im Alter mehr und mehr zurückgeht, kommt ihnen der Ultralauf, der von den meisten in niedriger Intensität gelaufen wird, sehr entgegen. Das Erfolgserlebnis, eine vordem unvorstellbare Strecke zurückgelegt zu haben, überdeckt die Einsicht, nun im Alter eine Einbuße an Schnelligkeit zu erleiden.

Die Teilnahme an Wettkämpfen hat zudem auch eine soziale Funktion; sie verhindert die Vereinsamung im Alter. Es wird im persönlichen Läuferleben eines Tages zwar dazu kommen, daß Ultraläufe nicht mehr durchgehalten werden können; aber es ist anzunehmen, daß die Teilnehmer in der Zeit der Wettbewerbsaktivität soziale Kontakte aufbauen konnten.

Zu beachten ist im Alter jedoch, daß sich die Regenerationszeit verlängert, ja sich sogar verdoppeln kann. Doch nicht alle Ultraläufer erkennen diesen schleichenden Prozeß. Das bringt die Gefahr, daß die Regenerationszeit verkürzt wird.

Allgemeine Regeln für die Teilnahme an Wettbewerben lassen sich nicht aufstellen; dazu sind die Individuen zu verschieden. Im Mai den Supermarathon des Rennsteiglaufs zu laufen und im Juni die 100 Kilometer in Biel, kann für einen Läufer in seiner aktuellen Verfassung noch möglich sein, zwei Jahre später jedoch zu Problemen führen. Verlängerte Regenerationszeiten gelten auch nicht nur für Wettkämpfe, sondern ebenso für das Training. Als alter Läufer sollte man dazu übergehen, sein Trainingspensum nicht mehr in Kilometern, sondern in Stunden zu messen. Auf diese Weise vermeidet man, im Alter für die gleiche Strecke länger unterwegs zu sein als in jüngeren Jahren.

Stattdessen sollte das Training im Alter vielfältiger sein als das wahrscheinlich übliche Lauftraining früherer Jahre. Vielfalt bedeutet dabei Wechsel der Laufformen, also Einbeziehung von Fahrtspiel (Fartlek), Berglauf oder Treppenlauf, Tempolauf, Regenerationslauf, Wechsel der Trainingsstrecke, dazu auch Wechsel des Untergrundes. Berichtet wird von den positiven Wirkungen häufigen Barfußlaufens auf kürzeren, dafür geeigneten Strecken. Eine Umstellung des Trainings oder die Aufnahme des Barfußlaufens sollte jedoch in nur kleinen Trainingseinheiten vorgenommen werden. Wer wenig Gelegenheit hat, bergauf oder treppauf zu laufen, kann sich mit dem Harvard-Step-Test begnügen. Dieser Test für Trainierte besteht darin, nacheinander mit beiden Beinen auf ein etwa 40 Zentimeter hohes Podest (Kiste oder ähnliches) zu steigen und mit beiden Beinen, Bein für Bein, abzusteigen, dies neunzigmal in drei Minuten. Die genaue Höhe des Podests richtet sich nach der Körpergröße (bei einer Körpergröße zwischen 1,60 und 1,75 Meter sind es 40 Zentimeter, bei einer Körpergröße von über 1,80 Metern 50 Zentimeter); der Kniewinkel beim Aufsteigen sollte 90 Grad betragen. Üblicherweise werden vor und nach dem Test der Ruhepuls, sofort nach Ende der Übung der Belastungspuls und eine Minute nach Testende der Erholungspuls gemessen. Je nach Geschlecht und Altersgruppe wird daraus ein Leistungsindex berechnet. Zum Üben der Kraftausdauer genügt es, wie sich versteht, allein den Test zu absolvieren.

Beim Training und bei einer solchen Übung ist großer Wert auf die Regeneration zu legen. Auf einen anstrengenden Trainingstag sollte ein ruhiger Tag mit einem langsamen Lauf, einer anderen Sportart oder Ruhe folgen. Anaerobes Training sollte vermieden werden.

Bei einem vielseitigen Training ist auf diese Weise sowohl eine innere Gelöstheit als auch die bessere Erhaltung von Kraft, Schnelligkeit, Flexibilität und Koordination zu erreichen, Fähigkeiten also, die im Alter stark nachlassen. Auch das Verhältnis von Leistung zu Regeneration läßt sich so verbessern.

Ist man gewohnt, in einer Gruppe zu laufen, sollte man als älterer Mensch verstärkt darauf achten, sich seine Geschwindigkeit nicht von anderen diktieren zu lassen, sondern eigenverantwortlich sein Tempo bestimmen. Verantwortungsvolle Gruppenleiter lassen das Tempo vom Schwächsten angeben. Das schließt einzelne Trainingsläufe mit etwas Stärkeren nicht aus.

Grundsätzlich sollte man im Alter noch besser auf seinen Körper hören als früher, ohne daß man darüber zum Hypochonder würde. Ein auffälliger Leistungsabfall oder Herzbeschwerden beim Laufen müssen Anlaß einer ärztlichen Kontrolle sein. Eine Arteriosklerose, die im Ruhezustand überhaupt keine Symptome zeigt, führt zu einer Einschränkung der maximalen Ausdauerleistungsfähigkeit. „Erreicht die Einengung der Gefäßweite eine Größenordnung von mehr als 80 Prozent, treten schon Beschwerden bei geringen körperlichen Arbeiten auf“, erkannte Professor Dr. med. Hollmann. Ein im Alter jährlicher Gesundheits-Check ist nicht überflüssig, zumal da heute, anders als früher, sehr viele Ärzte eigene Lauferfahrung haben und schon daher bei Beschwerden nicht gleich den Sportverzicht empfehlen. Das ‚Schondenken‘ in der Medizin, das Ernst van Aaken noch kritisiert hatte, ist der Einsicht gewichen, daß Bewegungsmangel ein erheblicher Risikofaktor ist.

Überforderung zu vermeiden und Anforderungen zu dosieren, ist im Alter noch wichtiger als ‚in den besten Jahren‘. Zu wenig zu trainieren, nützt nichts; zuviel zu trainieren, schadet; angepaßt trainieren ist das Gebot. Das schließt hohe Leistungsanforderungen im Wettbewerb auch im Alter nicht aus. Ernst van Aaken sprach von „bekömmlichen Strapazen“.

Es versteht sich, daß gerade ältere Läufer, die ihrem Körper Leistungen wie den Ultramarathon abfordern, ihre Ernährung im Griff haben sollten. Einer speziellen Ernährung im Alter wird hier aber nicht das Wort geredet. Das gilt auch für die vielfach empfohlene verstärkte Eiweißzufuhr. Der Ökotrophologe Professor Dr. Carl Leitzmann versichert: „Der Bedarf an Protein ist im Alter nicht erhöht, obwohl immer anderslautende Aussagen und Empfehlungen gemacht werden. Die Proteinversorgung im Alter ist auch deshalb unproblematisch, weil die empfohlene Menge von 0,8 Gramm pro Kilogramm Körpergewicht erstens mit großzügigen Sicherheitszuschlägen bedacht ist und zweitens beim Durchschnittsverzehr um fast 100 Prozent übertroffen wird."

Professor Dr. med. Gerhard Uhlenbruck, der bereits in den 1970er Jahren 100 Kilometer gelaufen ist, weist auf die Rolle des Zuckers hin: „Auch wenn ich es mir nicht eingestehen möchte, so ist doch Zucker von großer Bedeutung für die Progredienz (das Fortschreiten) von Alterungsprozessen! Diese Theorie, an der ich nur biochemisch mitgebastelt habe, ist als ‚Glykationstheorie des Alterns' bekannt geworden und beschreibt die irreversible Vernetzung von Eiweißmolekülen durch Zucker(-produkte). Wie schön ist es doch, daß der Läufer überschüssigen Zucker verbrennt und so Alterungsvorgänge verhindern kann! Also: Kohlenhydrate – ja, Zucker – nein!"[20]

Vorteilhaft ist es gerade im Alter, sein Gewicht unter Kontrolle zu haben. Sicher, beim Ultralauf sind weit mehr schwerere Läufer anzutreffen als auf den anaeroben Laufstrecken; doch es läuft sich auch im aeroben Bereich erheblich leichter, wenn man keine überflüssigen Kilogramm mit sich herumschleppt.

Eine weitere Erkenntnis betrifft die Anpassung an Außentemperaturen. Ältere und alte Läufer werden mit Hitze besser fertig als jüngere. Dagegen sind sie meist kälteempfindlicher. Die praktische Konsequenz heißt also: Sich im Alter vielschichtiger anziehen als in jungen Jahren!

Ein grundsätzlicher Ratschlag: Lies kritisch, was jüngere Autoren über das Thema „Laufen im Alter" schreiben! Die Wirklichkeit läßt sich auch wissenschaftlich nicht immer ausreichend abbilden – weder positiv noch negativ.

MERKZETTEL

- Die Ausdauer bleibt von allen für den Sport benötigten Fähigkeiten am längsten erhalten.
- Ausdauersportarten wie der Ultramarathon kommen dem entgegen.
- Das Ultratraining muß gerade im Alter den Fähigkeiten angepaßt sein; das schließt die „bekömmliche Strapaze" im Wettkampf nicht aus.
- Krafttraining kann zur Erhaltung der muskulären Struktur beitragen.

20 Spiridon 3/1998.

„Anfängern sage ich immer: Trainiert erst mal euren Kopf. Der ist viel wichtiger als euer Herz und eure Beine."

Amby Burfoot,
1968 Sieger des Boston-Marathons,
Redakteur bei „Runner's World", in „The Principles of Running"

9

Training ist beim Ultramarathon nicht alles

Auch wenn mir klar ist, daß nicht wenige Benutzer dieses Buches zu allererst nach einem Trainingsplan suchen werden, bekenne ich mich zu der lauteren Wahrheit: Ich biete keinen Trainingsplan für Ultraläufer. Dafür gibt es mehrere Gründe, nicht nur den einfachen persönlichen Grund, daß ich keine Ultramarathonläufer trainiert habe.

Die Teilnehmerschaft eines Ultramarathons ist außerordentlich heterogen. Sie reicht von sehr jungen Einsteigern über körperlich Angeschlagene bis zu leistungsstarken Marathonläufern; sie umfaßt in der Blüte ihres Lebens Stehende wie Hochaltrige. Jeder Trainingsplan dürfte im Grunde jeweils nur für eine eng bemessene Altersgruppe mit den gleichen Voraussetzungen bestimmt sein. Doch die Wege zum Ultramarathon sind ebenso unterschiedlich wie die Leistungsziele. Hinzu kommen die unterschiedlichen Anforderungen der ausgewählten Strecken. Wer sich für eine flache 5-Kilometer-Runde vorbereitet hat, würde auf einem Lauf wie dem Swiss Alpine eine Enttäuschung erleben. Die vorhandenen Trainingspläne können daher, weit mehr als beim Marathon und bei kürzeren Strecken, immer nur ein Kompromiß sein, bestimmt für die Fiktion eines Ultraläufers mit guter Jahres- und Tageskondition auf einer bestimmten Strecke.

Ein Trainingsplan ist ein Versprechen. Dessen Autor ist überzeugt davon, daß diejenigen, die seinen Trainingsplan befolgen, ein bestimmtes Ziel erreichen werden. In der Regel funktioniert das auch, jedoch nur bis etwa zum Marathon. Für den Ultramarathon hingegen gibt es keine Garantie. Man kann sehr wohl den einigermaßen passenden Trainingsplan erfüllt haben und dennoch beim Wettbewerb scheitern. Dem 5.000-Meter-Spezialisten Dieter Baumann ist dies ja schon beim Marathon passiert. Entscheidend ist allemal die psychische Befindlichkeit. Einen Marathon im Wettbewerb zu laufen, kann für angehende Ultraläufer eine Hilfe sein, weil der Marathon einen Eindruck von der Wettbewerbssituation vermittelt. Doch wie man bei einem 100-Kilometer-Lauf eine Krise zwischen Kilometer 70 und 85 bewältigt, das liegt allein in der Kompetenz des Einzelnen. Auch einem erfahrenen Ultratrainer – davon gibt es nicht viele – sind in dieser Beziehung die Hände gebunden. Weder ein Trainer noch ein Psychologe kann die Krise meistern oder die Schmerzen lindern, die sich unterwegs vielleicht einstellen. Der Ultraläufer mag von seinem Trainer gut vorbereitet worden sein; aber während des Laufes ist er allein. Einzig der Läufer selbst muß Entscheidungen fällen, vor allem die Entscheidung, weiter zu laufen, auch wenn es weh tut. Vor der permanenten Entscheidung, den Ausdauerwettbewerb durchzustehen, zerstieben all die Zahlen und Formeln im Trainingsplan. Dies mag es Leichtathletikfunktionären einst leicht gemacht haben, den Ultramarathon abzulehnen. Einer der Gründe dafür war, daß der Ultramarathon nicht zum Wettbewerbskanon gehörte, ein anderer, daß er die Grundschnelligkeit negativ beeinflusse.

Wenn man sich die Trainingspläne sehr guter und guter Ultraläufer ansieht, findet man bestätigt, daß die Trainingswege zum Ultramarathon offenbar sehr unterschiedlich sind. Selbst wenn man die Ausgangspositionen von Ultraläufern exakt definieren könnte, ‚den' Trainingsplan für sie gibt es nicht.

Wer in einer Anleitung wie dieser vor allem nach Trainingsplänen sucht, sollte sich daher sagen lassen: Eine ganze Generation von Ultraläufern hat nicht nach einem Plan trainiert, darunter Helmut Urbach, ein Pionier des Ultralaufs, der unter anderem siebenmal die 100 Kilometer von Biel gewonnen hat. Andere Läuferinnen und Läufer haben sich ihren Trainingsplan selbst geschrieben, eben schon deshalb, weil es auf diesem Gebiet keine Pläne gab.

Melanie Straß beispielsweise ist im Jahr 2012 Deutsche Meisterin im 24-Stunden-Lauf geworden, und dies ohne einen Trainingsplan. „Warum sie auf

Anhieb so gut sein würde, hat sie nie richtig ergründen können", schreibt Peter Wagner[21] in seinem Porträt. „Und bis heute, wo sie heftig an der Tür zur Weltklasse klopft, erkennt Melanie Straß keine klaren Zusammenhänge von Aufwand und Erfolgen. Warum denn auch über Dinge spekulieren, die man nicht begreift? Trainingspläne, Leistungsdiagnostik, Betreuer, perfekt kombinierte Nahrungsergänzungen, Tempoläufe, Yoga – was erfolgreiche Ausdauerläufer für unverzichtbar halten, das braucht Melanie Straß alles nicht. Die Siebenunddreißigjährige aus Winterbach, einem kleinen Teil der Sportstadt St. Wendel im Nordsaarland, geht direkt nach der Arbeit (bei einer Bank) in Saarbrücken 20 Kilometer an der Saar laufen, je nach Bauchgefühl mal flink, mal langsam – Hauptsache im Wohlfühlbereich. Das kann ein Schnitt von 6:05 Minuten je Kilometer sein oder von 5:15. Vorher weiß sie das nicht. Einmal in der Woche ist Ruhetag. Am Wochenende trifft man sie bei Volksläufen zwischen zehn Kilometern und Marathon, nicht immer an Grenzen gehend, sondern gern im Mittelfeld mit Freunden plaudernd. (...) Die Ernährung der Melanie Straß bei Wettkämpfen ist das vielleicht größte Mysterium. Sie begnügt sich fast ausschließlich mit Cola, Schokolade und Keksen. Gelegentlich greift sie zu einem Iso-Getränk des Veranstalters, ohne sich aber groß drum zu scheren, was drin stecken mag. Nach allem, was ‚Forscher' über den Zusammenhang von Nahrungsaufnahme und körperlichen Leistungen zu wissen glaubten, dürfte ‚so etwas' gar nicht sein. Oder anders gesagt: Melanie Straß ist der beste Beweis, daß es kein gesichertes, allgemeingültiges Wissen über die Zusammenhänge gibt."

Meine kritische Haltung zu Trainingsplänen für den Ultramarathon wird von dem Sportwart der Deutschen Ultramarathon-Vereinigung, Michael Irrgang, geteilt. Irrgang schreibt:[22] „Ist aber wirklich jeder Ultraläufer anders und braucht sein individuelles Training für eine optimale Leistung? Warum sind dann die meisten Trainingspläne universell, d. h. unterscheiden nicht nach Alter, Gewicht, Geschlecht oder Lauferfahrung? Die Antwort ist so einfach wie bitter: Es ist fast egal, wie ihr trainiert, um ein gutes Niveau zu erreichen!"

Anleitungen zum Marathon sind einfach zu haben, nicht aber Trainingsprogramme für den Ultramarathon. Das hängt nicht nur damit zusammen, daß die Zahl der Marathonteilnehmer in Deutschland etwa zwanzigmal größer ist als die Zahl der Ultramarathonläufer. Man kann sicher auch unterstellen, daß mit der Länge der Strecke die Zahl der darüber schreibenden Autoren schmilzt. Die wenigsten Marathontrainer oder Verfasser von Marathonratgebern sind

21 „Ultramarathon" 3/2012.
22 DUV-Newsletter vom November 2012.

im Wettbewerb längere Strecken als den Marathon selbst gelaufen. Die eigene Erfahrung scheint mir jedoch beim Ultramarathon Vorbedingung dafür zu sein, Ratschläge zu geben.

Beim Marathon ist das Leistungsspektrum viel mehr aufgefächert als beim Halbmarathon, und beim Ultralauf wiederum viel mehr als beim Marathon. Was ist damit gemeint? Manche Menschen, zum Beispiel jüngeren Lebensalters und mit sportlichem Training in der Vergangenheit, sind in der Lage, auf Anhieb einige Kilometer im Laufschritt zurückzulegen. Ein 10-Kilometer-Straßenläufer kann den Schritt zum Halbmarathon innerhalb weniger Wochen wagen. Vom Leistungsstand Null bis zur Marathonlänge braucht man in der Regel zwei Jahre, in Ausnahmefällen ein Jahr. Das Leistungsspektrum bei einem Marathon erstreckt sich über plus/minus vier Stunden, nämlich vom Weltrekord von derzeit unter 2:04 Stunden bis zum Zielschluß nach etwa sechs Stunden, das Leistungsspektrum eines 100-Kilometer-Laufs dagegen von etwa 6:45 Stunden bis 21 Stunden oder länger. Einen ‚normalen' Marathon muß man entweder rennen, laufen oder überwiegend traben; auf der 100-Kilometer-Strecke hingegen finden sich sowohl Spitzenläufer, die den Kilometer in vier Minuten rennen, dazu Ausdauertrainierte, die einen Schnitt von 6 Minuten für den Kilometer zehn Stunden lang durchhalten können, als auch alte Menschen oder weniger Trainierte, die 100 Kilometer in etwa 20 Stunden gehen.

Die Leistungspalette auf der Ultralangstrecke ist also sehr breit, Trainingsstand und individuelle Voraussetzungen klaffen unter den Teilnehmern erheblich auseinander. Was hülfe der schönste Trainingsplan, wenn die orthopädische Befindlichkeit nicht stimmt? Im Grunde müßten also Trainingspläne allein für ein bestimmtes Individuum geschrieben werden und nicht als Anleitung für die Allgemeinheit. Voraussetzung eines individuellen Trainingsplans ist wiederum die Ermittlung der individuellen physischen Voraussetzungen. Dazu muß mit einem Laktattest die Schwelle vom aeroben (mit Sauerstoff) zum anaeroben Laufen (ohne Sauerstoff) bestimmt werden. Danach richtet sich der Grad der maximalen Anstrengung, den der Plan vorgibt. Betont sei hier, daß ganze Generationen von Ultraläufern ohne Laktattest und Pulsmesser ausgekommen sind. Ultralauf nach eigenem Gefühl ist also durchaus möglich. Meßwerte wie die der maximalen Herzfrequenz sollen die Effizienz des Trainings gewährleisten. Zu berücksichtigen ist jedoch, daß die Herzfrequenz verschiedenen Einflüssen wie der Körperkerntemperatur, der Luftfeuchtigkeit, der Kleidung und der Nahrungsaufnahme unterliegt.

Die Aufteilung in Leistungsgruppen, die ich 1985/86 vorgenommen habe, ist der Versuch gewesen, Trainingsziele nach den persönlichen Voraussetzungen ohne Laktattest zu individualisieren. Dieser Weg ist meines Erachtens richtig. Wer sich bereits einer der in diesem Kapitel genannten Trainingsklassen sicher zuordnen kann, sollte dennoch nicht nur den Text seiner Klasse lesen, sondern die gesamte Trainingsanleitung.

Mit Hilfe der Trainingssteuerung kann man, wenn die physischen Voraussetzungen stimmen, bestimmte Leistungsziele auf kürzeren Strecken, einschließlich der Marathonstrecke, erreichen. Doch man wird sich sehr schwer tun, auf seinem ersten 100-Kilometer-Lauf eine bestimmte Zeitvorgabe zu erfüllen. Der Trainingsplan kann dann eine Last werden. „Laufen lernt man nur durch langsames Laufen, täglich mindestens eine Stunde und mehrere Jahre hindurch." Diese Erkenntnis Ernst van Aakens gilt insbesondere für den Ultramarathon.

Beim Ultratraining sind einige allgemeine Grundsätze zu beachten. Zunächst muß man sich darüber im klaren sein, daß der sportliche Sinn des Ultramarathons in der Erprobung der Ausdauerfähigkeit besteht. Das ist zwar generell bei allen Straßenläufen der Fall, aber beim Ultramarathon hat das Ausdauertraining unbedingt den Vorrang vor dem Schnelligkeitstraining. Das bedeutet für das Training, seine Leistung grundsätzlich immer aerob (mit Sauerstoff) zu vollbringen. Einzig einige Ultraspitzenläufer können sich anaerobe Trainingsbestandteile leisten. Wichtiger noch als die Grundschnelligkeit ist die psychische Stabilität. Mit Sicherheit kommt man bei einem Ultralauf von 100 Kilometern und mehr an einen Punkt, an dem man sich überlegt auszusteigen. Wenn nicht in diesem Lauf, dann tritt diese Situation beim nächsten oder übernächsten Lauf, spätestens beim 24-Stunden-Lauf, ein. Auch auf diese Situation sollte das Training vorbereiten. Andererseits muß Übertraining vermieden werden. Das klingt kompliziert, muß es aber nicht sein.

Grundsätzlich unterscheidet sich das Ultramarathontraining nicht vom Training für den Marathon, jedoch müssen die Ausdauerkomponenten noch stärker betont werden. Das gilt für alle Leistungsstufen. Für den Trainingsaufbau ist daher der Zeitaufwand höher als beim Marathon anzusetzen. Wer bereits jahrelang im Durchschnitt jeden Monat einmal einen Marathon bestritten hat und dann ein- oder mehrmals im Jahr zur Ultralangstrecke startet, wird auch ohne neuerliche spezifische Ultramarathonvorbereitung keine Probleme bekommen. Sein Zeitaufwand liegt dann nicht höher als der eines Marathonläufers.

Auch wenn es durchaus möglich ist, bei einem Ultramarathon zu starten, ohne vorher jemals Marathon gelaufen zu sein, empfehle ich aus pragmatischer Sicht den Weg über den Marathon. Die Teilnahme an einem Marathonwettbewerb ist eine sichere Grundlage für den Ultralauf; sie vermittelt anders als kürzere Strecken einen Eindruck von dem, was bei der Ultralangstrecke auf einen zukommt. Vielleicht erlebt man schon beim Marathon eine Krise, die bei den 100 Kilometern fast zwangsläufig auftritt. Dann ist man gerüstet.

Ich selbst habe während meiner 100-Kilometer-Vorbereitung Anfang der 1970er Jahre einige Male 60 Kilometer im Training zurückgelegt. Doch dies ist im allgemeinen ein mühseliges Training. Es ist schwer, sich dabei für ein noch fernliegendes Ziel, einen Ultramarathonwettkampf, zu motivieren. Zudem fehlt die Stimulation durch andere Läufer. Auch die sich anschließende Regeneration beansprucht viel Zeit. Bringt man sie nicht auf, wird man dies büßen müssen. Wer unsicher ist, sollte zunächst einen Wettbewerb über 60 Kilometer oder eine ähnliche Streckenlänge bestreiten und erst im folgenden Jahr auf den 100-Kilometer-Kurs wechseln. Eine große Zahl von 100-Kilometer-Finishern hat allerdings bewiesen, daß es ausreichen kann, in der Ultravorbereitung nur Marathons im Wettbewerb zu laufen.

Aus der Länge der beabsichtigten Strecke ergibt sich auch die Trainingsspezifizierung. Während früher vom Marathon ein Sprung zu den 100 Kilometern vollzogen werden mußte, kann man sich heute über ‚kürzere' Ultrastrecken herantasten. Für die 50 Kilometer braucht man kein eigenes Trainingskonzept. Allenfalls, daß man sich über die Topographie der Strecke im klaren sein sollte. Die 50 Kilometer des Schwäbische-Alb-Marathons entsprechen wegen der drei Bergbesteigungen einer weit längeren flachen Strecke. Der 100-Kilometer-Rundkurs in Biel ist in vier Sektionen geteilt. Hier ist es möglich, auch nur einen bis drei Abschnitte zu laufen; man erhält dann eine Urkunde über die zurückgelegte Strecke. Man könnte sich zum Beispiel vornehmen, als erste Ultrastrecke die beiden Abschnitte bis Kirchberg (etwa 56 km) zu wählen. Dennoch empfehle ich, die Bieler Streckenteilung nicht zur Vorbereitung auf die 100 Kilometer zu nutzen, sondern sich die gesamte Strecke vorzunehmen, für die ja schließlich auch die Startgebühr erhoben wird. Das Erlebnis der ersten Bewältigung von 100 Kilometern ist größer, wenn man nicht im Jahr vorher die erste Hälfte schon gelaufen ist. Vor dem Erreichen des Ziels sollte man nur dann ausscheiden, wenn man wirklich muß. Zur Vorbereitung auf den Ultramarathon sollte man lieber eines der Angebote mit kürzerer Streckenlänge wählen.

Die Angaben im Folgenden entsprechen der Vorbereitung auf 100 Kilometer. Hochrechnungen sollten Ersteilnehmer nur mit der größten Vorsicht anstellen. Nach Ansicht des Schweizer Spitzentriathleten Dr. med. habil. Beat

Knechtle lassen anthropometrische Daten, wie Körpergröße und Gewicht, und Trainingsdaten keine Rückschlüsse auf das Ergebnis eines 100-Kilometer-Laufs zu. Wer eine grobe Orientierung haben möchte, kann sich an folgende Regel halten: Die persönliche Marathon-Bestzeit multipliziert mit drei ergibt ungefähr die 100-Kilometer-Zeit. Diese alte Regel ist jedoch nicht mehr als ein Anhaltspunkt; die Zeit kann ebenso über- wie unterboten werden. Die Faustregel ist daher erweitert worden: Nach der Multiplikation der persönlichen Marathonbestzeit mit drei werden so viele Minuten abgezogen oder zugeschlagen, wie die persönliche Marathonbestzeit von der Drei-Stunden-Marke nach unten oder nach oben entfernt ist. Ein eher langsamer Läufer mit einer Marathonzeit von 5:00 Stunden würde dann also die 100 Kilometer wahrscheinlich nicht in 15, sondern in 17 Stunden (3 x 5 h + 120 min) bewältigen. Der frühe französische Marathon- und Ultramarathontrainer Serge Cottereau hat eine eigene Hochrechnungstabelle aufgestellt, die jedoch einen breiten Spielraum läßt. Danach veranschlagt er für Marathonläufer mit einer Zeit zwischen 2:07 und 2:22 Stunden eine 100-Kilometer-Zeit zwischen 5:56 (diese sind noch nie gelaufen worden) und 8:05 Stunden, bei einer Marathonzeit zwischen 3:01 und 3:52 Stunden eine 100-Kilometer-Zeit zwischen 8:32 und 12:55 Stunden und bei 3:57 bis 6:35 Stunden zwischen 12:22 und 20:45 Stunden, jeweils zuzüglich einer bestimmten Zeit für einen schwierigeren Kurs, zum Beispiel für die 100 Kilometer von Millau (Frankreich) zwischen 18:30 Minuten und 91 Minuten.

Die frühen 100-Kilometer-Läufe waren ausdrücklich auch als Märsche ausgewiesen. Im Laufe der Zeit ist jedoch eine Versportlichung eingetreten. Das führte im Wettbewerb konkret zu einer Verkürzung des Zielschlusses von ursprünglich 24 Stunden im günstigsten Fall (wie in Biel) auf 21 Stunden. Theoretisch ist eine solche Zeit noch in einem flotten Gehschritt zu schaffen. Doch man täusche sich nicht: Der Durchschnitt von 5 Kilometern in der Stunde läßt sich auf einer hügeligen Strecke und zumal in fortgeschrittenem Alter nur sehr schwer durchhalten. Die einstündige Reserve wird größtenteils für Verpflegungspausen, die Erfüllung gegenteiliger dringender Bedürfnisse und vielleicht auch zur Krisenbewältigung benötigt, indem man vorübergehend langsamer wird.

Eine grundsätzliche Bemerkung zum Training: Marathonläufer hatten zumindest früher eine panische Angst davor, während des Trainings im Schritt zu gehen. Mit der Entwicklung des Trail-Runnings mag sich das geändert haben. Wer diese Furcht vor der Unterbrechung des Laufens aber noch hat, sollte sie spätestens bei der Aufnahme des Ultratrainings ablegen. Denn es gilt: Die

Ausdauer zählt, nicht die Geschwindigkeit! Für das Training bedeutet diese Einstellung, daß es primär darauf ankommt, unterwegs zu sein. Gehpausen im Lauftraining schaden nicht, wenn man die Ausdauer trainiert. Man sollte daher im Ultratraining seine Laufstrecke nicht in Kilometern, sondern in Stunden und Minuten berechnen. Den Wechsel vom Laufen zum Gehen und umgekehrt sollte man regelrecht trainieren, nicht, weil es dabei etwas zu beachten gäbe, sondern der Gewöhnung wegen. Wer auf einem 100-Kilometer-Lauf eine Gehpause einlegt, sollte dies nicht als Einbruch oder gar als Symptom eines bevorstehenden Abbruchs empfinden. Gehpausen können vielmehr gezielt zur Ökonomisierung des Laufpensums eingesetzt werden.

Auch sonst gilt: Ganz gleich, in welcher Leistungsgruppe man sich einordnet, – das Training sollte variiert werden. Insbesondere sollten immer wieder Anstiege gelaufen oder gegangen werden, da Landschaftsläufe mitunter beträchtliche Steigungen aufweisen. Wer dazu topographisch kaum eine Gelegenheit hat, muß für Ersatz sorgen. Das können zur Not die Treppen von Park- oder Hochhäusern sein.

Thomas Gronwald hat diesen Aspekt in einer Studie für seine Dissertation erhärtet. Unter Leitung von Professor Dr. Kuno Hottenrott unterzogen sich an der Martin-Luther-Universität Halle-Wittenberg 16 Sportler – Radsportler, Mountainbiker und Triathleten – Leistungstests auf dem Fahrradergometer. Dabei konnte gezeigt werden, daß die Hirnaktivität während einer Dauerbelastung zunächst ansteigt, bei Ermüdung des Probanden jedoch wieder abfällt. Nach Gronwalds Ansicht ist für eine hohe sportliche Leistung auch eine hohe Hirnaktivität erforderlich. Sie sei notwendig, um den Organismus zu kontrollieren. Dadurch, daß die Hirnaktivität beim Einsetzen von Ermüdungserscheinungen wieder absinkt, soll der Organismus vor Überlastung geschützt werden. Aus der Studie ergibt sich nach Ansicht der Sportwissenschaftler die Notwendigkeit, so variabel wie nur möglich zu trainieren, nämlich immer neue Reize zu setzen, im Lauftraining also Hügelläufe, kurze Sprints und Treppensteigen einzubauen. Dies deckt sich völlig mit der Empirie aus der Trainingspraxis.

Eine bekannte Grundregel der Trainingsgestaltung lautet: Auf einen Tag hoher Belastung, in unserem Fall also eine lange Trainingseinheit, sollte immer ein Tag der Regeneration mit einem gemächlichen Dauerlauf, einem Alternativsport oder einer Ruhepause folgen. Erst wenn man sich als fortgeschrittener Ultraläufer auf einen mehrtägigen Wettbewerb vorbereitet, kann man Belastungen aneinanderreihen.

Eine andere Trainingsregel besagt: Belastungssteigerungen sollten 10 Prozent je Woche nicht übersteigen. Dies wird man im Hinblick auf die Verlängerung von im Training gelaufenen Strecken nur selten praktizieren können. Um so wichtiger ist es, nach mehreren Wochen der Trainingsbelastung eine Woche mit geringer Belastung einzulegen. Im Jahreslauf können dies ein- oder zweimal auch mehrere Wochen sein. Das Training muß also strukturiert werden. Mehr darüber ist im Kapitel zur Regeneration zu lesen.

Auf einer der überaus seltenen Veranstaltungen über das Ultramarathontraining, in Torhout/Belgien, hat Dr. Karl Lennartz Regeln aus seinen eigenen Ultramarathonerfahrungen, dem Training seiner Tochter Birgit und seinem Sohn Burghard sowie dem Training von fünf weiteren Läufern seines Vereins abgeleitet. Danach sollte man mindestens fünf Jahre leistungsbezogenes Training für den Langlauf (Marathon) hinter sich haben, bevor 100 Kilometer auf Bestzeit gelaufen werden. Jeder 100-Kilometer-Lauf bedeutet eine wertvolle, durch nichts zu ersetzende Trainingserfahrung für den nächsten. Birgit Lennartz-Lohrengel fügt hinzu, daß dieser positive Effekt auch dann gelte, wenn der Abstand zum letzten 100-Kilometer-Lauf sehr groß gewesen sei. Ultraläufer benötigen jedoch keine Steigerung der Zahl ihrer Trainingskilometer im Vergleich zum Marathontraining. Sie müssen allerdings mehr Überlängen trainieren und brauchen längere Ruhezeiten. Bei diesen Überlängen sollten psychische Hilfen gegeben werden. Karl Lennartz kommentiert: Es gibt nur wenige Ultraläufer, die fähig sind, 100 oder auch nur 70 oder 80 Kilometer im Training zurückzulegen. Abgesehen von der zeitlichen und psychischen Belastung, ist die muskuläre und gelenkmäßige Beanspruchung einfach zu hoch. Überlängen im Training sind aber auch schon alle Strecken, die über die Marathondistanz hinausgehen. Diese müssen aber drei- bis fünfmal in der Vorbereitungszeit absolviert werden. Nach einer solchen Einheit braucht der Körper mehr Pausen und Regenerationszeit als nach einer 30-Kilometer- oder einer Tempo-Belastung.

Unter einer psychischen Hilfe auf Trainingsstrecken zwischen 40 und 60 Kilometern ist eine Fahrradbegleitung zu verstehen oder die Begleitung durch befreundete Läufer. Hilfreich ist, zum Training ein fremdes Gelände zu wählen. Sucht man sich eine Wendepunktstrecke aus, die ununterbrochen von der Wohnung wegführt, kommt man nicht in die Versuchung, die Strecke abzukürzen. Denselben Effekt erzielt man, wenn man sich von zu Hause wegfahren läßt und die Strecke zurückläuft. Ein Ultratraining kommt zustande, wenn man bei einem (Trainings-) Marathon startet, sich vorher eine Stunde lang warm läuft, den Marathon in der angestrebten 100-Kilometer-Geschwindigkeit läuft und nach dem Wettkampf noch einmal eine Stunde ausläuft. Vermieden werden sollte eine Trainingsstrecke, die zu nah an der Wohnung liegt. Sie verführt in einer Krise zum Abbruch. Der Umgang mit Krisen sollte jedoch trainiert werden.

Je näher der nächste Ultra rückt, desto mehr Einheiten sollten im angestrebten Tempo gelaufen werden. Dies gilt insbesondere für Frauen. Lennartz begründet dies damit, daß Männer, die um 6:40 Stunden für 100 Kilometer brauchen, im Vierminuten-Schnitt trainieren müßten, was eine größere Belastung für den Kreislauf und vor allem den Bewegungsapparat bedeutet. Frauen hingegen bewegten sich im Training sehr oft im 4:30-km/min-Bereich. Auch die Trainingseinheiten von Birgit Lennartz haben sich während ihrer hochleistungssportlichen Zeit in diesem Bereich abgespielt.

Grundsätzlich gilt: Dieses Buch wendet sich an Amateure, und zwar an solche, die ihre Zeit auf Familie, Beruf und Sport aufzuteilen haben. Sie werden wahrscheinlich keine Leistungsdiagnose in Anspruch nehmen. Ebensowenig steht ihnen ein Trainer zur Verfügung. Die Ungebundenheit wird sie davor bewahren, daß der Sport Disstreß erzeugt. Sie wollen bei einem Ultra, vor allem bei ihrem ersten Ultramarathon, einfach nur ankommen. Diese Haltung schützt sie vor Enttäuschungen. Erst wenn Erfahrung vorhanden ist, werden sie vielleicht Ambitionen entwickeln, die sie jedoch weniger an anderen Läufern orientieren als vielmehr an selbstgesteckten Zielen. Im Alter wird dann die Zeit kommen, in der sich die Leistungskurve senkt und sie schließlich, wenn sie nur lange genug leben, den läuferischen Null-Punkt erreichen. Davor kommt die Stufe des Ultrawalkings.

Die Gruppe der Langsamsten setzt sich vor allem aus Älteren und aus Walkern zusammen. Als ein Indiz dafür, daß diese hintere Gruppe mehrheitlich aus psychisch Starken besteht, mag gelten, daß es einer unerschütterlichen Motivation bedarf, in der Schlußposition durchzuhalten, wenn man nicht allzu weit vom Besenwagen oder Besen-Radfahrer entfernt ist. Wer seine Leistungsfähigkeit kennt, sollte sich auch im Training schon diese Schlußposition im Wettbewerb vorstellen.

Nützlich ist übrigens, ein Trainingstagebuch zu führen, in das nicht nur die gelaufene Strecke und Zeit, sondern auch Beobachtungen und Erkenntnisse eingetragen werden. Nicht alles, wie zum Beispiel die Anpassung an die jeweiligen Witterungsbedingungen, wird in der Praxis tatsächlich benötigt. Doch nach Jahren ist es einfach schön zu lesen und sich daran zu erinnern, wie erfüllt die bisherigen Trainingsläufe gewesen sind.

20–21 STUNDEN LANG GEHEN

Das Ziel, in der Lage zu sein, die 100 Kilometer im Gehschritt zu bewältigen, läßt sich im Prinzip noch ohne Lauftraining erfüllen. Der 88jährige Gottfried Naef aus Bern legte 1981, als das Ziel in Biel noch 24 Stunden lang geöffnet war, die 100-Kilometer-Runde in 23:38 Stunden zurück. Ein besonderes Training habe er nicht aufgewendet, versicherte er. Auf eine solche Angabe sollte man jedoch nicht bauen. Unbedingt muß die Ausdauer trainiert sein; dazu genügen unter Umständen lange Wanderungen oder anstrengende Bergtouren.

Wer in Biel bei einem Zielschluß nach 21 Stunden und rechtzeitigem Durchgang der Selektionspunkte nicht in zeitlichen Streß kommen möchte, sollte sich im Training nicht auf Wandern beschränken. Auch wenn man die 100 Kilometer nur gehen möchte, müssen doch Leistungsreserven vorhanden sein. Da das Training physiologische Reize setzen soll, ist es angebracht, es beim Ultratraining nicht mit dem Gehen bewenden zu lassen, sondern auch zu laufen, selbst wenn man dann auf der Wettbewerbsstrecke keinen Gebrauch davon machen möchte.

Wer lange genug Wettkämpfe bestritten hat, selbst wenn er erst nach Eintritt in den sogenannten Ruhestand damit begonnen hat, ist dafür gerüstet, auch im Alter von über achtzig Jahren noch Ultrastrecken zurückzulegen. Die günstigste Vorbereitung wäre, jeden Monat einen Marathon als lange Trainingseinheit zu laufen. Mit etwa 50 Trainingskilometern in der Woche ist man dann noch einige Jahre in der Lage, die 100 Kilometer zumindest gehend zu bewältigen.

Läufer, die zu Gehern werden, sollten das Gehen optimieren. Es wäre nicht falsch, sich von Walking-Trainern beraten zu lassen. Viele Läufer blicken im Gehschritt auf den Boden, als suchten sie Fundstücke vor ihren Füßen. Gerade bei Ermüdung neigen wir dazu, nach unten zu blicken. Der Blick sollte aber geradeaus gerichtet sein und erst nach frühestens etwa 10 Metern auf den Boden treffen. Den Blick vorübergehend zu senken, ist allein auf unwegsamen Strecken ratsam, beispielsweise während des K 78 vor allem beim Hinunterlaufen. Zur Krisenbewältigung gehört es, betont zum Horizont zu blicken; wir können dann vielleicht am eigenen Leib spüren, daß davon eine suggestive Wirkung ausgeht.

Es ist richtig, beim Gehen die Arme wie zum Laufen anzuheben; die Unterarme sind um 45 Grad angewinkelt. Die angehobenen Arme schwingen rhythmisch vor und zurück. Das Knie des ausschreitenden Beins sollte für einen Augenblick gestreckt sein. Im allgemeinen wird der Fuß eher mit der Ferse aufgesetzt.

Vorfußläufer müssen jedoch nicht umlernen. Spätestens auf Ultratrainingsstrecken werden sie erkennen, wie weit ihre Wadenmuskulatur belastbar ist. Grundsätzlich gilt: Wer seinen Laufstil hin zur Vorfußbelastung ändern möchte, sollte dies vor, nicht während des Ultratrainings tun. Ein sportlicher Stil erlaubt einen raumgreifenden Schritt und ermüdet weniger, als wenn man sich zusammengesunken vorwärts bewegt.

Ein Ratschlag, den ich selbst nicht befolgt habe, jedoch sehr empfehle, lautet folgendermaßen: Ergänzendes Krafttraining bewahrt davor, seine optimale Kraft in einem zu frühen Lebensalter zu verlieren. Muskeln verwandeln sich sonst allzu leicht in Fett, die Gehgeschwindigkeit sinkt, die Anforderungen eines Wettbewerbs können nicht mehr erfüllt werden. Man darf auf Steigungen nicht allzu viel Zeit verlieren, sonst geht die Rechnung mit den 5 Kilometern in der Stunde nicht auf.

Diese Ratschläge gelten für alle Leistungsgruppen. Auch wer sich für die 100 Kilometer 20 bis 21 Stunden Zeit lassen will, sollte das Laufen trainieren. Schwimmen und Radfahren sind zwar ein alternatives Training, reichen aber ohne das intensivere Lauf- und Gehtraining nicht aus.

DAS BREITE LEISTUNGSSPEKTRUM: 14–20 STUNDEN

In dem breiten Leistungsspektrum zwischen 14 und 20 Stunden bewegen sich sowohl Läufer, die überwiegend traben und nur bestimmte Passagen wie Steigungen oder während einer Krise etwa bei Kilometer 75 ein Stück im Gehschritt zurücklegen, als auch flotte Geher. Ein Franzose bewältigte beispielsweise den Spartathlon (246 Kilometer innerhalb von 36 Stunden) mehrmals einzig im Walking-Stil. Wer vor der Wahl steht, ob er sportlich gehen oder lieber laufen soll, kann als Richtwert eine Geschwindigkeit von 8 km/h nehmen: Von da an ist es unbedingt ökonomischer, zu laufen statt zu gehen. Langsame und alte Läufer werden eher einen niedrigeren Richtwert wählen. Beim Gehen bis zu einer Geschwindigkeit von 6 km/h wird nur halb soviel Energie verbraucht wie beim gleich schnellen Traben, und die Herzfrequenz liegt um ungefähr 20 Schläge/min niedriger.

In die Gruppe der 14- bis 20-Stunden-Teilnehmer sind auch diejenigen Läufer einzuordnen, die relativ kontinuierlich laufen, jedoch auf ihrem 100-Kilometer-Lauf eine oder mehrere Pausen einlegen. Die Pause kann für eine Massage oder die Behandlung einer Verletzung genommen werden. Früher gab es auch Läufer, die sich auf der Runde von Biel zu einer Schlafpause niederlegten. Im Verlauf der Entwicklung der 100 Kilometer zu einem seriösen Ausdauersport ist dies wohl nicht mehr der Fall.

Auch der Hauptteil der 14- bis 20-Stunden-Absolventen dürfte, von Läufern mit akuten Problemen abgesehen, aus Älteren bestehen. Wer regelmäßig Jahr für Jahr ein- oder mehrmals 100 Kilometer läuft, kann den Rückgang seiner Laufgeschwindigkeit im Verlauf seines Alterungsprozesses spätestens an seinen Finisher-Zeiten beobachten. Traditionsläufe wie Biel oder der Supermarathon des GutsMuths-Rennsteiglaufs bieten interessante individuelle Möglichkeiten des Vergleichs.

Diejenigen, die zum erstenmal als Läufer zum Hunderter starten, tun gut daran, sich zu prüfen: Wie ist meine Marathonzeit? Wie ist es um mein Durchhaltevermögen bestellt? Auch wenn man keinen Marathon gelaufen sein muß, bevor man die 100 Kilometer angeht, meine ich, man sollte die Krise oder den Einbruch auf der Marathonstrecke oder einer ultralangen Trainingsstrecke kennen, um zu wissen, was einem an Krisensituationen auf den 100 Kilometern bevorstehen kann. Die Marathonzeit ist eine Richtschnur für die mögliche, nicht die tatsächlich zu erreichende 100-Kilometer-Zeit: Mit Hochrechnungen kann man andere Einflüsse wie den Grad der eigenen psychischen Stärke, die Wegbeschaffenheit, das Wetter – hohe Luftfeuchtigkeit, starken Regen, Wind, Kälte und Hitze – oder gar Verletzungen nicht erfassen. Wer also Marathon in vier Stunden gelaufen ist, kann die 100 Kilometer im günstigsten Fall in zwölf bis dreizehn Stunden schaffen. Beim ersten 100-Kilometer-Start ist es jedoch ratsam, noch Zeit dazu zu geben, sofern man da überhaupt schon mit einer Zeitvorstellung starten will.

Wer sich für 100 Kilometer mehr als 14 Stunden Zeit läßt, braucht üblicherweise seine Grundschnelligkeit nicht zu verbessern. Vielmehr wäre dringend der Wechsel vom Laufen zum Gehen und umgekehrt zu trainieren. Viele in dieser Kategorie machen den Fehler, im ersten Teil der Ultradistanz zu lange und zu schnell zu laufen, später jedoch zu lange und zu langsam zu gehen statt zu laufen. Deshalb ist es wichtig, sich bereits während des Trainings zu kontrollieren und sich in Laufphasen genügend Zeit zu lassen, aber dafür Gehphasen nicht länger auszudehnen, als man sich vorher auf der Grundlage einer seriösen Trainingsgestaltung bewilligt hat. Wendepunktstrecken sind ein guter Leistungsmesser: Bin ich die zweite Hälfte genauso oder fast so schnell wie die erste gelaufen?

Ich bin im Internet-Magazin LaufReport auf einen ganz an der Praxis und an Amateuren orientierten Trainingsplan gestoßen, den die Ultraläufer Constanze und Walter Wagner sowie der Altersläufer Rainer Frieland aufgestellt haben. Er vereint nach meiner Meinung die Kompetenz einer Spitzenläuferin mit kritischer Ambition und der Erfahrung eines durchschnittlichen Läufers. Hinzu kommt, daß der Plan ein reges positives Feedback erhalten hat und durch Antworten auf Fragen immer wieder aktualisiert worden ist.

Die drei Autoren gehen davon aus, daß deutsche (und schweizerische) Erstteilnehmer eines 100-Kilometer-Laufs den Start in Biel (Anfang bis Mitte Juni) wählen. Sie bildeten dazu drei Gruppen: die 9-Stunden-, die 11-Stunden- und die 13-Stunden-Läufer. Der Plan für die Letztgenannten wäre also grundsätzlich auch für die mit 14 bis 20 Stunden definierte Gruppe anzuwenden; weniger trainierte und ältere Läufer können dabei – etwa bei der Laufgeschwindigkeit – Abstriche machen.

Das LaufReport-Trainingsprogramm, das die Marathonreife voraussetzt, beginnt im November und ruft zunächst Verwunderung hervor. Vorgesehen ist nämlich in den Kalenderwochen 45, 46 und 47, also im November, für die 13-Stunden-Läufer nur ein Pensum von 30 Kilometern in der Woche, in der 48. Woche dann 35 Kilometer, aufgeteilt in drei Trainingseinheiten zu 10 Kilometern und in der letzten Kalenderwoche zu jeweils 15 Kilometern. Die Laufgeschwindigkeit steigert sich sachte von 6:30–7 Minuten je Kilometer auf 6–6:30/min nach vierzehn Tagen. Auch im Dezember wird noch verhalten gelaufen. Die Begründung hierfür lautet: „Wer jetzt nicht regeneriert, der läuft Gefahr, das Frühjahrstraining gar nicht durchzuhalten." Ich wiederhole: Diese Rücknahme des Kilometerpensums ist nur möglich, wenn man sich seiner Marathonzeit sicher sein kann.

Wer im Herbst damit beginnen möchte, sich vom Marathon- zum Ultramarathonläufer zu entwickeln, sollte der monatlichen Gliederung von LaufReport samt ihren Kommentaren folgen.[23] Das Programm der erfahrenen Ultralangstreckler hat in mehreren Jahren seine Bewährungsprobe bestanden. Nach den beiden ersten Trainingsmonaten werden im Januar die Ansprüche angezogen: Die 13-Stunden-Aspiranten sollen in der 2. Kalenderwoche 1 x 10 und 1 x 15 km in 6–6:30 Minuten/km laufen sowie 1 x 20 km eine halbe Minute/km langsamer. In der 3. Kalenderwoche stehen 2 x 10 km und 1 x 20 km sowie ein Tempolauf über 10 km in 5:30–6 Minuten/km an. Im Februar wird die Streckenlänge ausgeweitet. Die Aufbauphase ist dann abgeschlossen. Die Monate

---

23 www.laufreport.de.

März, April und Mai dienen dem spezifischen Ausdauertraining. Wer nach dem Trainingsplan von LaufReport trainiert, ist gut beraten, auch die monatlichen Trainingsvorgaben und Tips der drei Experten zu lesen.

Bei weitergehenden Ansprüchen, insbesondere was Hintergrundinformation angeht, empfehle ich angehenden Ultraläufern als das umfassendste deutschsprachige Lauf-Anleitungsbuch das im November 2011 erschienene „Laufen! ...durchstarten und dabeibleiben – vom Einsteiger bis zum Ultraläufer". Der Hauptverfasser, Dr. Dr. Lutz Aderhold, bietet darin sowohl medizinische als auch sportliche Kompetenz. Er ist die 100 Kilometer in 6:45 Stunden gelaufen und hat die Entwicklung medizinischer Erkenntnisse über den Ultralauf jahrzehntelang wissenschaftlich exakt verfolgt. Seine Trainingspläne für den Ultramarathon finden sich auf der Website des Schattauer-Verlages.[24] Sie umfassen einen Zielleistungsbereich in halbstündiger Gliederung von 6:45 bis 12:15 Stunden. Die Pläne über acht Wochen erfordern als Voraussetzung allerdings Marathonzeiten von etwa 2:30 bis 4:00 Stunden.

„Runner's World" bietet im Internet einen fünfmonatigen Trainingsplan aus den USA. Danach wird in den ersten sechs Wochen der wöchentliche Trainingsumfang von 40 auf 75 Kilometer gesteigert. In der gleich langen Aufbauphase werden Geh- und Wanderpassagen in die lange Trainingseinheit eingebaut und der Wochenumfang schrittweise auf 100 Kilometer gesteigert. In der 16. bis 18. Woche soll der lange Trainingslauf weiter erhöht werden und der wöchentliche Umfang zwischen 100 und 150 Kilometern liegen (dies scheint mir für den Durchschnitt angehender Ultraläufer sehr hoch gegriffen zu sein). In den letzten drei Wochen vor dem Wettkampf wird die Belastung dagegen heruntergeschraubt.

Die Niederländer Henk Magnus und Mattie de Vugt haben ebenfalls abgestufte Trainingspläne aufgestellt, nämlich für 100 Kilometer in 10:30 Stunden (Voraussetzung: Marathon in etwa 3:30 Stunden), in 9 Stunden (Marathon in etwa 3 Stunden), in 8 Stunden (Marathon in etwa 2:45) und in 7 Stunden (Marathon in etwa 2:30 Stunden) bei einem hohen Wochenpensum von 180 bis 210 Kilometern in 8 Trainingseinheiten.

Ich kann versichern, ich wäre, als ich 1972 meinen ersten Hunderter lief (in Biel in 16:58 Stunden) sehr froh gewesen, wenn mich vorher jemand an die Hand

24 http://www.schattauer.de/.

genommen hätte. Wir haben damals alle mehr oder weniger wild vor uns hintrainiert – bis hin zum Übertraining. Dennoch sind auch damals bemerkenswerte Leistungen erzielt worden.

9–14 STUNDEN

Eine Zeit zwischen 9 und 14 Stunden kann fast jeder genügend Ausdauertrainierte erreichen, der den 100-Kilometer-Lauf leistungsorientiert angeht. In diese Kategorie wächst man als Ultraläufer ohne grundsätzliche Probleme hinein. Wachsen ist ein Prozeß, und das bedeutet, er kostet Zeit. Wer die Marathonstrecke sicher in den Beinen hat, also weiß, daß er in passabler Zeit ankommen wird, kann die 100 Kilometer auch beim erstenmal, Leistungswillen vorausgesetzt, in der Regel noch unter 14 Stunden laufen. Eine Einschränkung ist bei Frauen zu machen: sie sind langsamer. Von einem Lebensalter von etwa 55 Jahren an wirkt sich der Alterungsprozeß leistungsmindernd aus.

Die Grenze nach unten ist relativ leicht abzustecken: Die Kilometerzahl des bisherigen Marathontrainings beibehalten und nur die Akzente verschieben. Nach Tom Osler, einem amerikanischen Mathematikprofessor und einst profilierten Ultraläufer, trainieren die besten amerikanischen Ultraläufer sogar weniger als die besten amerikanischen Marathonläufer. Viele legten im Training niemals mehr als 20 Meilen (36 Kilometer) zurück. Ob das heute noch der Fall ist, wage ich allerdings zu bezweifeln.

Zu der verbreiteten Vorstellung, die Ultralangstrecke verlange einen viel zu hohen Trainingsaufwand, mag van Aaken durch seine Forderung beigetragen haben, wer Marathon laufen wolle, müsse im Training 60 Kilometer laufen. Grundsätzlich: Wer sein Training auf die Marathonstrecke abgestellt hat, kann ohne Mehraufwand auch 100-Kilometer-Wettbewerbe laufend bestreiten, Ambitionierte jedoch werden ihr Pensum erhöhen.

In einer (nicht repräsentativen) Fragebogen-Aktion habe ich in den 1980er Jahren eine Anzahl Ultraläufer gebeten, unter anderem die untere Grenze des Trainingspensums, das sie für erforderlich halten, zu definieren. Die Angaben schwankten zwischen 50 und 100 Kilometern in der Woche, wobei noch differenziert wird: Nach Dr. med. Bernd Holstiege genügt es für Marathontrainierte, in den letzten zwei Monaten vor dem 100-Kilometer-Wettbewerb jeweils 80 Kilometer in der Woche zu laufen. In der letzten Woche muß das Pensum jedoch zurückgefahren werden. Roland Winkler, einer der profiliertesten Ultraläufer der ehemaligen DDR, hält wie seine Ultrasportfreunde

100 Kilometer wöchentlich für ausreichend, um gute bis sehr gute Leistungen zu erzielen.

Das Fazit: Wer nichts weiter als den Einstieg bei der Ultralangstrecke sucht – jedoch mit dem Ziel, im Wettbewerb überwiegend zu laufen und nicht überwiegend zu gehen –, wird mit 200 Trainingskilometern im Monat auskommen. Zur untersten Grenze habe ich selbst einmal beigetragen: Unfreiwillig habe ich ein Jahr lang nur einen Durchschnitt von 140 Laufkilometern im Monat gehabt; es hat dennoch für Biel gereicht. Allerdings habe ich dazu noch etwa 100 Kilometer im Monat wandernd zurückgelegt. Die 19 Teilnehmerinnen des 1973 von van Aaken veranstalteten 100-Meilen-Laufs in Waldniel gaben ihr wöchentliches Trainingspensum mit 35 Kilometern (eine Fünfundsechzigjährige) bis 130 Kilometern (eine Vierzigjährige) an. Der Durchschnitt aller 19 betrug 74 Kilometer in der Woche.

Als Maximum sind in meiner Umfrage Trainingsleistungen von 180 bis 230 Kilometern in der Woche, also bis etwa 920 Kilometer im Monat, genannt worden. Als Regeltraining gelten der Umfrage nach 100 bis 130 Kilometer in der Woche. Niemand sollte sich durch solche erklecklichen Zahlen ins Bockshorn jagen lassen. Wem es nur ums Mitmachen geht – jedoch schon mit dem Erfolgserlebnis einer akzeptablen Zeit –, der kommt mit dem Umfang des Marathontrainings aus. Zu berücksichtigen ist, daß Ultraläufer im Prinzip eine niedrigere Geschwindigkeit auf ihren Trainingsläufen haben als Marathonläufer. Eine Laufgeschwindigkeit von 6 min/km steht dem erstrebten Wettkampfziel der Gruppe der 9- bis 14-Stunden-Läufer nicht entgegen. Der Trainingseffekt auch in dieser Gruppe wird jedoch durch schnelle aerobe Trainingseinheiten auf kurzen Strecken gesteigert.

Was man für eine optimal zu laufende kürzere Strecke, also etwa den Marathon, braucht, ist erst recht auf der Ultrastrecke vonnöten: Ausdauer und eine dem Wettkampfziel entsprechende Grundschnelligkeit. Die Ausdauer steht immer an erster Stelle. Die schönste Grundschnelligkeit nützt nichts, wenn sie nur bis Kilometer 70 reicht. Diese Erfahrung mußte auch Dieter Baumann machen, als er im Jahr 2011 in Biel nach 70 Kilometern einbrach. Hingegen kann ein mäßig Schneller – ich habe mich selbst zu dieser Gruppe gezählt – durch stetiges Traben respektable Leistungen erzielen. Darin besteht ja der Vorzug der Ultralangstrecke, daß Menschen mit geringerer Grundschnelligkeit – das bedeutet auch: Menschen, die eine Bindung an feste Trainingsprogramme verabscheuen – hier ihre Chance haben. Es war eine frühe Erkenntnis des Trainers

Arthur Lambert, daß ein wenig schneller, aber trainingsfleißiger Läufer dank dem Ausdauertraining einen schnelleren, aber trainingsfaulen Läufer (Ausdauertraining setzt Fleiß voraus) schlagen könne. Lambert bezog diese Erkenntnis zwar auf die kürzere Langstrecke; aber sie gilt erst recht für den Ultralanglauf.

Ausdauertraining heißt nicht, daß jede Trainingseinheit nun mehrere Stunden dauern müsse. Läufern dieser Kategorie kann auch hier wieder das Marathontraining als Richtschnur dienen. Liegt keine hohe Ambition vor, kann man mit dem werktäglichen Entspannungslauf über 10 Kilometer und einmal in der Woche einem längeren Lauf – je nach Saison zwischen 20 und 30 Kilometern – auskommen. Zur Vorbereitung auf den oder die ersten Ultralanglaufwettbewerbe sollte aber ein ‚Ultra'-Trainingslauf (vor einem 100-Kilometer-Lauf etwa 60 Kilometer) vorausgehen. Diese Ausdauerprobe, die auch verlängert werden kann, muß in genügendem Abstand vor dem Wettkampf liegen. Drei Wochen erscheinen hier ausreichend. Lieber sollte man dann noch einen Tempolauf dazwischen schieben, beispielsweise die Teilnahme an einem Marathon.

Vierzehn Tage vor dem Wettkampf darf das Training nicht mehr gesteigert, sondern muß vielmehr reduziert werden. Es ist das Stadium des Tapering, der Ausdünnung des Trainings. Auf den Wettkampf folgt das Stadium der Regeneration; es sollte ein bis zwei Wochen dauern. Joan Benoit Samuelson, die Goldmedaillengewinnerin des ersten Olympischen Frauenmarathons 1984, erklärte einmal, für sie sei das Tapering der härteste Teil des Trainings gewesen.

DIE ELITE: UNTER 9 STUNDEN

Meine Klassifizierung ist notgedrungen willkürlich. Auch wer das Training so locker nimmt, wie das in der vorangegangenen Gruppe möglich ist, kann bei den 100 Kilometern unter 9 Stunden kommen. Dann aber wird's ernst, und Spitzenzeiten von 7 Stunden und darunter wollen hart erarbeitet sein.

Doch selbst Serge Cottereau, der es mit präzisen Trainingstabellen für den Marathon hält, ist im Hinblick auf die Ultralangstrecke relativ großzügig. Der individuellen Trainingsgestaltung ist Raum gelassen. Auch bei den Spitzenläufern ist das Trainingstempo vielfach geringer als im Marathontraining. Ein Argument ist, daß auf diese Weise die Verletzungsgefahr verringert wird.

Die Trainingslehre unterscheidet Makro-, Meso- und Mikrozyklus, also langfristige, mittelfristige und über kürzere Zeit angelegte Pläne. Der Makrozyklus orientiert sich auf den Hauptwettkampf, also bei zwei Wettkämpfen im Jahr auf den im Frühjahr und den im Herbst. Er gliedert sich in Mesozyklen, die zum Beispiel jeweils aus zwei- bis dreiwöchigen Belastungsphasen und einer einwöchigen Entlastungsphase bestehen. Der Mikrozyklus umfaßt gewöhnlich eine Woche. Mit der gezielten Vorbereitung muß ein Leistungsläufer drei bis vier Monate vor dem Wettkampf beginnen.

Wenn schon bei Trainingsplänen für den Marathon der Verdacht nicht immer von der Hand zu weisen ist, es könne sich vielleicht um Kabbalistik handeln, den Glauben an die magische Zahl, um eine kühne Intuition, der ein rationaler Mantel umgehängt wird, so erweisen sich exakte Trainingspläne für die Ultramarathonspitze vollends als Fiktion. Auch von Serge Cottereaus Trainingsplänen bleibt als Quintessenz nur, daß eben bei Spitzenläufern zur Ausdauer auch die Schnelligkeit und damit das Tempotraining kommen muß. Immer wieder bahnen sich jedoch eigenwillige Läufer mit Hauruck ihren Weg durch das Zahlengestrüpp.

Auch wer nur etwa 9 Stunden für 100 Kilometer benötigen will, braucht eine sehr starke Zielorientierung. Er sollte einen Marathon in etwa 3 Stunden schaffen können, wobei es nicht unbedingt um die Unterbietung der Marke 3:00 gehen muß. Der zeitliche Trainingsaufwand bewegt sich in der Woche zwischen mindestens 80 und 135 Kilometern. Dr. Aderhold und Dr. Weigelt sehen in den letzten acht Wochen je einmal einen extensiven Dauerlauf von 35, 40–45, 45–50 und 55–60 Kilometern vor.

Nach der Zielorientierung und den physischen Möglichkeiten der Realisierung richtet sich das Trainingskonzept. Den Unterschied hat Bernd Digulla (Persönliche 100-Kilometer-Bestzeit 7:21 Stunden) deutlich gemacht: „Um die Zeit zu erreichen, die ich mir für die Zukunft setze (unter 7 Stunden), müßte ich sicher 180 bis 200 Kilometer in der Woche trainieren, mit jeweils einem Lauf über die Marathondistanz hinaus. Eventuell hin und wieder zwei Trainingseinheiten täglich. Falls ich aber die 100 Kilometer als ‚Erlebnislauf' angehe, reicht der Trainingsaufwand von etwa 100 Kilometern in der Woche (1 Tag Ruhe, 5 mal 15 km, 1 mal 25 km)."

Der Sportlehrer Roland Winkler (100 km in 6:45:06 Stunden, DDR-Bestleistung) hat die Trainingserfordernisse eines Spitzenläufers so beschrieben: „Meiner Ansicht nach braucht sich ein Ultralangstreckentraining gar nicht, beziehungsweise nur sehr wenig von einem Marathontraining zu unterscheiden. Ein gut trainierender Marathonläufer kann bei entsprechender psychischer Einstellung auf einen Ultralauf diesen ebenfalls gut bestehen. Ich persönlich sehe in meinen Trainingsvorbereitungen auf einen Marathonlauf und auf einen 100-Kilometer-Lauf kaum Unterschiede. Höchstens, daß ich ein bis zwei Trainingseinheiten bei maximal 60 Kilometern am Stück vor einem Ultralauf gelaufen bin und daß ich mich in der letzten Woche vor einem Ultralauf noch mehr ausruhe (maximal bis drei Ruhetage); aber das könnte ich sicherlich ebenso vor einem Marathonlauf tun. Man kann natürlich beim Ultratraining länger und langsamer laufen; aber nach meiner Theorie ist es auch für den Ultraläufer effektiver, öfter kürzere Strecken in schärferem Tempo zu laufen, natürlich bei entsprechender Grundlagenausdauer. Meine persönlichen Erfahrungen besagen, daß ich um so bessere 100-Kilometer-Zeiten erzielt habe, je besser ich vorher auf den Unterdistanzen zwischen 10 und 25 Kilometer oder im Marathon gewesen bin."

Wolfgang Schwerk (Persönliche 100-km-Bestzeit: 6:44:38, 24 Stunden: 276,09 km, 6 Tage: 1.010,080 km) differenziert nach Wettkampfstrecken. Zu 100 Kilometer sagt er: „Das Training weicht kaum vom Marathontraining ab. Unterschied: Weniger Tempoarbeit und gelegentlich zweimal die Woche 40 bis 50 Kilometer." Schwerk ist zweimal in der Woche 30 bis 40 Kilometer im gewünschten Renntempo gelaufen. Vor dem Marathon absolvierte er nur Tempoläufe über 15 bis 25 Kilometer. Zu 150- bis 200-Kilometer-Wettbewerben rät er: „Hier wird man nicht ohne vier bis fünf 40- bis 60-km-Läufe je Woche auskommen, so daß man gut auf 200 bis 250 Kilometer je Woche kommt. Wichtig ist hierbei das Tempo, das ich persönlich um 5 min/km für richtig halte, damit Verletzungen vermieden werden." Und zu Sechstagerennen erklärt er: „Hierfür würde ich speziell Nachtläufe über 5 bis 6 Stunden einbauen und am Wochenende gelegentlich 80 Kilometer laufen, danach versuchen, 4 Stunden zu schlafen, und dann nochmals 4 bis 5 Stunden weiterlaufen."

Nach der „Nacht von Flandern" in Torhout haben die Veranstalter in einem Seminar versucht, Trainingserfahrungen von Spitzenläufern zu bündeln. Das gemeinsame Fazit war, daß es ‚den' Weg zum Ultramarathon nicht gibt, sondern vielmehr zahlreiche unterschiedliche Trainingsmethoden. Das ist auch die Auffassung von Patrick Deschepper, dem Trainer von Jean-Paul Praet, der achtmal den 100-Kilometer-Wettbewerb der Nacht von Flandern gewonnen hat (seine Zeit von 6:03:51 Stunden im Jahr 1986 ist wegen möglicherweise zu kurzer Strecke nicht als Weltrekord anerkannt worden; eine weitere Bestzeit von ihm ebenfalls nicht, weil er gegen den wegen der Apartheid verhängten Sportboykott gegen Südafrika verstoßen hatte). Das Training eines Athleten, sagte Deschepper, sei nur ein kleiner Aspekt in einer ganzen Kette von Elementen, die zum Erfolg führten, nämlich der natürlichen Disposition, der Lebensweise, der Ausdauer, dem Mut, ein Training durchzuziehen, der Ernährung, der mentalen Führung, der Umgebung. Private Probleme könnten eine zerstörerische Wirkung auf das Leistungsvermögen haben. Gerade die sogenannten trivialen Dinge würden immer unterschätzt.

Deschepper erklärte, er sei überzeugt, daß es unterschiedliche Trainingsmethoden gebe, die zum Erfolg führten. Es sei daher sinnlos, das Training großer Athleten kopieren zu wollen. Die einzige Gemeinsamkeit der unterschiedlichen Methoden sei, daß Grundbedingungen beachtet werden müßten, nämlich Ausdauer, Widerstandsvermögen und Geschwindigkeit. Es gelte, die richtigen Akzente, abhängig von der Sportdisziplin, an den richtigen Stellen zu setzen. Für den Ultramarathon sei Ausdauertraining von grundlegender Bedeutung. Diese Basis sollte solide genug sein, bevor man im Wettbewerb starte. Viele Athleten hätten nicht die Geduld, diese Grundlagen zu schaffen. Wie lange und wie viele Kilometer man trainiere, sei von Person zu Person unterschiedlich. Je länger die Renndistanz sei, desto solider müsse die Ausdauer sein. Die Geschwindigkeit beim Laufen im steady state (Sauerstoffgleichgewicht) differiere von Mensch zu Mensch, ebenso wie das Ausdauerlimit. Es sei wichtig, das Limit regelmäßig während des Trainings und damit auch die Qualität des Trainings zu prüfen. Es sei gleichfalls wichtig, daß der trainierende Athlet auch erholsame Dauerläufe in Begleitung von Sportfreunden mache, so daß die Monotonie langer Strecken durchbrochen werde. Im allgemeinen sei eine Variation zu empfehlen: normale Dauerläufe, Intervall-Dauerläufe, leichtes Fahrtspiel und so weiter. Mit der Strecke zu wechseln, sei ebenfalls wichtig; nicht immer dieselbe Runde im selben Park. Laufen sollte ein bißchen Abenteuer sein.

Ein Ultraläufer solle dabei nicht unbedingt mehr Kilometer in der Woche zurücklegen als ein Marathonläufer. Praet laufe 150 bis 160 Kilometer in der Woche und während einiger weniger Spitzenwochen je 100 Kilometer mehr. Er kenne Marathonläufer, die 250 Kilometer in der Woche trainierten und in den Spitzenwochen je 350 Kilometer. Hin und wieder müsse eine lange Trainingseinheit absolviert werden, aber es sei nicht der Fall, daß jede Woche ein 100-Kilometer-Lauf stattfinden müsse, wie manche Leute meinten.

In der Vorbereitungsperiode besteht das Aufbautraining nach Descheppers Vorschlägen aus Tempoläufen und Widerstandseinheiten. Tempoläufe können Teil eines Ausdauerlaufs sein oder einer wohlabgewogenen langen Trainingseinheit. Auch hier ist eine Menge von Variationen möglich, wie er erklärt. Dies auch im Widerstandstraining, wo Schnelligkeitsdistanzen zwischen 400 und

1.000 Metern gelaufen werden. Auch 100 Meter würden gerannt, jedoch in einer Weise, daß die reguläre Geschwindigkeit des Ultraläufers nicht mißachtet werde. Alles diene insbesondere dem Zweck, Variationen in das Training und die Schrittfolge zu bringen.

Eine wichtige Trainingsform sei das Hügeltraining, empfiehlt er. Es sei erstens ein natürliches Ausdauertraining und kräftige zweitens die Muskeln.

Die größte Zahl von Kilometern wird Deschepper zufolge in der dritten und der vierten Woche vor dem Rennen gelaufen. In diesen Wochen ist eine Anzahl sehr harter Trainingseinheiten mit einem 60 bis 65 Kilometer langen Ausdauerlauf eingeplant. In einem abschließenden Testlauf würden die meisten Bedingungen des Rennens simuliert.

Jean-Marc Bellocq (Persönliche 100-km-Bestzeit: 6:26:23, achtmal Sieger der 100 Kilometer von Millau) beantwortete die Frage, wie er sich auf verschiedene aufeinander folgende 100-Kilometer-Läufe vorbereite, kurz und bündig damit: Lange, langsame Ausdauerläufe, einmal in der Woche 5 mal 1.000 Meter auf der Bahn mit voller Erholung nach 1.000 Metern (200 Meter Gehen und 200 Meter erholsames Laufen), jeden Sonntag ein Rennen zwischen 10 und 15 Kilometern. Zwischen zwei 100-Kilometer-Rennen – im Abstand von nur einer oder zwei Wochen – versuche er, sich von dem vorangegangenen Rennen vollständig zu erholen und das Leistungsniveau für den kommenden 100-Kilometer-Lauf zu erhalten. Das Training falle dann nicht komplett aus, werde aber im Hinblick auf die Distanz und die Schrittfrequenz reduziert.

Eleanor Adams-Robinson (Persönliche Bestzeit über 100 Meilen: 14:44:25, Colac Six Days Race 866,36 km) trainierte in ihrer aktiven Zeit als Multi-days-Läuferin in der Woche 160 bis 200 Kilometer. Von Montag bis Freitag standen 28 bis 32 Kilometer in einer bis drei Einheiten auf dem Plan, abhängig von der Arbeit und häuslichen Verpflichtungen. Zwei Einheiten waren lange Läufe von dreistündiger Dauer, und eine Einheit war Geschwindigkeitstraining auf der Bahn. Samstag und Sonntag lief sie 24 Kilometer und ein Halbmarathonrennen oder weniger. Die Alternative waren 8 bis 16 Kilometer und ein Marathon. Das wöchentliche Rennen bezeichnete sie als sehr wichtigen Teil ihres Trainingsplans. Alle sechs Wochen lief sie einen Ultramarathon; die Auswahl traf sie zu Beginn des Jahres. Vor einer 100-Kilometer-Weltmeisterschaft versuchte sie, verschiedene 100-Kilometer-Rennen und Marathons zu laufen. Vor einem Multi-days-Race bestritt sie nach Möglichkeit mehrere 24-Stunden-Läufe und einen 48-Stunden-Lauf. Die Rennen, die sie zum Aufbau lief, waren jedoch immer wichtige Ereignisse; einen Ultra nur zum Training sei sie niemals gelaufen, betonte sie. Auf diese Weise habe sie sich immer einen 24- oder 48-Stunden-Lauf vornehmen können oder einen 100-Kilometer-Lauf unter 8 Stunden.

Auf dem Seminar in Torhout wurde auch die mentale Seite des leistungsbetonten Laufens behandelt. Der Schwede Rune Larsson (100-km-Bestzeit: 6:43:36, Sieger des Spartathlons 1987, 1988 und 1993) vertritt in seinem Beitrag „Mindrunning“ die Auffassung, daß nur diejenigen, die ihren eigenen Willen und ihre Emotionen unter Kontrolle hätten, bei schweren Ultraläufen erfolgreich sein könnten. Sein persönliches „Mindrunning“ lernte er während seines Studiums in San Diego bei dem Psychologiestudenten Howard Goldberg. Es begann mit der Vorbereitung auf einen 10.000-Meter-Wettkampf. Larsson wollte mit 30:50 Minuten seine persönliche Bestzeit erreichen. Goldberg rechnete die Zeit auf Stadionrunden um und erklärte, Larsson müsse die 400-Meter-Runde in 74 Sekunden zurücklegen. Dann wurde eine Sitzung mit tiefer Entspannung eingeleitet, Muskel für Muskel entspannte sich. In diesem Zustand hatte er sich das Rennen Kilometer für Kilometer vorzustellen, jede Runde in 74 Sekunden. In dem Aufwärmstadium vor dem Rennen ging er, wie er weiter berichtet, das Rennen mental durch. Im tatsächlichen Rennen lief er die letzten drei Kilometer schneller als die ersten; er schaffte schließlich die persönliche Bestleistung von 30:35,7 Minuten.

Vor dem Boston-Marathon wollte er sich dann mental auf die Bewältigung der von manchen gefürchteten „Heartbreak-Hills“ konzentrieren; doch Goldberg, der die Strecke kannte, brachte ihn davon ab. Er war der Überzeugung, daß Larsson dank seinem Hügeltraining keine Probleme damit haben würde. Stattdessen bereitete er ihn auf die 800 Meter lange Passage am Wellesley-College vor, wo die Läufer infolge der lauten Anfeuerung durch die Mädchen und jungen Frauen unwillkürlich ihre Geschwindigkeit steigern – was sie später büßen müssen. Die Visualisierung der 800-Meter-Lärmhölle brachte Larsson im tatsächlichen Boston-Marathon dazu, seine Geschwindigkeit unverändert beizubehalten, den Jubel zu genießen und später all die Läufer, die ihm in Wellesley davongelaufen waren, zu überholen. Er beendete das Rennen in neuer persönlicher Bestleistung von 2:18:38 Stunden.

Bei einem 100-Kilometer-Lauf über zehn Runden in Lund (Schweden) fiel es ihm schwer, sich zu motivieren. Bei Kilometer 9 bemerkte er am Streckenrand einen toten Hasen und dachte unterwegs unentwegt an das tote Tier. Er machte dann ein Gedicht und sprach mit dem toten Hasen. Er sagte, er könne verstehen, wenn andere dies widerlich und ekelhaft fänden; aber die Fokussierung auf das

Tier habe ihm geholfen. Der Spartathlon bedeutete für ihn schlechthin einen Abenteuerlauf. Daher bereitete er sich auf ihn nicht allein durch ein Kilometertraining vor, sondern auch durch ein ‚Abenteuertraining'. Dafür schien ihm der Winter besonders geeignet zu sein. Mit Ski, Schlafsack und Lebensmitteln ausgerüstet, fuhr er mit der Bahn irgendwohin und suchte sich mit Karte und Kompaß den Weg heimwärts. Als die Dunkelheit hereinbrach, machte er sich eine Mahlzeit und legte sich schlafen. Niemand wußte, wo er sich befand. Gemessen an solch einsamen Unternehmungen, schien ihm ein Lauf wie der Spartathlon komfortabel zu sein. „Ich bin sicher", sagte Rune Larsson, „daß es viele Läufer gibt, die keinerlei mentales Training brauchen. Zu ihnen hätte ich mich zehn Jahre zuvor auch gezählt. Doch je mehr ich über mich selbst erfuhr und meine psychischen Reaktionen, desto mehr realisierte ich, daß ein Läufer aus mehr als gerade einem Paar Beinen besteht." (Psychologische Hilfen sind in dem Kapitel „Empirische Aspekte einer Psychologie für Ultramarathonläufer" dargestellt).

MERKZETTEL

- Schwerpunkt des Trainings in allen Ultrakategorien muß die Ausdauer sein.
- Läufer sollten den Wechsel vom Laufen zum Gehen und umgekehrt üben.
- Auch lange Wanderungen fördern die Ausdauer.
- Vielseitiges Lauftraining wie Fahrtspiel und Hügeltraining ist nützlich.
- Die Begleitung durch einen radfahrenden Betreuer ist hilfreich; das psychische Erlebnis auf einer Ultrastrecke ist jedoch ohne Begleitung, die ohnehin nicht überall erlaubt ist, stärker.

„Kein Mensch ist in der Lage, ständig Höchstleistungen zu bringen."

Dr. med. Dr. med. dent. Lutz Aderhold

10

Regeneration ist Teil des Trainings

Ein wichtiger Teil des Trainings ist eine ausreichende Regeneration. In dieser Zeit müssen verbrauchte Nährstoffe ersetzt und gespeichert werden, muß sich der Zellaufbau im beanspruchten Muskelgewebe vollziehen, sollen sich Bewegungsabläufe optimieren und Körperorgane an die erhöhte Belastung im Training anpassen. Dies ist auch im Breitensport notwendig geworden, wo nach Auffassung des Bremer Arztes Dr. Wolf Rieh „mit einer zunehmend höheren Intensität und Quantität trainiert" wird.

Ermüdung wird als Schutzmechanismus des Organismus verstanden, sie soll die vollständige Ausschöpfung der körperlichen Reserven verhindern. Training ist ohnehin im Zustand der Ermüdung nicht möglich. Die periphere Ermüdung betrifft die Muskeln und ergibt sich aus der Erschöpfung der Energiereserven, der Elektrolytbestände, der Eisenbestände und des Baustoffwechsels (Eiweißverbrauch). Unabhängig davon kann eine zentrale Ermüdung, nämlich die Ermüdung des Zentralen Nervensystems, eintreten. Dabei kommt es zu einem Abfall des Blutzuckers und der Senkung der Blutfette sowie der Nebennierenrindenhormone. Diese Senkungen sind auch noch 24 Stunden nach einem 100-Kilometer-Lauf meßbar.

Die Regeneration dient auch dazu, das in Anspruch genommene Eiweiß zu ersetzen, was mehrere Wochen dauern kann. Dr. Rieh macht hier auch auf die Rolle des Alkohols aufmerksam: „Auch nur mäßiger Alkoholgenuß unterdrückt die Testosteronspiegel und verzögert den eiweißaufbauenden Effekt in der Erholungsphase." Das ist um so problematischer, als ein Eiweißmangel subjektiv nicht wahrgenommen werden kann.

Regeneration bedeutet in der läuferischen Praxis:

- Reduzierung des Trainings um etwa die Hälfte,
- Wegfall von Tempoläufen,
- Wegfall von anstrengenden Trainingseinheiten wie ultralangen Strecken.

Über die Dauer der Regenerationsphase im Laufsport bestehen unterschiedliche Auffassungen. Findet die Regenerationsphase einmal im Jahr statt, sollte sie vier Wochen dauern. Auch während des regulären Trainings sollte es mit einem Anteil von 25 Prozent eine kurze (etwa einwöchige) Phase der Erholung geben. In einer öffentlichen Diskussion zeigte sich eine Ärztin, deren Spezialgebiet die Trainingssteuerung ist, empört, als ich auf die Frage, wie oft man im Jahr Marathon laufen könne, antwortete: Ohne Risiko im Durchschnitt jeden Monat einen.

Diese Antwort bedarf der Differenzierung. Wer im Frühjahr den Rotterdam- und im Herbst den Berlin-Marathon gewinnen will, wird mit Sicherheit das Training auf beide Ereignisse konzentrieren und an keinem weiteren Marathonwettbewerb teilnehmen. Für den durchschnittlichen Hobby-Läufer gelten indes andere Maßstäbe. Und wer, wie die fleißigsten Marathon- und Ultramarathonsammler, an jedem Wochenende mindestens einen, wenn nicht gar zwei Marathons läuft, absolviert die 42 Kilometer in der Regel als längere Trainingseinheit. Auch von den Vielläufern, die 1.000 und mehr Marathons und Ultramarathons in ihrem Tagebuch haben, sind keine irreversiblen orthopädischen Schädigungen durch ihre Laufgewohnheiten bekannt.

Wir sollten uns daran erinnern, daß das Laufen langer Strecken Jahrtausende lang eine wichtige Überlebenstechnik war. Tiere wurden von Menschen so lange gehetzt, bis ihre Laufeigenschaft erschöpft war und sie zusammenbrachen. Andererseits konnten die Urzeit-Menschen nicht auf Regenerationszeiten Rücksicht nehmen, wenn sie von wilden Tieren verfolgt wurden.

Heute kennen wir sogar die Regenerationszeiten unserer einzelnen Organe. Innerhalb von vierzehn Tagen sollte demnach die Erholung von einem Marathon abgeschlossen sein. Wie lange sie tatsächlich dauert, ist individuell unterschiedlich. Ältere benötigen grundsätzlich eine längere Regenerationszeit als Jüngere. Die Monatsfrist zwischen zwei Marathons enthält jedoch nach meiner Erfahrung ein bei weitem ausreichendes Sicherheitsmoment. Ultramarathonstrecken erfordern indes eine längere Erholungspause. Eine einwöchige Regenerationszeit ist wahrscheinlich auch dann zu kurz, wenn ein Läufer nicht jedesmal an seine Leistungsgrenze geht. Dies habe ich selbst erfahren, als ich 1984 an der ersten 100-Kilometer-Meisterschaft in Rodenbach teilnahm, am folgenden Wochenende jedoch die 330 Kilometer lange Strecke von der Schlögener Donauschlinge nach Hainburg östlich von Wien laufen wollte. Bei einer zu kurzen Regenerationsphase wird der Körper unvollständig mit Nährstoffen versorgt, der Zellaufbau ist noch nicht abgeschlossen. Andererseits verhindert auch eine zu lange Regenerationsphase mit herabgesetztem Training eine weitere Leistungssteigerung.

Auf eine ausreichende Regeneration gilt es nicht nur nach Wettkämpfen, sondern auch und gerade beim Training zu achten. Ambitionierte Läufer, insbesondere, wenn sie auf einen Wettbewerb hin trainieren, geraten leicht in die Gefahr, ihr Konto zu überziehen. Möglicherweise trainieren sie schon wieder leistungsbezogen, obwohl ihr Körper die letzte Belastung noch nicht verkraftet hat. Auf diese Weise addieren sich die Belastungen. Der erhoffte Zuwachs an Leistungsfähigkeit bleibt aus, wahrscheinlich reduziert sie sich gar. Die Folge eines Trainings ohne ausreichende Zeit zur Regeneration wird als Übertraining bezeichnet. Da Übertraining nicht als Erkrankung definiert wird, kann es im Hinblick auf die Folgen leicht unterschätzt werden.

Die psychophysischen Symptome dafür sind eindeutig: rasche muskuläre Ermüdbarkeit selbst bei wenig intensivem Training, Laufunlust, chronische Müdigkeit, etwa zwei Wochen lang anhaltender Leistungsabfall ohne Krankheitsursache, hormonelle Veränderungen, innere Unruhe, Kopfschmerzen, Schlafstörungen, Rückgang der maximalen Herzfrequenz, Anfälligkeit für Infekte, verstärkte Schweißbildung, Appetitlosigkeit, Befindlichkeitsstörungen wie Gereiztheit bis hin zur Depression. Auch Übelkeit während eines Marathons oder selbst einige Stunden danach kann auf Übertraining hinweisen. Die Sportmedizin unterscheidet je nach Ursachen und Symptomen zwischen sympathikoner und, schwerer erkennbar, parasympathikoner Form des Übertrainings. Im ersten Fall ist eher der Umfang des Trainings zu hoch gewesen, im zweiten Fall eher die Intensität. Häufig kommt es allerdings zu einer Mischform. Zu beachten ist, daß nicht alle genannten Symptome zusammen auftreten müssen. Bevor Übertraining diagnostiziert wird, müssen andere Ursachen der Symptome ausgeschlossen sein.

Der Zustand des Übertrainings kann auch durch die psychische Gesamtsituation, beispielsweise durch Streß in der Familie oder im Beruf, verursacht oder beeinflußt sein. Der bisher einzige Todesfall in Biel ereignete sich 1984, als ein Altersläufer direkt von der Beisetzung seiner kurz zuvor gestorbenen Schwester nach Biel gefahren und dort zu den 100 Kilometern gestartet war. Er brach nach etwa zweieinhalb Stunden bei Kilometer 24 zusammen und starb.

Die Gefahr eines Übertrainings besteht insbesondere dann, wenn Läufer unterschiedlichen Leistungsvermögens gemeinsam auf eine Wettkampfteilnahme hin trainieren. Was bei dem leistungsstärkeren Läufer einen Leistungszuwachs bewirkt, kann bei dem Leistungsschwächeren zu einem Überlastungssyndrom und schließlich zum Übertraining führen. Verstärkt wird diese Entwicklung dann, wenn ein Läufer bei einem Leistungsrückgang versucht, intensiver zu trainieren. Überlastung wird vom Körper zwar noch toleriert, Übertrainingssymptome treten zunächst noch nicht auf, aber die Wettkampfleistung ist nicht mehr optimal. Der auch durch eigene Aktivität erfahrene Läuferarzt Dr. med. Christoph Wenzel erklärt dies folgendermaßen: „Der Körper erbringt die geforderten Leistungen unter Abbau eines Teils seiner Funktionsreserven."

Ist der Zustand des Übertrainings erst einmal eingetreten, hilft nichts, als das Training im Hinblick auf Umfang und Intensität drastisch zu reduzieren, wenn nicht sogar vorübergehend ganz einzustellen. Die notwendige Pause kann sich über Monate erstrecken. Eine Faustregel besagt, daß man Wettkämpfe und intensives Training ungefähr dreimal so lange vermeiden solle, wie die Entwicklung des Übertrainings gedauert habe. Wer Übertrainingssymptome vier Wochen lang ignoriert hat, sollte also ungefähr zwölf Wochen bis zur Aufnahme eines intensiven Trainings warten.

Das ausfallende Lauftraining kann durch andere Sportarten kompensiert werden, weil dabei andere Muskelgruppen, Sehnen und Bänder beansprucht werden. Dazu eignen sich vor allem Wandern, Schwimmen, Aquajogging, Radfahren und Skilanglauf. Bei höherer Intensität kann damit sogar ein Trainingseffekt erreicht werden. Spielsportarten wie Handball, Fußball und Volleyball fördern die koordinativen Fähigkeiten. Allerdings ist dabei die Verletzungsgefahr zu beachten.

In der Laufpause während eines Übertrainingszustandes muß insbesondere ein erholsamer Schlaf wiederhergestellt werden. Ein regelmäßiger Schlafrhythmus hilft dabei. Schlafentzug für eine Nacht während eines Laufs wie in Biel oder der Ulmer Laufnacht ist ohne weiteres verkraftbar. Auch mehrere Nächte ohne oder nur mit wenig Schlaf sind ohne Leistungseinbuße und Gesundheitsschädigung möglich, wie Mehrtageläufe gezeigt haben. Allerdings sind danach die mentalen Fähigkeiten eingeschränkt. Bei Strecken- oder Rundenläufen muß man daher berücksichtigen, daß das Orientierungsvermögen bei Schlafmangel abnimmt. Der amerikanische Ultraläufer Prof. Dr. Tom Osler hat herausgefunden, daß es auf Mehrtageläufen genügt, täglich dreieinhalb Stunden zu schlafen.

Nach seiner Erfahrung ist es angenehmer, von allein aufzuwachen statt durch den Weckeralarm wach zu werden. Offensichtlich reicht eine kurze Schlafdauer aus, wenn es dabei zu längeren Tiefschlafphasen gekommen ist.

Bei Übertraining sind Massagen, entspannende Bäder, Entspannungstechniken, ausgewogene Ernährung sowie Gespräche mit Trainingserfahrenen ebenfalls hilfreich. Massagen sollten jedoch nicht angewandt werden, wenn eine akute Entzündung besteht. Daher ist auch die Massage während eines Wettbewerbs, bei dem Mikrotraumen entstanden sein könnten, problematisch. Eine andere Therapie als die erhebliche Reduzierung oder die Einstellung des Trainings gibt es bei Übertraining aber nicht. Übertraining schiebt den erhofften Trainingserfolg also für längere Zeit auf. Es wäre daher falsch, Trainingspläne rascher umzusetzen als angegeben und beispielsweise schnelle Trainingseinheiten öfter als vorgesehen anzusetzen.

Wie aber verhält es sich bei Mehrtageläufen, bei denen ja täglich eine Ultrastrecke zurückgelegt wird? Hier läuft alles auf eine Trainingsfrage hinaus. Wer – nicht selten mehrere Jahre hindurch – sein Training darauf abgestellt hat, bei einem Fernlauf mehrere Tage, zwei Wochen oder gar über zwei Monate lang täglich eine Ultrastrecke zu bewältigen, wird auch dazu in der Lage sein, zumal auf sehr langen Strecken in der Regel sehr ökonomisch gelaufen wird.

Für die Mehrzahl der Ultraläufer ergibt sich die praktische Frage: Wenn ich am Supermarathon des GutsMuths-Rennsteiglaufs teilnehme, kann ich dann – gewöhnlich drei Wochen später – zu den 100 Kilometern von Biel starten? Im allgemeinen lautet die Antwort hier: Ja. Doch sollten nicht beide Strecken mit maximaler Intensität gelaufen werden. Beträgt der Abstand zwischen beiden Veranstaltungen nur vierzehn Tage und hat der Fragesteller noch keine Ultraerfahrung, wird es indes kritisch. In diesem Fall rate ich dazu, sich auf nur eine der beiden Laufveranstaltungen zu konzentrieren.

MERKZETTEL

- Mindestens einmal im Jahr ist eine längere Regenerationsphase einzulegen.
- Auch während des regulären Trainings sollte etwa ein Viertel der Zeit der Regeneration gewidmet sein.
- Übertraining muß vermieden werden!

„Das Ziel muß im Kopf sein,
denn der Horizont verheißt nur Unendlichkeit!"

Robert Wimmer,
Sieger des ersten Trans-Europa-Laufes 2003

11

Empirische Aspekte einer Psychologie für Ultralangläufer

Eine Leistung zu vollbringen, bedarf eines Handlungsanreizes; er wird durch eine bestimmte Motivation gesetzt. Das kann nach dem Lustprinzip – „Es macht mir Spaß" – oder zur Erreichung eines Ziels geschehen. Wenn wir bei der Motivation für sportliche Leistungen zwischen äußeren und inneren Faktoren, nämlich einer extrinsischen und einer intrinsischen Motivation, unterscheiden, so können wir im Laufsport diese Hypothese wagen: Je länger die Strecke, desto stärker sollte die intrinsische Motivation sein.

Sport im allgemeinen könnte man auch mit einer nur extrinsischen Motivation treiben. Für die Trainingsarbeit motivieren dann die soziale Prämierung durch Anerkennung, Medienruhm, Gunst von Sponsoren und für die Lebensplanung der gedeckte Wechsel auf eine einträgliche Karriere. Eine derart von außen gesteuerte Motivation für den Sport kommt sicher so ausschließlich nicht vor. Wenn wir aber daran denken, daß Eltern ihre Kinder ganz gezielt zu Tennis- oder Eislaufstars zu machen versuchen, wissen wir, was eine extrinsische Motivation ist.

Charakteristisch dafür ist der folgende Fall aus der Sportpraxis, den der Trainer Rolf Büsing schildert:[25] Eine Marathonläuferin war glücklich und zufrieden darüber, mit ihrer Mannschaft eine wichtige Meisterschaft gewonnen zu haben.

25 „Streß vor dem Wettkampf".

„Sie bekam Lob und Anerkennung im Verein und in ihrer Umwelt. Nach einiger Zeit jedoch verschwanden die Zufriedenheit und das Glück über den Sieg. Niemand sprach mehr über sie, sie war wieder eine von vielen. Das tat ihr weh und machte sie unzufrieden. Sie fing an, wie verrückt zu trainieren, um wieder in die Mannschaft zu kommen, die möglicherweise wieder einen Titel erringen konnte. In dieser Zeit hatte sie Angst vor Verletzungen, die sie aus der Mannschaft geworfen hätten. Der Sieg der Mannschaft alleine, das Erleben des Sieges mit der Mannschaft, machte den Wertstatus dieser Läuferin nicht aus, sondern in erster Linie die Dauer der Beachtung und Bewertung des Sieges durch andere. Beim Nachlassen der Beachtung des Sieges sah diese Läuferin ihren Status bedroht. Angst und somit Streß waren die Folge." Der Mangel an intrinsischer Motivation also, die Abhängigkeit von anderen, macht nicht nur unzufrieden mit der eigenen Leistung, sondern provoziert obendrein auch Angst und Streß.

Extreme Ausdauerleistungen erfordern nahezu ausschließlich eine hohe innere Motivation. Auch wer die 100 Kilometer unter sieben Stunden läuft, hat keinerlei Aussicht auf eine prestigeträchtige oder professionelle Läuferkarriere. Er genießt Ansehen in der eng begrenzten Szene; aber schon die Medien würdigen seine Leistung nicht, geschweige denn, daß sich damit ein Beruf begründen ließe. Die Motivation, eine Ausdauerleistung ohne eine andere soziale Anerkennung zu vollbringen als den Platz auf dem Siegertreppchen, die Erwähnung in Laufmagazinen und die herzliche Würdigung durch Familie, Sportfreunde und Verein, muß von innen kommen. Wenn man das vor Augen hat, weiß man, worauf man sich beim extensiven Ausdauersport eingelassen hat, nämlich auch auf die Einsamkeit der sportlichen Leistung, einer Leistung ohne Publikum, das sonst Antriebsreize setzt. Wer sich an eine Ausdauerleistung heranwagt, muß psychische Stärke mitbringen, die sich vielleicht als Selbstwertgefühl, Selbstkontrolle, Autonomie in der Problembewältigung, Widerstandskraft, innere Unabhängigkeit und Souveränität der Entscheidung beschreiben läßt. Der Läufer/die Läuferin wird für die Ausdauerleistung belohnt durch einen Zuwachs an psychischer Stärke, die sich dann, zum Beispiel dank besserer Streßbewältigung, auch auf andere Lebensgebiete auswirkt.

Ein häufig gebrauchter Satz, ein Lehrsatz geradezu, ist: Ultra läuft man mit dem Kopf. Auch ich selbst bin schon mit dem Wort „Man läuft nicht mehr ohne Kopf" zitiert worden. Gemeint ist damit, daß man – anders als eine kurze oder mittlere Langstrecke – den Ultramarathon nicht allein physisch bewältigen kann. Zwar nimmt man jede Herausforderung zunächst einmal mit dem Kopf an; auf der intellektuellen Vorstellung der zu erbringenden Leistung und ihres Ablaufes beruht das mentale Training. Aber wenn es für einen Lauf über 100

Kilometer oder ähnliche Ausdauerleistungen genügen würde, sie vor allem mit dem Kopf, also mit Verstand und Willen, zu bewältigen, dann könnte man das ebenfalls trainieren. Das ist nicht der Fall.

Mit dem physischen Training kann man die körperliche Grundlage für den Erfolg schaffen, aber entscheidend für das Ergebnis, für die Art der Bewältigung, ist die Psyche. Da die Psyche, die seelische Energiequelle, nirgendwo physisch angesiedelt ist, kann die Behauptung, Ultra laufe man mit dem Kopf, in dieser Ausschließlichkeit nicht stimmen. Wer bei einem körperhaften Vergleich bleiben möchte: Ultralangstrecken läuft man mit dem Bauch, einem Körperteil, der dem Autonomen Nervensystem unterliegt und nicht willentlich gesteuert werden kann. Der Bauch steht für die Psyche. Der diffuse Einfluß der Psyche unterscheidet den Ultralauf von kürzeren Distanzen, bei denen der Anteil der Psyche zwar keineswegs geleugnet werden soll, aber die psychische Beanspruchung schon zeitlich eng limitiert ist.

Tom Fleming, ein amerikanischer Eliteathlet (zweimal Sieger des New York Marathons) und Trainer, pflegt zu sagen: „Erfolg ist zu 90 Prozent physisch und zu 10 Prozent mental. Aber unterschätze niemals die Kraft der 10 Prozent!"

Die Psyche ist keineswegs so einfach zu handhaben wie eine Bewegungskontrolle in Sportarten mit hohen technischen Anforderungen. Im Gegensatz zu anderen Sportarten vollziehen sich psychische Prozesse bei Ultra-Ausdauerleistungen überwiegend im Unterbewußtsein. Dies erschwert die rationale Bewältigung psychischer Schwierigkeiten. Man kann in bester Verfassung sein, alles richtig machen und dennoch scheitern, weil die Psyche aus irgend einem Grund, den man nach Möglichkeit analysieren sollte, nicht mitgespielt hat. Rezepte für die psychische Bewältigung gibt es nicht, wohl aber Erfahrungen, wobei die eigenen Erfahrungen immer die besten sind. Der Bauch ist kein Hirn, er denkt nicht.

Man kann den Bauch beeinflussen, aber lenken kann man ihn nicht. Was kann man tun? Die 100 Kilometer – diese Streckenlänge mag ein Synonym für eine ungewohnte Herausforderung sein – liegen wie ein scheinbar unüberwindlicher Ozean oder ein riesiges Gebirge vor einem.

Kann man sich auf die spezifischen Anforderungen einer Ausdauerleistung in psychischer Hinsicht gezielt vorbereiten? Meine Antwort lautet: Nur eingeschränkt, eben weil sich das Unterbewußtsein dem rationalen Zugriff entzieht. Doch das wenige, was man tun kann, wird nach meiner Ansicht obendrein unterschätzt. Die wichtigste Voraussetzung ist und bleibt ein hohes Maß an intrinsischer Motivation. In die Laufpraxis übersetzt, heißt das: Man muß hoch motiviert sein, und zwar für die bestimmte Distanz, die man laufen will. Ich habe hervorragende

Läufer kennengelernt, Sprintertypen, denen schon die Marathonstrecke nicht lag. Sportlich und ihrer physiologischen Ausstattung nach hätten sie nach entsprechendem Training zweifellos Leistungen erbracht, die mit denen ihrer 10.000-Meter-Strecke vergleichbar gewesen wären. Gewiß, probieren kann man alles; aber jeder Läufer muß letztlich zu ‚seiner' Strecke finden.

Man weiß, daß man etwas machen wird, was man noch nie oder zumindest selten vollbracht hat. Dies ist zunächst eine Belastung, aber auch eine Chance, die (vielleicht) nicht wieder kommt. Denn wer zur Genüge erfahren hat, daß er nach 100 Kilometern schon irgendwie ankommen wird, läuft Gefahr, daß ihm unterwegs die intrinsische Motivation ausgeht. Dann fragt er sich: Weshalb laufe ich eigentlich die 100 Kilometer? Ich weiß doch, daß ich sie schon Dutzende Mal geschafft habe. In solchen Fällen hilft dann eben doch die – vielleicht unbeabsichtigt geschmähte – extrinsische Motivation, nämlich als Finisher soziale Anerkennung zu bekommen. Man gibt eben nicht so leicht auf, wenn Erwartungen, und seien es nur die des Partners, des Vereins oder irgend eines Sportfreundes, auf einem ruhen.

Wenn es denn eine wirksame psychologische Vorbereitung auf eine extreme Ausdauerleistung gibt, dann die, sich gezielt seiner Motivation zu versichern. Ist sie stark genug? Am unteren Ende einer möglichen Motivationsskala stünde beispielsweise die Wette. Wer nur anderen beweisen möchte, was er leisten kann, hält unter Umständen nicht durch, sobald es ernst wird.

Wichtig ist vielmehr, eine Herausforderung als ganz persönliche Chance anzunehmen – selbst dann, wenn kein Mensch auf der Welt davon erführe, wenn es keine Medaille, keine Urkunde, keinerlei Erwähnung gäbe. Ja, selbst auf die Gefahr hin, daß man eine Leistung vollbringt, die, vielleicht weil man sich verlaufen hat, nicht einmal ausreichend gewürdigt wird. Als ich meinen letzten Spartathlon im Jahr 1992 mit etwa dreißigminütiger Verspätung beendete und somit nicht mehr in die Wertung kam, wurde ich in einer Reportage als ‚tragischer Held' bezeichnet. Tragisch wäre gewesen, wenn ich in Athen von einem Auto erfaßt worden wäre. So aber hatte ich mein persönliches Ziel, den Sieg über die Strecke, erreicht, auch wenn es nach den Regeln des Wettkampfes kein Finish war.

Erst mit einer starken intrinsischen Motivation kann man eine erfolgreiche Strategie entwickeln, die auch geeignet ist, unerwarteten Schwierigkeiten, zum Beispiel durch die Witterung, zu begegnen oder, wenn man sich verlaufen hat, mit der ergebnismindernden Enttäuschung fertig zu werden. Sich über die Motivation klar zu werden und sie zu stärken, halte ich für eine wichtige psychologische Vorbereitung.

Selbst wenn man schon mehrere Ultramarathons gelaufen ist, hat sich noch keineswegs völlige Sicherheit eingestellt. Die Ultrastrecke bleibt eine besondere Herausforderung, ein Abenteuer. Das gilt, versteht sich, für jeden Wettbewerb, der neu ist, also auch für den ersten Marathon. Das unbestimmte Gefühl, das einen vorher befällt, kann man getrost Angst nennen. Sie wird einen wahrscheinlich, sofern man weitere Ultras läuft, noch jahrelang im Vorfeld begleiten. Vom Ursprung her ist Angst kein hilfreiches Gefühl. In ihr drückt sich eine geheime Furcht aus, die Furcht vor dem Neuen, Ungewohnten, eine Versagensangst. Sie läßt sich nicht wegdiskutieren, sehr wohl aber bewußt machen.

Die wichtigste Vorbereitung scheint mir daher zu sein, sich mit der diffusen Angst auseinanderzusetzen und sie abzubauen. Dies nicht, indem die Realität geleugnet wird, also die Monotonie einsamer Strecken, die Krise, der Regen, sondern indem versucht wird, die eigenen psychischen Kräfte zu stärken. Man hat schließlich trainiert. Wenn es zu einem Trainingsausfall gekommen sein sollte, sollte man überzeugt sein von seinem persönlichen Fundus: Man hat ja Reserven. Man läuft schon seit soundsoviel Jahren, man hat schon soundsoviele Marathons beendet. Man wird auch diese Aufgabe, den ersten oder soundsovielten Ultramarathon, befriedigend lösen. Die Angst vor der Strecke muß abgebaut werden. Dazu ist positive Kommunikation mit Sportfreunden dienlich; sie könnte vielleicht die positive Komponente dabei verstärken, den freudvollen Schauer.

Wenn bange Gefühle auftauchen, steht am Anfang die mentale Auseinandersetzung damit, nämlich eine sowohl realistische als auch optimistische Einschätzung der Situation. Hoher Erwartungsdruck führt zu hoher Erwartungsangst, weshalb eigentlich gerade diejenigen, die am wenigsten Angst zu haben brauchten, darunter leiden. Auf der Bühne sind es nicht die schlechtesten Schauspieler, die von Lampenfieber, einer besonderen Form von Erwartungsangst, betroffen sind. Sehr differenziert organisierte Menschen haben einen hohen Angstpegel; sie wissen oder ahnen, was alles passieren könnte. Nur die Dummköpfe ahnen es nicht; man wird sie in Kriegszeiten möglicherweise mit Helden verwechseln. Der Angst verdankt nicht nur manches Individuum, sondern die gesamte Menschheit das Überleben. Die positiven Wirkungen der Angst, die ja immer als bedrückend erlebt wird, sollten wir uns also vor dem Lauf zunutze machen.

Wir sollten uns mit dem auseinandersetzen, was den Erfolg unserer Leistung mindern könnte. Das sind vor allem negative Gedanken. Für die psychische Vorbereitung eines Laufs ist schon viel gewonnen, wenn man schädliche mentale Einflüsse ausschaltet – nicht indem man sie verdrängt, sondern, wie oben angedeutet, ummünzt in Vorsorge.

Nur was einem bewußt ist, kann man in den Griff bekommen. Ganz gelingt das freilich nicht. Noch und gerade am Startplatz wird diese Angst spürbar, von manchen als Startfieber definiert. Der letzte und untaugliche Versuch, gegen sie anzukämpfen, besteht darin, die Größe der Herausforderung zu reduzieren: Man will ja nicht – so redet man sich ein – in der Spitzengruppe laufen, man will ja auf den 100 Kilometern nicht unter zehn Stunden bleiben, man will ja keine Zeit unter zwölf Stunden laufen oder unter fünfzehn. Man will ja nur ankommen. Für diese Einstellung hat man Gründe, gute Gründe: Es ist der erste Lauf, man hat einen Trainingsausfall gehabt, man hat – es folgt irgendeine medizinische Definition – erlitten. Übertrieben gesagt gleichen manche Startfelder Krankenstationen, die Patienten teilen einander ihre Diagnosen mit und weshalb sie diesmal die Erwartungen nicht erfüllen könnten. Regelmäßig strafen die Ergebnisse sie schließlich Lügen.

Es kann aber durchaus auch objektive Beeinträchtigungen geben, wie ein in den letzten Tagen plötzlich auftretender Knieschmerz, Einschlafstörungen, Verdauungsprobleme. Auch kann am Starttag das Wetter ungünstig sein, es kann uns als zu heiß, zu kalt, zu viel Regen oder Wind belasten. Klagen hilft hier aber nicht weiter. Es gilt vielmehr, sich auf die unerwartete Situation – die letztlich so unerwartet eigentlich nicht sein muß – einzustellen und das Beste daraus zu machen. Unter dem Wetter leiden schließlich alle. Unrealistische Erwartungen vergrößern die Angst, positive Erfahrungen verringern sie. Daher ist es meiner Meinung nach überaus wichtig, bereits beim ersten Ultralauf positive Erfahrungen zu sammeln. Das bedeutet, beim erstenmal mit bescheidenen Erwartungen zu starten. Und sich im Geiste auf die wahrscheinlichsten Probleme einzustellen, wie sie auf Seite 173 näher beschrieben werden.

Insbesondere bei Hochleistungsläufern können Fehlreaktionen vor dem Start auftreten: Startfieber kann den Läufer bereits Tage vor dem Start ergreifen, vor allem jedoch am Abend davor. Schlaflosigkeit in der Nacht vor dem Start muß sich aber nicht leistungsmindernd auswirken. Es wäre daher falsch, in einer unruhigen Nacht in Panik zu geraten. Dagegen sollte man bestrebt sein, in der Nacht davor, also der vorletzten Nacht vor dem Start, erholsam zu schlafen.

Hierfür ist ein guter Kontakt zu einem Betreuer oder Trainer sicherlich vorteilhaft. Psychologisches Trainingsziel vor dem Wettkampf sollte generell die Stärkung der folgenden Einstellungen sein (nach den Stichworten des Sozial- und Sportmediziners Prof. Dr. Klaus-Diethart Hüllemann):

- Selbstvertrauen: Überzeugt sein von Trainingserfolg und Leistungsfähigkeit
- Ernsthaftigkeit: Den Wettkampf wichtig nehmen!
- Mut zum Kampf: Jede Strecke kann bezwungen werden
- Unabhängigkeit: Die Laufleistung aus eigenem Antrieb optimieren und sich nicht an vermeintlichen Gegnern messen!

Bevor also auch nur ein Schritt der 100 Kilometer gelaufen ist, sollte jeder Läufer für sein seelisches Wohlbefinden gesorgt haben. Zwar steht ihm ein Abenteuer bevor, aber er hat es gesucht, und er wird es bestehen. Hierfür ist positive Autosuggestion hilfreich, die Bestandteil des sogenannten Autogenen Trainings ist, jener von Johannes Heinrich Schultz in den 1920er Jahren entwickelten ‚konzentrativen Selbstentspannung'. Körperempfindungen, die dem Muskeltonus in entspanntem Zustand entsprechen, werden bei entspannter Körperlage in einer festgelegten Reihenfolge suggeriert, beginnend mit „Mein rechter Arm ist ganz schwer". Autogenes Training sollte mit Hilfe eines Lehrers, beispielsweise in einem Kurs, erlernt werden. Die unspezifische Wirkung des Autogenen Trainings besteht in körperlicher und seelischer Entspannung. Sie kann den Erholungseffekt während des Trainings und während Laufpausen verstärken. Da im Sport jedoch eine Aktivierung erreicht werden soll, haben insbesondere russische Sportpsychologen das Autogene Training um eine Aktivierungsphase erweitert. Dieses ‚Ideomotorische Training' geht dann in eine ‚Tonisierung' über, eine Art mentales Training. Ein autogen trainierender Läufer kann spezifische Formeln suggerieren, die in den Tagen vor dem Lauf beispielsweise lauten können: „Ich bin in einem hervorragenden Trainingszustand und in der Lage, den Wettkampf gut zu bestehen."

Entspannungstechniken wie das Autogene Training können dabei helfen, ausgeglichen zu bleiben. Das ist zwar in den Tagen vor dem Wettkampf erstrebenswert, nicht jedoch am Start. Dann sind nämlich die Ausschüttung von Adrenalin und womöglich ein gewisses Aggressionspotential von Vorteil. Eine Ruhigstellung durch Autosuggestion oder Meditationstechnik am Start wäre indes völlig unangebracht. Der schlimmste Fall (eine sedierende Tablette würde genügen) wäre, daß man so ausgeglichen und ruhig wird, daß einem der Ultramarathon ziemlich gleichgültig ist. Will man das?

Wer noch keine oder wenig Erfahrung hat, sollte am Start darauf verzichten, eine Entspannungstechnik anzuwenden. Früher war ich bemüht, eine Technik zu finden und zu erproben, die das sogenannte Startfieber lindert. Seit langem jedoch meine ich, daß wir mit dem Startfieber umgehen sollten. Jede Technik, die es drosselt, birgt die Gefahr, daß beim Start der ‚Biß' fehlt. Das Startfieber, jene innere Unruhe, die uns möglicherweise in der Nacht zuvor den Schlaf raubt, läßt uns den Startschuß als eine Erlösung empfinden. Dieses Lösen der Anspannung ist eine gute Voraussetzung für den Laufstart; Laufen wird von den meisten als Entspannung empfunden. Das trägt eine ganze Weile.

Entgegen meiner ursprünglichen Annahme rate ich daher dazu, Autogenes Training nur dann einzusetzen, wenn man es auch sonst im Alltag verwendet. Keinesfalls sollte man die Technik des Autogenen Trainings nur deshalb erlernen, weil man sie für den Ultramarathon zu verwenden hofft. Da ist es sinnvoller, mit anderen zu sprechen, dabei jedoch nicht die Klagen über körperliche Beschwerden auszutauschen, sondern die Motive der Teilnahme und vielleicht auch die Freude, die man sich vom Ultramarathon erhofft. Vertiefen läßt sich das durch fachkundige Lektüre, zum Beispiel „Mentales Training für Triathleten und Marathonläufer“ von Jim Taylor und Terri Schneider.

Auch ohne das Autogene Training kann man durch Autosuggestion, von Emile Coué bereits Anfang des 19. Jahrhunderts erarbeitet, für eine gute Einstellung sorgen. Dabei ist es nicht nötig, Coués System zu folgen, das sicher zu Recht in Vergessenheit geraten ist, ebenso wie die Lehre von der Biorhythmik, die in den 1970er Jahren noch eine kurze Renaissance erlebt hatte. Dabei ist mit Biorhythmik nicht der naturgegebene Lebensrhythmus gemeint, zum Beispiel der circadiane Rhythmus, der uns bei Nachtläufen unweigerlich einen Tiefpunkt beschert, sondern die Lehre des Sanitätsrats Wilhelm Fließ, auf den Freud große Stücke hielt. Diese Lehre vom männlichen, weiblichen und später auch intellektuellen Rhythmus mit seinen jeweils kritischen Tagen bewegt sich etwa auf dem Niveau der Tageshoroskope. Mit derartiger Vulgärpsychologie sollte man seine Zeit nicht vergeuden. Damit soll jedoch nichts gegen ungewöhnliche Ansätze, zum Beispiel aus anderen Kulturbereichen, gesagt werden. Ich bin weit davon entfernt, eine meditative Bewegung wie die laufspezifische von Sri Chinmoy als unwissenschaftlich und daher nicht faßbar abzutun, zumal da sich die Veranstaltungen der Sri-Chinmoy-Anhänger durch ihre angenehme Atmosphäre auszeichnen. In den vergangenen Jahren hat auch in der westlichen Welt das indische Gesundheitssystem Ayurveda Eingang gefunden und ist hier den westlichen Aspekten sportlichen Trainings angepaßt worden. Solche Systeme sind keine Geheimlehren. Es bedarf aber einer gewissen Affinität zu ungewohnten Ansätzen, wenn man sie sich erschließen will. Eine Ultralangläuferin war beispielsweise dadurch bekannt, daß sie während ihrer Wettkämpfe betete und damit extreme Leistungen erbrachte. Doch auch dieses Beispiel aus dem christlichen Lebensbereich ist nicht auf alle Menschen übertragbar.

Unabhängig von ihren spirituellen Inhalten dürfte aber all diesen kulturell beeinflussten Bewältigungsstrategien das starke suggestive Moment gemeinsam sein.

Auch wer keinen Zugang zu spiritueller Lebensbewältigung hat, sollte die Möglichkeit der Suggestion nicht geringschätzen. Wer die Tatsache einer möglichen Suggestion nicht zur Kenntnis nimmt, gerät in die Gefahr, einer negativen Suggestion zu erliegen. Daher ist es besser, sich in positivem Sinne gezielt der Suggestion zu bedienen. Bei der formlosen Autosuggestion sollte man eine simple noch immer gültige Regel Coués befolgen: Niemals Negationen verwenden! Nicht etwa: „Ich werde nicht müde werden", sondern: „Ich kann den Lauf in optimaler Verfassung bestehen." Nicht: „Ich werde keine Krise haben", sondern „Wenn eine Krise kommen sollte, dann meistere ich sie." Marathon, 100 Kilometer – na und? „Ich bin gut vorbereitet, ich bestehe die Herausforderung." Klar! Die Suggestionsformel muß einfach und realistisch sein. Nach Möglichkeit sollte sie in der Gegenwart und nicht in der Zukunft formuliert werden, damit sie nicht ein (unerfüllter) Wunsch bleibt.

Die wichtigste psychische Vorbereitung auf das Ultra-Ereignis scheint mir zu sein, Negationen zu vermeiden. Häufig ist am Start auf die konventionelle Frage „Wie geht's?" zu hören, wie sehr einem eine Verletzung zu schaffen gemacht habe, wie schlecht man diesmal vorbereitet sei, wie elend man sich fühle und daß heute nun wirklich gar nichts mit einem los sei. Solchen Äußerungen liegt wahrscheinlich ein atavistisches Moment zugrunde: Es ist, als wolle der Läufer den Neid der Götter vermeiden. Vielleicht soll auch ein Sportkonkurrent über die eigene Leistungsfähigkeit getäuscht werden. Wenn er sich denn überhaupt täuschen läßt, ist es besser, ihn durch läuferische Selbstsicherheit zu beeindrucken. Dann erkennt er möglicherweise einen Einbruch nicht und kann daher den Schwächezustand seines Konkurrenten nicht durch rasche Beschleunigung ausnützen.

Man sollte sich vornehmen, in einer gelassenen Körperhaltung mit einem entspannten und zufriedenen Gesichtsausdruck an den Start zu gehen. Diese Haltung kann man sehr wohl durch Suggestion herbeiführen; die psychische Beeinflussung wirkt sich körperlich aus. Am Start lächeln – nicht für die eventuell anwesenden Fotografen, sondern weil man sich wahrscheinlich tatsächlich auf den Start gefreut hat und dieses Lächeln sich auf die innere Verfassung positiv auswirkt.

Eine suggestive Beeinflussung ist auch unterwegs nützlich. Wir alle haben erfahren, daß es auf langen Läufen infolge des Bewegungsstereotyps leicht zu Verspannungen, insbesondere der Schultern, die zur Fortbewegung wenig in

Anspruch genommen werden, kommen kann. Dem kann vorgebeugt werden, indem man sich die Erkenntnis zunutze macht, daß sich körperliche Vorgänge suggestiv beeinflussen lassen. Der einfache Satz „Ich laufe ganz locker“, möglichst bevor man eine Verspannung verspürt, bewirkt tatsächlich eine Lockerung des Körpers, auch der bereits verspannten Schultern. Unter Umständen kann man sogar spüren, daß daraufhin eine muskuläre Blockade durchbrochen wird. Vielleicht bestätigt auch ein ehrlicher Sportfreund ungefragt, daß man das Bild eines lockeren Läufers biete (Wendungen wie „You are looking good“, die aus dem Publikum kommen, sind dagegen wahrscheinlich pure Höflichkeit und Anfeuerung).

Viele Psychotrainingsprogramme beruhen auf bloßer unspezifischer Autosuggestion. Der Ultraläufer Bernhard Schöneck hat vor seinen Durchquerungen des Death Valley zusammen mit einem Psychologen versucht, ein auditives Psychotrainingsprogramm für Ultraläufer zusammenzustellen. Für die dabei verwendeten Suggestionen soll durch New-Age-Musik ein Zustand der Entspannung hergestellt werden. Laufspezifisch dabei ist, daß sich der Läufer Optimalzustände beim Laufen bildhaft vorstellt. Eines dieser Bilder lautet zum Beispiel: „Ich fühle mich leicht wie eine Feder.“ Schöneck zeichnete Symbole für solche Bilder auf und ließ sich unterwegs während des Laufs, erprobt bei einem 24-Stunden-Lauf, jeweils ein solches Symbol zeigen. Er fand, daß ihm diese Suggestionen sehr geholfen haben. Ich habe dies beim Spartathlon ebenfalls ausprobiert, dabei jedoch entdecken müssen, daß mir die Vorstellung, mich leicht wie eine Feder zu fühlen, den realen Zustand erst recht deutlich gemacht hat. Die bloße Suggestion konnte den Zustand bleierner Ermüdung nicht aufheben. Die Wirkung war ungefähr vergleichbar mit der eines Zurufs während des Spartathlons: Ich hatte über 200 Kilometer geschafft, da rief mir ein Wohlmeinender zu: „Jetzt nur noch ein Marathon!“ Wenn man weiß, wie hart ein Marathon sein kann, hat, was als Ermutigung gedacht war, genau die gegenteilige Wirkung. Deshalb sollte man als Läufer auf gutgemeinte Zurufe vom Straßenrand, man habe es „gleich geschafft“, nichts geben. Die Realität läßt sich nicht verleugnen. Nein, man hat es noch nicht geschafft, und schon gar nicht gleich. Aber man wird es schaffen, so wie man die Hauptschwierigkeiten bisher bewältigt hat. Dabei helfen allein verläßliche Kilometerangaben und kein Herunterspielen der verbleibenden Schwierigkeiten.

Weshalb das Psychotrainingsprogramm bei Schöneck funktioniert, bei mir jedoch nicht, erkläre ich mir damit, daß er es sich erarbeitet hat, während ich es nur übernehmen wollte. Ich denke, jeder sollte zu seiner eigenen psychologischen Strategie finden. Wertvoller als alle Tips ist allemal ein persönliches Konzept, das in die Lage versetzt, auf unerwartete Situationen angemessen zu reagieren. Voraussetzung dafür ist jedoch die Kenntnis psychischer Mechanismen.

Suggestiven Charakter kann auch ein Mantra haben, das man während des Laufens, insbesondere in kritischen Situationen, aufsagt. Ein Mantra ist im Sanskrit eine kurze formelhafte Wortfolge. Im Hinduismus und im Buddhismus dient es dazu, mentale und spirituelle Energien freizusetzen, also genau das zu bewirken, was uns auch beim Ultramarathon helfen kann. Vielleicht ist uns ja aus der Schule noch das buddhistische Mantra „Om mani padme hum" (O du Kleinod in der Lotusblüte) in Erinnerung. Wolfgang Schwerk, der über 3.100 Meilen (4.960 Kilometer) mit 42 Tagen 13 Stunden und 24 Minuten einen Weltrekord aufgestellt hat, bekennt: „Ich singe während des Laufens indische Mantras, die mir den Rhythmus vorgeben." Nichts spricht dagegen, sich persönliche Mantras, die einen Bezug zum Laufen haben, zu bilden. Ein solches Mantra zu finden und zu formulieren, muß keine intellektuelle Spitzenleistung sein. Die Einprägsamkeit, die persönliche Verfügbarkeit, vielleicht auch die Aura eines Mythos genügen völlig. „Ich darf laufen", „Läuferglück", „Laufen ist Leben" – was immer. Sein Mantra zu sprechen, zu singen, zu denken, kann in besonderen Glücksmomenten des Laufes geschehen, aber auch in Krisensituationen, Hauptsache, man ist von der Zauberwirkung seiner Worte überzeugt.

Erfahrungen damit lassen sich bereits im Training sammeln. Auch auf einer vielleicht ermüdenden Trainingsstrecke kann man einfache positive Schablonen zu integrieren versuchen, zum Beispiel:

Genieße hier und jetzt!
Sei stark!
Bleib motiviert!
Halte durch!
Hab' Vertrauen, du schaffst das!
Sei wachsam!
Atme tief durch!
Alles halb so wild!
Sei zuversichtlich!
Heute ist dein Tag!

Eine positive Stimmung wird dadurch erzeugt, daß man sich angenehme Vorstellungen wachruft, zum Beispiel sich die Gesichter geliebter Menschen vorstellt, den Zieleinlauf bei einem als glücklich erlebten Lauf der Vergangenheit oder ein als markant empfundenes Detail des Zielbereichs. Auch jede andere Handlungsweise, Vorstellung oder Technik ist willkommen. Man sollte jedoch tunlichst bereits Erfahrungen damit haben, bevor man sie in einem Wettbewerb anwendet.

Nützlich ist immer eine physische Lockerung, wie dies die Progressive Muskelrelaxation nach Edmund Jacobson bewirkt. Dabei werden Muskeln betont angespannt, damit sie danach völlig entspannt werden können. Das ist eine ganz simple Übung, die man überall und bei jeder Gelegenheit anwenden kann. Im Ursprungsland USA ist sie verbreiteter als das Autogene Training. Um sie anzuwenden, sucht man sich einen ruhigen Platz, an dem man sich entspannt niederlassen kann. Entweder legt man sich hin oder setzt sich, den Oberkörper etwas nach vorn gebeugt, die Unterarme locker auf den Oberschenkeln. Man schließt die Augen und beginnt nun bewußt und systematisch, einzelne Muskelpartien anzuspannen. Die Anspannung soll 5 bis 8 Sekunden dauern. Begonnen wird am besten mit Hand und Unterarm. Dann wird die Spannung gelöst, und man konzentriert sich nun auf die Entspannung. Erst die maximale Anspannung macht die völlige Entspannung erlebbar. Auf diese Weise spannt und entspannt man nacheinander Schultergürtel, Rücken- und Bauchmuskulatur, Nacken, Hals, Gesicht, Gesäßmuskulatur, Beine und Füße. Verkrampfungen dürfen dabei nicht auftreten. Geübt wird diese Entspannungstechnik am besten außerhalb der Wettkampfsituation. Wer die Progressive Muskelentspannung vor dem Start ausführt, aktiviert den Körper durch leichte Muskelanspannung, ähnlich wie beim Autogenen Training wird die konzentrative Selbstanspannung mit einer Aktivierungssuggestion beendet.

Die Läuferin und Autorin Sonja Gehlen empfiehlt Hatha-Yoga insbesondere als Mittel gegen die starken Verspannungen, die häufig auf langen Strecken auftreten. Laufen und Körper-Yoga seien eine ideale Verbindung, betont sie. Die Tiefenentspannung im Yoga bewirke eine Lockerung der Muskulatur durch Ruhigstellen. „Beim Läufer wird zum Beispiel der Quadriceps (der vierköpfige große Streckmuskel am Oberschenkel) benutzt, um den Schenkel zu strecken. Wenn sein Gegenspieler auf der Rückseite des Oberschenkels entspannt ist, bewegt sich sein Bein mühelos nach vorn. Ist der Gegenspieler aber auch angespannt – aufgrund von Verspannungen –, wird das harmonische Zusammenspiel der Muskeln und damit auch der harmonische Bewegungsablauf gestört.“ Das gleiche gilt für Verspannungen im Schulter- und Nackenbereich. Verspannte Muskeln übersäuern bei Belastung rascher als Muskeln, die während der Dauerlaufbewegung die Möglichkeit haben, immer wieder kurz zu entspannen. „Der verspannte Läufer muß seinen Lauf also eher abbrechen als ein entspannter Läufer, bei sonst gleichen Voraussetzungen. Yoga-Übungen können hier ausgleichend eingesetzt werden, um den freien Bewegungsfluß wieder zu erlangen.“ Yoga-Übungen vermindern dank Lockerung und Dehnung auch die Verletzungsgefahr. Eine elastische Wirbelsäule erfüllt ihre Pufferfunktion beim Aufprall der Füße auf den Boden besser.

Sonja Gehlen weist auf die Notwendigkeit der Entspannung hin. Beim Dauerläufer sei die Rückseite der Beinmuskulatur übermäßig ausgeprägt, häufig unelastisch oder sogar verspannt, erklärt sie. „Verfolgt man einmal das Zusammenspiel der Muskeln im Körper, läßt sich feststellen, daß auch Rücken und Nacken indirekt mit der Rückseite der Beinmuskulatur in Zusammenhang stehen... Dieser Sachverhalt könnte vielleicht erklären, daß viele Läufer zusätzlich zu den Verspannungen an der Rückseite der Beine auch Nackenverspannungen haben. Der Körper gleicht nur das Ungleichgewicht aus – leider durch Verspannungen.“

Yoga verbessere auch die Atmung; die Luftaufnahme könne durch tiefes, bewußtes Atmen auf 3,5 bis 5 Liter erhöht werden. „Verspannungen des Zwerchfells, der Bauch- oder Brustkorbmuskulatur behindern freies Atmen. Eine harte Bauchdecke schränkt das Vorwölben des Bauches beim Einatmen ein. Verspannte Zwischenrippenmuskulatur, die den Brustkorb starr und unbeweglich hält, behindert tiefes Ein- und Ausatmen. Auch ein ständig angespanntes Zwerchfell läßt die Atmung flach werden. Es liegt auf der Hand, daß ein Läufer mit Verspannungen es ungleich schwerer hat, eine intensive Belastung auf längeren Strecken durchzuhalten.“

Eine Läuferin schrieb mir: „Besonders für Läuferinnen sind Yoga-Übungen von unschätzbarem Wert! Bei vielen Frauen ist die Rumpfmuskulatur infolge hormonaler Zyklen meistens schwach und wird zu oft vernachlässigt. Da die Länge des Laufschritts auch von einer starken Rumpfmuskulatur abhängt, ist deren Training von Vorteil.“ Auch bei Ermüdung sollte man die Schulterblätter nicht fallen lassen.

Wer Yoga in sein Läuferleben integrieren möchte, kommt um das Studium eines Anleitungsbuches oder einen Kursbesuch nicht herum. Mir scheint sogar eine laufspezifische Unterrichtung notwendig. Allerdings meine ich, daß man Yoga nur dann beim Laufen anwenden sollte, wenn man nicht nur wegen des Laufens damit angefangen hat. Eine gewisse Neigung zu der gewählten Psycho- oder Meditationstechnik sollte durchaus vorhanden sein. Für die meisten Läufer spielen diese Techniken, abgesehen von der Autosuggestion, in der Laufpraxis somit nur eine geringe Rolle.

Kehren wir noch einmal in die Vorbereitungszeit zurück. Wichtig ist eine realistische Zielvorgabe. Eine Zeitvorstellung kann man nicht suggerieren, sehr wohl aber die subjektive Befindlichkeit: „Ich bewältige den Wettkampf in hervorragender Verfassung." Sich mit dem erwarteten Ereignis zu beschäftigen, ist hilfreich, es ist gewissermaßen das mentale Training des Ultraläufers. Mentales Training bedeutet im Prinzip die gedankliche Vorstellung eines Bewegungsablaufes. Da der Langlauf jedoch keine speziellen Anforderungen an Koordination und Flexibilität stellt, können die Vorstellungen im mentalen Training nur dem Rennverlauf, nämlich der Bewältigung der Strecke, dienen. Voraussetzung ist, daß man die Strecke kennt. Dies ist in jedem Fall bei Ultramarathons mit starkem Wettbewerbscharakter nützlich. Auf 10-Kilometer-Rundstrecken kann man Tags zuvor eine Trainingsrunde laufen. Einen 100-Kilometer-Rundkurs kann man wenigstens streckenweise abfahren, um einen Eindruck davon zu bekommen, was die Zacken im Höhenprofil konkret bedeuten. Während man die 100 Kilometer von Biel auch ohne Streckenkenntnis optimal laufen kann, ist bei Erlebnisläufen wie dem Swiss Alpine K 78 und K 42 die Streckenkenntnis hilfreich.

Gewiß ist es auch denkbar, sich überhaupt nicht um den Lauf zu kümmern und ganz unbedarft zu starten. Damit erspart man sich zwar Erwartungsangst, erschwert sich aber den Lauf. Denn Höhenprofile in der Ausschreibung zu betrachten, bewahrt vor Überraschungen. Vergleiche der Höhenangaben mit Höhendifferenzen, die man schon bewältigt hat, sind positive Verstärker der Motivation. Viele Läufer machen das auch richtig – sie erkundigen sich bei Sportfreunden, die an dem fraglichen Wettbewerb bereits teilgenommen haben. Solche Informationen über die zu erwartenden Anforderungen ermöglichen nicht nur, sich eine auf das persönliche Leistungsvermögen abgestimmte Strategie zurechtzulegen, sondern helfen auch bei der psychischen Einstimmung auf das Ereignis. Auf diese Weise kann sich, obwohl kein Kilometer der Ultrastrecke, keine Steigung, keine zu erwartende Schwierigkeit unterschlagen wird, Vorfreude einstellen. Nach solchen positiven Verstärkern, einem Begriff der Lerntheorie Burrhus Frederic Skinners, sollte man Ausschau halten.

Vor dem Lauf sind weder zu großer Respekt vor der Strecke noch ein Herunterspielen der tatsächlichen Anforderung hilfreich. Während des Laufes ist eine positive Orientierung an der Realität angebracht. Das bedeutet, sich immer wieder klar zu machen, welche Strecke man bereits geschafft hat. Eventuell hilft einem dabei auch eine Bruchrechnung, wie: „Jetzt sind Zweidrittel der Strecke bewältigt", „Jetzt habe ich Dreiviertel hinter mir." Mit anderen Worten: Das Erreichte betonen und nicht so sehr daran denken, was man noch vor sich hat. Sonst mischt sich unterschwellig allzu leicht Entmutigung ein.

Soll man die Strecke vorher besichtigt haben oder lieber nicht? Ich habe keine eindeutige Antwort darauf. Es kommt meines Erachtens auf den Charakter des

Laufes und die eigene Ambition an. Bei einem Erlebnislauf, zum Beispiel in Biel, würde ich ebenso wie beim Marathon in New York auf eine Streckenbesichtigung verzichten. Das Lauferlebnis ist ursprünglicher. Eine Streckenbesichtigung könnte in manchen Fällen sogar den gegenteiligen Effekt haben: Fährt man eine Punkt-zu-Punkt-Strecke wie den Passatore von Florenz nach Faenza mit dem Auto ab, wird einem womöglich erschreckend klar, wie weit die 100 Kilometer sind. Die Strecken von mehrtägigen Distanzläufen abzufahren, könnte gar entmutigen. Doch ist es durchaus nützlich, einige Streckenabschnitte kennenzulernen und sich insbesondere über kritische Punkte, bei denen man sich verlaufen könnte, zu orientieren. Im Wettkampf motiviert es, wenn man auf bekannte Abschnitte stößt. In anderen Fällen, wie beim Swiss Alpine Marathon, kann eine punktuelle Besichtigung einen davor bewahren, sich täuschen zu lassen und die Steigung vor Bergün bereits als den halben Anstieg in 2.600 m Höhe zu nehmen. Für diejenigen Swiss-Alpine-Teilnehmer, die sich in der Woche vorher in Davos akklimatisieren, wird jeweils eine Wanderung über den alpinen Abschnitt des K 78 und K 42 veranstaltet.

Hilfsweise genügt auch, sich in die Karte zu vertiefen. Hat man seine Ultrastrecke kennengelernt, wird man seinen Laufplan aufstellen und auch von vornherein die Trink- oder Verpflegungsstationen einplanen. Stück um Stück stellt man sich die Strecke vor, strukturiert sie dabei und versucht, sich einzufühlen, wie man den jeweiligen Abschnitt optimal bewältigt. Eine Unterstützung kann das ‚observative' Training sein, in diesem Fall die Betrachtung eines Films über den entsprechenden Wettkampf. Von vielen Veranstaltungen liegen inzwischen Filme vor. Fast von jeder Ultramarathonveranstaltung finden sich im Internet Videofilme, die von Sportlern, Film- und Fotogruppen oder einem Fernsehsender aufgenommen worden sind. Beim Training oder beim Betrachten der Karte kann man sich in Gedanken Abschnitte der Strecke vorstellen. Man kann dies als Visualisierung der Aufgabe bezeichnen. Die qualitative und quantitative Information suggeriert dem Gehirn die vollständige Bewältigung die Strecke. Die Motivation führt dazu, daß das Gehirn nicht mehr zwischen dem Gesehenen und der tatsächlichen Strecke unterscheidet. Am Schluß steht die Assoziation, als ob man die gesamte Strecke schon gelaufen wäre. Auf diese Weise kann man auch eine noch fremde Strecke im Kopf mehrmals ‚durchlaufen'.

Auch Google maps gibt nicht selten die Möglichkeit, eine Wettkampfstrecke virtuell zu durchlaufen. Höhenangaben und Höhendifferenzen vermitteln einen recht guten Eindruck von den tatsächlichen Gegebenheiten.

Ultrameisterschaften und andere leistungsbetonte Läufe werden frühmorgens gestartet, damit die Organisatoren abends rechtzeitig fertig sind. Der frühe Start bedeutet jedoch, daß man sich womöglich zu ungewohnt früher Stunde schlafen legt und nicht einschlafen kann. Durch Schlafstörungen, also das mehrfache nächtliche Aufwachen, sollte man sich aber nicht aus dem seelischen Gleichgewicht bringen lassen. Die Nacht vor dem Start ist nicht so wichtig. Bei einem Start am Abend hat man das Problem einer unruhigen Nacht zuvor nicht, allenfalls Streß bei der Anreise. Doch der Start bringt auch die Streßlösung; sie wiederum ist ein positiver Verstärker.

Wer bei einem 100-Kilometer-Lauf startet, sollte – so paradox es sich anhört – gedanklich nicht beginnen, 100 Kilometer zu laufen. Bei einem Ultralauf, aber auch schon bei einem Marathon, trägt die Vorstellung seiner Bewältigung nicht über die lange Strecke. Hilfreich ist daher, eine Ausdauerleistung zu strukturieren. Das bedeutet: Man läuft auf ein Teilziel zu, danach auf das nächste. Die Struktur kann sich aus der Leistungsanforderung und den Bedingungen des Laufereignisses ergeben. Die Strukturierung sollte man schon in der Vorbereitung vornehmen. Gemeint ist: Man läuft in Biel nicht auf die 100 Kilometer zu, sondern läuft sich in der Stadt Biel auf den ersten Streckenkilometern ein und strebt Aarberg an. Die nächsten Ziele sind wahrscheinlich die 30-Kilometer-Marke und die Marathon-Distanz. Es folgen Kirchberg (km 56), der Abschnitt über den Ho-Chi-Minh-Pfad, der Eliminationspunkt Bibern (km 76), der Abschnitt über Arch und schließlich die Flußstrecke bis zum Ziel. Auf einem Zehnrunden-Kurs wird man auf das erste Viertel zulaufen, das erste Drittel, die Hälfte. Bei einem Lauf wie dem Swiss Alpine ist eine solche Bruchrechnung nicht angebracht, denn die Hälfte der real 78 Kilometer ist eben nicht die Hälfte, weil das Schwierigste, der alpine Teil, erst nach 39 Kilometern kommt. Die Strukturierung dieser Strecke ergibt sich aus der Landschaft, man läuft hinauf nach Monstein, dann zum Wiesener Viadukt hinunter, nach Filisur, nach Bergün, durchs Val Tuors, dann den Aufstieg zur Kesch-Hütte; und erst hier ist die ‚Hälfte' erreicht.

Bei unserem zwanzigtägigen Deutschland-Lauf 1981 ergab sich die Strukturierung schon aus dem Zeitplan: der Lauf bis zum Frühstück, der Lauf bis zur Mittagspause, der Lauf zur nächsten Verpflegungsstation, der Lauf auf dem Tages-Schlußabschnitt. Es versteht sich, daß wir am Morgen immer allein das Tagesziel im Auge hatten; das letzte Ziel Ammersattel kam in unseren Gedanken lange Zeit nicht vor. Bei einem Extremlauf wie dem Spartathlon wiederum sollten die Teilziele in größeren Abständen gewählt werden; die Eliminationspunkte geben eine grobe Struktur vor. Auf jeder Strecke bieten sich markante Punkte als Zwischenziele an. Wie lang die Abschnitte gewählt werden, obliegt der individuellen Entscheidung.

Das spezifische psychologische Problem des Ultramarathons ist die Monotonie. Symptome des Monotoniezustandes sind nach dem Psychologen Frank Schubert:

- Neigung zu Schläfrigkeit und Müdigkeit, Unlustgefühle und geistige Stumpfheit,
- Verminderung des Wachheitsgrades (Dämmerzustand), Abnahme des Sauerstoffverbrauchs, der Pulsfrequenz und des Blutdrucks,
- Verminderung der Reaktions- und Umstellungsfähigkeit, starke Leistungsschwankungen und Absinken der Gesamtleistung.

Die Monotonie beim Ultramarathon – als Zustand herabgesetzter psychischer Aktivität – tritt laut Schubert „infolge Überforderung durch Unterforderung" ein. Im einzelnen resultiert sie aus

- der Gleichförmigkeit des Bewegungsablaufs,
- der Reizarmut – sowohl an Belastungs- wie auch an äußeren Reizen,
- den geringen Anforderungen an die Aufmerksamkeit,
- durch fehlende Interaktion (am anderen Ende der Skala stehen Mannschafts- und Kampfsportarten),
- der zeitlichen Dauer.

Fast jeden dieser Faktoren kann man gezielt angehen:

- durch bewußten Geschwindigkeitswechsel, selbst dann, wenn man bereits Müdigkeit empfindet; man sollte allerdings eine erhöhte Geschwindigkeit möglichst bald wieder auf ‚steady state' reduzieren,
- durch Kompensation mittels absichtlich gesuchter Sinnesreize; beispielsweise kann auch die Abkühlung mit Wasser über den physiologischen Zweck hinaus psychologisch einen Außenreiz bedeuten,
- durch zielgerichtete Aufmerksamkeit, beispielsweise Beobachtung von Landschaft, Wetterlage, Tieren, Mitläufern, Fahrzeugen, Bauwerken,
- Registrierung von Körpersignalen,
- Kontakte zu Mitläufern, Betreuern, Publikum,
- Strukturierung der Strecke – Gliederung in einzelne Abschnitte, die man sich als Teilziele vornimmt.

‚Monotonie' ist kein fest umrissener Begriff sondern zum einen subjektiv auslegbar und zum anderen trainingsabhängig. Erfahrene 100-Kilometer-Läufer wissen, daß die Verarbeitung der Monotonie ein Bestandteil des psychischen Anforderungsprofils im Ultralauf ist. Anfänger sind nicht darauf vorbereitet,

Monotonie zu empfinden. Deshalb ist es für Anfänger grundsätzlich besser, eine schwierigere, aber zahlreiche Außenreize setzende Strecke für ihr Debüt zu wählen als eine schnelle, aber reizarme Strecke. Das bedeutet freilich nicht, die Karriere als Ultraläufer mit dem K 78 beginnen zu wollen. Strecken mit mehr als zwei Runden sind in der Regel reizarm.

Auch ein Einrundenkurs mit monotonen Abschnitten kann die Aufmerksamkeit dann vermehrt beanspruchen, wenn man ihn zum wiederholten Male läuft. Man wartet gewissermaßen darauf, daß bestimmte Streckenmerkmale, die vom ersten Lauf noch in Erinnerung sind, wiederkehren. Der Erfahrung nach scheint es bei vielmaligem Besuch derselben Veranstaltung jedoch eine Anspannungskurve zu geben: Sie steigt nach dem ersten Lauf an, erreicht nach einem oder mehreren Folgeerlebnissen den Höhepunkt und fällt dann ab. Man merkt schließlich: „Die Luft ist raus." Es bedarf, wie ich aus dem Erlebnis von 33 beendeten Bieler 100-Kilometer-Läufen weiß, neuer Motivation, diese altbekannte Strecke leistungsorientiert wieder zu laufen.

Monotonie wird weniger stark empfunden
- bei hoher Motivation,
- bei starker seelisch-geistiger Aktivität,
- bei hoher Aufmerksamkeit,
- bei heraufgesetzter Ermüdungsschwelle,
- bei vermehrten Außenreizen, zum Beispiel durch Publikum,
- nach Mobilisierung motorischer Reserven, zum Beispiel durch ein ‚Duell'.

Ultra-Anfänger haben den Vorteil, daß sie als Außenreiz noch Dinge und Umstände empfinden, die für routinierte Ultraläufer gar nicht mehr reizvoll sind. Im allgemeinen haben es Ultra-Anfänger aber schwerer. Um so wichtiger ist es daher für sie, sich der psychischen Ermüdungsfaktoren bewußt zu werden, sie notfalls im Training zu simulieren, nämlich unbekannte, objektiv monotone Strecken zu laufen, und gezielt Innenreize zu setzen. Das bedeutet, sich mit Dingen zu befassen, die mit dem Laufen gar nichts zu tun haben. Man kann sich vom Laufen und seinem Monotonieproblem dadurch ablenken, daß man sich emotional oder intellektuell beschäftigt. Man denkt an Probleme oder Zustände, die Gefühle hervorrufen; man erörtert in Gedanken Fragen, die einen interessieren; selbst einfache geistige Vorgänge wie das Aufsagen von Gedichten sind ein Mittel, der Monotonie mancher Ultralangstrecken zu begegnen. Anspruchsvollere ‚schreiben' an einem Buch, während sie laufen.

Der amerikanische Sportwissenschaftler William Morgan bezeichnet diese Technik der inneren Ablenkung als dissoziatives Laufen; assoziatives Laufen dagegen ist die ständige Identifikation mit der Strecke. Wo hohe Leistungsintensität erbracht werden muß, ist assoziatives Laufen von Vorteil, also etwa für Hochleistungssportler beim Marathon. Da kommt es darauf an, ständig die Kontrolle über seine Leistung und seine Position zu behalten. Beim Ultramarathon überwiegt im allgemeinen das dissoziative Laufen, die Ablenkung von Strecke und Bewegung. Stark leistungsorientierte Ultraläufer müssen sich darüber im klaren sein, daß dabei die Gefahr eines Kontrollverlustes besteht, weil man nicht mehr auf Geschwindigkeit, Position und Streckenorientierung achtet. Jeder muß also für sich auspendeln, welche Gefahr größer ist – Kontrollverlust oder Monotonie – und danach den Anteil assoziativen Laufens bemessen. Für die Masse der Ultraläufer besteht dieses Problem nicht. Da kommt es vor allem darauf an, psychische Ermüdung zu vermeiden und sich immer wieder vom Bewegungsvorgang und von der Strecke abzulenken. Es ist gewissermaßen ein freies Assoziieren, wir denken über etwas nach, überlassen uns unseren Emotionen und kommen dabei vom Hundertsten ins Tausendste. Im optimalen Fall vergessen wir, daß wir dabei auch laufen. Das dissoziative Laufen ist ein wichtiges Mittel, eine Ultrastrecke psychisch zu bewältigen. Leider ist das ganz und gar kein Trick, der uns zu einer guten Zeit verhilft. Denn beim dissoziativen Laufen wird man unmerklich langsamer, und man wird dessen erst dann gewahr, wenn einen immer wieder andere Läufer überholen. Es kommt also auch hier auf die persönliche Strategie an. Wer eine persönliche Höchstleistung anstrebt, sollte den Anteil dissoziativ gelaufener Abschnitte gering halten. Wem es darauf ankommt, die Strecke überhaupt durchzustehen, der sollte sich stark von der Strecke ablenken, entweder indem er bewußt viele Eindrücke der Umwelt wahrnimmt oder aber sich mit dem beschäftigt, was ihm während des Laufens gerade einfällt. Eine Möglichkeit, die Nachteile des dissoziativen Laufens auszugleichen, wäre, gemeinsam mit anderen zu laufen, sich jedoch nicht zu unterhalten. Dabei besteht nicht mehr die Gefahr, daß man beim Nachdenken langsamer wird, sondern eher das Gegenteil. Eine Gruppe läuft eher schneller.

So sehr das dissoziative Laufen auch mit der Aktivierung von Emotionen verbunden ist, – Einbrüchen, die fast unvermeidlich sind, sollte man rational begegnen und versuchen, eine Strategie zu entwickeln. Einer Situation, die als niederdrückend empfunden wird, läßt sich damit begegnen, sie als völlig selbstverständlich zu akzeptieren, jedoch das Positive zu sehen, nämlich zu wissen, daß jeder diesen Einbruch hat, nur zu unterschiedlichen Zeitpunkten, sich zu bestätigen, daß man bis zu diesem Einbruch ja bereits 70 oder gar 80 Kilometer zurückgelegt hat (beim Spartathlon wird man andere Zahlen einsetzen müssen). Man wird in dieser Phase ganz bewußt verhalten laufen oder im Schritt gehen, diese Minderung der Anstrengungsintensität von vornherein aber beschränken, beispielsweise, indem man sich vornimmt, nur bis zur Höhe einer Steigung zu gehen oder den Gehschritt zeitlich zu limitieren. Auf keinen Fall darf man sich hängen lassen, weil man ja so kaputt ist. Davon wird nichts besser. Wer bis Kilometer 60 oder 70 oder 80 gelangt ist, ist doch, im Vergleich zu Marathonläufern, schon sehr gut, mag er sich jetzt auch weniger gut vorkommen. Emotional muß man also, wenn ich jetzt ein tiefenpsychologisches Modell heranziehe, die ‚narzißtische Kränkung' überwinden. Darin besteht der kathartische Effekt einer solchen Selbstprüfung im Ultralanglauf.

Wer bei einem Ultramarathon an den Start geht, sollte nicht zu früh ans Ziel denken. Sicher ist es schön, an das Bier danach zu denken, wie man sich ausstrecken wird, oder an ein gepflegtes Essen am Abend. Wer sich aber zu früh der Vorstellung des Wohllebens widmet, kann leicht demoralisiert werden. Unschädlich ist eine solche ‚Zielvorstellung' indes, wenn man das Finish bereits in der Tasche hat. Dann können beschwingte Gedanken an das Danach über die Mühe des letzten Viertels hinweghelfen.

Die letzten Kilometer werden mit taktischen Erwägungen bewältigt, in der Balance zwischen Anstrengung und realer Einschätzung. Traut man sich zu, so viele Reserven zu haben, daß man seine Geschwindigkeit halten oder, noch besser, sogar forcieren kann? Es wäre schade, wenn vorhandene Reserven nicht genützt würden. Ein Spurt auf den letzten paar hundert Metern bringt jedoch nichts außer einer erschwerten Erholung nach dem Zieleinlauf. Na ja, beim Bieler 100-Kilometer-Lauf 1999 fehlten mir auf diese Weise 20 Sekunden auf den 1. Platz der Altersklasse. Doch die Entscheidung – der spätere Sieger und ich hatten einander mehrfach überholt – war vorher gefallen; ich hatte mich einfach entschlossen, den Sportkameraden laufen zu lassen. Dies wiederum hängt mit der Motivation zusammen, auf den 100 Kilometern gegen die Strecke zu kämpfen und nicht gegen mutmaßliche Konkurrenten.

Ratsam ist, seine Strategie so einzurichten, daß man in psychischem Gleichgewicht ankommt und auch am Ziel Negationen vermeidet, wie den Ausruf „Nie wieder!" Wer zufrieden ins Ziel läuft, hat eine unschätzbare Motivation für den nächsten Lauf gewonnen, der dann auch psychisch schon leichter fallen dürfte als der erste.

Was ist mit den Endorphinen? Kann man die Ausschüttung körpereigener Opiate nutzen? Leider nein. „Runner's High", jenes Hochgefühl, das man zeitweise empfindet, insbesondere nachdem man sich eingelaufen hat und eine Weile im ‚steady state' gelaufen ist, vorzugsweise nach Kilometer 10 bis 15, hat wahrscheinlich mit Endorphinen nichts zu tun, nämlich ebensowenig, wie die Kenntnis der Zusammensetzung von Tränenflüssigkeit Auskunft über die Ursache von Tränen gibt. Die Ausschüttung von Endorphinen läßt sich seit den 1970er Jahren nachweisen, aber sie läßt sich nicht gezielt aktivieren. Beim 100-Kilometer-Lauf würde man sie zwischen Kilometer 70 und 80 brauchen; doch da will sich kein Hochgefühl einstellen. „Runner's High" ist tiefenpsychologisch zu erklären. Eine überzeugende Beschreibung und praxisgerechte Anwendung hat der amerikanische Professor Mihaly Czikczentmihalyi mit dem „Flow" gegeben. Vielleicht ist es auch ganz gut, daß wir über das Hochgefühl nicht frei verfügen können. Es kommt oder es kommt nicht.

Weniger mit dem Bauchgefühl als mit dem Kopf hat zu tun, sich vor einem Ultralauf auf mögliche Probleme vorzubereiten und sich jeweils eine Antwort auf folgende Fragen zu überlegen: Was kann ich tun, wenn ich gestürzt sein sollte? Was, wenn ich mir eine Blase gelaufen habe? Ich habe mich verlaufen – was mache ich? Welche Wettersituationen können eintreten – wie schütze ich mich? Durch diese Vorbereitung auf negative Situationen sollte man sich die positive Visualisierung des angestrebten Laufes aber nicht beeinträchtigen lassen. Insbesondere der erste Ultramarathon ist ein derart eindrucksvolles Erlebnis, daß man es, ganz gleich ob man es wiederholen mag oder lieber nicht, sein Leben lang nicht missen möchte.

Es ist durchaus möglich, daß Leser in diesem Kapitel bisher vergeblich den entscheidenden psychologischen Tip zur Bewältigung der Ultrastrecke gesucht haben. Laß uns auf Augenhöhe miteinander reden! Wenn dich dieses Buch enttäuscht, insbesondere weil es im Gegensatz zu Marathonanleitungen keine Versprechungen macht, gibt es nur die eine Alternative, nämlich das Buch zu verschenken und nach einem für dich besser geeigneten zu suchen. Wenn du das Buch als lesenswert empfindest, solltest du, auch wenn du vielleicht in manchem anderer Meinung bist, grundsätzlich dem Autor vertrauen. Vertrauen bedeutet, sich mit ihm zu identifizieren oder zumindest seine Ansichten zu akzeptieren. Damit hättest du auf jeden Fall eine extrinsische Motivation gefunden, auch für die Bewältigung von Krisen. Daher gilt: Wenn du den Ultrawettbewerb läufst, denke an mich! Denke daran, daß ich wahrscheinlich dieselben Probleme wie du gehabt habe. Ich habe diese Probleme größtenteils bewältigt, einige Male aber auch nicht. Wenn dies dein erster Ultralauf ist, vergiß nicht, daß es Jahre gedauert hat, bis ich vorzeitig aus einem Rennen ausgestiegen bin, einmal überflüssigerweise bei einem Zwanzig-Runden-Lauf in der Hitze bei Kilometer 85, weil ich mir einbildete, das Ende der Veranstaltung hinauszuzögern. Beim Spartathlon mußte ich zweimal abbrechen, weil ich ungenügend geplant hatte – lange Pause vor der Paßbegehung und zu früh zu lange Gehstrecken – und wegen Überschreitung der Durchgangszeit bei Kilometer 176 zwangsweise aus dem Rennen genommen wurde; und beim Swiss Alpine am Scalettapaß gab ich wegen Unterkühlung auf. Mach dir den Entschluß, im Wettbewerb aufzuhören, nicht zu leicht! Es könnte sein, daß du dies nach Jahren noch bereust. Denk an mich! Meinen letzten 100-Kilometer-Lauf bin ich im Alter von 82 Jahren gelaufen und gegangen. Da wirst du das doch auch schaffen.

MERKZETTEL

- Je länger die Strecke, desto stärker sollte die intrinsische Motivation sein.
- Ultra läuft man mit dem Bauch. Der Bauch ist kein Hirn.
- Die Angst vor dem Neuen bewußt machen und überwinden.
- Situationen realistisch und optimistisch einschätzen.
- Schädliche mentale Einflüsse ausschalten.
- Psychologische Trainingsziele definieren.
- Die Möglichkeit der Suggestion nutzen.
- Die Strecke gedanklich strukturieren.
- Monotonie gezielt überwinden.

„Wenn Sport mit falscher Ernährung kombiniert wird, schützt er nicht vor den Degenerations- und Ablagerungskrankheiten und vor anderen ernährungsbedingten Zivilisationskrankheiten.“

Dr. med. Max Otto Bruker (1910–2001)

12

Ohne Sportgetränke und Gels?

Dieses Buch verfolgt generell einen ganzheitlichen Ansatz. Mit anderen Worten: Ich strebe zwar einen Beitrag zur Leistungssteigerung meiner Leser an, ordne ihr jedoch höherwertige Ziele nicht unter. Ausdauerndes Laufen wird nicht als Selbstzweck angesehen, sondern als Bereicherung, als Gesundheitsprophylaxe, als Herausforderung, als Hobby, als alles, was man will, nur nicht als Sinn des Lebens. Ernährung wiederum hat dem Menschen zu dienen, aber nicht primär dem Laufen.

Diese Haltung, die ich erst im Laufe der Jahre erworben habe, bestimmt eindeutig meine Ratschläge. Im Vordergrund steht hier also die gesunde Ernährung und nicht, wie so häufig in Laufanleitungen, die Unterordnung der Ernährung unter das sportliche Ziel. Ich bin überzeugt davon, daß diese Haltung heute von mehr Menschen geteilt wird als im Jahr 1985. Eine solche Einstellung muß, wenn die Basisernährung stimmt, Kompromisse bei der Vorwettkampf- und der Wettbewerbsverpflegung nicht ausschließen. Man wird vermutlich sein Leben nicht verkürzen, wenn man einmal bei einem Ultrawettbewerb eine Coca-Cola trinkt. Wer ohne sie auskommt, – um so besser. Maßgebend ist die reguläre Ernährung. Dazu sollen die folgenden Erläuterungen beitragen.

Der Mensch ist kein Automat. Man kann ihn nicht mit bestimmten Trainings- oder Ernährungsplänen füttern und erhält dann bestimmte höhere Leistungen. Diejenigen, die darauf hinweisen, daß sich auch manche Spitzenläufer völlig prinzipienlos oder ernährungsphysiologisch geradezu falsch ernähren oder ernährt haben, haben ja recht. Es scheint auch so zu sein, daß Läufer keineswegs oder jedenfalls nicht in einem überschaubaren Zeitraum leistungsfähiger werden, wenn sie ihre Ernährungsform gründlich reformieren. Vielleicht jedoch sind sie in der Lage, länger – bezogen auf das Lebensalter – und verletzungsfreier zu laufen als diejenigen Sportfreunde, die ihre Zivilisationskost beibehalten haben.

Die analytische Untersuchung als Wissenschaftsprinzip hat uns eine Fülle von Erkenntnissen gebracht. Der Mangel der hoch spezialisierten Medizin, der wir im Prinzip eine längere Lebensdauer verdanken, besteht darin, daß sie sich auf die Behandlung von Krankheiten konzentriert, aber zu wenig nach den Bedingungen für ein gesundes Leben forscht. Wir leben zwar länger, aber sind wir auch gesünder geworden? Die Industrialisierung der Nahrungserzeugung und der Vorrang wirtschaftlichen Erfolges sind letzthin die Ursache zahlreicher Krankheiten.

Wir wissen heute sehr viel über den Ernährungsbedarf, und die Ernährungskapitel in Laufanleitungen sind voll von Analysen und Angaben über Nährstoffrelationen. Doch meist fehlen bei der Umsetzung in die Ernährungspraxis die gesundheitlichen Aspekte. Das zeigt sich deutlich bei der Darstellung von Sportgetränken. Die Ernährung, die ich empfehle, ist die vitalstoffreiche Vollwertkost. In der wissenschaftlichen Literatur taucht sie als eine eher marginale Diät auf. Die Vollwerternährung ist jedoch keine Diät, sondern im Prinzip die Rückkehr zu einer Kostform vor der Industrialisierung unserer Lebensmittelerzeugung. Sie beruht auf den wissenschaftlichen Erkenntnissen von Professor Dr. med. Werner Kollath (1892–1970),[26] der den Begriff ‚Vollwertkost' geschaffen hat und die Nahrung in sechs Wertstufen einteilt, bezieht Erkenntnisse von Dr. med. Max Bircher-Benner (1867–1939) ein und ist von Dr. med. Max Otto Bruker (1910–2001) praktikabel gemacht, klinisch erprobt und verbreitet worden. Die 1978 von Bruker gegründete Gesellschaft für Gesundheitsberatung (GGB) vertritt diese Ernährungsform und bildet in diesem Sinne Gesundheitsberater aus.

Die Vollwerternährung gründet sich auf vier Unterlassungen und vier positive Grundsätze. Dr. M. O. Bruker hat sie so zusammengefaßt: „Die meisten Zivilisationskrankheiten sind ernährungsbedingt. Deshalb sollten Sie", so empfiehlt er, „vier Dinge täglich zu sich nehmen, vier andere dagegen grundsätzlich meiden.

26 „Die Ordnung unserer Nahrung".

Die Speisen, die Sie meiden sollten, wenn Sie gesund bleiben oder werden wollen:

- Alle Zuckerarten, die in der Fabrik hergestellt sind, im Klartext: gewöhnlicher weißer oder brauner Verbrauchszucker, industriell hergestellter reiner Trauben- und Fruchtzucker sowie alle Genuß- und Nahrungsmittel, die damit gesüßt sind, wie süße Gebäcke, Kuchen, Marmeladen, Schokolade, Bonbons, Pralinen, Speiseeis usw.
- Alle raffinierten Fette (sämtliche Margarinesorten und gewöhnliche Öle).
- Magen-, Darm-, Leber- und Galleempfindliche sollten zusätzlich meiden: Alle Säfte aus Obst und Gemüse, gleichgültig, ob sie selbst hergestellt oder gekauft wurden, und gekochtes Obst, Trockenfrüchte, Kaffee, grünen und schwarzen Tee.
- Alle Auszugsmehlprodukte wie Graubrot, Weißbrot, Teigwaren, Pudding, Kuchen.

Die Speisen, die täglich gegessen werden sollten, sind:

- Vollkornbrot, möglichst verschiedene Sorten.
- Drei Eßlöffel Getreide in Form eines Frischkorngerichts.
- Eine Frischkostbeilage, bestehend aus rohem Obst und Salaten aus rohen Gemüsen.
- Naturbelassene Fette, d. h. Butter und durch Kaltpressung gewonnene unraffinierte Öle.

Alles andere muß nicht, kann aber gegessen werden.

Das Frischkorngericht wird aus einer einzelnen Getreideart oder aus einer Getreidemischung, zum Beispiel Roggen, Weizen, Gerste, Hafer und Hirse, wie in dem von Waerland erdachten Getreidebrei namens Kruska, hergestellt. Von dieser Mischung werden 3 Eßlöffel durch die Getreidemühle, in einem Mixapparat oder in einer alten Kaffeemühle grob geschrotet. Das Mahlen muß jedesmal frisch vor der Zubereitung vorgenommen werden. Das gemahlene Getreide wird mit ungekochtem, kalten Leitungswasser zu einem Brei gerührt und 5–12 Stunden stehen gelassen. Die Wassermenge wird so berechnet, daß nach der Quellung nichts weggegossen zu werden braucht. Nach 5–12 Stunden wird dieser Brei genußfähig gemacht durch Zusatz von frischem Obst je nach Jahreszeit, Zitronensaft, 1 Teelöffel Honig (nur manchmal; regelmäßiger Genuß von Honig kann Karies erzeugen), 1 Eßlöffel Sahne, geriebenen Nüssen nach Art des Bircher-Benner-Müslis. Solange verfügbar, sollte man immer einen Apfel hineinreiben und sogleich untermischen, bevor er braun wird. Der geriebene

Apfel macht den Frischkornbrei besonders luftig und wohlschmeckend. Es ist ohne Belang, zu welcher Tageszeit dieser Brei genossen wird.

Zubereitung nach Dr. Evers: 3 Eßlöffel Roggen oder Weizen (wegen der verschiedenen Keimzeiten keine Mischung) werden über Nacht (etwa 12 Stunden) mit ungekochtem kalten Wasser eingeweicht. Am Morgen werden die Körner in einem Sieb mit frischem Wasser gespült. Tagsüber bleiben sie trocken stehen. In der zweiten Nacht werden sie wieder mit Wasser übergossen, am nächsten Morgen wieder gespült. Dieser Vorgang wird so lange fortgesetzt (im Durchschnitt 3 Tage), bis die Körner keimen und die Keimlinge ca. 1/3 Zentimeter lang sind. In der Keimzeit sollen die Körner möglichst bei Zimmertemperatur stehen (d. h. nicht zu kalt und nicht zu warm). Diese gekeimten Körner können mit Zutaten versehen werden, wie beim Frischkornbrei angegeben. Sie sind gründlich zu kauen."

So einfach Brukers Ernährungsratschläge klingen, zur Umsetzung bedarf es immer wieder der detaillierten Information. Die Werbung unseres Wirtschaftssystems ist bemüht, Unsicherheit oder gar falsche Aussagen zu verbreiten. Die Teilnehmer der Bieler Lauftage im Jahr 2011 erhielten zum Beispiel in ihrem Startnummernbeutel die Probe eines ‚Vollwert Müesli'. Die Bezeichnung ist schlicht ein Mißbrauch des Begriffs ‚vollwertig' und auch nicht zum erstenmal in der Verbindung mit Müsli geschehen. Vollwertig ist allein frisch geschrotetes, noch keimfähiges Getreide. Aus gutem Grund hat Dr. Bruker daher das geschrotete Getreide als Frischkornbrei bezeichnet und nicht, obwohl die Bezeichnung von Bircher-Benner stammt, als Müsli. Damit ist eine klare Unterscheidung gegeben.

Grundsätzlich hat sich Dr. M. O. Bruker gegen den Verzehr von Milch ausgesprochen, was nicht nur im Hinblick auf die verbreitete Milchunverträglichkeit (Laktoseintoleranz bei etwa 10 Prozent der Norddeutschen und 30 Prozent der Süddeutschen sowie fast überall in Asien), sondern auch anthropologisch zu begründen ist; schließlich ist der Mensch das einzige Lebewesen, das die Milch anderer Lebewesen trinkt. Das Milch-Marketing hat vor langer Zeit versucht, den Milchabsatz mit Hilfe des Sports zu fördern. Dies mußte jedoch fehlschlagen. Wohl kaum ein Sportler wird vor der sportlichen Leistung Milch zu sich nehmen. Die Vollwerternährung verbietet jedoch den Verzehr von Milch nicht, sondern betrachtet allein Rohmilch als vollwertig. Zudem bezieht sie durchaus Milcherzeugnisse wie Butter und Sahne ein.

Vollwerternährung schließt auch den Verzehr von Fleisch und Fisch nicht aus. Beides sind Substanzen, die man essen kann, aber nicht muß. Erfahrungsgemäß sind jedoch die meisten Vollwertköstler Vegetarier oder essen zumindest sehr wenig Fleisch oder Fisch. „Wissenschaftliche Untersuchungen zeigen, daß die vegetarische Ernährungsweise deutliche gesundheitliche Vorteile bietet", bestätigt Professor Claus Leitzmann. Für den Vegetarismus sprechen jedoch auch ethische und ökologische Gründe. Beide liegen den Anhängern der Vollwertkost sehr nahe.

Nach einer Untersuchung[27] sind Läufer, die sich lactovegetabil ernähren, im Durchschnitt 3,9 Kilogramm leichter als Läufer mit der üblichen Zivilisationskost (berechnet auf der Basis einer durchschnittlichen Körpergröße von 1,70 m). Bei gleicher Leistungsstärke und gleichem Training ergäbe das eine Verbesserung um 17,5 Minuten auf 75 Kilometer. Falsch wäre es jedoch, allein deswegen sein Körpergewicht verringern zu wollen. Auch im Laufsport gibt es Menschen, die der Leistungssteigerung wegen ihr Körpergewicht stark reduzieren. Dieses Erscheinungsbild wird, wenn der Body Mass Index weniger als 17,5 beträgt, als Anorexia athletica bezeichnet – medizinische und psychologische Hilfe ist dann unbedingt erforderlich.

In den 1960er und auch in den 1970er Jahren, als zunächst noch vornehmlich viele gealterte einstige Leichtathleten zum Volkslauf fanden, war die Ernährungsweise nach Arne Waerland (1876–1955) relativ verbreitet; sie wurde unter anderem praktiziert von Meinrad Nägele, dem Promoter der Interessengemeinschaft älterer Langstreckenläufer (IGÄL), und Josef Galia, dem seinerzeit ältesten deutschen Marathonläufer, der 103 Jahre alt geworden ist. Waerlands Aufenthalt in Westdeutschland und das Erscheinen deutscher Übersetzungen seiner Schriften trugen damals zu einer gewissen Popularität in Sportlerkreisen bei. Doch die Widerlegung einiger seiner Thesen, der wissenschaftliche Unterbau der Vollwerternährung – Kollaths Untersuchungen und Brukers umfangreiches klinisches Material – und auch die praktikablen und überzeugenden Regeln der Vollwerternährung führten dazu, daß sich die Ernährungsweise nach Kollath/Bruker durchsetzte. Sie wird von den etwa 5.000 Gesundheitsberatern der GGB vertreten, in einigen Kliniken praktiziert und auch in der Gastronomie angeboten. Die sogenannte Schnitzer-Kost, die der Zahnarzt Dr. med. dent. Johann Georg

27 E. Köhler und Prof. Dr. med. S. Israel, 1980.

Schnitzer (geboren 1930) verbreitete, entspricht zwar der Ernährungstheorie von Kollath/Bruker, stellt aber zumal mit der veganen Intensivkost wissenschaftlich anfechtbare Behauptungen auf.

Wie so häufig, ist es auch auf diesem Gebiet zu einer Abspaltung im Sinne einer weniger eng gefaßten Ernährungsweise gekommen. Deren Wortführer, Professor Dr. rer. nat. Claus Leitzmann, hat zusammen mit Karl von Koerber und Thomas Männle auch die wissenschaftliche Darstellung mit dem Titel „Vollwert-Ernährung" gegeben. Alle drei haben ihr Wissen darüber bei Dr. Bruker erworben. Kurioserweise tauchen die Epigonen in der Literatur auf, der Name Bruker jedoch wird unterschlagen. Der Lauftrainer Andreas Butz und seine Frau haben eine eigene Vollwertvariante „Vitale Läuferküche" (so der Buchtitel) geschrieben.

Nach der Lektüre zahlreicher Schriften Brukers und seiner Mitarbeiter bin ich zu der Überzeugung gekommen, daß gute Gründe für die konservative Definition der Vollwerternährung sprechen.

Bruker ist mit seinen Ansichten, zum Beispiel seinen Demonstrationen gegen den Bau von Atomkraftwerken, seiner Zeit um Jahrzehnte voraus gewesen und hat mit wichtigen Erkenntnissen, wie der, das Kalorienzählen aufzugeben, oder erst dann zu trinken, wenn man Durst habe, recht behalten. Die Laufbewegung hatte er seinerzeit begrüßt und jede Initiative zum Bewegungstraining in seinem Umfeld unterstützt.

Die Vollwerternährung, welcher Richtung auch immer, ist heute als eine Form der alternativen Ernährung völlig akzeptiert. Von ihren Ernährungsprinzipien haben einige durchaus Eingang in die herkömmliche ‚Mischkost' und die Empfehlungen der Deutschen Gesellschaft für Ernährung (DGE) gefunden, so etwa die Betonung des täglichen Verzehrs von Frischkost und Vollkornerzeugnissen. Selbst die ‚Körnerfresserei' bleibt offenbar nicht mehr nur ‚Gesundheitsaposteln' vorbehalten. Professor Leitzmann beschreibt die Situation so: „Es fällt auf, daß viele nationale Ernährungsgesellschaften, Ernährungsausschüsse medizinischer Disziplinen (Diabetologie, Onkologie, Kardiologie u. a. m.) sowie bisher oft einseitig sog. alternative Ernährungsformen sich mehr und mehr den Empfehlungen der Vollwerternährung nähern. Diese artgerechte und bedarfsgerechte Kostform bietet ein ganzheitliches und schlüssiges Konzept, das sich einer zunehmenden Akzeptanz erfreut." Allerdings sind die Gesundheitsregeln der DGE noch immer so gehalten, daß sie eben nicht die Prinzipien der Vollwerternährung abdecken.

Das alles mag wohl dazu geführt haben, daß die Vollwerternährung, anders als seinerzeit die Waerland-Kost, für den Sport kein Diskussionsthema ist. Es gibt auch in der Laufbewegung eine Anzahl Menschen, die ihre Ernährung umgestellt haben. Die Ernährungsberaterin und Läuferin Rosemarie Breuer beobachtete dies schon 1983: „Der ideologische Hintergrund dafür, daß immer mehr Läufer sich der Vollwerternährung zuwenden, ist der verständliche Wunsch, in Harmonie mit der Natur zu leben. Mitursache für den plötzlichen Aufschwung ist auch die berechtigte Angst vor der Zerstörung unserer Lebensgrundlage durch unsere fortschreitende Technisierung und die nachfühlbare, aber nicht immer gerechtfertigte Angst vor möglichen Gesundheitsschäden durch unsere Nahrungsmittel, denn die Qualität unserer Nahrungsmittel wird immer häufiger in Frage gestellt." Dieser Trend hat sich heute erheblich verstärkt. Im Jahr 2002 wurde die Organisation Foodwatch gegründet, die unter anderem über die Einhaltung gesetzlicher Bestimmungen in der Nahrungsdeklaration wacht. Im Sport findet jedoch kaum eine Erörterung über die gesundheitlich optimale Ernährung statt. Hier dominieren nach wie vor kommerzielle Einflüsse oder die erwünschte Leistungssteigerung.

So begrüßenswert die Kompensation des zunehmenden Bewegungsmangels mit Hilfe des Sports auch ist, – es entsteht leicht der Eindruck, es genüge, Sport zu treiben, wenn man gesund bleiben wolle. Genau das ist falsch. Dr. Bruker hat bereits Ende der 1960er Jahre[28] ausgeführt: „Behindert man Tiere an ihrer gewohnten Bewegung, so entwickelt sich keine Fettsucht, solange sie ihre natürliche Nahrung bekommen. Entsprechend entsteht auch beim Menschen durch Bewegungsmangel allein niemals eine Fettsucht oder Arteriosklerose, solange er noch eine Vollwertkost zu sich nimmt. Andererseits läßt sich die Ablagerung von krankhaften Fetten durch ausreichende körperliche Betätigung verringern oder beseitigen. Entsprechend kann auch angenommen werden, daß durch Sport, der die Sauerstoffdurchströmung aller Körperzellen und besonders des Herzmuskels verbessert, eine krankhafte Ablagerung von Stoffwechselprodukten erschwert wird. Insofern ist auch zur Vorbeugung des Herzinfarktes eine systematische sportliche bzw. körperliche Betätigung auf jeden Fall zu empfehlen. Andererseits muß aber sofort auf die große Gefahr aufmerksam gemacht werden, die in dieser Empfehlung liegt. Die Stoffwechselstörungen, die durch den Verzehr raffinierter Kohlenhydrate und anderer denaturierter Nahrungsmittel entstehen, können durch körperliche Bewegung nicht verhütet oder ausgeglichen werden. Wenn Sport mit falscher Ernährung kombiniert wird, schützt er nicht vor den

28 „Leben ohne Herz- und Kreislaufkrankheiten" (früher: „Sich schützen vor dem Herzinfarkt").

Degenerations- und Ablagerungskrankheiten und vor anderen ernährungsbedingten Zivilisationskrankheiten. Dies ist deutlich auch daran abzulesen, daß Sportler in gleichem Maße an Gebißverfall leiden und im Alter ebenso von Wirbelsäulenveränderungen und Gelenkschäden, Gallensteinen, Herzinfarkt, Thrombose und Arteriosklerose befallen sind wie die übrige Bevölkerung. Um so mehr aber ist eine Kombination von richtiger Ernährung mit ausreichender körperlicher Betätigung zu empfehlen." Prägnanter ist das Problem von anderen auch später nicht beschrieben worden.

Die vitalstoffreiche Vollwerternährung ist die optimal geeignete Basisernährung auch für alle Sporttreibenden, da sie alle lebensnotwendigen Nährstoffe liefert; die Hersteller der Zivilisationskost dagegen entfernen oder verändern zum großen Teil Nahrungsbestandteile, darunter mit Sicherheit auch solche, die vielleicht noch gar nicht definiert sind.

Die Vollwerternährung muß im Hinblick auf den Breitensport nicht einmal für einzelne Disziplinen variiert werden. Dauerläufer brauchen zwar volle Glykogenspeicher; aber dies wird selbst über die übliche Zivilisationskost erreicht, erst recht über eine vegetarische Ernährung, durch die verstecktes Fett in Fleisch und Wurst vermieden wird. In Sportarten, die sich auf Kraftentfaltung gründen oder gar reine Kraftdisziplinen sind – wie zum Beispiel Gewichtheben –, ist der Eiweißverbrauch höher. Auch leistungsbetonte Ausdauersportarten wie der Ultramarathon oder der Berglauf steigern den Eiweißbedarf. Er ist jedoch nicht so hoch, als daß er nicht schon durch die normale Zivilisationskost mehr als gedeckt würde. Die Zufuhr auch von rein pflanzlichem Eiweiß ist in der Regel ausreichend.

Inzwischen hat auch im Laufsport die Zahl der Veganer (Menschen, die sich allein von pflanzlicher Kost ernähren), zugenommen. Nach einer Umfrage von „Runner's World" sind 6 Prozent der befragten Läufer Veganer, 19 Prozent Vegetarier. Diese Vegetarier-Zahl ist etwa doppelt so hoch wie die geschätzte Prozentzahl der Vegetarier in der Bundesrepublik.

Der sich vegan ernährende Ultramarathon-Läufer Mark Hofmann, Jahrgang 1976, versicherte: „Vor meinem letzten Marathon im April habe ich mich auch auf Wunsch meiner Frau medizinisch durchchecken lassen. Meine Blutwerte könnten nicht besser sein. Alles wunderbar, sagt mein Arzt. Veganer wissen meist sehr genau Bescheid, wie sie an ihre Nährstoffe kommen. Die meisten setzen sich mehr mit Ernährung auseinander als Otto Normalverbraucher."[29]

29 Spiegel.de/gesundheit/ernaehrung.

Der wahrscheinlich bekannteste Veganer unter den Ultrahochleistungssportlern ist Scott Jurek,[30] der dreimal den Badwater-Lauf und dreimal den Spartathlon gewonnen hat. Er hat sich nicht nur praktisch mit der Zubereitung veganer Lebensmittel, sondern auch in der Theorie intensiv mit Ernährung befaßt. Den Vollwertkost-Anhängern ist er zwar nicht zuzuordnen, aber er hat wichtige Erkenntnisse für den Hochleistungssport gewonnen. So zählt er beispielsweise nicht zu denjenigen, die eine spezielle Eiweiß-Mast gutheißen.

Auch der deutsche Triple-Triathlet und Trainer Arnold Wiegand, der auch 100-Kilometer-Läufe bestritten hat, ernährt sich seit Jahren von veganer Rohkost. Nach der Ernährung während eines Wettkampfes befragt,[31] antwortete Wiegand: „Beim Schwimmen und Radfahren trinke ich in Wasser aufgelöstes Maronenpulver (Edelkastanie) mit Himalaya-Salz und Magnesium ergänzt, da Maronenpulver viele Kohlenhydrate enthält und sehr basisch wirkt. Nach Lust und Laune esse ich dann noch Rohkostmüsli aus gekeimtem Roggen und Mohn sowie Rosinen, Bananen, Maronenpulver und Mandeln zu Pulver zerkleinert. Das Ganze mit Wasser vermischt und etwas quellen lassen – fertig. Ich mache gern noch Apfel- und Zitronensaft dazu, womit sich die Eisenaufnahme – besonders aus dem Mohn – deutlich verbessert. Beim Essen mache ich auch schon mal fünf Minuten Pause und setze mich hin." Bei einem Triple-Ironman über 11,4 km Schwimmen, 540 km Radfahren und 126,6 km Laufen war er 43 Stunden (einschließlich einer einstündigen Schlafpause) unterwegs.

Die vitalstoffreiche Vollwertkost ist gerade für Sporttreibende ein Gewinn. Bilanziert man die Nahrungszufuhr, ergibt sich ein ausgewogenes Ernährungsprofil. Professor Dr. med. Klaus Jung, emeritierter Lehrstuhlinhaber, drückte die Vorzüge für die Sporternährung in „Arzt + Sport" 4/1992 so aus. „Bei Berücksichtigung aller leistungsfördernden Gesichtspunkte zur Zusammenstellung einer ökologisch und ökonomisch sinnvollen Basisernährung im Sport ergibt sich eine überwiegend ovolactovegetabile, rohkostreiche Ernährungsweise auf Vollwertbasis. Mit ihr ist eine ausreichende Energiezufuhr gesichert, wobei einerseits der Appetit, andererseits die Gewichtskontrolle genügend genaue Regler sind. Sie bietet andererseits biologisch hochwertige Grundnährstoffe in großer Menge und im optimalen Verhältnis untereinander. Eine hohe Versorgung mit lebensnotwendigen Vitaminen, Mineralstoffen und Spurenelementen wird durch sie gewährleistet."

30 „Eat & Run".
31 „natürlich vegetarisch", 02/11.

Die Reklame oder auch überlieferte Volksweisheit macht uns indes glauben, daß bestimmte Lebensmittel besonders gesund seien. Auch sogenannte gesunde Lebensmittel können aber zur Fehlernährung führen, wenn auf anderen Gebieten Mangel herrscht. Denn es kommt auf die Ausgewogenheit der Nahrung an und auf Lebensmittel mit hoher Nährstoffdichte. Je nährstoffarmer die Nahrung insgesamt ist – nämlich infolge eines hohen Anteils minderwertiger Nahrungsmittel –, desto schwieriger wird es, diese Balance der Zufuhr an Nährstoffen, Vitaminen, Mineralstoffen und Ballaststoffen zu erreichen. Im Ausdauersport ist der Bedarf an Vitamin E, Vitamin C und Provitamin A erhöht. Die Durchschnittswerte der Vitaminzufuhr liegen in Deutschland für alle Vitamine und für Folsäure bei Männern und Frauen zum Teil erheblich unter den Referenzwerten. Einzelne ‚gesunde' Lebensmittel können daran nichts ändern, und auch sogenannte gesunde Lebensmittel können dann, wenn immer nur wenige Sorten davon gegessen werden, die Ernährung einseitig machen.

Von den wissenschaftlichen Vertretern der herkömmlichen Ernährung wird die Vollwerternährung nach Kollath/Bruker nicht selten als wissenschaftlich nicht begründet hingestellt. Die Verfechter der Vollwertkost haben jedoch überzeugend dargelegt, wo die Ursachen für einige Zivilisationskrankheiten liegen. Diese Begründungen, etwa der Ursachen für das vermehrte Auftreten von Zahnkaries sogar im Kleinkindalter oder die Zunahme von Erkrankungen aus dem rheumatischen Formenkreis, ist uns die etablierte Medizin und Ernährungsphysiologie bisher schuldig geblieben; sie beschränkt sich allzu häufig auf das Kurieren von Symptomen. Auf anderen Gebieten, etwa der Koronarerkrankungen, erweisen sich die wissenschaftlichen Gebäude als baufällig; die Auflistung von Risikofaktoren für die Entstehung des Herzinfarkts hat in der Prävention nicht sonderlich weitergeführt.

Dr. Bruker wurde schon früh durch seinen Kampf gegen den Fabrikzucker und die entsprechenden gerichtlichen Auseinandersetzungen mit der Zuckerindustrie bekannt. Jahre später rügten selbst Vertreter der etablierten Ernährungsphysiologie, wie schon im Ernährungsbericht 1984 der Bundesregierung zu lesen ist, folgendes: „Der Verbrauch von Zucker ist verhältnismäßig hoch. Rund 87 Prozent der ... Disaccharide sind Saccharose (Rohr-, beziehungsweise Rübenzucker). Davon stammen bei Männern rund 49 Prozent aus Zucker und Süßwaren, 13 Prozent aus Erfrischungsgetränken, bei Frauen sind dies 62 Prozent und 15 Prozent. Auffallend ist, daß bei Frauen über 50 Jahre der Zuckerverbrauch erheblich zunimmt." Der industriell hergestellte und verarbeitete Zucker ist deshalb unzuträglich, weil er aus isolierten – ‚leeren' – Kohlenhydraten besteht;

er führt zu einem Ungleichgewicht der Ernährung. Die 150 Gramm Zucker, die jeder Deutsche im Durchschnitt täglich zu sich nimmt, stammen aus 1,1 Kilogramm Zuckerrüben. Einem Menschen, der täglich diese Menge Zuckerrüben futterte, würde man zu Recht Einseitigkeit in der Ernährung vorwerfen. Das einzige, was der Zucker liefert, ist eine rein kalorische Energie ohne Vitalstoffe und ohne Faserstoffe (Ballaststoffe), die wir für unser Verdauungssystem ebenfalls benötigen. Für Langläufer hätte Zucker den einzigen Vorteil, daß er umgehend Energie liefert. Darauf beruhen die Wirkung und die frühere Beliebtheit des Traubenzuckers bei sportlichen Leistungen. Doch selbst dieser einzige Vorteil muß teuer bezahlt werden: Der Blutzuckerspiegel, der durch Zucker unverzüglich angehoben wird, sinkt danach sehr rasch noch unter seinen Ausgangswert. Der Läufer ist dadurch „ärmer" daran als zuvor. Traubenzucker ist daher längst aus den meisten Langlaufveranstaltungen verschwunden.

Nicht nur, daß Zucker außer leeren Kohlenhydraten nichts bietet, – er beraubt den Körper zur Verstoffwechslung auch noch um das Vitamin B1. Davon haben die meisten Menschen in den Industriestaaten gewöhnlich ohnehin zu wenig. Dies hängt mit dem Rückgang des Verzehrs von Lebensmitteln zusammen, die Vitamin B1 enthalten. Vitamine haben eine wichtige Funktion beim Stoffwechsel, Vitamin B1 zum Beispiel gerade beim Kohlenhydratstoffwechsel. Als Ultraläufer sollte man die Norm der Weltgesundheitsorganisation mit einem Tagesbedarf von 1,5 mg Vitamin B1 absolut ernst nehmen. Nach Bruker (gestützt auf Untersuchungen von Wilhelm Otto Stepp, Joachim Kühnau und Hermann Schroeder) kommen die Deutschen auf durchschnittlich nur 0,8 mg Vitamin B1 je Tag.

Ein weiterer Nachteil des raffinierten Zuckers (der natürliche Zucker insbesondere in Früchten ist selbstverständlich nicht gemeint) besteht darin, daß Fabrikzucker bei sehr vielen Menschen Unverträglichkeit frischer Salate, frisch zubereiteter Getreidebreie und auch von Vollkornerzeugnissen hervorruft, eine Unverträglichkeit, die sich in Blähungen und Bauchschmerzen äußert. Häufig wird dann die Unverträglichkeit diesen Lebensmitteln angelastet, während sie in Wahrheit nach aller Erfahrung auf den Zuckerverzehr zurückzuführen ist.

Die verheerende Wirkung des raffinierten Zuckers auf die Zähne, aber auch des ernährungsphysiologisch hochwertigen Honigs, ist bekannt. Nicht im Bewußtsein ist jedoch, daß Karies nur die Spitze des Eisbergs ist, nämlich Vorbote anderer Zivilisationskrankheiten wie Erkrankungen des Bewegungsapparats. Da Laufen nicht zu Verschleißerscheinungen führt, ebensowenig wie der selbst intensive Gebrauch von anderen Gliedmaßen und Sinnesorganen, müssen beispielsweise die Ursachen von Ischiasbeschwerden doch woanders zu suchen sein.

Außer dem isolierten Zucker ist der Verzehr von Auszugsmehl ein hauptsächlicher Ernährungsfehler. Auch hier haben wir es mit isolierten Kohlenhydraten und, je nach dem Ausmahlungsgrad, allenfalls geringer Vitalstoffversorgung zu tun. Sowohl der industriell hergestellte Zucker als auch das Auszugsmehl sind in der Menschheitsgeschichte sehr junge Ernährungsbestandteile.

Gegenwärtig erleben wir eine Präferenz für den Grundnährstoff Eiweiß. Es stimmt schon, daß Sportler, nicht nur Kraftsportler, sondern auch Dauerleister, einen erhöhten Eiweißbedarf haben. Darauf gründet sich die Reklame von Produzenten der auf Eiweißkonzentrat beruhenden ‚Sportlernahrung'. Notwendig ist jedoch eine zusätzliche Eiweißzufuhr für Ultraläufer nicht. Im Gegenteil, unser Eiweißkonsum ist ohnehin zu hoch, so daß in den Industrieländern der Begriff der ‚Eiweißmast' nicht übertrieben scheint. Die ‚wissenschaftliche Lehrmeinung', daß die essentiellen Aminosäuren nur im tierischen Eiweiß zu finden seien, ist von dieser Aussage längst schon abgerückt. Mindestens eine Milliarde Menschen auf der Welt ernährt sich ohne tierisches Eiweiß. Auch die Veganer leiden nicht an Mangelerscheinungen. Der Säugling nimmt mit der Muttermilch, einem optimal zusammengesetzten Lebensmittel, eine Eiweißmenge von nur 1,5–2 Prozent der Nahrung auf, wobei die Milch einen Wassergehalt von 87 Prozent hat. Säugetiere, die schnell wachsen müssen, weisen einen weit höheren Eiweißanteil in der Milch auf. Im Gegensatz zum Säugling beschränkt sich die Eiweißwirkung bei Erwachsenen auf die Erhaltung und die Funktion des Körpers.

Gerade für den Nährstoff Eiweiß hat die Wissenschaft den Bedarf mehrfach nach unten korrigiert. Er ist auf 0,73 Gramm je Kilogramm Körpergewicht gesunken. Leistungssportlern werden 1,4 Gramm empfohlen. Tagesrationen von 2 Gramm sollten daher nicht überschritten werden. Der Ernährungsbericht der Deutschen Gesellschaft für Ernährung skizziert die Situation so: „Die Proteinversorgung (einfache Eiweißkörper) ist unverändert reichlich. Der im Durchschnitt hohe Verbrauch von Fleisch- und Milchprotein sichert, wegen der hohen biologischen Wertigkeit dieser Proteine, die Bedarfsdeckung auch bei den Altersgruppen (Dreizehn- bis Vierzehnjährige), in denen die Mittelwerte etwas unter den Zufuhrempfehlungen liegen. Extrem hoher Fleischverbrauch – insbesondere in Form einseitiger Diätformen – erhöht durch die damit verbundene Zufuhr von Purinen (Ausgangssubstanzen der Harnsäure), Cholesterin und gesättigten Fettsäuren die Gefahr von Gicht und Harnsteinen sowie arteriosklerotischen Gefäßveränderungen bei dafür disponierten Personen." In ihren aktuellen wissenschaftlichen Empfehlungen „Sport und Ernährung" schreiben die Doktoren Christoph Raschka und Stephanie Ruf: „Schnell ist ein Plateau erreicht, auf dem ein Mehr an Protein keinerlei Vorteil bringt. (...) Wird über den Bedarf hinaus Eiweiß konsumiert, nutzt der Körper den Eiweißüberfluß für den Energiehaushalt und nicht für den Aufbau von Muskulatur. Proteine werden dann zu Kohlenhydraten oder in Fett umgewandelt. (…) Es ‚entsteht' also nicht mehr Muskelmasse durch immer mehr Protein, sondern bei einem Überfluß mehr Körperfett."

Fett- und Eiweißstoffwechselstörungen können den Stoffwechsel des Knorpelgewebes und der Gelenkkapseln negativ beeinflussen; daran ändert auch das Lauftraining nichts. Der orthopädische Hochschullehrer Prof. Dr. med. Dr. h. c. Horst Cotta, dessen Buchtitel „Der Mensch ist so alt wie seine Gelenke" nahezu zum geflügelten Wort geworden ist, erkannte schon 1984: „Nach neueren Untersuchungen ist wohl die Annahme berechtigt, daß bestimmte Faktoren aus der Umwelt die Gelenkernährung und damit die biologische Widerstandsfähigkeit des Knorpels beeinflussen. In diesem Zusammenhang ist die Wirkung von Konsumgiften, wie zum Beispiel Alkohol und Nikotin, bisher noch ungenügend erforscht." Durch Vermeidung von Konsumgiften sowie durch eine ausgewogene Ernährung, die Stoffwechselstörungen wie der Gicht oder der Zuckerkrankheit keinen Vorschub leisten, könne die normale Anpassungsbreite des Gelenkes besser erhalten werden. Da gerade bei der Ultralangstrecke die Gelenke physiologisch der begrenzende Faktor sind, lohnt es sich, über die Ernährung zu reflektieren. Der unmittelbare Nutzen der Vollwerternährung für Ultraläufer besteht wahrscheinlich darin, daß, sofern auch Fußfehlstellungen als Ursache ausgeglichen sind, die Verletzungsgefahr sinkt.

Mit vollwertiger Ernährung schafft man die optimale ernährungsphysiologische Grundlage, gerade auch für extreme Ausdauerbelastungen. Das Umdenken mag hier etwas schwerer fallen: Ultraläufer sind in der Mehrzahl älter und männlich; Ernährungsgewohnheiten sind bei fortgeschrittenem Alter eingefahren, und solange Leistungen ohne Beschwerden möglich sind, der Leidensdruck also fehlt, wird die Notwendigkeit einer Umstellung der üblichen Zivilisationskost auf vollwertige Ernährung nicht recht eingesehen. Der Prozeß der Anpassung erinnert daran, daß auch die Akzeptanz des Laufens als Alltagskultur etwa drei Jahrzehnte gebraucht hat. Treten in der Läuferkarriere einmal Beschwerden auf, für die Fußfehlstellungen nicht verantwortlich gemacht werden können, kann auch eine Ernährungsumstellung degenerative Prozesse, die sich mitunter über zwei und mehr Jahrzehnte erstrecken, nicht mehr rückgängig machen, sondern den Status quo allenfalls einfrieren. Schon das würde jedoch auch den späten Versuch lohnen.

Dieses Kapitel kann nicht zu einer kompletten und detaillierten Darstellung der Vollwerternährung dienen; es soll vor allem dazu motivieren, sich damit zu befassen und zu beginnen, wenigstens Elemente daraus zu übernehmen. Betont sei: Die vitalstoffreiche Vollwerternährung ist weder eine Diät, als die sie in verschiedenen Fachbüchern definiert worden ist, noch eine Doktrin. Verzichte werden dort nahegelegt, wo inzwischen auch die etablierte Ernährungsphysiologie Vorbehalte gegen Ernährungsgewohnheiten der Zivilisationskost erhebt. Kriterium sind nicht Kalorienbilanzen, sondern der Gehalt an Vitalstoffen, also Vitaminen und Mineralstoffen, Enzymen und möglicherweise noch undefinierten Bestandteilen.

Dies kommt den Anforderungen an eine Ernährung von Ausdauersportlern sehr entgegen. Wichtig ist, Salate aus ihrer Rolle als pure Beigabe herauszuheben. Die tägliche Frischkost, aus etwa zwei Dritteln ungekochtem Gemüse oder Salat, zu einem Drittel aus Obst, alles möglichst aus biologischem Anbau, ist Haupterfordernis. Als Fett werden Butter und kaltgeschlagene Öle verwendet. Grundsätzlich wird die Nahrung so natürlich wie möglich belassen – ein Prinzip, das sich die Gourmetküche zu eigen gemacht hat. Die Rückkehr zu den ökonomisch bedingten Ernährungsgewohnheiten der vorindustriellen Zeit – die Einschränkung des Fleischkonsums –, läge durchaus im Sinne einer kohlenhydrat- und vitalstoffreichen Läuferernährung.

Zu vermeiden sind handelsübliche Konserven und Präparate, einschließlich des Müslis aus der Tüte. Speisen sollten mit Kräutern gewürzt werden; Salz wird äußerst sparsam verwendet, am besten Voll-Meersalz, das einen geringeren Natriumchloridanteil hat. Läufer werden die überraschende Entdeckung machen, daß mit der Reduzierung eines auch von Ernährungsexperten für zu hoch gehaltenen Salzverbrauchs der Bevölkerung keineswegs Elektrolytmängel auftreten. Denn: Je weniger Salz man verwendet, desto weniger Salz schwitzt man aus. Darauf machte bereits der einstige Ultraläufer Dr. med. Hansmartin Bresch aufmerksam. Allerdings gilt, daß, wer bei einem Ultralauf viel Wasser trinkt, auf die Zufuhr von Salz achten muß. Salztabletten, die Dr. med. van Aaken empfohlen hatte, sind wahrscheinlich zu hoch dosiert. Mineralwasser mit einem hohen Natriumanteil reicht daher aus.

Wer seine Ernährung von herkömmlicher Ernährung auf Vollwertkost umstellt, einschließlich des Frischkornbreis, muß mit einer Anpassungsphase von mindestens sechs Wochen bis hin zu einem halben Jahr rechnen. In dieser Zeit können Blähungen auftreten. Es ist erstaunlich, wie oft sonst intelligente Menschen zum Beispiel den Frischkornbrei mit dem Bemerken ablehnen, sie vertrügen ihn nicht. Da ist immer nachzufragen, wie oft der Betreffende die ‚Unverträglichkeit' festgestellt hat. Wegen der notwendigen Anpassung zumal von Magen-Darm-Empfindlichen sollte in dieser Zeit tunlichst nicht intensiv auf einen bevorstehenden Marathon trainiert werden. Zweckmäßig ist vielmehr, die Umstellung zunächst damit zu beginnen, die Stoffe der Negativliste wegzulassen. Wer keinen Fabrikzucker, in welcher Form auch immer, mehr konsumiert, hat dann auch kein Problem, den Anteil an Frischkost zu erhöhen. Am Schluß der Umstellung sollte der Frischkornbrei stehen; er ist nach aller Erfahrung das Lebensmittel, das in der Zeit des Übergangs – und nur dann – zu intestinalen Störungen, zumindest Behinderungen, führen kann. Klinische Beobachtungen haben ergeben, daß die Unverträglichkeit von Vollkornprodukten und Frischkost in kurzer Zeit verschwindet, wenn isolierte Zucker aus der Kost gestrichen werden. Auch gekochtes Obst und Säfte aller Art sowie Trockenfrüchte sind imstande, eine solche Unverträglichkeit hervorzurufen.

Die Umstellung setzt gediegene Information voraus, denn gerade gegen die Getreidekost werden alle paar Jahre neue Schreckensmeldungen verbreitet. Erst war es das Mutterkorn, später waren es Lektine und Fraßgifte, mit denen das Getreide behaftet sein sollte und die (laut dem Lebensmittelchemiker Udo Pollmer, nach eigener Einschätzung einem „Querdenker") die Gesundheit schädigen könnten. Dr. med. Jürgen Birmanns, Vorstandsmitglied der GGB, gibt zu bedenken: „Isoliert man bestimmte Stoffe aus Lebensmitteln und führt sie in unphysiologisch hohen Dosen dem menschlichen Organismus zu, kann jeder Stoff, zum Beispiel auch jedes Vitamin, die Gesundheit beeinträchtigen."

Die Vorwettkampfernährung und die Wettkampfverpflegung stellen Vollwertköstler indes tatsächlich vor Probleme. Die Pasta-Party am Vorabend eines Wettkampfes ist mit dem City-Marathon aus den USA importiert worden, einem Land, in dem die Bevölkerung im Durchschnitt übergewichtig ist. In der Regel werden auf der Pasta-Party Spaghetti aus Weißmehl angeboten. Die Funktion einer konzentrierten Kohlenhydratzufuhr wird jedoch von anderen Nahrungsmitteln, insbesondere Kartoffeln, genauso erfüllt. Alternativen zu den Spaghetti sind im Sport äußerst selten. Ein Versuch beim München-Marathon, einen Gemüseeintopf anzubieten, als der Trainer, Autor und einstige Hochleistungs-Marathonläufer Herbert Steffny sowie der Küchenmeister und Elite-Ultraläufer Charly Doll für die Vorwettkampfverpflegung verantwortlich zeichneten, ist aus finanziellen Gründen nicht wiederholt worden. Nur diejenigen, die mit einer Campingausrüstung zum Wettkampf reisen, sind unabhängig von den meist phantasielosen gastronomischen Angeboten am Wettkampfort (Biel und Schmiedefeld machen hier keine Ausnahme).

Da den Kohlenhydratspeichern, den Glykogenreserven, beim Ausdauersport eine Schlüsselrolle zukommt, ist versucht worden, sie zu optimieren. Ein Weg dazu war die Saltin-Diät (nach dem schwedischen Sportwissenschaftler Bengt Saltin), die vor allem im Hochleistungssport praktiziert wurde. Sie besteht darin, das Training auszusetzen und drei Tage lang keine oder kaum Kohlenhydrate zu sich zu nehmen. Auf diese Weise sollen die Glykogenspeicher entleert werden. Nach dieser Phase werden bis zum Starttag Kohlenhydrate in erhöhtem Umfang zugeführt. Da die Entleerungsphase mit dem Verzicht auf Kohlenhydrate psychologisch sehr belastend ist, hat sich die Saltin-Diät im Breitensport nicht durchgesetzt. Stattdessen wird für die letzten drei Tage vor dem Start eine betont kohlenhydratreiche Ernährung, mindestens 500 Gramm Kohlenhydrate am Tag, empfohlen; eine vorangegangene Entleerung der Glykogenspeicher ist dazu nicht erforderlich. Mehr als 650 Gramm täglich bringen keinen weiteren Glykogenzuwachs. Sinn dieser ‚Superkompensation' ist, wie bei der Saltin-Diät, die Vergrößerung der Glykogenspeicher und damit die Aufrechterhaltung des Leistungsniveaus über eine längere Dauer. Unter dem Aspekt der Vollwerternährung ergeben sich keine Einwände gegen dieses Kohlenhydratloading, sofern die Kohlenhydratzufuhr nicht mit Einschränkungen der Frischkost verbunden ist. Eine vollwertige vegetarische Ernährung mit Frischkornbrei und Vollkornbrot ist die Grundlage dafür, daß bereits die Basisernährung genügend Kohlenhydrate bereit hält.

Selbst wer immer wieder einmal oder auch grundsätzlich mit nüchternem Magen trainiert, sollte zwecks Schonung der Glykogenspeicher nicht ohne Frühstück an den Start eines Marathons oder Ultrawettbewerbes gehen, obwohl auch das möglich ist. Für das Frühstück werden Läufern in Anleitungen gewöhnlich Hinweise gegeben. Ich selbst habe beim Donaulauf 1984 ein Aha-Erlebnis gehabt: Wir waren in Gasthäusern untergebracht und erhielten ein sogenanntes kontinentales Frühstück. Über zweckmäßige Sporternährung hatte sich der Veranstalter keine Gedanken gemacht; vielleicht hielt er diese auch für eine Angelegenheit der Teilnehmer. Nur hätte dann die Ausschreibung einen entsprechenden Hinweis enthalten müssen. Zu einem Tagespensum von 100 Kilometern brach ich nach dem Verzehr von zwei Weißmehlbrötchen samt etwas Butter und einem Klacks Marmelade auf. Nach etwa 20 Kilometern kam es bei mir zur Unterzuckerung.

Für einen Ultralauf bietet dagegen der Frischkornbrei eine hervorragende Ernährungsbasis. Allerdings sollte man ihn sehr lange vor dem Start, tunlichst vier Stunden vorher, zu sich nehmen. Ist der Start abends, sollte man den Frischkornbrei am Morgen verzehren. Dann kann man sicher sein, keine unerwünschten Nebenwirkungen wie Blähungen beim Laufen zu haben.

Getreide hat wie Vollkornerzeugnisse die Eigenschaft, daß ihre Verstoffwechslung sehr langsam vor sich geht. Mit anderen Worten: Das Sättigungsgefühl hält an. Man kann nach dem Verzehr eines Frischkornbreis sehr lange ohne weitere Nahrungszufuhr laufen. Fabrikzucker und Weißmehlerzeugnisse führen zwar zu einer raschen Erhöhung des Blutzuckerspiegels, aber auch sehr rasch wieder zu einer Reduktion, die sogar unter den Ausgangswert sinkt. Wer also auf einem Ultralauf Coca-Cola getrunken hat, sollte dies für den Rest des Laufes fortsetzen. Veranstalter, die sich sorgfältige Konzepte überlegen, bieten daher bei einem längeren Laufwettbewerb Cola erst im letzten Teil an. Ein sich vollwertig ernährender Teilnehmer wird auf Cola ebenso wie auf synthetische Getränke ganz verzichten.

Wer sich vor Augen hält, wie häufig bei Teilnehmern von Ultrawettbewerben Verdauungsprobleme auftreten, wird sich an das Risiko sogenannter Sportgetränke erinnern. Es scheint sinnvoller, dann lieber ohne einen (angeblichen) Leistungsschub mittels synthetischer Getränke zu laufen, als einen Einbruch durch Magenprobleme oder sogar das vorzeitige Ende des Wettbewerbs zu erleben. Ein mahnendes Beispiel ist mir aus dem Spartathlon in Erinnerung, als ich nach Überquerung des Sangaspasses eine Läuferin einholte, die als ausdauernd bekannt war. Die Tatsache, daß sie es innerhalb der Durchgangszeit bis etwa Kilometer 170 geschafft hatte, bestätigte dies. Doch sie litt unter Magenproblemen. Ich fragte sie, was sie getrunken habe. Ein Elektrolytgetränk, antwortete sie. Und wieviel? Soviel, daß sie die Zahl der Becher nicht präzise angeben könne – auf jeden Fall mehrere. Zwei Stunden plagte sie sich mit den Beschwerden, wie ich nach dem Lauf erfuhr, dann gab sie auf. Ihr Scheitern war eindeutig auf ihre Magenbeschwerden zurückzuführen.

Mir selbst liegt gedanklich noch immer ein vordem unbekanntes Gel im Magen, das ich wie viele andere auf einem 100-Kilometer-Lauf in Biel zu mir genommen hatte, weil mir nach etwa 65 Kilometern eine Kohlenhydratzufuhr notwendig zu sein schien. Offensichtlich lag nicht nur individuelle Unverträglichkeit vor; auch andere Läufer klagten über Bauchschmerzen. Mag sein, daß wir das Gel nicht genügend mit Wasser verdünnt hatten. Auf jeden Fall hatten wir gegen die Regel verstoßen, während eines Wettbewerbs nichts Unbekanntes zu uns zu nehmen. Die Gels sind deshalb auf dem Markt, weil sie sich leichter aufnehmen lassen als sogenannte Energieriegel. Das Problem der Verdünnung bei Gels wird durch Nahrung aus der Tube zu umgehen versucht.

Bei Läufen bis zu etwa 100 Kilometern geht es nicht primär darum, verbrauchte Energie durch Zufuhr von Nahrung zu ersetzen, Man verhungert nicht, wenn man 100 Kilometer läuft. Anders ist die Situation bei längeren oder extremen Läufen. Ein Vorzug des Ultramarathons besteht gerade darin, daß der Körper schließlich überwiegend Fettreserven aufzehrt. Selbst wenn Gewichtsabnahmen durch einen 100-Kilometer-Lauf häufig zum großen Teil nur aus Flüssigkeitsverlust bestehen, kann es auch zu einer echten Gewichtsabnahme durch die Beanspruchung der Fettreserven kommen. Dies ist besonders bei denjenigen der Fall, die erstmals auf der Ultramarathonstrecke sind. Schnelle Ultramarathoner verlieren mehr Gewicht als langsamere, hat Dr. med. habil. Beat Knechtle, ein Schweizer Spitzentriathlet, herausgefunden. Das gilt auch für Läufer, die weniger trinken. Selbst auf extremen Langstrecken kann die erforderliche Energie bei weitem nicht durch die Wettkampfverpflegung ersetzt werden. Nach den Schemata der Kalorienlehre wären beispielsweise zum Ausgleich des Energiebedarfs beim Spartathlon für einen 70 Kilogramm schweren Läufer mindestens 6.000 Kalorien erforderlich. Erfahrungsgemäß wird während dieses bis zu 36 Stunden dauernden Laufes tatsächlich nur ein Bruchteil davon zugeführt.

Die Verpflegung während eines Ultramarathons bis einschließlich etwa 100 Kilometer hat also weniger den Zweck, den Energiebedarf zu decken, als vielmehr, den Stoffwechsel anzuregen und den Blutzuckerspiegel nicht absinken zu lassen. Während des Wettkampfes Fett oder Eiweiß aufzunehmen, ist sinnlos; davon hat der Körper genug. Durch eine regelmäßige Kohlenhydratzufuhr wird vielmehr der zu Recht gefürchteten Hypoglykämie vorgebeugt, indem der Kohlenhydratstoffwechsel aktiv gehalten wird. Dazu genügt es, regelmäßig einen Bissen zu sich nehmen. Wer vorsichtig disponieren möchte, tut dies jede Stunde. Optimal ist eine Aufnahme von jeweils 30 bis 50 Gramm. Unproblematisch ist noch immer eine Banane, selbst wenn vielleicht jeder Ultraläufer schon einmal während des Laufens das Gefühl gehabt hat, keine Banane mehr sehen zu können. Ich erinnere mich, daß ich in Biel 100 Kilometer mit einer einzigen Banane, in mehreren Stücken zu mir genommen, zurückgelegt habe. Auch eine Melone ist wegen des hohen Wassergehalts und der leichten Aufnahme als Wettkampfverpflegung geeignet, wird jedoch selten angeboten. Fruchtriegel, die ich 1985 noch empfohlen hatte, halte ich inzwischen nicht mehr für zweckmäßig, weil sie, ebenso wie Trockenobst, zu Magen-Darm-Beschwerden führen können.

Ein deutscher Riegel-Hersteller versucht einen Kompromiß, indem er Riegel anbietet, die ohne Konservierungsstoffe, ohne Farbstoffe, ohne Gentechnik und ohne Geschmacksverstärker auskommen. Diese Riegel mit natürlichem Geschmack tragen das europäische Bio-Etikett, wobei allerdings zu berücksichtigen ist, daß dieses nicht den Kriterien der Vollwertkost entsprechen kann. Auch diese Riegel sind nicht vollwertig, weil der cereale Hauptbestandteil unter hoher Hitzeeinwirkung gepreßt wird und sie Stoffe wie Rohrzucker, Kakaobutter, Emulgatoren, Vollmilchpulver und Gummi arabicum enthalten. Sie sind daher nur als eine Notlösung bei langen Ausdauerleistungen zu betrachten. Manche Läufer wird vielleicht erfreuen, daß es unter den 19 Geschmacksrichtungen auch solche mit herben Zutaten wie Tomate und Zwiebel gibt. Angeboten wird auch, daß sich Kunden Riegel nach eigenen Zutaten-Wünschen herstellen lassen können (Mindestanzahl: 12 Riegel). Zu beachten ist jedoch, daß die nicht konservierten Riegel nur eine begrenzte Haltbarkeit von wenigen Monaten haben.

Ein Rezept für selbst hergestellte ‚Vollwertkugeln' erweist sich zur Wettkampfverpflegung als wenig tauglich, weil sich diese nicht lagern und von Läufern nur schlecht transportieren lassen. Dem Veganer Scott Jurek sind aus „Eat & Run" interessante Anregungen zu verdanken.

Brot wiederum läßt sich, auch wenn es sich nur um einen einzigen Bissen handelt, ohne Getränk schwer zu sich nehmen. Energieriegelstückchen, die häufig an den Verpflegungsstationen liegen, sind zwar mit den Prinzipien der Vollwertkost nicht vereinbar, aber denjenigen, die vielleicht ein- oder zweimal im Jahr davon Gebrauch machen, wird man dies nicht als Verrat ihrer Überzeugungen vorwerfen dürfen. Nüsse kommen als konzentrierte Wettkampfverpflegung ebenfalls in Frage, sind jedoch für die Veranstalter in der Regel zu teuer. In Frankreich ist man da großzügiger.

Eine Spezialität des GutsMuths-Rennsteiglaufs ist der Haferschleim, eine von Natur aus hervorragende Wettkampfnahrung. Der Jenaer Sportmediziner Dr. Jochen Scheibe hatte ihn bereits für die vier Läufer des ersten Rennsteiglaufs entwickelt. Nach dem Ausprobieren muß es jedoch zu einem Rechenfehler bei der Mengenzusammensetzung gekommen sein; das Getränk war viel zu salzig. Danach wurde das Rezept mehrfach abgewandelt. Seit Mitte der 80er Jahre dient Babynahrung als Basis. An dem Haferschleim, der durch Obstsaft angereichert wird, scheiden sich aber die Geister; die einen mögen ihn wegen seiner Konsistenz nicht, die anderen schwören darauf. Ich gehöre zu den Befürwortern und wünschte mir, er würde auch bei anderen Ultraläufen angeboten. Er läßt sich leicht aufnehmen, liefert eine dosierte Kohlenhydratzufuhr mit nachhaltiger

Wirkung und deckt zugleich den Flüssigkeitsbedarf. Optimal im Sinne der Vollwertkost wäre er, wenn er tatsächlich aus frisch geschrotetem Hafer bestünde.

Alles, was optimal wäre, jedoch von den Veranstaltern aus finanziellen Gründen nicht erbracht wird, läßt sich, wenn auch oftmals mit viel Mühe, bei individueller Betreuung durchaus praktizieren. Die Betreuung durch Fahrrad-Coaches jedoch ist nicht unumstritten. Im Sinne einer Gleichbehandlung wäre es nur fair, wenn bei allen Veranstaltungen eine Fahrradbetreuung untersagt wäre. Andererseits wird sie von den Eliteläufern in Anspruch genommen. Darüber hat es bei den Bieler Lauftagen schon Diskussionen gegeben. Viele Teilnehmer haben die große Zahl von Fahrradbetreuern als irritierend und lästig empfunden. Für Biel hat man daraufhin eine pragmatische Lösung gefunden, nämlich gebührenpflichtige Lizenzen für Radfahrer vergeben und den Betreuern vorgeschrieben, erst zu einem späteren Zeitpunkt, in Lyss, zu den Läufern zu stoßen und auf der engen Trailstrecke entlang der Emme eine Umleitung zu fahren. Zudem ist die Teilnehmerzahl, die mit über 4.000 ihren Höhepunkt erreicht hatte, inzwischen auf etwa ein Viertel zurückgegangen, so daß das Problem an Schärfe verloren hat. Regelungen wie in Biel haben eine modellbildende Wirkung.

Wer sich unsicher ist: Die Infrastruktur der 100-Kilometer-Strecke von Biel ist so beschaffen, daß eine Fahrradbetreuung nicht notwendig erscheint. Es gibt freilich auch Veranstaltungen, bei denen die individuelle Betreuung zweckmäßig oder – bei Extremläufen – sogar vorgeschrieben ist. Psychologisch gesehen, halte ich es für ratsam, bei Laufveranstaltungen wie in Biel oder Ulm auf Fahrradbegleiter zu verzichten. Die 100 Kilometer sind ein kontrolliertes Abenteuer, ein temporärer Ausbruch aus der Zivilisation. Warum sollte man diese Wahrnehmung zunichte machen?

Feste Verpflegung ist bei einem 100-Kilometer-Lauf physiologisch grundsätzlich nicht notwendig; sie dient nur dazu, den Kohlenhydratstoffwechsel aktiv zu halten und damit einen Abfall des Leistungsniveaus zu verhindern. Bei längeren Läufen jedoch, wie 100 Meilen, 24 Stunden, Spartathlon, Ultra-Trail du Mont-Blanc und Mehrtageläufen, muß sie die Glykogenspeicher auffüllen.

In jedem Fall ist es ratsam, die Nahrungsaufnahme sorgfältig zu planen. Spontane Zugriffe können zu Fehlern führen. Man muß sich jedoch darüber im klaren sein, daß ein vollständiger Ersatz verbrauchter Nährstoffe unterwegs nicht möglich ist. Dem steht schon das Potential des Verdauungsapparats entgegen. Eine beabsichtigte Zunahme des Körpergewichts vor dem Lauf ist jedoch hinderlich; mehr Gewicht zu transportieren, bedeutet, mehr Energie aufwenden zu müssen. Dank dem, gemessen an normalen Aktivitäten, hohen Energieverbrauch sind Ultraläufe ein probates Mittel, das Körpergewicht zu reduzieren. Die Höhe des Verlusts hängt dabei mit der Laufgeschwindigkeit zusammen; schnellere Läufer haben einen höheren Körpergewichtsverlust. Der durchschnittliche Verlust auf der 100-Kilometer-Strecke von Biel wird bei Läufern mit einer durchschnittlichen Laufzeit von 10 Stunden mit 2,6 Kilogramm oder 4 Prozent des Körpergewichts angegeben.

Man darf jedoch nicht vergessen, daß eine Abnahme des Körpergewichts notgedrungen auch durch den Flüssigkeitsverlust eintritt. Daher ist es nützlich, die Farbe des Urins zu prüfen; eine Dunkelfärbung ist ein eindeutiges Zeichen dafür, daß man trinken sollte. Früher sprach man von Pseudonephritis; die Ursache dafür ist jedoch harmlos, nämlich der reversible Flüssigkeitsverlust.

Die Anschauungen über die notwendige Flüssigkeitszufuhr haben in einem halben Jahrhundert einen zweimaligen Wandel erlebt. Dies ist ein geradezu klassisches Beispiel dafür, wie kritisch man wissenschaftlichen Erkenntnissen und damit auch Trainingsempfehlungen begegnen muß. Noch in den 1950er Jahren vertraten Trainer und Mediziner die Ansicht, ein Marathonläufer solle unterwegs am besten gar nicht trinken, zum Beispiel Philipp Hainz in „Der Langstreckenlauf“, 1927. Darin heißt es: „Die Flüssigkeitszufuhr muß möglichst eingeschränkt werden“, Heinz Otto in „Langstreckenlauf“, 1936 schreibt: „Der Langstreckler achtet auf Trockendiät“, Toni Nett in „Der Langstreckenlauf“, 1956 betont ebenfalls: „Für den Leistungssportler ist es im übrigen ratsam, möglichst ‚trocken‘ zu leben“, ebenso Hans-Werner v. d. Planitz in „Der Marathonlauf“, 1959: „Je trockener der Organismus, desto weniger braucht das Herz zu leisten“. Nach der Bildung der Laufbewegung und neuen wissenschaftlichen Untersuchungen wurde das Gegenteil verkündet: Trinken! Zum Beispiel schreibt James F. Fixx in „Das komplette Buch vom Laufen“, 1979: „Der Körper funktioniert am besten, wenn Flüssigkeitsverluste möglichst sofort durch ein kühles (aber nicht etwa eiskaltes) Getränk ersetzt werden“, Thomas Wessinghage in „Laufen“, 1987, erklärt: „Entsprechend muß auf eine frühzeitige, ausreichende Flüssigkeitszufuhr in Training und Wettkampf geachtet werden.“ Herbert Steffny und Ulrich Pramann betonen in „Perfektes Lauftraining“, 1998: „Machen Sie sich zur Regel, bei Läufen über längere Distanzen bereits an der ersten Verpflegungsstation Wasser oder ein Elektrolytgetränk zu sich zu nehmen“. Ältere Swiss-Alpine-Teilnehmer werden sich noch an die Stimme Dr. Beat Villigers im Davoser Stadion erinnern: „Trinken, trinken, trinken!“ Diese Mahnung war Jahre hindurch eine Standardansage beim Start in Davos.

Ich selbst habe mich an solche Mahnungen nicht gehalten, manchmal jedoch – ich gestehe es – mit schlechtem Gewissen. Ich mochte einfach nicht beim Marathon oder Ultramarathon an jeder Verpflegungsstation trinken. Sehr viel später erfuhr ich, daß ich damit durchaus im Sinne Dr. Brukers gehandelt habe. Dr. Bruker vertrat bereits in den 70er Jahren als Lehrmeinung, daß der Durst ein untrügliches Zeichen dafür sei, daß der Körper Flüssigkeit brauche. Er wandte sich gegen die starre Regelung, am Tag soundsoviel Liter Flüssigkeit zu sich zu nehmen, und riet, nur dann zu trinken, wenn man Durst habe. Für Läufer allerdings ist diese Empfehlung insofern nur eingeschränkt brauchbar, als bei einem Wettbewerb der Durst dann eintreten könnte, wenn die nächste Verpflegungsstation noch in weiter Ferne ist.

Den jetzigen Status der wissenschaftlichen Erkenntnis könnte man als ‚kontrolliertes Trinken' bezeichnen. Inzwischen nämlich haben sich dramatische Fälle von ‚Wasservergiftung' ereignet. Da Wasser nicht giftig ist, ist der Begriff mißverständlich. Amerikanische Ultraläufer hatten aber soviel Wasser in sich hineingeschüttet, daß es zu einer bedrohlich starken Verdünnung der Mineralien in ihrem Blut gekommen war. Die wissenschaftliche Bezeichnung dafür, ‚Hyponatriämie', ist daher sinnvoll. In der wissenschaftlichen Literatur der USA sind etwa 250 Fälle von Hyponatriämie dokumentiert, darunter einige Todesfälle. Erst 2005 verabschiedete die Internationale Vereinigung der Marathonrennärzte, die International Marathon Medical Directors Association (IMMDA), folgende Empfehlung: „Nach neuesten wissenschaftlichen Erkenntnissen schützt das eigene Durstgefühl den Sportler am besten davor, zu viel oder zu wenig zu trinken" („Runner's World", deutsche Ausgabe, 7/2008). Die Marathonrennärzte haben damit eine völlige Kehrtwende vollzogen. Wieder einmal hat sich Dr. Brukers Erkenntnis, die Erkenntnis eines Klinikers mit jahrzehntelanger Erfahrung, als richtig erwiesen. Da Wissenschaftler ungern an ihre eigenen Irrtümer erinnert werden, lehnen sie unbequeme Kritiker ab. So ist zu erklären, daß der freundliche Dr. Bruker eine Menge Gegner gehabt hat und seine Erkenntnisse in der wissenschaftlichen Literatur schlicht verschwiegen worden sind.

Als Obergrenze der Flüssigkeitszufuhr gelten 0,8 Liter in der Stunde. Mehr kann der Körper nicht verarbeiten. Das bedeutet jedoch nicht, daß ein Zehn-Stunden-Läufer beim 100-Kilometer-Lauf tatsächlich 8 Liter trinken muß. Professor Tim Noakes, der Autor eines weltweit beachteten und geschätzten Standardwerkes, gibt den Flüssigkeitsbedarf durchschnittlicher Läufer mit nur

0,2 bis 0,4 Liter in der Stunde an. Dr. med. habil. Beat Knechtle, auch als „King des Ultratriathlons" bezeichnet (11,4 km Schwimmen, 540 km Radfahren und 126,6 km Laufen in maximal 58 Stunden), wird mit folgenden Worten zitiert: „Neueste Ergebnisse der Erhebungen beim 100-Kilometer-Lauf in Biel oder bei einem Ironman zeigen, daß die Athleten in der Regel viel zu viel Flüssigkeit zu sich nehmen. So viel, daß der Körper diese nicht mehr verarbeiten kann. Die Niere wird überlastet, Wasser kann nicht mehr ausgeschieden werden."[32] Die Faustregel, 0,8 Liter in der Stunde zu sich zu nehmen, sei im Normalfall einfach zu viel. Im Extrembereich gebe es keine Hyponatriämie, weil die Athleten viel mehr auf ihren Körper hörten. „Beat selbst trinkt bei seinen Ultratriathlonwettkämpfen nach dem Lustprinzip", schreibt Iris Hadbawnik. Noakes erwähnt einen Sieger des Comrades-Marathons (Jackie Mekler), der erst bei Kilometer 60 zum erstenmal trank; in einem 160-Kilometer-Rennen nahm er sogar erst nach 100 Kilometern Flüssigkeit zu sich.

Nach einer Befragung von 192 Läufern im Jahr 1981 kam Professor Dr. Klaus Jung zu dem Schluß: „Langstreckenläufer mit einem speziellen Ernährungsschema (vitalstoffreiche Vollwertkost) scheinen weniger Flüssigkeit im Alltag wie während des Trainings und Wettkampfes zu benötigen, womit auch wieder der enge Zusammenhang zwischen der Ernährung und der Leistungsfähigkeit, dem Durst- und Hungergefühl sowie dem Elektrolyt-/Vitaminhaushalt dokumentiert ist."

Was aber soll man eigentlich trinken? Am unproblematischsten ist Wasser. Schon bei einem Marathon kann es jedoch irgendwann zu einer Abneigung kommen, vor allem, wenn man ‚über den Durst' trinkt. Mineralwasser sollte keine Kohlensäure enthalten, weil sie zu Völlegefühl und unangenehmem Aufstoßen führt; anderenfalls sollten die Flaschen lange genug geöffnet stehen. Die Zufuhr von Mineralien hat eine unterstützende Wirkung. Aufpassen muß man, daß kein Heilwasser gereicht wird; hier nämlich sind womöglich bestimmte Mineralien in zu hoher Dosierung vorhanden, so daß es zu Magen-Darm-Beschwerden kommen könnte. Heiße Kräuter- und Früchtetees sind eine willkommene Abwechslung, zumal an kalten Tagen. Vollwertköstler müssen hier allerdings in Kauf nehmen, daß der Tee wahrscheinlich mit Zucker gesüßt ist. Eine Gemüse-Bouillon wie bei den Bieler Lauftagen oder beim Swiss Alpine beugt einem Mineraldefizit ebenfalls vor; ein vollwertiges Produkt ist sie jedoch nicht. Wenn die Becher stark

32 Zitiert aus Iris Hadbawnik: „Bis ans Limit und darüber hinaus".

ausgekühlt sind, kann von Wohlgeschmack keine Rede sein, ebensowenig wie bei warmer Coca-Cola.

Wie kaum ein anderes Kapitel enthält dieses die persönlichen Ansichten des Autors, der sich die Erkenntnisse der Vollwerternährung zu eigen gemacht hat. Es dürfte daher kaum verwunden, daß ich von jeglichem synthetischen Getränk abrate. Zwar wird mich schon der ein oder andere dabei ertappt haben, daß ich zu einem solchen ‚Sportgetränk' gegriffen habe; dann aber drängte mich dazu vor allem der Wunsch nach einem anderen Geschmack als Wasser. Wer ein Sportgetränk bei einem Rennen zu sich nehmen möchte, sollte das Getränk auf jeden Fall kennen oder es rechtzeitig vor dem Wettbewerb ausprobiert haben. Zudem ist es ratsam, synthetische Getränke jeweils in dosierter Menge, höchstens einen Becher, zu trinken! Die Reklame der Hersteller und die Untersuchungen der von ihnen beauftragten Wissenschaftler behaupten viel; das Ergebnis der Praxis steht in unzähligen persönlichen, manchmal auch offiziellen Veranstaltungsberichten: Magen-Darm-Probleme...

Die Ernährungsberaterin Breuer empfiehlt das geschmacksneutrale Maltodextrin, Dr. med. Hegall Vollert wiederum Malzbier. Beide Industrieprodukte gehören nicht in die Vollwerternährung. Sollte eine Unterzuckerung schon eingetreten sein, kann jedoch Maltodextrin oder Glukose für sofortige Abhilfe sorgen. Grundsätzlich muss man sich entscheiden, ob man diesen Kompromiß, die Einnahme von Maltodextrin, beim Wettkampf eingehen möchte. Das gleiche gilt für Gels und ähnliche Präparate, die immer nur verdünnt mit Flüssigkeit eingenommen werden sollten.

Es versteht sich von selbst, daß man sich nicht mit Medikamenten, mit sogenannten Nahrungsergänzungsmitteln und anderen Präparaten auf einen Lauf vorbereitet. Dopingversuche bei Hochleistungssportveranstaltungen und die Durchseuchung des Breitensports mit Produkten der pharmazeutischen Industrie zur Manipulation stehen nach meiner Überzeugung in innigem Zusammenhang.

Nicht nur Ärzte für Naturheilverfahren und Heilpraktiker wenden ihr Augenmerk der Balance zwischen Basen und Säuren im Körper zu. In Anbetracht des hohen Fleischkonsums, dem häufig das Übergewicht an Säuren geschuldet ist, mag dies sicherlich berechtigt sein, auch wenn die wissenschaftlichen Grundlagen dieser Balance noch dünn sind. Wer sich vollwertig ernährt, wird sich wahrscheinlich keine Gedanken über das rechte Verhältnis zwischen Basen und Säuren machen müssen. Doch die Mehrzahl, die sich ungesund ernährt, wird vielleicht beim Blick auf Lebensmitteltabellen nachdenklich gemacht.

Nach einem Ultralauf ist es zweckmäßig, die Glykogenspeicher möglichst rasch, optimal innerhalb von 30 Minuten, wieder zu füllen. In der Regel hat man jedoch nach der Anstrengung eines Ultralaufs keinen Appetit. Vermutlich wird einem Obst noch am ehesten behagen. Der Wunsch nach Süßem, zum Beispiel nach Kuchen, ist ein Indiz für einen niedrigen Blutzuckerspiegel. Das Bier nach dem Ultralauf sollte man sich für den Abend aufheben; nichts einzuwenden ist indes gegen ein alkoholfreies Bier nach dem Lauf. Ein Gourmetmenü als Belohnung verschiebt man am besten auf den nächsten Tag.

Ratschläge wie diese werden, da sie aus der Läuferpraxis abgeleitet sind, noch am ehesten akzeptiert werden. Insgesamt jedoch wird meine Darstellung einer Ernährung zum Beispiel ohne Trinkzwang und einer Wettkampfverpflegung ohne synthetische Getränke, Riegel und Gels bei den meisten uninformierten Lesern Kopfschütteln hervorrufen. Daher schlage ich zum Schluß vor, auch die folgenden Argumente in die Erörterung meiner Vorschläge einzubeziehen.

Wenn denn synthetische Sportgetränke, Riegel und Gels, konzentrierte Eiweißzufuhr und Nahrungsergänzung mit Mineralstoffpräparaten, kurz der Inhalt einer ganzen Bibliothek der Sporternährungsliteratur, so zielführend, nämlich leistungssteigernd wären, wie erklärt sich dann der deutsche Leistungsrückgang im Hochleistungslaufsport? So hat beispielsweise kein deutscher Marathonläufer die Qualifikationszeit von 2:12 Stunden für die Olympiateilnahme 2012 geschafft.

Wer vollbringt Spitzenleistungen im Marathon? Kenianer und Äthiopier, Menschen also, die ihr Training größtenteils ohne Ernährungswissenschaft und synthetische Ernährung absolviert haben. Mehrfach sind im Verlauf von Jahrzehnten Erkenntnisse umgestoßen und Ernährungsnormen geändert worden. Wenn also auch der jetzige Wissensstand nur vorläufig sein kann, warum sollte dann nicht vollwertige Ernährung ohne jegliche denaturierten Bestandteile und Präparate als eine Möglichkeit der Ernährung von Sportlern in Betracht gezogen werden?

Im Hinblick auf Laufschuhe sehen wir seit einigen Jahren einen interessanten Trend: die Rückkehr zur Natur. Die Jahrzehnte lange Entwicklung von

Laufschuhen, in der es nicht gelungen ist, Verletzungen zu vermeiden, ja, sie vielleicht sogar provoziert hat, ist in die Nachahmung des Barfußlaufens gemündet. Barfußlaufen wird zumindest als gelegentlicher Trainingsbestandteil empfohlen. Weshalb sollte man nicht auf dem Gebiet der Ernährung Ähnliches versuchen, nämlich sich so zu ernähren, wie sich die Landbevölkerung vor ungefähr 150 Jahren ernährt hat?

MERKZETTEL

- Sich über vollwertige Ernährung informieren!
- Eigene Ernährung prüfen, korrigieren oder umstellen!
- Möglichst auf synthetische Getränke, Riegel, Gels und sogenannte Nahrungsergänzungsmittel verzichten!

„Ein Läufer muß nicht die Meile in vier Minuten laufen oder einen Marathon in vier Stunden. Es ist lediglich notwendig, daß er läuft und läuft und mitunter leidet. Dann wird er eines Tages aufwachen und unterwegs feststellen, daß er angefangen hat, jene natürliche Ordnung, die Liebe und die Wahrheit zu erkennen, die einen Menschen frei machen."

George Sheehan (1918–1993),
amerikanischer Kardiologe und Laufphilosoph

13

Gesundheitliche Probleme

GASTROINTESTINALE BESCHWERDEN

Bei gesundheitlichen Problemen während eines Ultralaufs denkt fast jeder zunächst an orthopädische Beschwerden. In der Tat besteht in dieser Hinsicht eine akute Gefährdung. Für erfahrene Läufer ist sie jedoch schon durch Vorsorge in den Griff zu bekommen. Was jedoch sowohl theoretisch als auch praktisch unterschätzt wird, sind gastrointestinale Beschwerden. Sie äußern sich in Übelkeit, Magendruck, Erbrechen, Krämpfen, Schmerzen (besonders in zeitlichem Zusammenhang mit Nahrungs- und Flüssigkeitsaufnahme), Aufstoßen, Sodbrennen, Seitenstechen und Durchfall. Offenbar sind gerade leistungsorientierte Läufer davon betroffen. Wenn Spitzenläufer Probleme im Wettkampf bekommen, liegen diese häufig im Magen-Darm-Bereich.

Laut einer Umfrage beim Swiss Alpine Marathon 1988, damals dem nominell 67-Kilometer-Lauf über den Sertigpaß, hatten 43 Prozent der Befragten Magen-Darm-Beschwerden während des Wettbewerbs. Andere Umfragen erbrachten ähnliche Ergebnisse (bis zu 65 Prozent). Professor Dr. med. Klaus Jung forschte bei seinen Untersuchungen in Biel auch nach den Gründen für das Aufgeben. Wenn Teilnehmer am 100-Kilometer-Lauf aus internistischen Gründen (29 Prozent) vorzeitig ausschieden, gab ein Drittel von ihnen Magen-Darm-Beschwerden als Grund an. Selbst, wer erst wenige Marathons gelaufen ist, wird mindestens einmal jemanden gesehen haben, der sich am Straßenrand übergeben mußte. Auch Spitzenläufer sind davor nicht gefeit. So häufig, daß es schon gar nicht mehr registriert wird, ist tiefes Aufstoßen beim Laufen.

Der Läuferarzt Dr. med. Dieter Kleinmann hat die Ursachen von Magen-Darm-Beschwerden bei Langstreckenläufern aufgelistet:[33]

- Erhebliche Blähungen bei ballaststoffreicher Kost,
- zu kurze Zeitspanne zwischen Hauptmahlzeit und Wettkampf oder Training,
- ungeeignete Kost vor dem Wettkampf,
- Nahrungsmittelunverträglichkeit,
- zu hohe Laufgeschwindigkeit mit Laktazidose (Übersäuerung),
- Übertrainingszustand,
- Aufnahme von zu konzentrierten Elektrolytgetränken bzw. Salztabletten vor und während des Wettkampfes,
- Psyche (‚Vorstartreaktion', Zeitdruck usw.),
- Magen- oder Zwölffingerdarmgeschwüre,
- Medikamenteneinnahme (z. B. Aspirin),
- Durchblutungsstörungen (Darm-Ischämie),
- Darmverknotungen (Volvolus),
- ‚Wanderniere',
- stark entwickelter Psoasmuskel.

Streicht man von dieser Liste die Erkrankungen – denn mit einem diagnostizierten Magengeschwür wird man vermutlich auch keinen Marathon laufen – und beherzigt die einfachen Ernährungsregeln, die jeder Läufer kennt, dann bleiben nur wenige Hauptursachen übrig.

Nach Dr. med. Anton Gillessen (Münster) können die folgenden Medikamente und Nahrungsmittel Durchfall auslösen:

- Magnesium, bei zu hoher Dosis,
- Vitamin C, bei zu hoher Dosis,

33 „Laufen. Sportmedizinische Grundlagen, Trainingslehre und Risikoprophylaxe", S. 245.

- nichtsteroidale Antirheumatika wie Ibuprofen und Diclofenac,
- Aspirin (ASS),
- Fett,
- Milch und Milchprodukte,
- Gewürze,
- Blähendes,
- zuviel Obst.

Weniger der Vorstartstreß – der beim Ultramarathon längst nicht so stark vertreten ist wie beim Marathon –, als vielmehr eine psychisch bedingte Disposition führt zu Magen-Darm-Beschwerden. Unter ihnen hat insbesondere ein Menschentyp zu leiden, der wissenschaftlich folgendermaßen charakterisiert wird: introvertierte Grundhaltung (nach innen gewendet), Konflikt-Internalisierung (Konflikte werden im Innern ausgetragen) und Härte gegen sich selbst. Wie weit dies für Ultralangläufer relevant ist, müßte noch verifiziert werden. Ein Persönlichkeitsprofil hat indes ergeben, daß sich Ultralangläufer in ihren psychischen Eigenschaften kaum vom Durchschnitt der Bevölkerung unterscheiden. ‚Den' Ultralangläufer oder ‚die' Ultralangläuferin gibt es nicht.

Für den Ultramarathon können im Hinblick auf die Gefahr von Magen-Darm-Beschwerden zwei Aspekte maßgebend sein. Zum Marathon kann man mit sehr wenig Nahrung starten; es gibt sogar einige wenige Läufer, die vor einem Marathon am Morgen gar nicht frühstücken. Ist schon dies nicht generell zu empfehlen – obwohl die Vermeidung von Nahrungsaufnahme noch immer besser ist, als sich während des Laufes übergeben zu müssen –, so stellt der Ultramarathon doch andere Anforderungen. Der Stoffwechsel muß in Gang, die Blutzuckerkonzentration stabil gehalten werden. Überspitzt gesagt: Bei einem 100-Kilometer-Lauf bewegen wir uns zwischen Scylla und Charibdis, nämlich zwischen der Klippe gastrointestinaler Beschwerden und der Klippe drohender Hypoglykämie, dem Absinken des Blutzuckers. Wenn wir aufs Frühstück verzichteten oder vor dem abendlichen Start den ganzen Tag lang nichts mehr zu uns nähmen, wüchse die Gefahr einer Unterzuckerung.

Es ist jedoch durchaus möglich, ohne Nahrungsaufnahme längere Ultrastrecken zu laufen oder zu wandern. Dies haben fastende Läufer und Teilnehmer von Fastenmärschen gezeigt. Zum Beispiel bewältigte Manfred Buhl, der erst zwei Jahre zuvor mit dem Laufen begonnen hatte, im August 1985 die Strecke von Hannover nach Nürnberg – das sind 550 Kilometer – in zehn Tagen ohne Nahrungsaufnahme; eine sich anschließende internistische Untersuchung ergab keine Auffälligkeiten. Zwei Jahre zuvor hatten neun Schweden sieben Tage lang je einen Marathon (zusammen also 294 Kilometer) fastend zurückgelegt; ein weiterer Teilnehmer war nach fünf Tagen ausgeschieden. Alle fünf Kilometer gab es etwas zu trinken, und zwar Säfte, Gesundheits- und Pfefferminztee sowie Ahornsirup.

Flüssigkeitsaufnahme beim Ultralauf ist häufiger noch als bei einem Marathon erforderlich, und je nach Streckenlänge auch eine zumindest geringe Kohlenhydrataufnahme. Bei noch längeren Strecken als den 100 Kilometern muß die Ernährung unterwegs geradezu geplant werden. Eine halbe Banane zwischendurch genügt dann nicht. Damit beginnen wiederum mögliche Probleme, mit denen sich jeder Läufer bei der Laufvorbereitung unbedingt vertraut machen sollte. Das Dilemma hat Professor Dr. Klaus Jung so dargestellt:[34] „Für den Magen-Darm-Trakt kann unter der Belastung eines vielstündigen Ultralangstreckenlaufes eine kritische Situation entstehen", nämlich aus der Diskrepanz zwischen vegetativ-hormoneller und hämodynamischer Drosselung einerseits und leistungsphysiologisch erforderlicher Aktivität andererseits. Das heißt, zur Verdauung von Nahrung und Flüssigkeit wird vermehrt Blut in Magen und Darm benötigt, das dem restlichen Körper (vor allem den Beinen) dann nicht zur Verfügung steht. Der Magen-Darm-Trakt hingegen kann überlastet werden. Zudem sind manche Läufer anfälliger für Beschwerden als andere, und ein und derselbe Läufer kann bei einem Ultralauf symptomfrei bleiben und beim nächsten Probleme bekommen.

Eine mögliche Ursache von Magen-Darm-Beschwerden ist psychischer Druck. Darauf hat die Deutsche Gesellschaft für Verdauungs- und Stoffwechselkrankheiten (DGVS) hingewiesen. Nach Ansicht von Dr. med. Viola Andresen, Oberärztin der Medizinischen Klinik am Israelitischen Krankenhaus in Hamburg, beeinflußt akuter Streß verschiedene Funktionen im Verdauungstrakt, nämlich insbesondere die Sekretion der Magensäure, Bewegungen des Darmes und verschiedene Immunparameter. Dies könne auch bei gesunden Menschen Beschwerden wie Bauchschmerzen, Durchfall oder Sodbrennen auslösen. Japanische Wissenschaftler wiesen in einer Studie[35] nach, daß Streß zu Magenbeschwerden führen könne. Nach dem großen Erdbeben im März 2011 in Japan habe die Häufigkeit von Magengeschwüren, sogenannten peptischen Ulzera, um

34 „Phänomen 100-Kilometer-Lauf".

35 Peptic ulcers after the Great East Japan earthquake and tsunami: possible existence of psychosocial stress ulcers in humans. J Gastroenterol. 2012, Oct 3. Kanno, T. et al.

den Faktor 1,5 zugenommen. Dabei stieg auch der Anteil solcher Geschwüre deutlich an, die nicht durch den bakteriellen Erreger Helicobacter oder die Einnahme entzündungshemmender Medikamente verursacht worden waren. Vor dem Erdbeben lag der Anteil bei 13 Prozent, danach waren es 24 Prozent. Streß spielt bei vielen anderen Erkrankungen des Magen-Darm-Traktes auch eine Rolle als Verstärker.

Laufspezifisch ergibt sich folgende Einschätzung: Laufen, insbesondere ein Laufwettbewerb, kann Streß bedeuten. Der Umgang mit Streß ist indessen individuell unterschiedlich. Was für den einen anregender Streß (Eustreß) ist, kann für den anderen belastender Streß (Disstreß) sein. Daher sind die Reaktionen unterschiedlich.

Durch das vegetative Nervensystem werden die überwiegend nicht bewußten Funktionen unseres Körpers gesteuert. Dieses autonome System, das der willentlichen Beeinflussung nicht zugänglich ist, regelt die Vitalfunktionen wie Atmung, Stoffwechsel und Wasserhaushalt. Es ist also am Zustandekommen unserer Laufleistung maßgebend, jedoch im Hintergrund, beteiligt. Auf die Frage, ob sich Marathon und Ultralanglauf durch unterschiedliche Beanspruchung des Vegetativums unterscheiden, antworteten die einstigen DDR-Sportmediziner Israel, Köhler, Scheibe und Maue nach Auswertung eines 88-Kilometer-Laufes: „Die Veränderungen des weißen Blutbildes sprechen dafür, daß die Auswirkungen im Bereich des Vegetativums, die der extensive Lauf bewirkt, nicht ungewöhnlich stark sind und etwas hinter denen, die bei Marathonläufern beobachtet werden können, zurückbleiben. Da das vegetative Verhalten aber für die innere Verarbeitung der äußeren Belastung maßgeblich ist, läßt sich feststellen, daß der Organismus die extensive Belastung, um die es hier geht, relativ gut toleriert. (...) Die Blutbefunde insgesamt tragen zu der Aussage bei, daß derartige Läufe für einen darauf vorbereiteten Sportler bei aller Würdigung der beobachteten großen individuellen Unterschiede eine biologisch zumutbare Belastung sind.“

Das Vegetativum besteht aus drei Systemen, dem Sympathikus, dem Parasympathikus und dem intramuralen System, das – daher der Name – in Hohlorganen angesiedelt ist. Eine sportliche Leistung wird durch den Sympathikus ermöglicht; Hormonausschüttungen, insbesondere Adrenalin und Noradrenalin, erregen dieses Nervensystem. Wäre dem nicht so, wollten wir jegliche Erregung mit Valium dämpfen, das uns im Internet in amerikanischen Spams gegen den Streß des Alltags angeboten wird, würden wir nicht laufen, sondern dahindämmern. Da wir erregt werden wollen – im Berufsausdauersport wird auch schon einmal mit Ephedrin nachgeholfen –, kämen wir soweit mit dem Sympathikus während des Ultralaufes gut zurecht. Doch wenn wir Verpflegung aufgenommen haben, leistet der Parasympathikus seine Dienste. Er regt die Magenperistaltik, die Dünn- und Dickdarmperistaltik und die Insulinsekretion an. Genau diese Funktionen aber werden durch den Sympathikus gehemmt, so wie der Parasymphatikus die Schilddrüsensekretion hemmt, die vom Sympathikus angeregt wird. Das antagonistische Verhalten beider Systeme produziert dann Magen-Darm-Probleme beim Wettbewerb. Zum Essen und Trinken brauchten wir Ruhe, das haben uns schon die Großeltern empfohlen. Weil wir dem natürlichen Bedürfnis, uns in Ruhe zu verpflegen, mit dem Blick auf die Uhr nicht nachgeben, wird höchstwahrscheinlich der Sympathikus die Oberhand gewinnen. Wir strapazieren uns also weiter, und dagegen revoltiert der Parasympathikus. Da er die Verdauungsarbeit nicht unterstützen kann, der Magen weiterhin schlecht durchblutet bleibt, entstehen Beschwerden, an deren Lokalisation wir ziemlich genau den Gang der Nahrung durch den Verdauungstrakt verfolgen könnten, wenn wir denn darauf achten würden: Erst eine unbestimmte irritierende Empfindung, dann der quälende Druck im Magen und Übelkeit. Empfindliche reagieren schon in dieser Phase und müssen sich übergeben. Für andere ist das Martyrium erst vorbei, wenn sie den Darm entleeren durften. Dazwischen liegen bange zwei Stunden, in denen die Betroffenen sich fragen, ob sie gleich aufgeben oder noch abwarten sollen. Erst danach, wenn der Parasympathikus nichts mehr ‚zu sagen' hat, kehrt wieder Ruhe ein, und der Sympathikus hilft uns ungestört ins Ziel.

Was folgern wir daraus? Den Widerstreit zwischen Sympathikus und Parasympathikus können wir nicht vermeiden. Entweder, wir gehen das Risiko ein, allein unserem Willen, dem ‚Siegeswillen', zu folgen und möglicherweise an gastrointestinalen Beschwerden läuferisch zugrunde zu gehen, oder wir versuchen einen Kompromiß. Worin könnte der bestehen?

Auch das Zusammenspiel der vegetativen Systeme hängt vom Training ab, der allmählichen Belastungssteigerung. Da die Wettkampfleistung fast immer über der Trainingsleistung liegt, tritt eine unbekannte Situation ein. Wie verhalten sich die Systeme des Vegetativums? Das ist individuell unterschiedlich, und in der Tat gibt es Menschen, bei denen ‚alles auf den Magen schlägt'. Erst recht treten solche Beschwerden aber auf, wenn die Nahrungszufuhr unter Streß geschieht, und zwar insbesondere unter Bewegungsstreß. Radrennfahrer, die aus dem mitgeführten Bidon relativ einfach Flüssigkeit aufnehmen können, haben erfahrungsgemäß kaum Magen-Darm-Probleme.

Wer jedoch, wie der Volksmund sagt, einen nervösen Magen hat, sollte sich zum Schlucken und Kauen Zeit nehmen und dazu im Schritt gehen. Optimal wäre, sich hinzulegen; doch das ist bei einem Wettkampf nicht realistisch. Es ist noch immer besser, an jeder Verpflegungsstelle zwei Minuten zu verlieren, als sich eine weit längere Zeit mit Magen-Darm-Beschwerden zu quälen und erhebliche Leistungseinbußen zu erleiden.

Wegen des Antagonismus von Sympathikus und Parasympathikus ist jegliche Zusatzbelastung zu vermeiden. Also keine Nahrungsumstellung vor einem Wettbewerb, ob es sich nun um den Frischkornbrei handelt oder um Elektrolytgetränke!

Eine Belastung sehe ich vor allem in der Zufuhr von Substanzen, die wir nicht gewöhnt sind – sowohl in der Menschheitsgeschichte als auch individuell. Die Vielfalt natürlicher Nahrung kann durch synthetische Produkte niemals ersetzt werden, dazu wissen wir einfach nicht genug, zum Beispiel auch nicht über Reaktionen von Bestandteilen untereinander; manche Vitaminkombinationen können gefährlich sein. Ich bin überzeugt davon, daß viele Magen-Darm-Beschwerden auf die objektive oder individuelle Unverträglichkeit von sogenannten Sportgetränken und Gels zurückzuführen sind.

Meine Skepsis gegenüber synthetischen Mitteln beruht nicht nur auf subjektiver Meinung. Man muß lediglich die Berichte über Rennverläufe aufmerksam lesen. Zwar wird nur ausnahmsweise eine kausale Beziehung zwischen der Art der Verpflegung und den registrierten Beschwerden hergestellt; aber der Schluß drängt sich auf. Drei Jahre lang hatte Peter Rupp den Bieler 100-Kilometer-Lauf gewonnen und dabei auch den damaligen Streckenrekord aufgestellt; 1985 jedoch plagten ihn Magenbeschwerden und verhinderten eine annähernd so gute Leistung. Ein Bergläufer der Eliteklasse, Stephan Tassani-Prell, büßte beim 3. Zermatt-Marathon nach Kilometer 35 wegen Magenkrämpfen seine Plazierungs-Chance ein. Ebenso erging es Renate Schertle, einer starken Läuferin, die auf der zweiten Streckenhälfte mit Magenproblemen zu kämpfen hatte. Auf www.laufspaß.com erwähnt der Berichterstatter des Jungfraumarathons 2004, daß sich ein Läufer auf der Eigermoräne mit Blick auf den Eigergletscher übergeben habe. Beim Edersee-Lauf 2004 beendete Peter Groß, der Vorjahressieger, nach www.laufreport.de das Rennen wegen Magenproblemen vorzeitig. Diese Nachrichten aus einem bestimmten Zeitraum lassen sich bis in die Gegenwart fortsetzen. In Läuferforen sind Magen-Darm-Beschwerden offenbar ein wichtigeres Thema als orthopädische Probleme. Ein Läufer klagte, daß er nach langen Läufen oft mit Übelkeit zu kämpfen habe. Zum Beispiel habe er sich nach einem 30-Kilometer-Lauf, den er einwandfrei absolviert habe, kurz nach dem

Zieleinlauf übergeben müssen. Ein anderer Diskutant pflichtet bei: „Habe auch bei meinem letzten Marathon ein arges Problem mit Übelkeit danach gehabt, mußte mich übergeben. Habe wohl den Fehler gemacht, daß ich 1. zu viel getrunken habe und 2. habe ich dummerweise so ein blödes Isogetränk getrunken, was mein Magen übelgenommen hat." Solche Fälle dokumentieren, daß man diese Gefahr zumal bei Ultralangstrecken nicht ernst genug nehmen kann. Im akuten Fall hilft nichts, als die Dinge ihren Lauf nehmen zu lassen, nämlich sich zu übergeben oder zu warten, bis die natürliche Entleerung stattgefunden hat. Das bedeutet, wenn solche Beschwerden auftreten, ist noch nicht alles verloren, sondern nur die Zeit, die man sich vorgenommen hat. Erbrechen bedeutet ebensowenig wie Durchfall, daß man nun aufgeben müsse. Im Gegenteil, man ist ja von der Ursache der Beschwerden befreit. Die forcierte Entleerung führt jedoch zu einem abrupten Flüssigkeitsverlust. Auf die Flüssigkeitszufuhr – und jetzt hoffentlich mit einem unproblematischen Getränk – muß nun besonders geachtet werden. Auf einer 100-Kilometer-Runde ist der Zielschluß in der Regel so bemessen, daß man trotz dem Einbruch durch quälende Magen- oder Bauchschmerzen dann, wenn das Problem behoben ist, laufend das Ziel wenigstens noch erreichen kann.

Lästig ist es allemal, wenn man unterwegs in die Büsche oder, besser, aufs Klohäuschen muß. Selbst auf Trainingsläufen, nicht erst auf der Ultradistanz, kann dieses Bedürfnis mit Wucht auftreten. Dies ohne daß eine krankhafte Ursache vorläge. Nach einer Studie von Gastroenterologen wird der starke Stuhldrang durch eine Hypertrophie des Psoasmuskels ausgelöst.[36] Bei jeder Bewegung des Oberschenkels wird der Dickdarm komprimiert, so daß der Darminhalt zum Mastdarm gepreßt wird. Das paßt auch dazu, daß der Stuhldrang auf hartem Untergrund infolge stärkerer Erschütterung heftiger ist als auf weichem Waldboden.

Medikamentös ließe sich dem Defäkationszwang dadurch begegnen, daß man eine Stunde vor dem Wettkampf ein Antidiarrhoikum, ein Mittel gegen Durchfall, einnimmt. Diarrhoe während eines Laufes ist allerdings nur lästig, aber nicht gefährlich, sofern der Flüssigkeitsverlust ausgeglichen wird. Sowohl Diarrhoe als auch Sich-Übergeben berauben den Körper wertvoller Flüssigkeit. Es ist also wichtig, danach zu trinken, tunlichst jedoch kein synthetisches Getränk.

Der Läuferarzt Kleinmann schließt auch eine Infektion bei der Pasta-Party am Vortag nicht aus, wenn beim Wettkampf Durchfall eintritt. Er habe beim

36 Veröffentlicht im British Medical Journal 291, Nr. 6498, 1985.

Honolulu-Marathon 1987 einige Deutsche und Japaner kennengelernt, die nach der Nudel-Party einen derartigen Durchfall mit Kreislaufbeschwerden bekommen hätten, daß sie nicht mehr in der Lage gewesen seien, am Marathon teilzunehmen. Mir hat einmal eine Käsemahlzeit am Abend vor dem London-Marathon während des Laufes Probleme bereitet. Gerade die Teilnahme an einem Ultramarathon ist meist mit einer Reise und damit der Notwendigkeit, sich anders als zu Hause zu verpflegen, verbunden. Wer häufig während des Laufens Stuhldrang verspürt, eine Defäkation jedoch vermeiden will, wird wohl oder übel mit möglichst wenig gefülltem Darm laufen müssen. Es versteht sich, daß man vor dem Lauf nicht Getränke mit diuretischer Wirkung oder zu kurze Zeit vorher abführende Speisen wie den Frischkornbrei zu sich nehmen darf.

Magen-Darm-Beschwerden können aber auch von Medikamenten ausgelöst werden, insbesondere solchen mit Azetylsalizylsäure, dem Bestandteil vieler Schmerzmittel wie Aspirin. Leider gibt es eine Anzahl Läufer, die Aspirin oder Diclofenac gewissermaßen vorbeugend einnehmen – für den Magen ist das ein beträchtliches Risiko. Auch der bestimmungsgemäße Gebrauch von Medikamenten, die von Orthopäden verschrieben werden, kann bei längerer Dauer zu einem Magengeschwür führen. Kritische Patienten sollten es sich also gut überlegen, ob sie die Schmerzsymptome einer orthopädischen Verletzung medikamentös bekämpfen und das Risiko eingehen wollen, sich ein Magengeschwür einzuhandeln, oder ob sie lieber einer langwierigen konservativen Behandlung den Vorzug geben. Die diffusen Bauchschmerzen eines guten 100-Kilometer-Läufers, denen keine erkennbare pathologische Ursache zugrundelag, ließen sich in der Anamnese rasch aufklären: Der Läufer nahm, da er wöchentlich 150 Kilometer trainierte und stark schwitzte, täglich 8 bis 10 Salztabletten zu sich. Nach ärztlichem Rat, diese wegzulassen, verschwanden seine Beschwerden.[37]

HUNGERAST

Ein ernstzunehmendes Problem ist die Hypoglykämie, die Unterzuckerung, bekannt als Hungerast. Dabei sinkt der Blutzuckerspiegel auf unter 2,8 mmol/l ab. Symptome dafür sind eine quälende Müdigkeit, zwanghaftes Gähnen, das dringende Bedürfnis zu essen, eventuell kalter Schweiß, Herzklopfen, Zittern und Koordinationsstörungen, die sich darin äußern, daß man beim Laufen schwankt und schließlich taumelt. Grundsätzlich können die Symptome der Hypoglykämie bis zur Orientierungslosigkeit und Verwirrtheit führen.

37 Mitgeteilt von Dr. med. Dieter Kleinmann.

Ein eindrucksvolles Beispiel hat die aus der Schweiz stammende Läuferin Gabriele Andersen-Schiess 1984 vor dem Ziel des ersten olympischen Frauenmarathons in Los Angeles geboten. Ihr erbarmungswürdiges Taumeln wird häufig darauf zurückgeführt, daß sie zu wenig getrunken haben soll. Alle Anzeichen deuten darauf hin, daß es sich um eine ausgeprägte Hypoglykämie handelte. Dazu paßt, daß die Läuferin noch am selben Tag – wahrscheinlich nachdem sie gegessen und getrunken hatte – ohne irgend eine Auffälligkeit Journalisten Rede und Antwort stehen konnte. Wenn eine Hypoglykämie schon beim Marathon eintreten kann, um wieviel größer ist das Risiko erst beim Ultramarathon! So bedrohlich das Syndrom auch aussieht, – die Abhilfe dafür ist ganz simpel: Sofort etwas essen, ganz gleich was! Der Blutzuckerspiegel muß erhöht werden.

Für beginnende 100-Kilometer-Läufer kann es beruhigend sein, einen Energieriegel mitzuführen. Mit nur einem Teil davon kann man einer Unterzuckerung sofort begegnen, denn die nächste Verpflegungsstelle kann schon zu weit sein. Die rascheste Kohlenhydrataufnahme ist jedoch durch ein kohlenhydrathaltiges Getränk oder ein Gel möglich.

Hypoglykämie, wenn sie behoben ist, bleibt folgenlos. Der Gefahr einer solchen Unterzuckerung begegnet man grundsätzlich am besten durch eine zweckentsprechende Basisernährung. Sowohl Unterzuckerung als auch krankhafter Blutzuckeranstieg, bekannt als Diabetes, sind typische Zivilisationskrankheiten. Auch Menschen, bei denen keine der beiden Stoffwechselstörungen diagnostiziert worden ist, können, wenn sie entsprechend disponiert sind, infolge einer anstrengenden Dauerleistung eine Unterzuckerung erleiden. Der anhaltende Streß wirkt sich störend auf das Zusammenspiel von Hypophyse, Nebenniere, Bauchspeicheldrüse und Leber aus. Zu den mentalen Ausfällen kommt es, weil die Zellen des Großhirns auf Blutzuckermangel besonders empfindlich reagieren.

Die langfristige Prävention kann nur darin bestehen,

- eine Basisernährung zu bevorzugen, die den Kohlenhydratbedarf mit sich allmählich aufschließenden Lebensmitteln deckt (Vollwerternährung!), so daß durch die langsame Umwandlung in Zucker größere Blutzuckerschwankungen vermieden werden,
- den Dauerstreß der Ultralangstrecke durch ausreichendes Training herabzusetzen.

ORTHOPÄDISCHE BESCHWERDEN

Kritiker, die jedoch selbst nicht einmal Marathon laufen, weisen gern auf die angeblich immense orthopädische Belastung durch die Ultralangstrecke hin. Vor Augen haben sie den Laufstil auf kurzen Langstrecken. Hier entsteht nach der Flugphase in der Tat ein Aufprall mit dem Drei- bis Fünffachen des Körpergewichts. Doch sind Eliteläufer über diese Distanzen in der Regel Vorfußläufer und federn den Aufprall problemlos ab – im Gegensatz zu den meisten, den Fersenlauf praktizierenden Hobbysportlern. Im Ultramarathon indes ist der Laufstil auf äußerste Ökonomie gerichtet. Die Füße werden nur wenig angehoben, so daß der Aufprall im Vergleich zu anderen Langstrecken stark vermindert ist. Der ‚undynamisch' wirkende Laufstil mag ein Grund dafür sein, daß Zuschauer den Ultralauf im allgemeinen nicht sehr attraktiv finden.

Die orthopädischen Beschwerden, die beim Ultralanglauf auftreten können, haben fast alle Läufer schon während ihres Trainings und auf kürzeren Wettkampfstrecken kennengelernt. Welche Laufstrecke man auch nimmt, – auf jeder wird am stärksten das Bewegungs- und Stützsystem belastet. Es liegt auf der Hand, daß diese Belastung mit der Streckenlänge steigt. Je schneller die Geschwindigkeit, desto stärker auch der Aufprall des Läufers auf dem – zumeist harten – Untergrund. Legt man die Hochrechnungsformel zugrunde: dreifache Marathonzeit = 100-Kilometer-Zeit, so legt ein 3:30-Läufer beim Marathon 3 m/sec zurück, beim 100-Kilometer-Lauf hingegen nur 2,6 m/sec. Seine Geschwindigkeit ist um 13 Prozent verringert. Nimmt man dazu noch den ökonomischen Laufstil, kann man also sagen: Auf der Ultralangstrecke wird schonender gelaufen. Dies ändert jedoch nichts daran, daß es zu einer Summation von Mikrotraumata kommen kann.

Zudem sind mit der Steigerung der Laufstrecken die Anforderungen gewachsen. Galt früher der Marathon als eine gewaltige Herausforderung, so hat inzwischen der Ultramarathon diese Rolle übernommen. Ultrabergläufe und Extremläufe sind eine weitere Steigerung davon.

Der selbst in Fachzeitschriften vorkommende Begriff ‚Verschleiß' hingegen ist eine Schimäre. Man kann seine Gelenke ruinieren – ja, und zwar bei unkorrigierter Fußfehlstellung, oder durch Eiweißmast, aber nicht durch das, wofür sie gemacht sind, durch Bewegung. Kein Radrennfahrer ‚verschleißt' seine Gelenke beim Kurbeln, kein Maler seine Augen und kein Musiker sein Gehör durch bloßen Gebrauch. Und wer sein Gehirn anstrengt, verschleißt es nicht, sondern trainiert es.

Läuferbeschwerden betreffen in den meisten Fällen den Bewegungs- und Stützapparat. Eine Untersuchung von 393 Teilnehmern des Rennsteiglaufes erbrachte, daß fast jeder dritte über Beschwerden am Kniegelenk, an der Achillessehne, am Mittelfuß, an der Wade, am Knöchelgelenk und an der Wirbelsäule (in 10 Fällen) klagte. In zwei Dritteln der Fälle waren die Beschwerden kurzzeitig, zu einem Drittel bestanden sie bereits seit mehr als einem Jahr. Bei der Untersuchung von Biel-Teilnehmern, die den Lauf nicht beendeten, gaben 40 Prozent Gelenkbeschwerden als Grund an. Weitere Untersuchungen[38] haben bestätigt, wie verbreitet insbesondere Knie- und Achillessehnenbeschwerden unter Läufern sind.

Andererseits haben Menschen Jahrtausende lang ihren Lebensunterhalt mit ultralangen Botenläufen bestritten, erstaunliche Kilometerleistungen auf Ultralangstrecken vollbracht und legen nicht wenige Ultraläufer Jahr für Jahr ihre Strecke von 100 Kilometern oder mehr unbeschadet zurück. Daher liegt der Schluß nahe: Die Distanz ist nicht für orthopädische Schädigungen verantwortlich zu machen. Im Gegenteil. Wie eine Untersuchung durch Professor Dr. Gert-Peter Brüggemann, den Leiter des Instituts für Biomechanik und Orthopädie an der Deutschen Sporthochschule, ergab, hat der 100-Kilometer-Lauf nicht nur keine wesentliche Veränderung an den Füßen zur Folge gehabt, sondern sogar eine Stabilisierung des Fußgewölbes (Längsgewölbe) bewirkt. Eine Messung durch den Orthopädie-Schuhmachermeister Stefan Dieringer aus Stuttgart nach den damals 64 Kilometern des Swiss Alpine zeigte zwar bei einer Anzahl Teilnehmer nach dem Lauf pathologisch anmutende Werte einer Abflachung des Fußgewölbes, aber bei der späteren Kontrolluntersuchung auch eine rasche Wiederaufrichtung. Wie bei allen Organen folgt auf die erhöhte Beanspruchung samt ihren Risiken auch beim Fuß der Trainingseffekt. Es gibt keinen Nachweis, daß Ultraläufer mit einer Abflachung des Fußgewölbes rechnen müßten. Im Gegenteil, der Trainingseffekt führt zu einer Wiederaufrichtung des Gewölbes.

Treten vor einer Laufveranstaltung orthopädische Beschwerden auf, muß der Fachmann, der Orthopäde, das letzte Wort haben. Anzuraten ist auch und vor allem eine Laufstilanalyse. In manchen Fällen wird man starten können, in anderen nicht. Ein drohender Ermüdungsbruch kann durch eine Ultraschalluntersuchung – kostengünstiger als eine Kernspintomographie – erkannt werden.

---

38 Zum Beispiel von Prof. em. Dr. Jeschke/München.

Orthopädische Beschwerden treten nicht in erster Linie durch die Art der Belastung auf, sondern infolge von Fehlstellungen. Die meisten von uns haben Fußfehlstellungen; häufig werden sie erst nach dem Auftreten von Beschwerden diagnostiziert. Größere Beinlängenunterschiede – kleine werden toleriert – und ein Beckenschiefstand provozieren Fehler in der Skelettstatik. Was bei einem Volkslauf über 10 Kilometer vielleicht gar nicht in Erscheinung tritt, kann sich auf 100 Kilometern zu einem Problem auswachsen. Ursächlich dafür ist jedoch nicht die Dauerbelastung auf der Ultralangstrecke, sondern eine Fuß- oder Beinfehlstellung. Sie muß durch geeignetes Schuhwerk ausgeglichen werden. Dazu ist die Konsultation eines Orthopäden erforderlich. Da die Schuhe hohen Anforderungen zu genügen haben, ist es hier noch wichtiger als auf der kurzen Trainingsrunde, intakte, nämlich keine schon schiefgetretenen Schuhe zu benützen. Ein schiefgetretener Schuh verändert die gesamte Statik und führt unweigerlich zu Problemen. Auch Schuhe, ob mit oder ohne Einlagen, sind jedoch nur ein Mittel der Kompensation. Genau wie Medikamente gegen den akuten Schmerz dienen sie allein der Symptomlinderung. Das Problem ist damit aber nicht aus der Welt geschafft.

Schädigungen des Skeletts sind meist eine Folge jahrzehntelanger Fehlernährung, auch schon in den Generationen zuvor. Man beschäftigt sich nur deshalb nicht mit den wahren Ursachen dafür, weil niemand so recht dafür zuständig ist. Ärzte für ‚Gesundheit' gibt es kaum. An den Universitäten werden die Medizinstudenten im Erkennen und in der Behandlung von Krankheiten ausgebildet, Gegenstand von Fachdisziplinen sind also Krankheiten und ihre Symptome.

Die hauptsächlichen Schwachpunkte bei Läufern sind Knie und Achillessehne. Es ist möglich, daß sich angegriffene Knie im Training noch gar nicht bemerkbar machen, sehr wohl aber unter der langen Wettkampfbelastung. Als Läufer muß man sich entscheiden: vorsichtshalber aufzugeben oder hoffnungsvoll weiterzulaufen. Da Leistungssport mit Vernunft wenig zu tun hat, fällt die Entscheidung meist für das Weiterlaufen. Häufig geht es gut, gegen den Schmerz anzulaufen. Nach einer Weile verschwindet der Schmerz manchmal sogar. Möglicherweise wirken sich dabei die sonst so überschätzten Endorphinausschüttungen aus. Das bedeutet aber nicht, daß die Ursache beseitigt wäre, allerdings kann man sein Wettkampfziel erreichen. Mediziner, die meine Ratschläge kritisieren, mögen berücksichtigen: Dies ist das Buch eines Praktikers für die Praxis. Wenn Mediziner Ultralangstrecke laufen, handeln sie nicht anders.

Beim Ultralauf werden die Achillessehnen vor allem auf Gefällabschnitten von Bergstrecken beansprucht. Ultraläufer haben in der Regel Erfahrung mit Trailläufen. Sie wissen daher, daß man grundsätzlich nicht bergab springen sollte. Wer aber partout nicht darauf verzichten mag, sollte es jedoch frühestens dann tun, wenn nichts mehr zu verlieren ist. Die typische Situation dafür war beim vormaligen K 78 der Abstieg vom Scaletta-Paß zum Dürrboden. Falls es dabei zu einer Sehnenüberdehnung kam, konnte man das Dutzend Kilometer nach Davos dennoch schaffen. Falsch wäre es, bereits von Monstein zur Zügenschlucht bergab zu springen. Auf Gefällstrecken, die dazu einladen, hinunter zu springen, sollte man jedoch nicht so sehr auf den Zeitgewinn bei diesem einen Lauf achten, sondern auch an den nächsten Wettbewerb denken, für den man nämlich auch wieder intakte Achillessehnen braucht.

BLASENBILDUNG

Eine diffizile Lage für Läufer entsteht bei andauerndem Regen. Insbesondere beim Lauf durch die Nacht ist es unmöglich, die Füße trocken zu halten. Die Nässe weicht die Fußhaut auf, selbst wenn Hornhautstellen vorhanden sind. Kommt es zur Faltenbildung der Socken, sind Blasen programmiert, und die sind allemal sehr schmerzhaft. Eine Prophylaxe gibt es nicht. Ich habe nur den einen Rat: Unverzüglich reagieren! Wenn man sich sagt „Ach, es wird schon gehen“, handelt man sich ein veritables Trauma ein. Sofort, wenn man ein Druckgefühl hat, sollte man die nächstbeste Sanitätsstation aufsuchen und sich ein Pflaster auflegen lassen. Sinnvoll wäre es, ein Blasenpflaster bei sich zu führen. Doch es ist sicher angenehmer, professionelle Hilfe zu suchen, abgesehen davon, daß man möglicherweise die verletzte Stelle nur ertasten und nicht sehen kann. Eine noch geschlossene Blase wird tunlichst mit einer desinfizierten Nadel aufgestochen, die Haut jedoch nicht entfernt.

MUSKELKRÄMPFE

Die Ursachen von Muskelkrämpfen können sehr unterschiedlich sein; sie reichen von einem pathologischen Syndrom (Infekt) über starken Schweißverlust, Sauerstoffmangel des Gewebes bis zu einer schlechten Kondition. Wer häufig unter Krämpfen leidet, sollte ärztliche Hilfe mit Ursachendiagnose in Anspruch nehmen. Lange Bergauf- und Bergab-Passagen, Hitze sowie Vitamin-B1-Mangel können die Krampfneigung fördern. Vielfach führen

Läufer die Krämpfe auf Elektrolytmangel zurück. Dr. Kleinmann[39] ist jedoch zu dem Schluß gekommen, daß nicht zuletzt durch den Einfluß der Werbung die Elektrolytstörung als Krampfursache überschätzt werde. Die Sofortreaktion bei Wadenkrämpfen besteht darin, die schmerzhafte Verhärtung durch sanftes Dehnen aufzulösen. Das geschieht am besten dadurch, daß man sich auf den Rücken legt, das betroffene Bein streckt und die Zehen zum Körper hinab zieht und dadurch die Achillessehne überstreckt. Dies kann auch ein Helfer übernehmen, wenn gerade einer zur Verfügung steht. Die Dehnung sollte etwa 20 Sekunden anhalten. Ist der Krampf im Oberschenkel, legt man sich auf den Bauch und beugt etwa rechtwinklig den Unterschenkel. Danach ist jeweils eine leichte Massage der betroffenen Muskulatur angebracht. Eine andere Methode ist, sich auf den Vorderfuß zu stellen und zu wippen. Auch mit dem Daumen auf die Verhärtung zu drücken oder ihn dort kreisen zu lassen, führt zum Erfolg. Wohltuend ist, falls verfügbar, eine Eisabreibung. Der österreichische Gesundheitslehrer Willi Dungl hat einmal berichtet, daß ein Veranstalter vor einem 100-Kilometer-Lauf und -marsch ein Sporttonikum verteilen ließ, das reichlich Menthol enthielt. Diejenigen, die sich vor dem Start damit eingerieben hatten, wurden zuerst von Muskelkrämpfen befallen.

Zu empfehlen ist, möglichst bald ein salzhaltiges Getränk zu sich zu nehmen. Daher wird auf manchen Marathon- und Ultramarathonveranstaltungen Bouillon angeboten. Langfristig sollte man beim Auftreten von Muskelkrämpfen seine Ernährung überdenken. Es könnte ein Mineralstoffmangel vorliegen, insbesondere von Magnesium. Von der häufig geübten prophylaktischen Einnahme von Magnesium ist jedoch abzuraten; insbesondere sollte während eines Wettbewerbs kein Magnesium zugeführt werden.

SCHWELLUNG DER HÄNDE

Auf Ultrastrecken kann es nach längerer Zeit, zum Beispiel auf der zweiten Hälfte eines 100-Kilometer-Laufs, zu einer sichtbaren Anschwellung der Hände kommen. Die laufspezifische Ursache ist eine Wasseransammlung. Sie kann zurückzuführen sein auf ausbleibendes oder verzögertes Wasserlassen (der Urin dürfte sich dunkel gefärbt haben). Die Schwellung kann aber auch das Symptom einer beginnenden Hyponatriämie (Salzmangel) sein. Zu empfehlen ist, ein salzhaltiges Getränk zu sich zu nehmen. Wer zum erstenmal eine Schwellung

39 „Laufnebenwirkungen".

bekommt, muß nicht gleich beunruhigt sein: In der Regenerationsphase nach dem Lauf verschwindet sie wieder.

SEITENSTECHEN

Seitenstechen hat unterschiedliche Ursachen und ist erfahrungsgemäß abhängig vom Trainingszustand. Bei Ultraläufern sollte es im Grunde nicht mehr vorkommen. Sollte es dennoch passieren, ist die beste Reaktion, weiterzugehen, jedoch nicht stehenzubleiben. Auf diese Weise kommt die Atmung ins Lot. Man kann auch probieren, die Hand auf die schmerzende Stelle zu drücken und beim Ausatmen loszulassen. Grundsätzlich sollte man prüfen, ob nicht die letzte Mahlzeit vor dem Lauf zu spät, nämlich innerhalb von zwei Stunden vor dem Start, eingenommen worden ist.

SHIN SPLINTS

Shin splint ist die Bezeichnung für eine Schienbeinreizung (1913 erstmals beschrieben). Medizinisch ist der Begriff unscharf, er bündelt eine Anzahl von Unterschenkelverletzungen, darunter auch den Ermüdungsbruch. Läufer wissen jedoch genau, was damit gemeint ist. Die Ursache eines Shin splints ist eindeutig eine Überlastung, sei es durch eine zu große Trainingsstufe, sei es (überwiegend) durch einen Wettbewerb, für dessen Anforderung das Training zu gering war. Gefördert wird das sogenannte Schienbeinkantensyndrom durch Überpronation, vermehrtes Laufen auf hartem Untergrund, zum Beispiel auch, wenn eine üblicherweise weiche Strecke gefroren ist, oder Disbalancen im Kraftverhältnis zwischen den Wadenmuskeln und den Muskeln an der Vorderseite des Unterschenkels. Davon betroffen sind entweder Anfänger oder erfahrene Ultraläufer nach hoher Kilometerleistung sowie im Verlauf von Vieltageläufen. Der Entzündungsprozeß ist sehr schmerzhaft. Die vernünftigste Lösung wäre, den Lauf sofort zu beenden. Wettbewerbsteilnehmer, zumal auf Vieltageläufen, bemühen sich jedoch in der Regel, den Lauf trotz heftigen Schmerzen fortzusetzen. Das ‚Anlaufen' gegen den Schmerz kann tatsächlich zur Reduzierung des Schmerzes führen. Betroffene müssen selbst entscheiden, ob sie weiterlaufen wollen. Wir kennen Fälle, in denen Läufer trotz einem unterwegs erlittenen Ermüdungsbruch den Lauf bis zum Ziel bewältigt haben. Nach dem Wettbewerb ist jedoch auf jeden Fall eine Trainingspause erforderlich, die sich über mehrere Wochen hinziehen kann. Die Soforttherapie, eventuell auch schon während des Wettbewerbs, besteht darin, den Unterschenkel mit Eis zu kühlen (zwischen Eis und Haut ein Tuch legen, damit es nicht zu einer Erfrierung kommt). Salben, die zum Beispiel Arnika enthalten, können das Abklingen des Entzündungsprozesses fördern. Auf jeden Fall ist eine professionelle Behandlung durch einen Orthopäden angebracht. Grundsätzlich ist auch zu überlegen, durch welche Faktoren die Shin splints aufgetreten sein könnten, damit durch deren Korrektur die Wiederholung vermieden werden kann.

Mich selbst hat dieses schmerzhafte Tibiakantensyndrom einmal ereilt, als ich meine bis dahin vertraute Ultrastrecke von 100 Kilometern erstmals im Wettbewerb auf 150 Kilometer verlängerte. Diesen Sprung zu einer längeren Distanz hätte ich in kleinen Trainingsschritten vorbereiten müssen. Ich habe den Lauf zwar bis zum 150-Kilometer-Ziel durchgehalten, aber nur mit Heulen und Zähneklappern. Danach hilft nichts, als dem Körper – bei konservativer Therapie – Zeit zur Regeneration zu lassen.

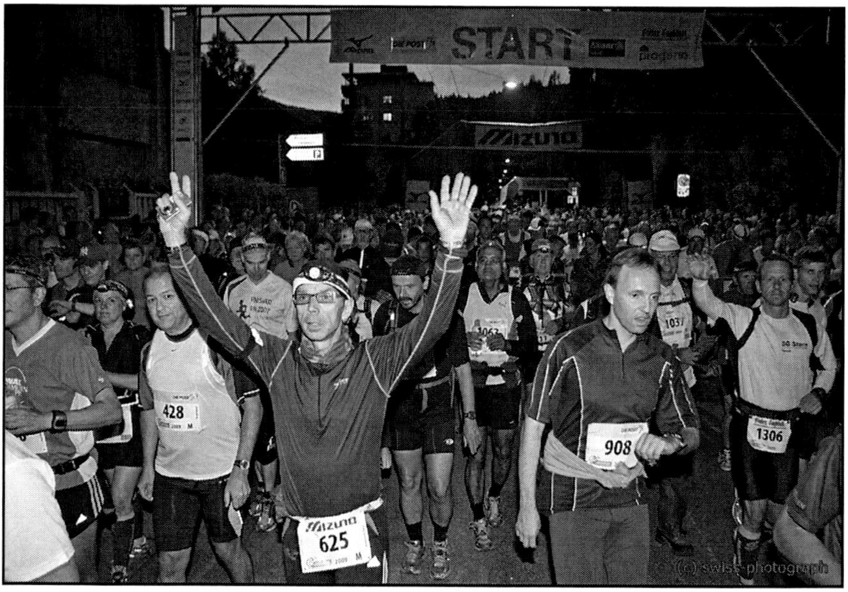

Der Startschuß für die 100 Kilometer von Biel 2009 ist gefallen. Bild: swiss-photograph.ch

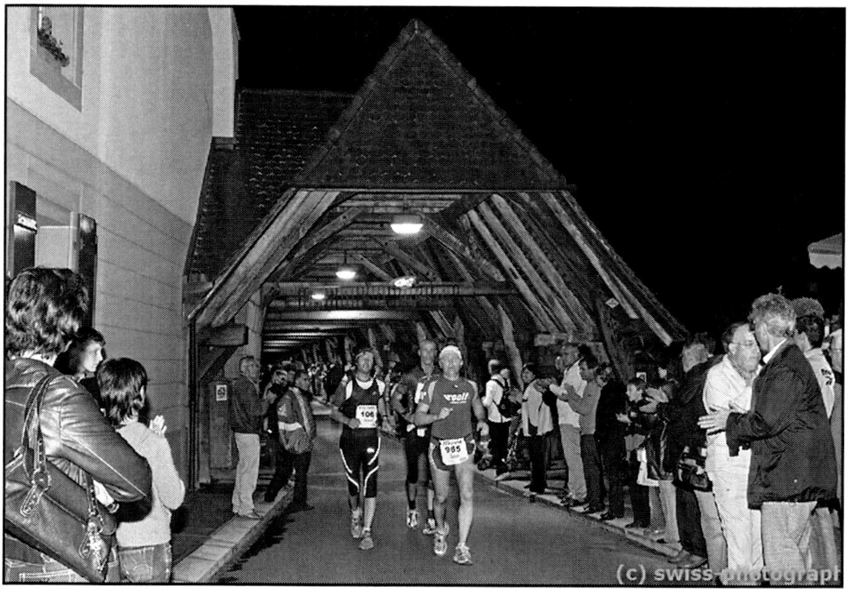

Eines der Wahrzeichen der Bieler Lauftage: die Brücke von Aarberg. Bilder: swiss-photograph.ch

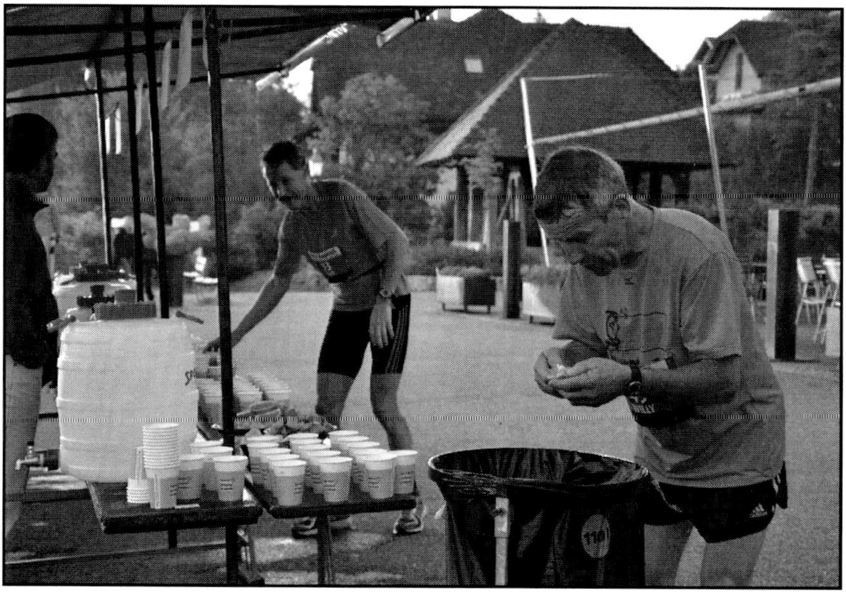

Eine der siebzehn Verpflegungsstellen bei den 100 Kilometern von Biel. Bild: Sonntag

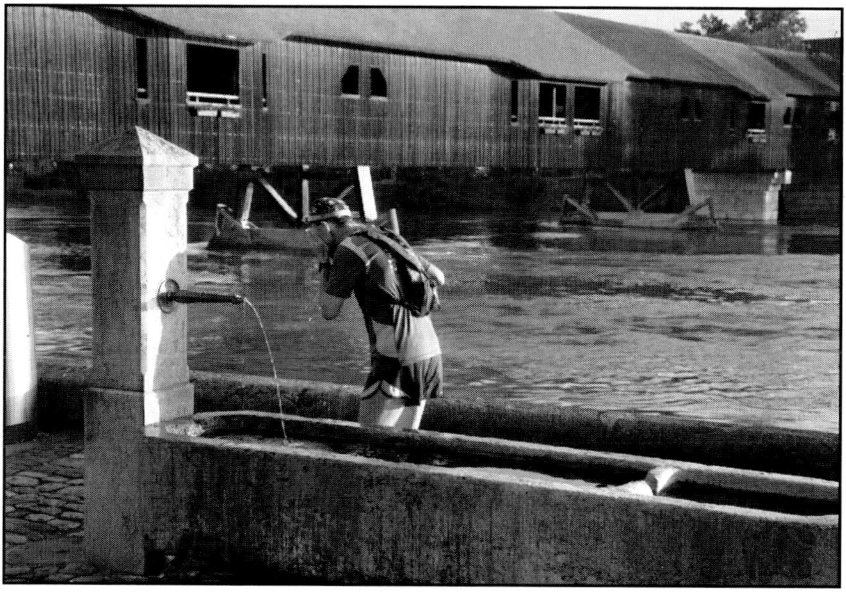

Wasserfassen an der Brücke von Büren a. A. Bild: Sonntag

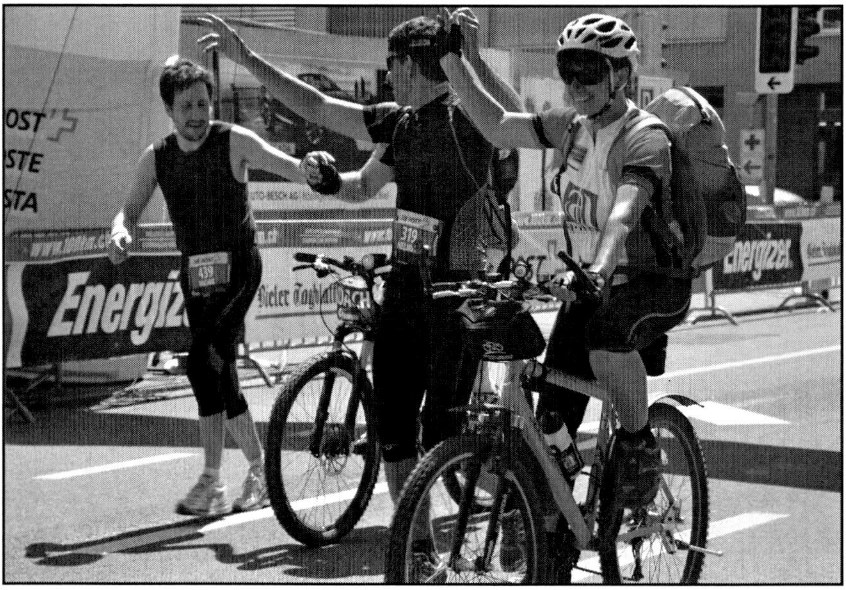

Für Staffelläufer ist in Biel der gemeinsame Zieleinlauf am schönsten. Bild: Sonntag

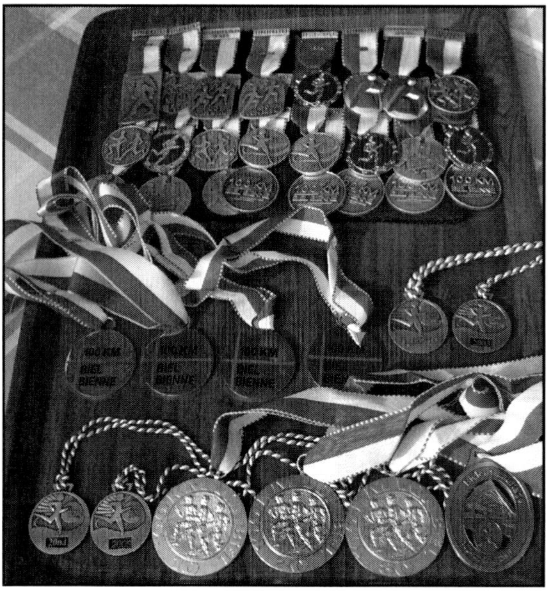

Die gesammelten Biel-Medaillen des Autors. Bild: Sonntag

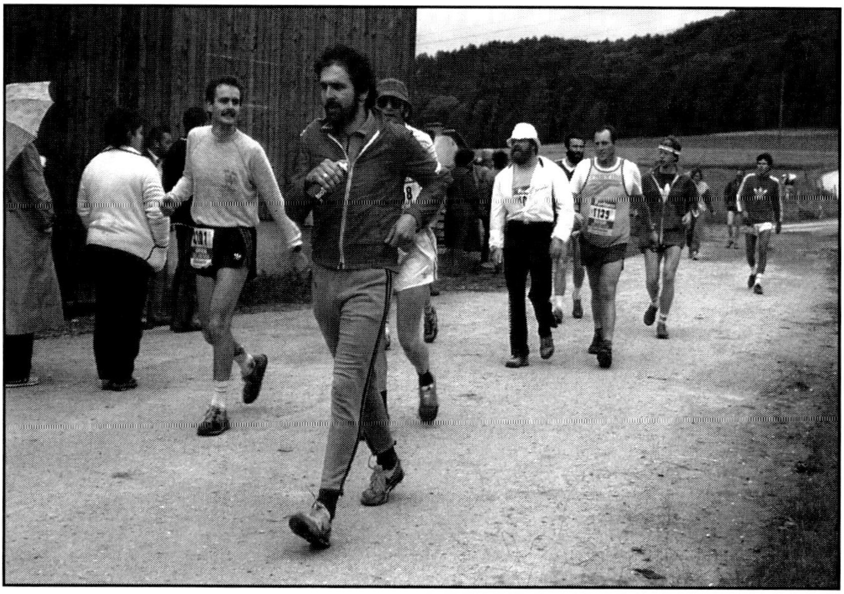

Biel 1982: Auf der Strecke (vor Pieterlen)…

… und in der Sanitätsstation.

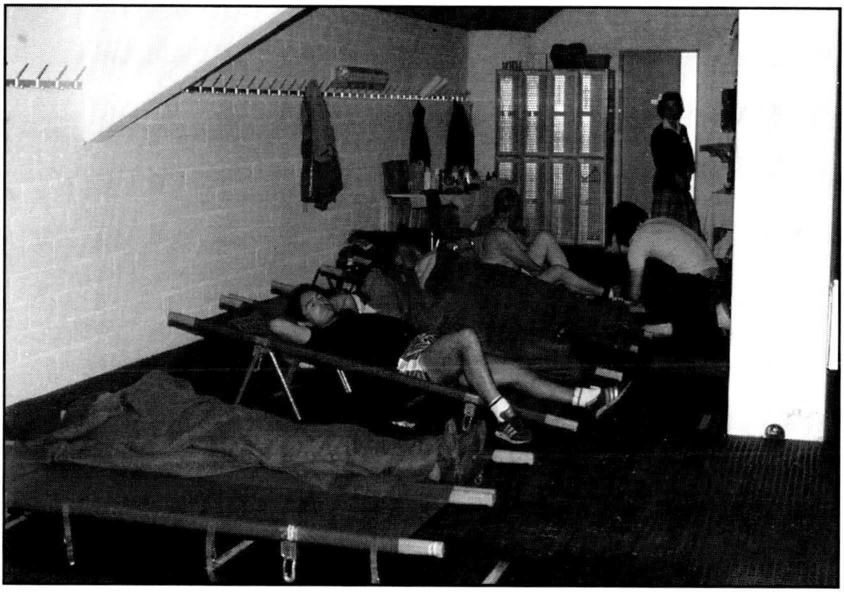

Bilder: Sonntag

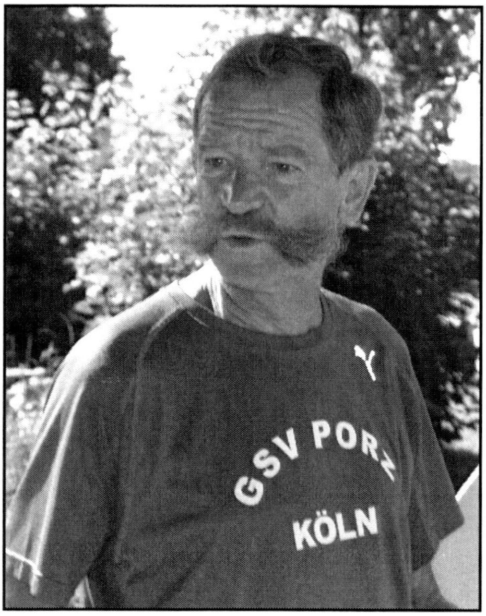

Helmut Urbach, der bereits 1966 in Biel gestartet ist und siebenmal die 100 Kilometer von Biel gewonnen hat. Bild: Sonntag

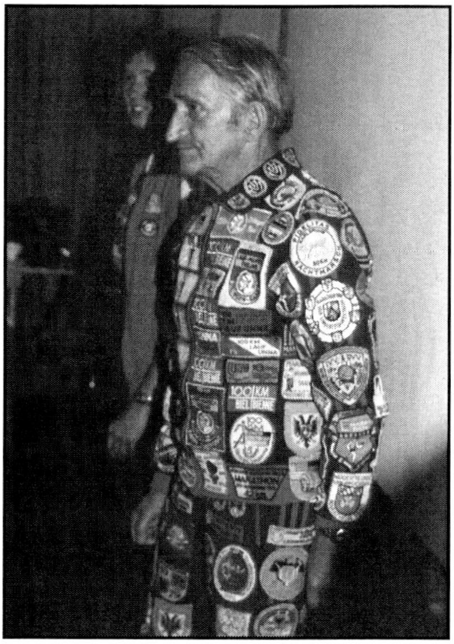

In der Frühzeit der Laufbewegung empfanden es manche als schick, Aufnäher der von ihnen besuchten Veranstaltungen auf dem Trainingsanzug zu tragen. Bild: Sonntag

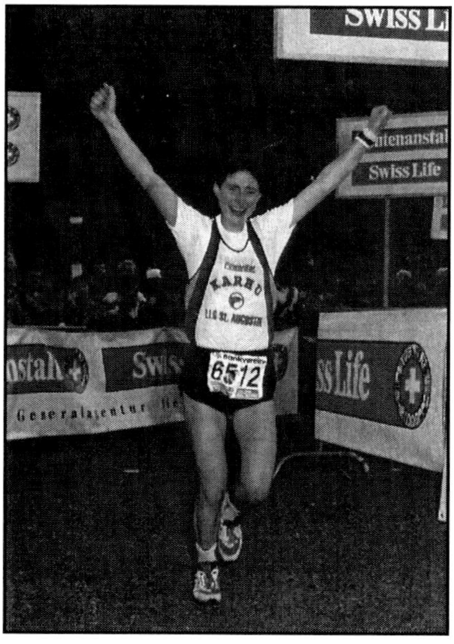

Birgit Lennartz 1995 nach einem ihrer sieben Siege auf den 100 Kilometern von Biel.
Bild: Bieler Lauftage

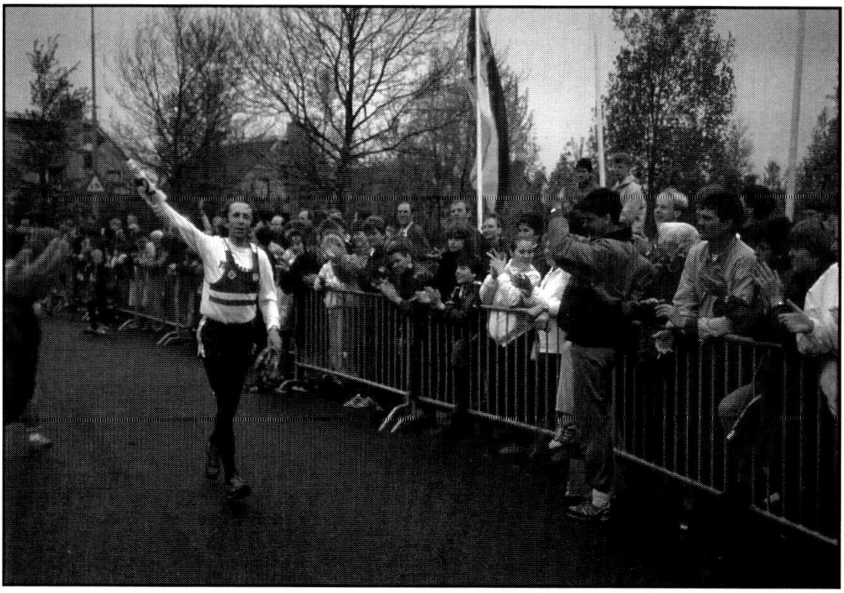

Horst Preisler, einer der fleißigsten Marathon-Sammler in der Welt, nach dem 24-Stunden-Lauf 1986 in Apeldoorn (Holland). Bild: Sonntag

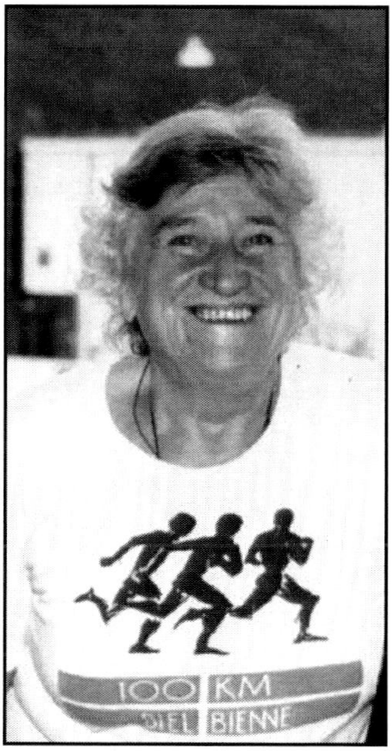

Die Ultralauf-Pionierin Eva-Maria Westphal hat zweimal die Bieler 100 Kilometer gewonnen. Bild: Sonntag

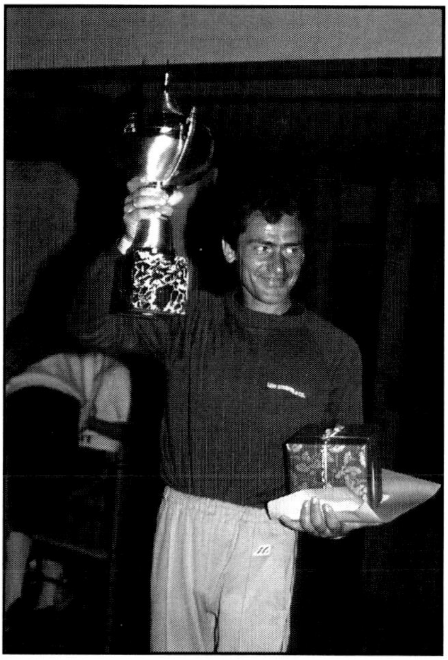

Der griechische Ultraläufer Yiannis Kouros galt jahrelang als der weltbeste Ultraläufer. Bild: Sonntag

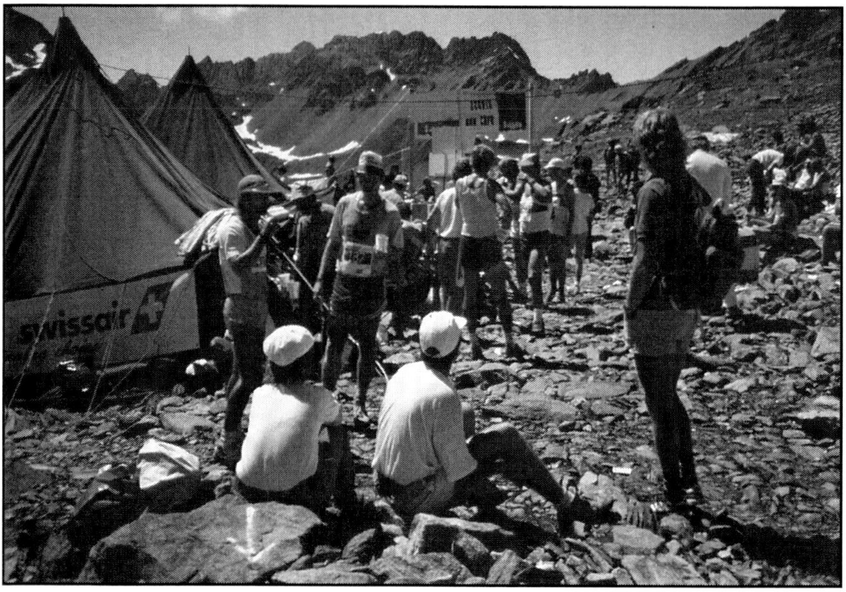

Swiss Alpine Marathon: auf dem Sertig-Paß. Bild: Sonntag

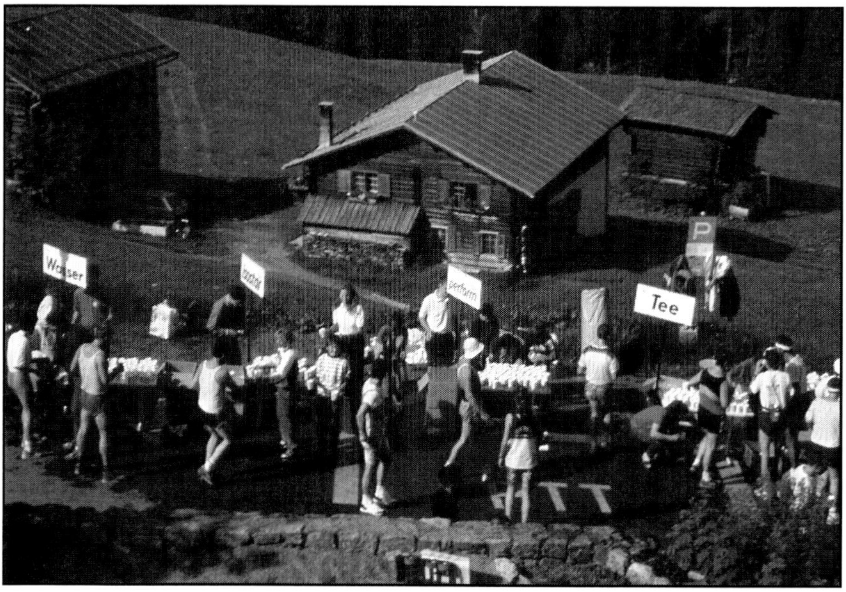

Verpflegungsstation beim Swiss Alpine Marathon in Monstein. Bild: Sonntag

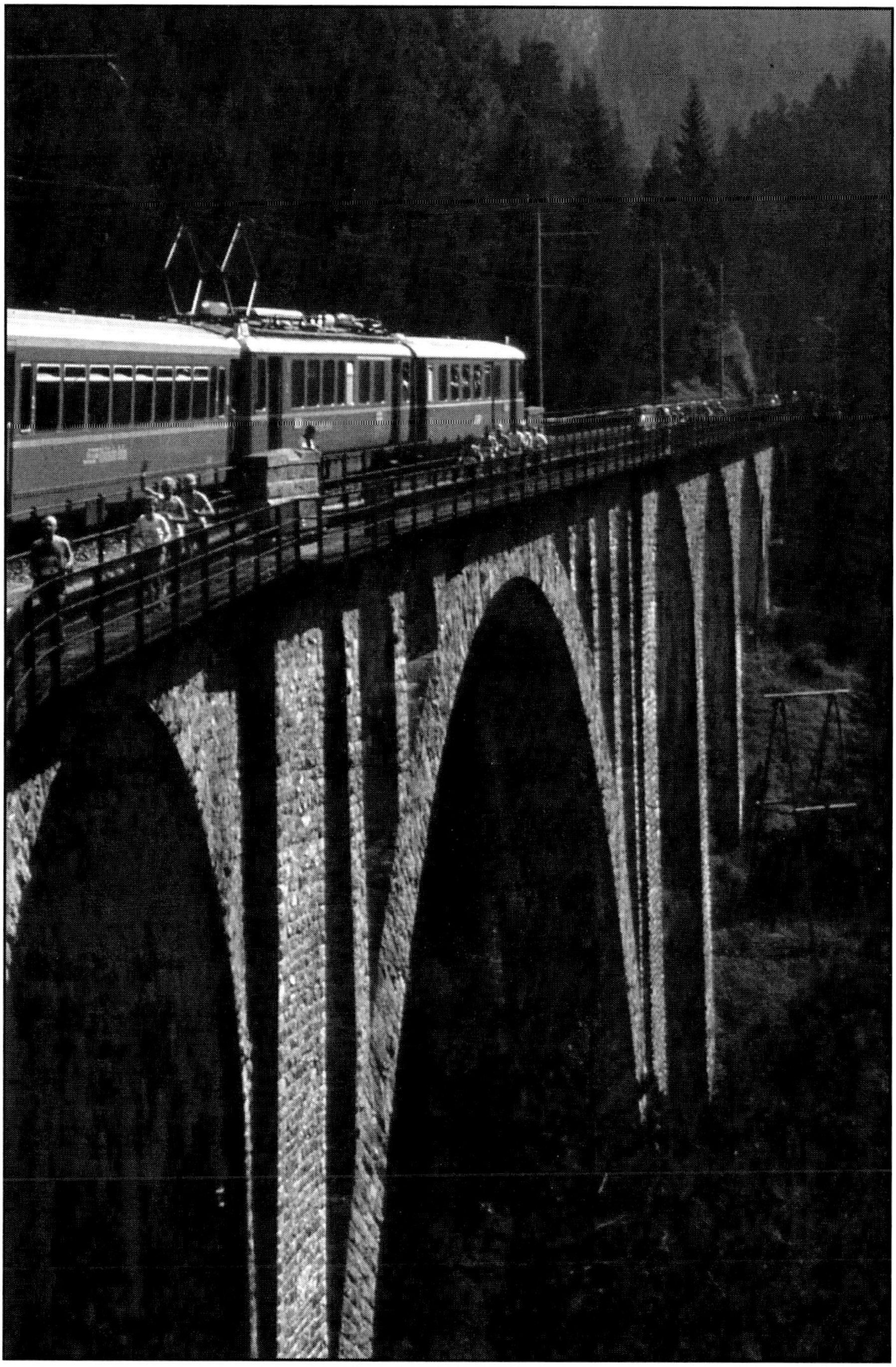

Ein beliebtes Fotomotiv des Swiss Alpine Marathons: der Lauf über den Wiesener Viadukt auf der Strecke nach Filisur. Bild: Sonntag

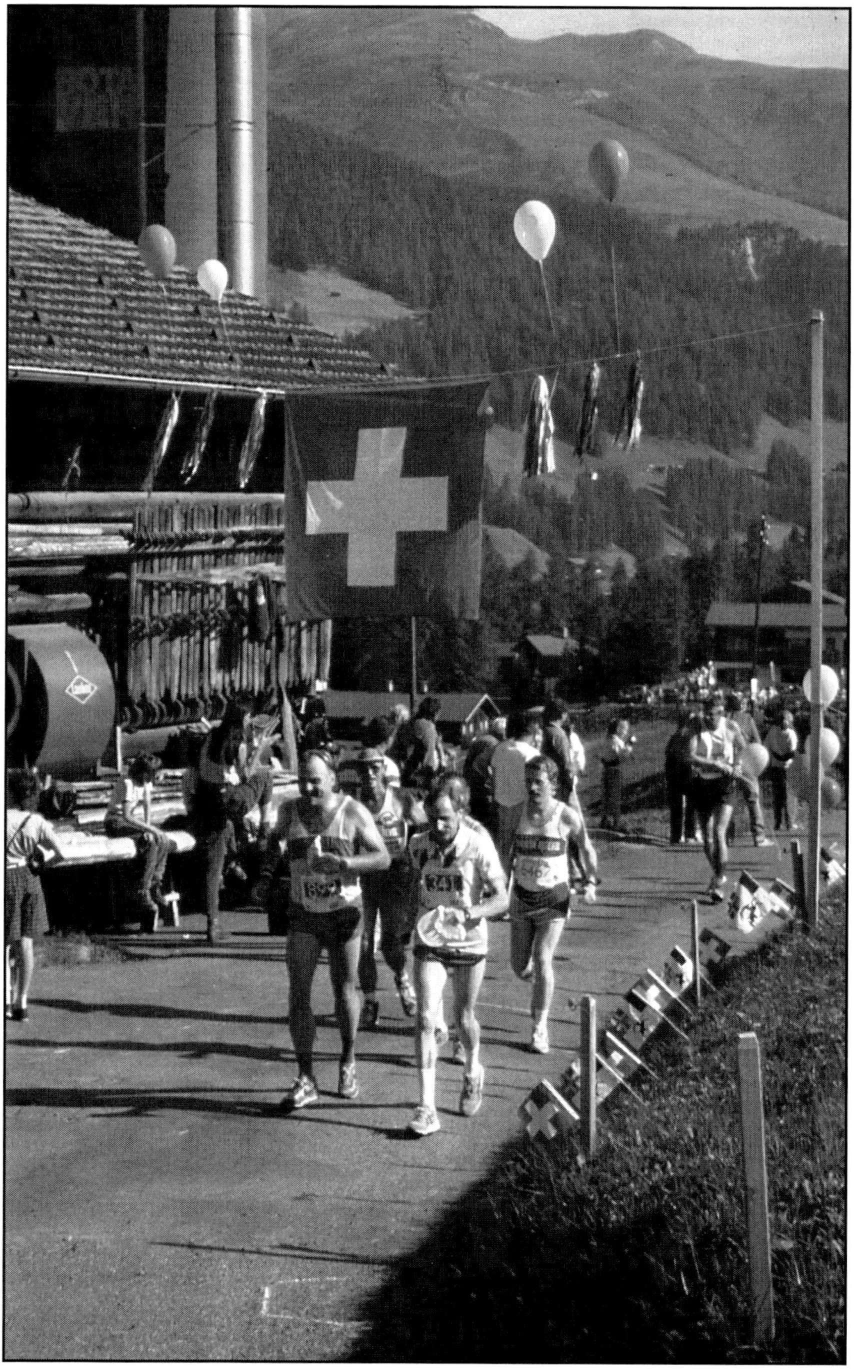

Beim Swiss Alpine Marathon in Spina zwischen Davos und Monstein: Lebhafter Empfang der Läufer nach Filisur und auf der Ultrastrecke. Bild: Sonntag

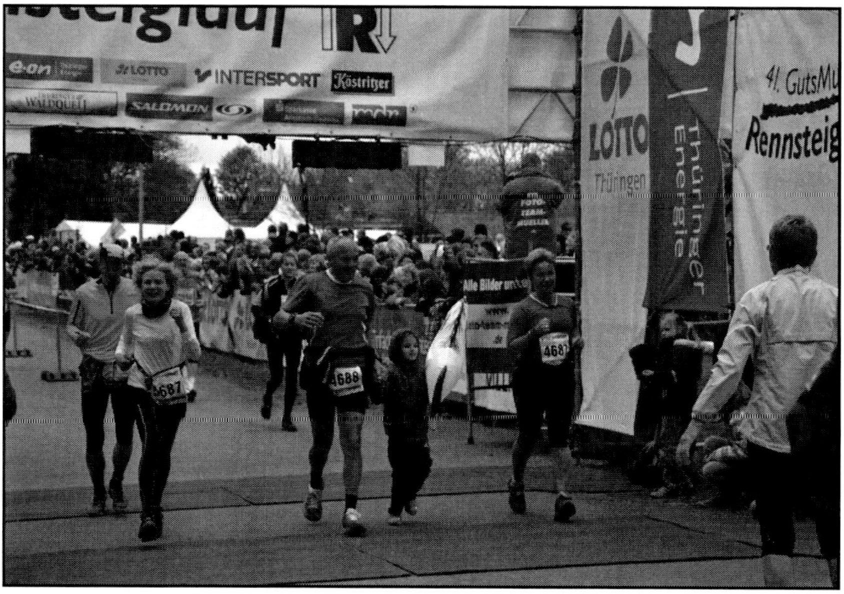

Hart erarbeitet ist der Zieleinlauf auf der Ultrastrecke des GutsMuths-Rennsteiglaufs von Eisenach und des Marathons von Neuhaus…

…in Schmiedefeld am Rennsteig, dem angeblich schönsten Ziel der Welt.

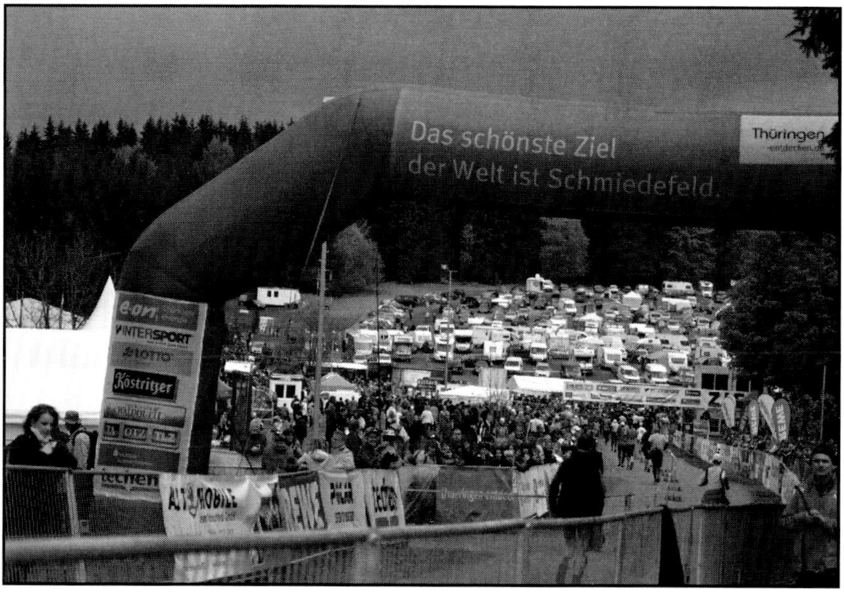

Bilder: Sonntag

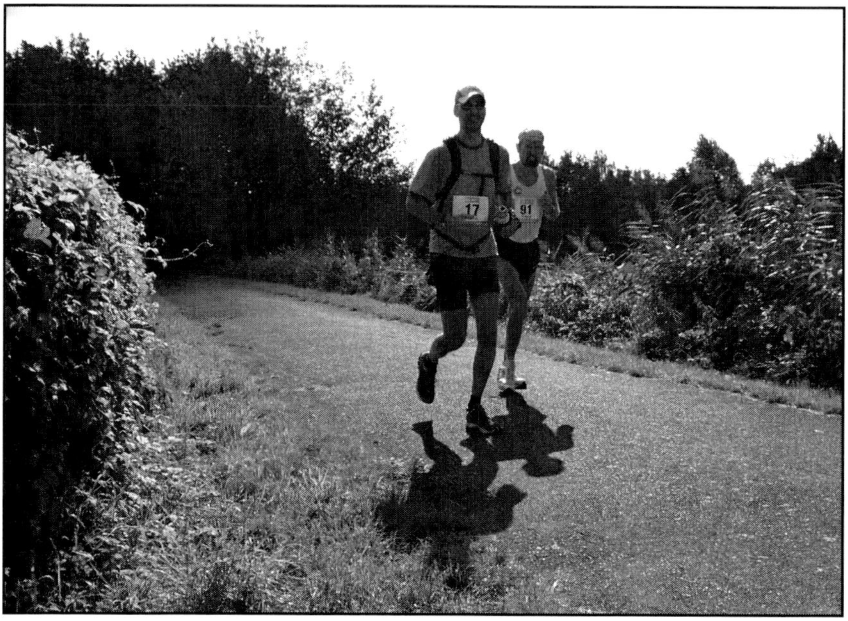

Impressionen vom 100 Meilen langen Berliner Mauerweglauf. Bilder: Sonntag

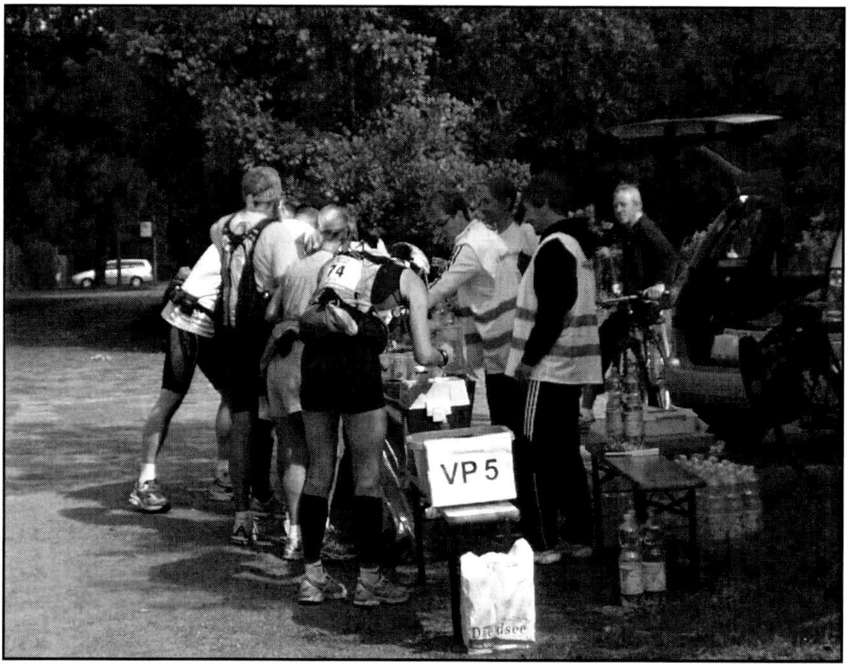

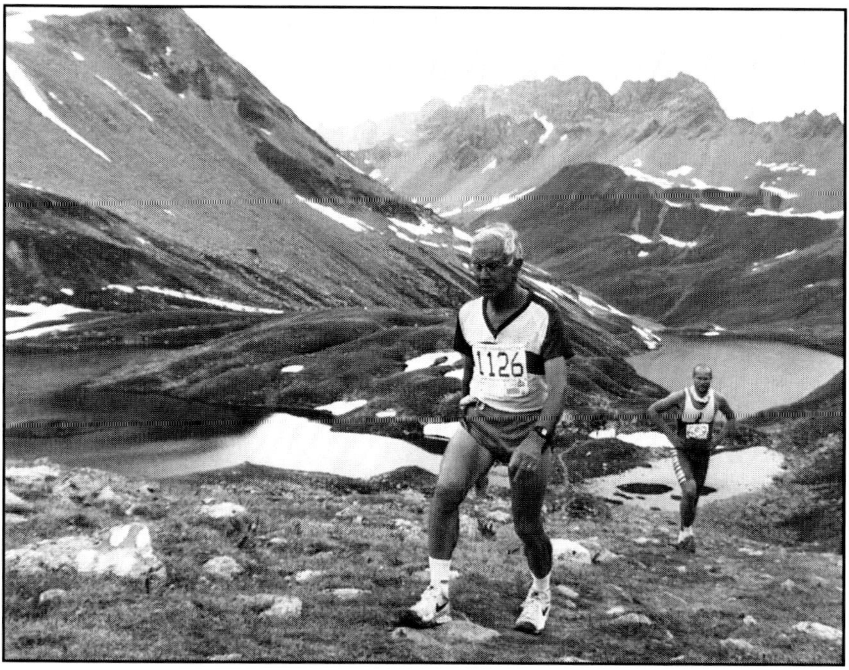

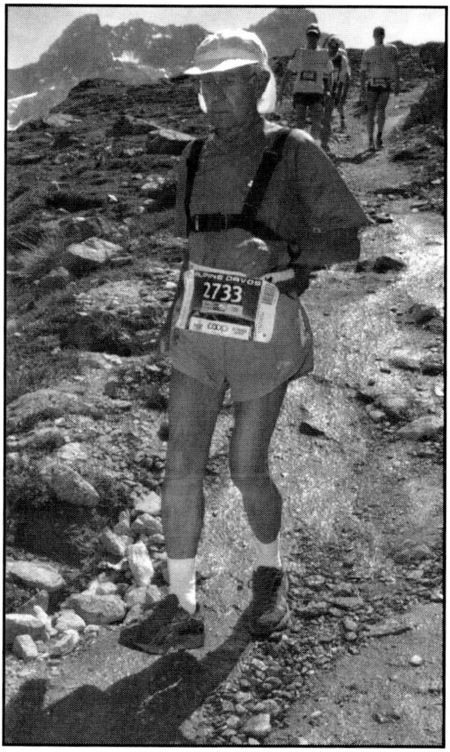

Werner Sonntag beim Swiss Alpine 1992 im Aufstieg zum Sertig-Paß (oben), 2004 beim K42 im Abstieg vom Scaletta-Paß zum Dürrboden (links) und mit dem Finisherkranz des Spartathlons 1990 (unten).

Bilder: Holliger, Live-Sportphotos, privat

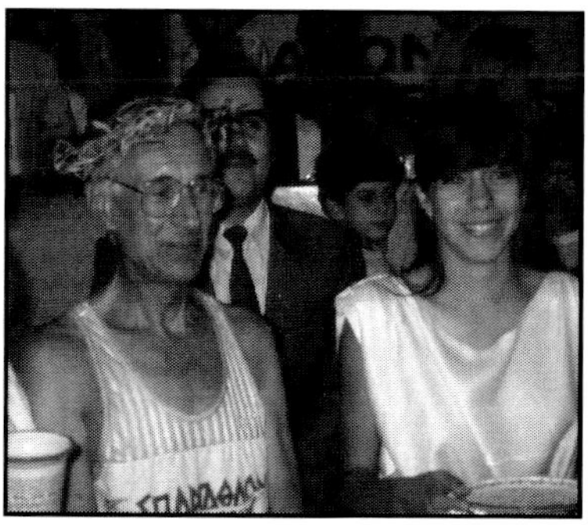

„Die Schuhe sind die Achillesferse eines jeden Läufers."

Helmut Linzbichler,
Teilnehmer des ersten neuen Transamerikalaufs 1992

14

Ausrüstung – was ist notwendig?

Wer sich der Ultrastrecke zuwendet, hat bereits die läuferische Grundausrüstung. Vorauszusetzen ist, daß ein angehender Ultraläufer mehrere Paar **Laufschuhe** in Gebrauch hat.

Sicher kann man einen Lauf wie die Bieler 100 Kilometer auch in Schuhen, die für einen Stadtmarathon bestimmt sind, zurücklegen. Insbesondere Erstteilnehmern ist jedoch zu raten, die Stabilität als das wichtigste Kriterium der Schuhwahl zu nehmen. Das Gewicht des Schuhs ist beim Ultralauf von minderer Bedeutung. Bei einem Bergultra wie dem Swiss Alpine braucht man wiederum eine möglichst solide Auftrittsfläche. Das Profil sollte für An- und Abstiege haftfähig sein. Bei Strecken wie dem K 78 oder K 42 des Swiss Alpine, wo möglicherweise Bäche und Schneefelder durchquert werden müssen, sind sogenannte Trailschuhe von Vorteil. Knöchelhohe Schuhe sind jedoch nicht notwendig. Sicher ist es auch möglich, in den Alpen in sogenannten Barfußschuhen zu laufen; das setzt jedoch unbedingt einschlägige Erfahrung voraus.

Es versteht sich, daß gerade beim Ultramarathon die Schuhe eingelaufen sein müssen, jedoch nicht abgelaufen sein dürfen. Professor Alexander Weber, der seit Jahrzehnten Laufschuhe testet und testen läßt, hat sich pointiert so geäußert: „Abgenutzte, ausgetretene Laufschuhe sind so etwas wie eine Freikarte für unfreiwillige Trainingspausen." Wie lange Laufschuhe halten, ist individuell völlig unterschiedlich. Der Anschaffungspreis muß kein Maßstab sein.

Ob man bei einem 100-Kilometer-Lauf oder einer längeren Strecke unterwegs die Schuhe wechseln sollte, bleibt eine individuelle Entscheidung. Ich habe dazu geneigt, die Schuhe während eines Laufes nicht zu wechseln, und dies auch beim Spartathlon nicht getan. Das vorübergehende Gefühl der Frische und eine geänderte muskuläre Belastung scheinen mir den Vorzug, mit einem Paar Schuhe ‚eingelaufen' zu sein, nicht aufzuwiegen. Bei Dauerregen kann man vielleicht durch einen Wechsel zu trockenen Laufsocken und Schuhen die Gefahr von Blasen reduzieren. Doch auch die trockenen Schuhe werden naß. Größere Schneeflächen legen es nahe, zu Schuhen mit starkem Profil zu wechseln. Doch höchstwahrscheinlich werden sie, wenn man sie brauchen könnte, nicht greifbar sein, es sei denn, man nimmt sie im Rucksack mit. Aus diesen Erwägungen ergibt sich am Ende die Erkenntnis: Die eigene Lauferfahrung läßt sich nicht ersetzen, man muß selbst entscheiden, auch im Hinblick auf den Schuhwechsel.

24-Stunden-Läufer, die ohnehin Pausen zum Essen machen, haben sicher Argumente für einen Schuhwechsel. Bei Vieltageläufen ist es ebenfalls sinnvoll, mehrere Paar Schuhe zu gebrauchen, damit sich die Belastung der Fußmuskulatur ändert. Extremläufe im Gelände erfordern die Benützung von Trailschuhen. Beim Laufen in Sand können Gamaschen nützlich sein, weil sie das Eindringen von Sandkörnern verhindern.

Mehr als auf einem Trainingslauf dehnt sich bei einem Ultra der Fuß. Daher dürfen die Laufschuhe auf keinen Fall zu knapp sitzen. Die Regel, Laufschuhe eine halbe Nummer größer als die der Straßenschuhe zu wählen, sollte für den Ultramarathon auf eine ganze Nummer, wenn nicht sogar zwei Nummern mehr als die Straßenschuhe ausgeweitet werden (Schuhkauf ohnehin am besten nachmittags!). Versteht sich, daß man in einem Schuh auch nicht ‚schwimmen' darf. Wenn blaue Zehennägel auftreten und sich in der Folge wahrscheinlich ablösen werden, ist dies unweigerlich ein Zeichen dafür, daß die Schuhe zu eng sind. Da die Verfärbung der Zehennägel beim Ultramarathon immer wieder einmal vorkommt, scheint dieser Hinweis notwendig zu sein.

In der Läufertasche im Ziel sollte auch ein Paar Schuhe für die Zeit nach dem Lauf liegen, beispielsweise Sandalen, ‚Barfußschuhe' oder Badeschuhe. Man wird nach dem Lauf froh sein, sich der Laufschuhe entledigen und in eine sehr leichte, nicht beengende Fußbekleidung schlüpfen zu können.

Die Laufschuhe sind zwar das wichtigste Ausrüstungsteil, aber man sollte ihre Bedeutung auch im Ultramarathon nicht überbewerten. Es kommt nicht von ungefähr, daß wir seit einigen Jahren einen Trend zu ‚Barfußschuhen' haben. Bernd Seitz, Jahrgang 1939, hat seine etwa 150 Ultraläufe einschließlich des Swiss Alpine und sein gesamtes Training aus orthopädischen Gründen in persönlich präparierten Sandalen zurückgelegt. Auch schon bei einem der ersten 100-Kilometer-Läufe in Unna (erster Lauf 1969) hat ein Teilnehmer die komplette Strecke in selbstgebastelten Sandalen aus einem alten Autoreifen bewältigt. Laufschuhe waren ihm, wie er sagte, einfach zu teuer. Dieter Rathmann (Schmalkalden) ist Zeit seines Lebens in Sandalen gelaufen und hat so auch den gesamten Rennsteig bewältigt. Ralf Vollmer, Jahrgang 1962, ist 2011 den 75 Kilometer langen Müritz-Lauf ebenfalls in ganz simplen selbsthergestellten Sandalen gelaufen.

Bewußt sollte man rechtzeitig vor dem Start kontrollieren, ob man den **Transponder** für die elektronische Zeitmessung, den Chip, bei sich trägt, es sei denn, der Veranstalter verwendet Startnummern mit eingearbeitetem Transponder.

Die **Socken**, in denen man startet, sollten nicht fabrikneu, sondern mehrfach getragen und gewaschen sein. Der Standard ist in den letzten Jahren erheblich verbessert worden. Kompressionsstrümpfe zu tragen, bleibt eine individuelle Entscheidung.

Die Wahl der **Laufbekleidung** richtet sich nicht nur nach dem Wetter, sondern auch nach dem eigenen Leistungsvermögen. Wenn Spitzenläufer abends in Biel in kurzer Hose und ärmellosem Trikot starten, sollte man es ihnen als durchschnittlicher oder langsamer Läufer nicht nachtun wollen. In Laufanleitungen wird nicht selten darauf hingewiesen, daß Läufer häufig zu warm angezogen seien. Davon sollte man sich, zumal vor dem ersten Ultramarathon, nicht beeindrucken lassen. In Biel hat es zwar schon laue Sommernächte gegeben, aber häufig sind die Nächte kühl. Darauf sollte man vorbereitet sein.

Eine Läuferregel lautet, man sei richtig angezogen, wenn es einem am Start zu kühl sei. In diesem Fall kann man sich in der Vorstartphase mit einem Wärme- oder Regenschutz bedecken. Das kann ein abgelegtes Kleidungsstück sein, das man am Start wegwirft, aber bitte zur Seite, damit andere nicht darüber stolpern, oder eine Folie vom letzten City-Marathon oder ein Müllsack, in den man Öffnungen für Hals und Arme geschnitten hat. Zu bedenken ist immer: Ein Ultramarathon erstreckt sich über eine ganze Nacht, über einen ganzen Tag oder über beides. Abkühlungen lassen sich nicht immer präzise voraussagen. Wind verändert das Temperaturempfinden; die Temperatur wird als niedriger wahrgenommen. Wer zu einem Alpenultra startet, muß sich unbedingt auf niedrige Temperaturen in alpinen Höhen einrichten.

Es ist daher angebracht, sich nach dem Zwiebelschalenprinzip – mit üblicherweise drei Schichten – zu kleiden und dann, wenn es warm wird, eine oder gar zwei Schichten abzulegen. Bei individueller Betreuung ist dies natürlich kein Problem und auch nicht auf einer 5- oder 10-Kilometer-Runde; aber auch die Veranstalter von Ein-Runden-Ultramarathons haben vorgesorgt und bieten die Gelegenheit, Überflüssiges auszuziehen und von den Verpflegungsstationen zum Ziel transportieren zu lassen.

Wer gerüstet sein möchte, führt eine tunlichst gefütterte Regenjacke mit sich. Manche binden sie sich um die Hüfte, andere benützen dazu eine Hüfttasche oder einen kleinen **Rucksack**. Ich habe beides auf zahlreichen Läufen ausprobiert, mich jedoch schließlich für einen Rucksack (Deuter, 10 Liter; es gibt sicher auch andere gleichwertige Marken) entschieden. Er liegt dank zwei Brustgurten dem Rücken so dicht an, daß er beim Laufen nicht behindert. Beim Kauf ist es wichtig zu prüfen, daß die Tragbänder kein Spiel haben und nicht am Körper reiben (ich habe auch das schon erlebt). Vor Jahrzehnten galt Läufern der Rucksack als suspekt. Diese Abwehrhaltung scheint inzwischen unter dem Einfluß von Extremläufen, dank der Beliebtheit sogenannter Trailläufe oder dank dem Lauf von und zur Arbeit verschwunden zu sein. Nicht wenige Läufer kombinieren den Tragerucksack mit einem Trinkrucksack. Einen ganzen Gürtel mit Trinkfläschchen bei sich zu tragen, halte ich zumindest in Biel für überflüssig.

Bis hinunter zu etwa 10 Grad kann man in kniekurzer Hose laufen. An den Beinen wird man Kälte zuletzt spüren. Bei unsicherem Wetter mag es nützlich sein, eine lange Hose mit sich zu führen. Wer eine kurze Sporthose trägt, kann bei Bedarf die lange Hose oder eine Regenhose leicht überziehen.

Was die **Startnummer** betrifft, ist es zweckmäßig, sie nicht am Laufhemd, sondern an einem Gürtel oder Gummiband zu befestigen, die man im Bedarfsfall auch über die Regenjacke ziehen kann. Bei einem Wettbewerb muß die Startnummer immer erkennbar sein. Davon abgesehen, ist es für einen selbst nützlich, wenn man Laufphotos bei einem Photographen, der an der Strecke oder am Ziel Aufnahmen gemacht hat, bestellen möchte.

Da sich der Wärmeaustausch erheblich auch über die Kopfhaut vollzieht, sollte man an eine **Mütze** denken, entweder bei kühler Temperatur eine warmhaltende Textilmütze oder bei praller Sonne einen Sonnenschutz. Zu empfehlen ist hierbei eine imprägnierte Mütze, die keine UV-Strahlen durchläßt; mit einem Klettverschluß läßt sich ein Nackenschutz anheften, der – zum Beispiel bei einem Hitzelauf – einen Sonnenbrand im Nacken verhütet. Bei Regen empfiehlt sich insbesondere für Brillenträger eine Schirmmütze. Wenn man sich vor dem Start die Augenbrauen gut einfettet – das kann auch mit der Vaseline oder dem Fett sein, mit denen man andere kritische Stellen einreibt –, halten die Augenbrauen herabrinnende Regentropfen oder, bei Hitze, Schweißtropfen zum großen Teil zurück, bevor diese die Augen erreichen.

Ist die Strecke gleißendem Sonnenlicht ausgesetzt, empfiehlt es sich, mit **Sonnenbrille** zu laufen, um die Gefahr späterer Augenschäden zu vermeiden. Insbesondere auf schattenarmen Strecken und im Hochgebirge ist sie notwendig. Im Hochgebirge ist UV-Schutz auch bei bedecktem Himmel erforderlich. Beim Brillenkauf ist zu beachten, daß die Brille möglichst dicht anliegt und damit vor Streulicht schützt, die Gläser jedoch nicht die Wimpern berühren. Standard ist der Schutz bis 400 nm.

Je nach der Wetterlage können **Handschuhe** nützlich sein, selbst wenn man kurzärmelig läuft. Wer mit einer kalten Nacht und einem warmen Tag rechnen muß, sollte an Pulswärmer oder Ärmlinge denken, die man leicht wieder ablegen kann. Es lohnt sich, über den Zaun zu blicken und sich nicht nur im Laufshop, sondern auch im Outdoor-Bekleidungshandel umzuschauen.

Bei einem Start am Abend sollte man eine **Taschenlampe** mit sich führen oder eine Stirnlampe tragen (der Beobachtung nach wird heute eine Stirnlampe bevorzugt). Vielleicht braucht man sie selten oder gar nicht; doch wenn man sie einmal braucht, zum Beispiel um eine Markierung zu suchen, ist es gewöhnlich dringend. Sie verleiht auf jeden Fall ein Gefühl der Sicherheit. Beim Bieler Lauf kann man sie ja später in Kirchberg oder in Bibern abgeben. Dort, wo es entscheidend darauf ankommt, zum Beispiel bei der nächtlichen Querung des Sangaspasses im Spartathlon, ist es sinnvoll, eine Ersatzlampe bei sich zu führen, damit man nicht bei Ausfall einer Lampe in unbekanntem schwierigen Gelände im Finstern steht. Auch eine Leuchtfolie am Oberarm oder Ähnliches ist kein purer Luxus, sondern dient der Sicherheit.

Eine **Notration**, Banane oder Energieriegel, kann eine zwischen den Verpflegungsstationen auftretende Hypoglykämie (Unterzuckerung) verhüten oder beseitigen. Zu empfehlen ist immer, etwas **Taschengeld** einzustecken. Für den Notfall sollte man zudem ein **Pflaster** bei sich führen oder auch zwei, nämlich eines für Hautabschürfungen und eines ohne Polsterauflage für die Ferse oder andere Stellen. Ein **Textiltaschentuch** dabei zu haben, kann nützlich sein, zumal dann, wenn man die manuelle Technik des Schneuzens nicht praktizieren kann oder mag. Wichtiger noch ist **Toilettenpapier** oder eine Packung **Zellstofftaschentücher**. Man kann vorher gar nicht ermessen, in welche Situationen man während eines 100-Kilometer-Laufs in dieser Beziehung kommen kann. Auf den Veranstalter ist in dieser Hinsicht bestimmt kein Verlaß.

Manche Läufer haben das Bedürfnis, ein **Mobiltelephon** einzustecken, um den Lieben daheim zu sagen, wo sie gerade sind. Ganz sicher aber kann es bei einem Unfall helfen. Bei manchen Abenteuerläufen ist die Mitnahme sogar vorgeschrieben. Andererseits aber bedeutet ein Ultralauf über eine Runde auch einen Ausbruch aus der Zivilisation. Das legt nahe, auf das Mobiltelephon wenigstens hier zu verzichten. Es wird also auf die Art der Veranstaltung und die eigenen Bedürfnisse ankommen, ob man das Gerät mitnimmt.

Ähnlich verhält es sich mit dem Musikhören. Manche Ultraläufer schätzen es, sich während des Laufens über Kopfhörer unterhalten zu lassen. In der Tat kann Musik im Wettkampf über Monotonie hinweghelfen. Im Training haben sich jedoch schon tragische Unfälle ereignet, weil Musik hörende Läufer Gefahren im Straßenverkehr akustisch nicht wahrgenommen haben. Im Sinne der Gleichstellung aller Teilnehmer ist bei manchen Laufveranstaltungen der Gebrauch von Tonwiedergabegeräten verboten.

Vereinzelt – jedoch in wachsender Zahl – werden **GPS-Geräte** benützt (= Global Positioning System), im Jahr 2010 erstmals auch von dem Veranstalter eines 100-Kilometer-Duathlons. Für Veranstalter ist die Kontrollfunktion des Gerätes wichtig; so lässt sich prüfen, ob Läufer oder Radfahrer sich an die vorgegebene Strecke halten. Für die individuelle Benützung hat Urs Weber (Runner's World)[40] fünf verschiedene Geräte getestet. Vor einer Fehlleitung infolge fehlender oder unbeachteter Streckenmarkierung können sie danach nicht bewahren. „Die getesteten Geräte messen gut, in der Regel sind sie sehr viel genauer als jede Schätzung. Aber ‚ganz genau' heißt eben noch etwas anderes."

40 „Ausrüstungshandbuch für Läufer".

Ganz sicher hat es auch einen Erlebniswert für den Läufer, eine gelaufene Strecke am Computer zu rekonstruieren. Unter den angezeigten Daten kann er auch seine Geschwindigkeit prüfen. Die Benutzung setzt jedoch technisches Interesse voraus. Man sollte also nicht deshalb ein GPS-Gerät erwerben, nur weil es modern ist.

Weitere Requisiten ergeben sich aus der Art des Laufes. Veranstalter von exotischen Läufen pflegen zum Beispiel die Teilnehmer gegebenenfalls sogar dazu anzuhalten, eine **Spritze gegen Schlangengift** mit sich zu führen (Marathon des Sables). Bei Extremläufen ist es angebracht oder sogar verpflichtend, eine **Plastik-Notdecke** mitzunehmen; sie kann bei einem Sturz, der das Weiterlaufen unmöglich macht, vor Unterkühlung schützen. Auf jeden Fall sollte man gerade bei ungewöhnlichen Läufen die Ausschreibung genau lesen und darauf achten, ob der Veranstalter bestimmte Ausrüstungsgegenstände vorschreibt. Nützlich ist es, vor der Teilnahme an ungewöhnlichen Ultraläufen Berichte anderer Läufer, die dort Erfahrungen gemacht haben, zu lesen. Die Mitgliederzeitschrift der Deutschen Ultramarathon-Vereinigung, „Ultramarathon", enthält zahlreiche solcher Berichte. Wer zum erstenmal an einem Ultralauf teilnehmen will, sollte sich dadurch aber nicht negativ beeinflussen lassen.

Genußläufer stecken sich gern eine **Digitalkamera** ein. Seit der Umstellung von der analogen auf die digitale Photographie hat die Zahl der auf schönen Strecken mit Kamera Laufenden erheblich zugenommen. Diesem Umstand sind die zahlreichen Bilder auf Läuferwebseiten zu verdanken. Die Zahl der Kameras unterwegs ist ein Zeichen für die Erlebnisqualität eines Ultralaufs. Man geizt nicht mit den Sekunden oder Minuten. Allerdings können Kompaktkameras Bewegungsunschärfen von Läufern nicht immer vermeiden.

Wer gewöhnt ist, einen **Pulsmesser** zu tragen, wird ihn auch beim Ultralauf anlegen. Notwendig ist er nicht. Ich bin überzeugt davon, daß das eigene Körpergefühl ein besserer Wertmesser ist. Ein Ultramarathon erfordert mehr als kürzere Strecken Sensibilität für den eigenen Körper. Wer sich auf Geräte verläßt, versäumt die Chance, ein verläßliches Körpergefühl zu entwickeln.

Auf eine **Uhr** zu verzichten, ist zwar in der Geschichte des Ultramarathons auch schon vorgekommen, aber puristisch muß man nicht unbedingt sein.

Was immer man anzieht oder mitnimmt: Nichts – wirklich in keinem Fall! – an sich tragen, was man nicht zuvor im Training laufend, nicht nur gehend, erprobt hat! Auf meiner Trainingsrunde begegne ich gelegentlich Läufern, die mit einem Rucksack laufen – dies in einem Verdichtungsgebiet, wo man ein paar Ecken weiter sich etwas zu trinken kaufen kann. Doch ich weiß: Aha, ein Ultraläufer..., der Laufen mit Rucksack trainiert!

MERKZETTEL

- Mit einer Ausrüstungsliste vermeidet man, daß man Kleidungsstücke oder Gegenstände wie den Chip oder eine Kopfbedeckung vergißt.
- Ultraläufer legen am besten mehrere Ausrüstungslisten an, die jeweils auf einen Laufveranstaltungstyp und auf verschiedene Wetterlagen zugeschnitten sind.
- Bekleidung in Rucksäcken oder Läufertaschen, die man transportieren läßt, sollte man in einem Kunststoffbeutel verpacken, da Rucksäcke und Taschen in der Regel nicht wasserdicht sind. Möglicherweise wird das Gepäck am Ziel im Freien gelagert (Rennsteiglauf).
- Grundsatzfragen vorher klären, zum Beispiel: Schuhe wechseln ja oder nein?

„Wenn Sie Ihre Ziele unrealistisch ansetzen, gehen Sie kaputt."

Harry Arndt,
Ehrenpräsident der Deutschen Ultramarathon-Vereinigung

15

Technik und Taktik

Der Wettkampftag ist gekommen. Die Voraussetzungen lassen sich nicht mehr ändern – das Training ist gelaufen. Wie immer man an den Start geht – jetzt gilt es, das Beste daraus zu machen. Wie immer man sich fühlt – kein Grund, nervös zu werden. Oder aber, wenn einen das Startfieber gepackt hat, wie wohl jeden, der erstmals einen Ultralauf bestreitet, dann sollte man, so merkwürdig das auch klingt, das Lampenfieber richtig genießen. Du stürzt dich in ein Abenteuer; die Spannung davor gehört bereits zum Erlebnis. Ob du gut geschlafen hast oder schlecht, ist halb so wichtig. Beim Laufen wirst du erst einmal munter; was dann im letzten Drittel passiert, muß dich jetzt nicht bekümmern. Auch wenn du gut geschlafen hast, kann dich dennoch urplötzlich Müdigkeit befallen. Das kann mit der für die jeweilige Tageszeit ungewohnten Leistungsanforderung zusammenhängen oder bereits ein Symptom einer Unterzuckerung (Hypoglykämie) sein.

Wer die halbe Nacht wachgelegen hat, weil er möglicherweise mit anderen in einer Sporthalle untergebracht war, sollte das gelassen hinnehmen. Die meisten Menschen, die sich nach einer durchwachten Nacht ‚kaputt' fühlen, haben sich das selbst zuzuschreiben. Sie haben verzweifelt versucht, schlafen zu ‚wollen'. Verständlich, weil sie sich vom Schlaf Stärkung für den Lauf erhoffen. Doch mit dem Willen erreicht man häufig genau das Gegenteil. Man ist verkrampft. Wer schon nicht schlafen kann, sollte sich damit zufrieden geben: Erholung stellt sich auch dann schon ein, wenn man entspannt daliegt. Die für die Leistung notwendigen Tiefschlafphasen hat man in den Nächten vor der letzten Nacht gehabt.

Ist der Start erst abends, bietet sich vorher vielleicht noch eine Gelegenheit, etwas zu schlafen. Es gibt in dieser Beziehung Naturtalente, die immer und überall ein Nickerchen halten können. Wer das nicht kann, mag sich damit trösten: Der gesunde Mensch schläft, wenn er müde genug ist – selbst wenn dies erst einmal drei durchwachte Nächte kostet. Mit meditativen Techniken läßt sich Entspannung erleichtern und der Leistungswille durch Autosuggestion verstärken. Wunder – das mag diejenigen trösten, die keine Psychotechnik parat haben – kann keine Übung bewirken. Lauftraining läßt sich durch Psychotechnik nicht ersetzen. Und Psychotraining macht niemanden schneller. Allerdings lassen sich Krisensituationen besser bewältigen, wenn man psychologische Mechanismen kennt. Nicht nur das: Ihnen kann sogar das Finish zu verdanken sein.

Ich bin versucht gewesen zu schreiben: Gelassenheit ist eine gute Startvorbereitung. Doch etwas Aufgeregtheit gehört zum Start. Das Nebennierenhormon Adrenalin mobilisiert uns; der Start wird als Erlösung empfunden. Der Drang, endlich laufen zu dürfen, scheint in eine Bewegungsexplosion zu münden. Daraus ergibt sich die Gefahr, vom Start weg zu schnell zu laufen.

Hektik im Startfeld bringt jedoch nichts; der Läufer erschöpft sich in blindem Aktionismus, anstatt seine Aktivität zielgerichtet dem Lauf zuzuwenden. Deshalb ist es gut, die Anreise zu einer Veranstaltung so zu terminieren, daß man in aller Ruhe seine Startnummer holen, sich umsehen, mit dem einen oder anderen reden kann und noch Zeit hat, sich zu sammeln, ob das nun eine Stunde Schlaf, eine Meditationsübung oder einfach eine Weile Ruhe bedeutet. Ein festes Ritual, nämlich die immer gleiche Art, sich auf den Lauf vorzubereiten, erleichtert den Start. In dieses Ritual kann man die Entleerung der Blase einbauen wie das Prüfen der Schuhschnürung.

So wie man bei Bekleidung und Ausrüstung für den Wettkampf nichts Neues ausprobieren, sondern auf bereits Bewährtes setzen sollte, muß man sich auch vor kurzfristigen Änderungen der Ernährungsgewohnheiten hüten. Sonst kann man böse Überraschungen erleben. Drei Stunden vor dem Start zu frühstücken, wird nicht immer möglich sein; ein späteres Frühstück ist jedoch beim Ultralauf kein Unglück. Findet der Start abends statt, sollte die letzte Mahlzeit auf jeden Fall spätestens drei Stunden vorher eingenommen werden. Keinesfalls sollte man dem Irrglauben verfallen, in Anbetracht der zu vollbringenden Leistung besonders viel essen zu müssen. Zurückhaltung ist angebracht. Das gilt auch für das Trinken. Wer kurz vor dem Start noch becherweise Flüssigkeit tankt, wird dies durch Behinderung beim Laufen büßen müssen. Die jahrelange Trinkhysterie von Ärzten, Trainern und Getränkeproduzenten hat in dieser Beziehung manches Unheil angerichtet.

Die Stunde des Starts rückt näher. Das fast schon rituelle Einreiben in den Umkleideräumen hat sich beim Ultralauf im Laufe der Jahre erheblich reduziert. Es hat sich herumgesprochen, daß man die Durchblutung der Beinmuskulatur nicht eigens fördern muß; dafür sorgt schon das Laufen. Dagegen werden empfindliche Hautstellen, die man sich wundreiben könnte, gesalbt. Ich habe immer Vaseline dazu verwendet, andere schwören auf Hirschtalg oder Melkfett. Neuralgische Stellen sind die Brustwarzen; wer empfindlich gegen Reibung ist, klebt sie mit Heftpflaster zu. Auch die Analfalte sollte vorbeugend durch eine Fetteinreibung geschützt werden, damit man sich nicht einen Wolf (Intertrigo) läuft. Wer kräftige Oberschenkel hat, die gegeneinander reiben, sollte auch hier Fett anbringen. Ursache der Reibung könnten auch Fehler des Laufstils sein; doch da es jetzt zu spät ist, diese zu korrigieren, hilft nur die Vorbeugung gegen Wundlaufen. Kritische Stellen am Fuß, insbesondere an den Zehen, werden mit Verbandsstreifen (ohne Mull!) bedeckt. Diese können auch schon lange vor dem Lauf angebracht werden, damit sich erst gar keine Druckstellen bilden können. Der Fuß wird dagegen in der Regel nicht eingecremt – das würde ihn nur weich machen, wir brauchen aber unempfindliche Füße. Eine Ausnahme besteht allerdings bei Regen: Hier könnte das Eincremen die Bildung von Blasen verhindern. Bei Regen sollte man auch daran denken, die Augenbrauen einzucremen, ebenso bei Hitze. Dann verhindern sie wenigstens zum Teil, daß Regen- oder Schweißtropfen in die Augen rinnen. Eventuell können auch Lippen und Oberlippe durch Salbe geschützt werden. Es gibt dafür spezielle Präparate.

Es versteht sich, daß man seine Kräfte, genauer gesagt seine Kohlenhydrate, nicht durch Warmlaufen verschwendet. Zum Warmlaufen bietet die Ultrastrecke Gelegenheit genug. Die Gymnastik mitzumachen, die auf manchen Veranstaltungen vor dem Start geboten wird, ist ebenfalls nicht ratsam. Stretching ist nach dem Lauf angebracht, sofern man dann noch Lust dazu hat. Die Meinungen über das Dehnen sind in der Laufszene noch immer geteilt. Sehr viele Ultraläufer verzichten auf das Dehnen. Nach dem Lauf kann es zweckmäßig sein. Vor dem Start ist es auf jeden Fall unangebracht.

Bei der Startaufstellung sollte man seine Möglichkeiten realistisch einschätzen. Wer sich an schnelle Läufer hängt und meint, mit ihnen entkomme er am besten dem dichten Feld, das einen vielleicht behindert, muß den Kraftaufwand und die Aktivierung des Kohlenhydratstoffwechsels teuer bezahlen. Nichts spricht dagegen, sich am Startplatz in seiner Umgebung durch Umfragen zu orientieren: „Welche Zeit hast du vor?“ Bei großen Teilnehmerzahlen, wie in den 1980er Jahren in Biel, ist es üblich geworden, daß der Veranstalter eine Gruppierung in Startblöcke vornimmt. Daran sollte man sich in seinem eigenen Interesse halten. Sicher ist es zunächst leichter, sich in einem stark besetzten Lauf durch rasches Vorankommen Ellbogenfreiheit und Übersicht zu verschaffen. Doch das darf nicht zu Lasten der Laufökonomie gehen. Normalerweise wird die Energie von Anfang an etwa jeweils zur Hälfte aus dem Kohlenhydrat- und dem Fettstoffwechsel bezogen. Ein flotter Start geht jedoch immer zu Lasten des Kohlenhydratverbrauchs; man bringt sich damit also um die wichtigsten Ressourcen.

Der Adrenalinschub beim Start und vielleicht auch die Stimulation durch Zuschauer und die Atmosphäre verleiten dazu, sich bereits am Anfang eine bessere Position erkämpfen zu wollen. Laß dir gesagt sein: Du hast dazu noch 90 Kilometer lang Gelegenheit. Diejenigen, die jetzt voranpreschen, holst du vielleicht in ruhigem Trab bei Kilometer 60 oder 70 ein. Wenn nicht, dann sind sie womöglich wirklich so gut, und du hast recht daran getan, dich nicht an ihre Fersen zu hängen. Benimm dich wie ein soziales Wesen! Laß einen Überholweg frei. Bei größeren Veranstaltungen gibt vielleicht der Organisator vorher bekannt, ob links oder rechts überholt werden soll. Überhole nie nur um des Überholens willen, und allein dann, wenn dies ohne zusätzlichen Krafteinsatz möglich ist! Im allgemeinen vollzieht sich der Start beim Ultramarathon bei weitem nicht so hektisch wie beim Marathon. Dazu hat die zunehmende Erfahrung der Ultraläufer beigetragen.

Da die ersten Kilometer dem Einlaufen dienen, sollte man dabei langsamer laufen als später geplant. Je nach Trainingszustand wird dies für den Ultramarathon etwa eine Minute je Kilometer langsamer sein als die Geschwindigkeit beim Marathon. Zum Einlaufen sollte man nochmals etwa 30 Sekunden je Kilometer unter der geplanten Laufgeschwindigkeit bleiben. Das Gefühl, mit angezogener Handbremse zu laufen, wird sich legen. Ein gemächlicher Start zahlt sich für durchschnittliche Läufer, erst recht für Erst-Ultraläufer, später aus.

Wer zum erstenmal an einem 100-Kilometer-Lauf teilnimmt, sollte auf ‚Ankommen‘ laufen und nicht schon versuchen, eine bestimmte Zeit zu erreichen. Eine Zeitvorstellung kann man zwar haben, aber sie sollte nicht die Laufgeschwindigkeit diktieren. Wer in der zweiten Streckenhälfte, und nicht früher, erkennt, daß er unter seinen Möglichkeiten geblieben ist, kann im letzten Drittel noch immer versuchen, sein Tempo zu erhöhen, wenn er sich dazu in der Lage fühlt. Wer in der ersten Hälfte für sein Empfinden zu langsam unterwegs war, muß das nicht bereuen. Denn die geringere Geschwindigkeit hat ja erst dazu beigetragen, daß er sich in der zweiten Hälfte noch gut fühlt.

Beim gemeinsamen Lauf mit anderen sollte man sorgsam prüfen, ob die Gruppe tatsächlich dieselbe Laufgeschwindigkeit hat wie man selbst. Auf keinen Fall sollte man sich dazu verführen lassen, schneller zu laufen als gewollt. In diesem Fall muß man die schnellere Gruppe ziehen lassen.

Je nach Trainingszustand sollte sich jeder Läufer vor dem Start eine Strategie zurechtgelegt haben, zum Beispiel grundsätzlich jede Steigung im Gehschritt zu nehmen oder nach soundsoviel Laufkilometern immer eine Gehpause einzulegen. Er sollte dann allerdings darauf achten, die selbst gesetzten Regeln auch zu befolgen, und nicht ins Bummeln verfallen.

Die mentale Strategie bei einem 100-Kilometer-Lauf besteht in der Dreiteilung der Strecke: Im ersten Drittel muß man – ich rede nicht von Spitzenläufern – laufend gedanklich nicht beim Laufen sein; man läuft überwiegend dissoziativ, denkt also an alles Mögliche oder an gar nichts. Möglicherweise kommt ein Ultramarathonläufer ungefähr bei Kilometer 30 in ein Tief, zumal wenn er, wie in Biel, nachts läuft. Ein solcher Zustand ist jedoch, wenn man ‚vernünftig' gelaufen ist, kein physischer Einbruch, sondern eine psychische Krise. Mancher stellt sich vielleicht die ‚Sinnfrage': Was tue ich hier? Auf diese erste Krise oder den Anflug dazu sollte man mental vorbereitet sein.

Im zweiten Drittel wird dann gelaufen. Damit will ich sagen: Man läuft noch immer entspannt und macht Kilometer. Dabei kann es zu einem psychologischen Laufphänomen kommen: dem Tunnelblick, bei dem nur noch das Laufen zählt. In dieser Situation kann es bei einem Landschaftslauf geschehen, daß Markierungen nicht beachtet werden und ihr Fehlen nicht weiter auffällt. So kann es passieren, daß man sich verläuft. Die Regel der Veranstalter lautet hier: Rückkehr bis zu dem Punkt, den man fälschlich verlassen hat. Nach strenger sportlicher Regel, die zum Beispiel beim Spartathlon angewandt wird, darf auch für die irrtümlich zurückgelegte Strecke kein Fahrzeug zur Rückkehr auf die Strecke benutzt werden.

Die Einschränkung der Wahrnehmung, vielleicht noch verstärkt durch die Monotonie der Strecke, kann dazu führen, daß einfache Sicherheitsregeln nicht beachtet werden, zum Beispiel beim Überqueren von Straßen oder das Rot einer Verkehrsampel. Dazu kann es gerade im zweiten Streckendrittel kommen, wenn der Athlet sich ganz auf das Laufen konzentriert.

Eine weitere Folge des ‚innerlichen Abschaltens' und ‚Laufenwollens' kann sein, daß man sich über eine Anweisung hinwegsetzt. Wer am Ende des Feldes ist und ein Zeitlimit nicht beachtet hat, wird wahrscheinlich von einem Kontrolleur darauf hingewiesen, daß er aus dem Rennen genommen werden muß. Mit Sicherheit kommt es darüber zu Konflikten. Zwar gibt es immer wieder Fälle, in denen ein Läufer ein Durchgangslimit nicht beachtet, sich seiner Disqualifikation widersetzt und dann doch noch das Ziel innerhalb der Zielschlußzeit erreicht. Aber ein solcher Athlet muß sich im klaren darüber sein, daß er durch die Nichtbeachtung einer Weisung seine Wertung gefährdet hat.

Der Tunnelblick, das Laufenwollen um jeden Preis, hat eine physiologische Ursache, auf die der Neurologe und Radiologe Dr. med. Wolfgang Freund (Universität Ulm) beim 2. Trans-Europe-Footrace von Süditalien bis fast zum Nordkap gestoßen ist. Bei dem 64tägigen Lauf im Jahr 2009 wurde eines der wenigen mobilen Kernspingeräte mitgeführt. Die Spintographien der Läufer haben ergeben, daß ihre Körper während der Anstrengung dem Gehirn Energie entziehen. Das Hirnvolumen ging laut Freund während des Laufens kontinuierlich um insgesamt sechs Prozent zurück: Die Hirnmasse habe signifikant abgenommen, aber auch verstärkt in einzelnen Regionen, und zwar im Schläfenlappen und im Hinterhaupthirn. Das seien Gebiete, in denen komplexere akustische, sprachliche und optische Verarbeitung stattfinde. „Während eines solchen Laufes geht es um Durchhalten und den Umgang mit Schmerzen, um ausreichend Essen und anschließend um Ausruhen und Schlafen. Tagsüber gab es mit der Straße ein graues Asphaltband, auf dem zu bleiben die größte Anforderung war. Anscheinend wurden bestimmte komplexe visuelle und andere Fähigkeiten nicht gebraucht, der Körper nahm sich von diesen nicht benötigten Hirnarealen die Energie und setzte sie an anderer Stelle ein. (...) Hinweise auf akute Schädigungen des Gehirns, also Hirnödeme (Anm.: Wassereinlagerung) und Diffusionsstörungen (Anm.: Störungen des Nährstofftransports), haben wir bei keinem Läufer gesehen", erklärte Freund. Das sei ein Hinweis darauf, daß auch extreme Langstreckenläufe bei entsprechend gutem Trainingszustand keine Gefahr für das Gehirn bedeuteten. Eine Untersuchung acht Monate später ergab, daß der Rückgang des Hirnvolumens wieder ausgeglichen war.

Grundsätzlich vergrößert Ausdauersport, ebenso wie Kampfsport, bestimmte Hirnareale, wie Mediziner der Universität Bochum herausgefunden haben. Sie haben an 13 Ausdauersportlern, vor allem Marathonläufern und Triathleten, sowie an 13 Kampfsportlern, vor allem Judoka und Karateka, die Gehirne mit Hilfe der Kernspintomographie untersucht. „Bei den Ausdauersportlern fanden die Forscher der Uni Bochum sogar in zwei Hirnregionen, dem SMA (Anm.: dem Supplementären motorischen Areal) und dem Hippocampus, mehr graue Substanz als bei den Nichtsportlern", erklärte der Leiter der Studie, Professor Dr. med. Tobias Schmidt-Wilcke.[41]

Eine frühere Untersuchung habe gezeigt, daß schon Walking zu einer Zunahme des Hippocampus-Volumens führe und das Langzeitgedächtnis fördere. Unklar ist noch, ob die kernspintomographisch erfaßten Veränderungen von einem Zellwachstum herrühren oder vielleicht von einer stärkeren lokalen Durchblutung.

Zurück zur Strecke: Im letzten Drittel wird gekämpft. Dann kommt der Läufer in ein Stadium, das beim Marathon etwa bei Kilometer 32 beginnt. Spätestens jetzt fällt es schwer, voranzukommen. Die Ermüdung hat sich schon dadurch bemerkbar gemacht, daß sich die Schrittlänge verkürzt. Vielleicht unbewußt hat man dem seit einer Weile durch eine höhere Schrittfrequenz gegengesteuert. Jetzt gilt es, sich mental zu aktivieren (psychologische Hilfen sind in Kapitel 11 dargestellt). In Biel liegt jetzt der Ho-Chi-Minh-Pfad hinter einem.

Es ist sinnlos, eine Hochrechnung auf die Schlußzeit vorzunehmen, bevor man dieses kritische Stadium erreicht hat. Die Einteilung des 100-Kilometer-Laufs in drei Abschnitte mit unterschiedlich betonter mentaler Grundeinstellung ist das Normale. Sollten sich Verschiebungen ergeben haben, ist noch nichts verloren. Beginnt die ‚Kampfphase' früher, wird die verbleibende Strecke schwerer. Beginnt sie später, kann man sich auf die Schulter klopfen und versuchen, seine Leistung zu steigern.

Bei der Vorbereitung auf den Lauf dürfte sich ein Teilnehmer auch die Angaben über die Verpflegung angesehen haben. Es ist hilfreich, bereits vorher zu wissen, was man wo essen und trinken wird. Das schließt zwar spontane Entscheidungen am Verpflegungstisch nicht aus; aber man sollte nicht erst vor dem

41 Vorgetragen auf der 57. Wissenschaftlichen Jahrestagung der Deutschen Gesellschaft für Klinische Neurophysiologie und funktionelle Bildgebung 2013 in Leipzig.

Tisch damit anfangen zu überlegen, was man zu sich nehmen möchte. Denn das kostet Zeit. Insbesondere Erst-Ultraläufer sollten es sich zur Regel machen, an jedem Verpflegungsstand oder nach jeder Stunde mindestens einen Bissen fester Nahrung zu sich zu nehmen, um dadurch einer Hypoglykämie (Unterzuckerung) vorzubeugen.

Ultralangläufer der Mittelklasse haben einen ausgeprägt ökonomischen Laufstil an sich: Sie heben die Füße nur wenig vom Erdboden. Auf Hartbelag ist das kein Problem. Auf unebenem oder aufgeweichtem Gelände kann man damit leicht ins Stolpern kommen. Ein Erlebnis beim Swiss Alpine: Den Abstieg vom Scalettapaß über den steinigen Bergweg hatte ich gut hinter mich gebracht und auch den Weg durchs Dischmatal. Nun hatte ich den Abschnitt, der schon die Nähe von Davos erkennen ließ, erreicht. Genau hier, auf dem bequemen Weg, auf dem üblicherweise Kinderwagen geschoben werden, stolperte ich, stürzte und rutschte über den Kies. Der Sturz wenige Kilometer vor dem Ziel läßt sich allein damit erklären, daß ich mich zuvor, offenbar unbewußt, ganz auf die Wegbeschaffenheit konzentriert hatte. Auf dem bequemen Spazierweg hatte ich, ebenso unbewußt, diese Konzentration aufgegeben; eine winzige Unebenheit genügte, mich zu Fall zu bringen. Erfahrene Läufer werden von ähnlichen Zwischenfällen berichten können.

Der ökonomische Ultrastil, der Schlappschritt, hat also seine Tücken. Er trägt allerdings dazu bei, daß der Aufprall des Fußes, der beim Marathon das Drei- bis Vierfache des Körpergewichts beträgt, sehr viel sanfter ausfällt. Kritiker des Ultramarathons, die das Ultralaufen für eine zu hohe Gelenkbelastung halten, übersehen diesen sparsamen Schritt nicht selten. Den Puristen des Laufstils ist der Ultralauf wegen des Schlurfstils, wie er von manchen verächtlich genannt wird, ein Greuel. Nicht zuletzt deshalb hatte es der Ultramarathon bei den Vertretern der reinen Lehre, mag es sie auch erst seit höchstens 1896 geben, so schwer. Meisterschaften im Ultralauf hat erst die Deutsche Ultramarathon-Vereinigung durchgesetzt.

Bei diesem kraftsparenden Stil muß man daran denken, daß wenig Kraft auch geringe Hebelwirkung und damit eine geringere Schrittlänge ergibt. Es gilt also schon beim Training, auf eine Optimierung zu achten: wenig Krafteinsatz und dennoch keine zu kurze Schrittlänge. Erst recht jedoch keine zu lange. Wer beim Wettkampf noch unsicher ist, muß sein Augenmerk ganz darauf richten, ökonomisch zu laufen, die Schrittlänge also zu vernachlässigen (zu groß ist sie in diesem Fall wegen der Ökonomisierung nicht).

Zur Technik des Ultralanglaufs gehört, kein überflüssiges Risiko einzugehen. Das gilt insbesondere für das Bergablaufen. Sprünge können verhängnisvoll sein. Der Aufprall ist erheblich härter als beim Ultra-Schlappschritt. Mit zunehmender Ultra-Erfahrung wird man selbst beurteilen können, ob man sich ein Hinunterspringen im letzten Teil des Wettkampfes leisten kann. Bei starkem Gefälle kann es zweckmäßig sein, das Schwergewicht bewußt nach hinten zu legen, damit die Knie entlastet werden.

Wenn man Erst-Ultraläufern rät: „Vorsichtig laufen!", bedeutet das konkret: Bei Schwierigkeiten konzentriert laufen. Nach der Theorie des Sportpsychologen William Morgan kann dies als assoziatives Laufen bezeichnet werden, weil sich der Läufer völlig mit der Strecke assoziiert und kaum einen anderen Gedanken hat als: Wo lande ich mit dem nächsten Schritt? Assoziatives Laufen sollte allerdings, zumal von unerfahrenen Ultras, nicht auf der gesamten Strecke praktiziert werden. Damit würde man es sich mental unnötig schwer machen.

Die Ultralangstrecke kann – das sei abermals betont – nicht allein mit Technik bewältigt werden. Andererseits kann ein Läufer psychisch nicht mehr viel ausrichten, wenn sein Körper einfach schlapp macht. Daher ist es schon in der Vorbereitung wichtig, seine Ziele mit den physischen Voraussetzungen in Übereinstimmung zu bringen. Harry A. Arndt, der Ehrenpräsident der DUV, hält das – so sagte er, nachdem er die 100 Kilometer in Vogelgrün in 7:01 Stunden gelaufen war – für eine der wichtigsten Bedingungen: „Wenn Sie Ihre Ziele unrealistisch ansetzen, gehen Sie kaputt, und Sie werden nie zufrieden sein. Ich hätte mir ja auch das Ziel setzen können: ‚Du versuchst mal, 7:00 oder drunter zu laufen'; ich hätte dann den ganzen Wettkampf verbissen gemacht und überhaupt keine Freude dabei empfunden. Und hinterher wäre ich enttäuscht gewesen, wenn ich mein Ziel nicht erreicht hätte. Es ist wichtig, daß man, wenn man einmal unter optimalen Bedingungen eine optimale Leistung erzielt hat, das nicht als Grundlage nimmt und sich sagt ‚Das nächstemal will ich noch besser sein.' Ich habe mir für meinen Lauf mit 7:01 folgende Skala von Zielen gesetzt: Erst einmal wie immer überhaupt durchzukommen, das andere Minimalziel: unter 8 Stunden zu laufen. Das dritte Ziel war die persönliche Bestzeit; ich war vorher die 100 Kilometer in 7:36 Stunden gelaufen. Das nächste Ziel war der Vereinsrekord, der stand auf 7:35; das andere Ziel: Kreisbestzeit, die war 7:31. Eine schöne Marke ist: 7:30. Das waren realistische Ziele. Dann ging's weiter: Hessische Bestleistung war 7:19. Dann kam ein Rekord über 7:14. Das war schon ein utopisches Ziel. In der Ausschreibung von Vogelgrün stand drin: Seniorenrekord für Läufer über vierzig Jahre 7:03. Das war meine Skala von Minimal- zu Maximalzielen.

Ich wäre zufrieden gewesen, wenn ich die beiden ersten Ziele erreicht hätte. Jetzt sind meine Erwartungen in allem übertroffen worden."

Eine realistische Zielsetzung erleichtert die Planung und die Motivation. Wer die 100 Kilometer zum erstenmal läuft, tut gut daran, ohne Zeitplan oder nur mit einem groben Raster zu laufen. Die 100 Kilometer einfach durch eine bestimmte Laufgeschwindigkeit zu teilen, ergibt eine Milchmädchenrechnung. Auch Spitzenläufer unterliegen Schwankungen der Laufgeschwindigkeit. Dafür sorgt schon die Streckenbeschaffenheit. Insofern sind die üblichen Marschtabellen, die von Serge Cottereau und Manfred Steffny verbreitet worden sind, unrealistisch. Bei einer ganzen Anzahl sehr guter Läufer habe ich ein Nachlassen der Laufgeschwindigkeit um 10 bis 25 Prozent beobachtet. Da waren ungewöhnliche Laufstrecken wie die alpinen Passagen des Swiss Alpine noch nicht einmal berücksichtigt.

Ein erfahrener Durchschnittsläufer kann die zweiten 10 Kilometer fast auf die Sekunde genau so schnell laufen wie die ersten 10 Kilometer; vielleicht klappt es auch noch bei den dritten 10 Kilometern. Spitzenläufer halten diese Gleichmäßigkeit auf einer nicht zu schwierigen Strecke bis zu etwa 50 Kilometer durch. Danach jedoch kommt es in aller Regel zu Verzögerungen. Das sollte diejenigen, die zum erstenmal einen Ultramarathon laufen, bescheiden werden lassen.

Kehren wir auf die Strecke zurück, zu unserem ersten Ultramarathon! Bereits beim Training haben wir die Wettkampfstrecke strukturiert. Da viele Erst-Ultraläufer in Biel starten, wählen wir diese 100-Kilometer-Runde als Beispiel einer Strukturierung. Auf dem ersten Streckenabschnitt durch die Stadt Biel laufen wir uns ein, wobei wir darauf achten, daß uns das Publikum nicht zu überhöhter Geschwindigkeit antreibt; danach heißt unser Ziel Aarberg (km 17). Wir haben unsere Position im Feld gefunden, wir genießen es zu laufen. Falls wir eine Fahrradbetreuung organisiert haben, bietet sich eine Zäsur nach dem Ort Lyss an, wenn die Fahrradbetreuer zu uns stoßen. Nun laufen wir auf das Ziel des ersten Streckenabschnitts zu, Oberramsern (km 38). Der nächste kleine Abschnitt ist der bis zur Marathonmarke; sie gestattet uns einen Leistungsvergleich mit unserer Marathonzeit und damit die Prüfung, ob wir wirklich langsam genug gewesen sind. Hohen Motivationswert hat das Erreichen von Kirchberg (km 56). Es folgt der berüchtigte Ho-Chi-Minh-Pfad, den wir bis Kilometer 65 zurückgelegt haben. Das nächste Ziel ist Bibern (km 76,5). Wir laufen zum Aare-Nidau-Kanal. Der letzte Abschnitt sind dann die 10 Kilometer bis zum Ziel in Biel. Vielleicht haben wir vorher schon ans Ziel gedacht; aber Prinzip sollte immer sein, erst einmal die nächste selbstdefinierte Zäsur zu erreichen.

Hat man schon einmal aus der Geographie einen Maßstab bezogen, fällt der Lauf leichter. Eine bekannte Strecke wirkt allemal kürzer als eine, die man zum erstenmal läuft. Daher ist der erste Ultra eine besondere Herausforderung. Er ist aber auch, genau wie der erste Marathon, ein besonderes, in dieser Form unwiederholbares Erlebnis.

Nach der ersten Hälfte solltest du bei deinem ersten Ultra noch relativ frisch sein, jedenfalls hoch motiviert, den Lauf fortzusetzen. Vielleicht gibst du in Kirchberg die Taschenlampe und nicht mehr benötigte Kleidung ab. Hier ist auch eine gern in Anspruch genommene Massagestation. Darüber, ob du dich massieren lassen solltest, hast du wahrscheinlich vorher schon nachgedacht. Ich selbst rate davon ab. Eine Massage bringt zwar ein unerhörtes Wohlgefühl, aber die Wirkung hält nicht lange an. Zudem kostet sie relativ viel Zeit. Ich halte eine Massage erst nach dem Zieleinlauf und dem Duschen für angebracht, aber nicht vorher. Dennoch, es gibt Läufer, die von einer Steigerung des Wohlbefindens durch die Massage unterwegs berichten; die Massage habe ihnen geholfen, sagen sie. Also ist es wohl besser, wenn du deine eigenen Erfahrungen sammelst.

Es ist völlig in Ordnung, an Verpflegungsstationen im Gehschritt zu trinken und zu essen. Aufhalten sollte man sich nicht, erst recht nicht hinsetzen. Der Wiederantritt bereitet sonst unnötig Mühe. Eine Ausnahme ist, wenn man sehr lange unterwegs ist und das dringende Bedürfnis nach einer Sitzpause hat. Das sollte jedoch nicht vor km 80 der Fall sein. Eine physiologische Erholung kann in der kurzen Pausenzeit eines Ultramarathons allerdings nicht eintreten.

Der Weg entlang der Emme, der Ho-Chi-Minh-Pfad, ist der schwierigste Abschnitt des Bieler 100-Kilometer-Laufs. Der Pfad ist schmal, uneben und von schlechter Beschaffenheit. Auf diesem Abschnitt sollte man, wenn es nicht unbedingt sein muß, von Überholvorgängen absehen. Das schwierige Stück mit Sturzgefahr ist jedoch nur wenige Kilometer lang.

Möglicherweise wird sich auf dem letzten Drittel der Strecke eine Krise einstellen. Es läuft nicht mehr rund wie auf der ersten Hälfte. Die meisten Bieler Teilnehmer haben vornehmlich zwischen 70 und 80 Kilometern einen Einbruch; das gilt, versteht sich, auch auf anderen 100-Kilometer-Strecken. Was tun in der Krise? Zunächst einmal sollte man sie als etwas Normales ansehen. Wahrscheinlich bewältigt man sie leichter, wenn man auch im Training immer wieder an den Punkt gekommen ist, von dem an man nicht mehr laufen mochte und dennoch weitergelaufen ist. Wenn der Einbruch nicht allzu schwer scheint, sollte man versuchen, ein wenigstens kurzes Stück schneller zu laufen. Das kann sowohl zu einer körperlichen Aktivierung als auch zu mentaler Aktivierung führen. Falls sich die Gelegenheit ergibt, sich einem anderen Läufer oder einer Laufgruppe anzuschließen, sollte man sie wahrnehmen. Das gemeinsame Laufen in der eigenen Laufgeschwindigkeit hilft. Doch sollte man sich von der Gruppe oder dem Laufpartner alsbald lösen, wenn diese Übereinstimmung nicht mehr besteht. Eine Orientierung allein an den eigenen Möglichkeiten wird bei einem Wettbewerb nicht als unsozial wahrgenommen.

Einen Erholungseffekt bringt es, wenn man in den Gehschritt fällt. Das sollte geplant und limitiert geschehen. In der Frühzeit der Laufbewegung galt es als Schande, wenn man im Training oder im Wettbewerb nicht mehr lief, sondern in den Gehschritt fiel. Dieses Vorurteil ist unter dem Eindruck schwieriger Strecken wie Bergläufen und Ultrabergläufen verschwunden. Physiologisch bedeutet der Gehschritt im Training keineswegs, daß damit kein Trainingseffekt erzielt werde. Wer während des Wettbewerbs im Schritt geht, sollte die Gehstrecke von vornherein beschränken. Er sollte sich also vornehmen, beispielsweise einen Kilometer zu gehen und dann, wenn die Streckenbeschaffenheit es zuläßt, wieder zu laufen. Eine unlimitierte Streckenlänge beim Gehen führt nämlich allzu leicht dazu, daß man überhaupt nicht mehr läuft. Dies jedoch sollte nur die letzte Notlösung sein.

Es versteht sich, daß eine Distanz, die man zuvor noch nie oder nur selten zurückgelegt hat, zu einer starken Ermüdung führt. Training bedeutet, die Ermüdungsgrenze weiter hinauszuschieben. Du solltest nun auch diesen ersten 100-Kilometer-Wettbewerb als Training begreifen; du gewöhnst den Körper daran, eine längere Strecke als bisher üblich zu laufen. Der Körper protestiert; doch bisher hat er sich (fast) immer der Psyche unterordnen müssen. Warum sollte das diesmal nicht auch der Fall sein? Es gilt, das psychische Potential auszuschöpfen.

Deshalb also sollten in der Krise die psychologischen Möglichkeiten aktiviert werden. Ein Wechsel der Laufgeschwindigkeit wirkt der Monotonie – einer psychischen Ermüdungsursache – entgegen. Der Autor Bernd Heinrich, ein Zoologie-Professor, hat bewußt die Schrittlänge gewechselt. Möglich ist auch, mit anderen zu laufen. Das lenkt von den eigenen Empfindungen ab. Diese Ablenkung kannst du aber auch ohne die Hilfe anderer herbeiführen, indem du vom assoziativen Laufen zum dissoziativen Laufen wechselst. Mit anderen Worten: Du denkst nicht mehr an das Laufen, sondern an viele andere Dinge, so wie du das im Training ebenfalls bewerkstelligt hast. Manche Läufer lösen unterwegs berufliche Aufgaben. Unzählige Artikelanfänge, die für gewöhnlich die größte Hemmschwelle beim Konzipieren sind, habe ich während des Laufens formuliert. Vielleicht fallen dir auch Probleme ein. Alles ist jetzt recht, was dich vom mühseligen Laufen ablenkt. Wenn dir nichts einfällt, dann beobachte. Du kannst auch in der Nacht beobachten. Ein großer Teil des Ultra-Erlebnisses besteht im Erlebnis des Beobachtens.

Das Laufen, dieser stete Kampf mit der Herausforderung, ist zur Quälerei geworden. Du denkst daran, aufzugeben. Damit bist du nicht allein. In einer Regennacht in Biel, als wir 1980 durch eine kniehoch überschwemmte Unterführung wateten, dachte ich schon nach zwei Kilometern ans Aufhören. Ich habe es nicht getan. Es gibt Gründe, einen Lauf vorzeitig zu beenden, dann nämlich, wenn man sich verletzt hat, jeder Schritt eine Qual ist und schmerzfrei zu laufen nicht mehr möglich erscheint. Oder wenn abzusehen ist, daß man die Zielschlußzeit mehr als nur geringfügig überschreiten würde. Doch den Lauf zu beenden, nur weil das Laufen schwer fällt und es irgendwo weh tut, ist nicht zu akzeptieren. Denk' daran, wenn du in Versuchung gerätst.

Als ich das Laufen entdeckt hatte und mich durch die ersten Wettbewerbe kämpfte, habe ich versucht, die Krise im Wettkampf tiefenpsychologisch zu interpretieren. Nach meiner Meinung spielt sich ein kathartischer Prozeß ab: Es dämmert einem in der Krise, daß man nicht so gut ist, wie man vor dem Wettbewerb geglaubt hatte. Wer den psychologischen Durchblick hat, läßt sich davon nur vorübergehend niederdrücken. Er kämpft weiter und wird, mag es auch lange dauern, siegen. Die Katharsis, der innere Reifungsprozeß, wird bei den nächsten Ultramarathons Früchte tragen. Jeder weitere Ultramarathon ist ein Ultramarathontraining.

Erweisen sich alle diese Reflexionen als zu schwach, weiter zu traben, bleibt noch immer, weiter zu gehen. Niemand wird einen Finisher später danach fragen, welche Strecke er gelaufen und welche er gegangen ist. Gehen ist Bestandteil des Ultralaufs. In frühen Ausschreibungen von Ultraveranstaltungen im Ausland hat es geheißen: „Go as you please"; Franzosen sprechen vom style libre, vom freien Stil.

Sollte jemand seinen ersten Ultramarathon beendet haben, danach diesen Text lesen und den Kopf schütteln, weil er keine Krise hatte, gratuliere ich. In diesem Fall haben alle Voraussetzungen gestimmt, und die Balance zwischen Absicht und Realisierung ist vollkommen hergestellt worden. Auch das ist möglich, wenngleich nicht die Regel.

Wer auf den Bieler 100 Kilometern die letzte Steigung nach der Verpflegungsstation bei km 76 in ausreichender Durchgangszeit hinter sich gelassen hat, wird – in welcher Verfassung auch immer – das Ziel am Kongreßgebäude erreichen. Hat man seine Ressourcen nicht ausgeschöpft, ist es sogar möglich, auf den letzten 10 Kilometern die Laufgeschwindigkeit zu erhöhen. Die relative Nähe des Ziels führt zu Adrenalinausschüttungen, die einem helfen. Kann man das Ziel nur noch im Gehschritt erreichen, ist das kein Unglück. Man sollte dann allerdings darauf verzichten, auf den letzten fünfzig Metern zu einem Endspurt anzusetzen.

Nach dem Einlauf wird man in aller Ruhe trinken und, wenn möglich, etwas essen. Eine baldige Nahrungsaufnahme beschleunigt die Regeneration. Zu einem feudalen Siegesmahl sollte man sich nicht verleiten lassen; das Vermögen, Nahrung aufzunehmen, ist nach der Anstrengung eines 100-Kilometer-Laufs oder mehr sehr beschränkt. Wer am Samstagmorgen am Ziel in Biel angekommen ist, kann am Abend jedoch eine normale Mahlzeit zu sich nehmen, wird allerdings bemerken, daß der Appetit größer als der Hunger ist.

Am Ziel wird man es begrüßen, in der Lauftasche leichte Schuhe, Sandalen oder Badeschuhe vorzufinden, denn jetzt möchte man die Laufschuhe loswerden. Nach dem Duschen kann man sich, wenn man das Bedürfnis hat, unbesorgt einer entspannenden Massage anvertrauen. Sie kostet zwar nichts, aber ein Trinkgeld oder wie immer man eine Spende bezeichnen will, ist den Helfern, die stundenlang massieren, zu gönnen.

Grundsätzlich gilt: Die Laufstrategie sollte so eingerichtet werden, daß man in psychischem Gleichgewicht ankommt und auch am Ziel nicht frustriert stöhnt: „Nie wieder!“ Wer zufrieden ins Ziel läuft, hat eine unschätzbare Motivation für den nächsten Lauf gewonnen, der dann auch psychisch schon leichter fällt als der erste.

MERKZETTEL

- Auf die Nacht vor dem Start kommt es nicht an.
- Empfindliche Hautstellen salben!
- Etwas Aufgeregtheit gehört zum Start.
- Die ersten Kilometer zum Einlaufen nutzen!
- Beim erstenmal nur auf Ankommen laufen!
- Es gibt drei Stadien: Man läuft dissoziativ, man macht Kilometer, man kämpft.
- Der ökonomische Schlappschritt hat auch Tücken.

***„Die Ruhe der Natur ist ein Faktor,
der zur Stärkung der mentalen Kraft beiträgt.
Wenn du im Wald läufst, mußt du ständig das Tempo und den
Laufrhythmus ändern, um zum Beispiel Wurzeln auszuweichen.
Das verlangt permanente Wachsamkeit.
Genau wie im Wettkampf.“***

Lasse Viren,
finnischer Marathonläufer und vierfacher Olympiasieger, 1972

16

Wie der Körper mit Hitze und Kälte umgeht

Das Training für die lange Strecke verbessert die Anpassung an die Witterungsbedingungen. Unser Körper verfügt über ein System der Thermoregulation.

Die Körpertemperatur beträgt bekanntermaßen 37 Grad Celsius, mit Abweichungen von 0,5 Grad nach oben oder unten, bezogen auf die Kerntemperatur, nämlich der inneren Organe und Gewebe. Diese Kerntemperatur unterliegt dem circadianen Rhythmus und fällt zum Beispiel in der Nacht um 1 Grad Celsius ab. Dies ist bei nächtlichen 100-Kilometer-Läufen bei niedrigen Temperaturen zu berücksichtigen.

Der Normalwert bezieht sich auf den Ruhezustand. Beeinflußt wird er durch hohe Außentemperaturen und/oder durch Muskelarbeit. In der arbeitenden Muskulatur kann der Energieumsatz auf das Vierzigfache des Ruheumsatzes steigen. Der mechanische Wirkungsgrad der Muskulatur beträgt nur etwa 25 Prozent; die restlichen 75 Prozent der umgesetzten Energie werden als Wärme freigesetzt. Der Temperaturanstieg erhöht den Energieumsatz und steigert damit die Leistungsfähigkeit.

Die durch den Energieumsatz erzeugte Wärme kann die Kerntemperatur bis auf 41 Grad Celsius erhöhen. Diese Erhöhung ist abhängig vom Trainingszustand, vom Alter und von der Lufttemperatur. Sie hat mit Fieber nichts zu tun, sondern ist eine Arbeitstemperatur. Sie nimmt mitunter erst dann pathologischen Charakter an, wenn andere Faktoren wie Hitze und hohe Luftfeuchtigkeit dazukommen. In diesem Fall kann die körpereigene Wärme nur ungenügend an die Umgebung abgegeben werden. Die Kerntemperatur steigt dann bis zu den kritischen 42 Grad. Mögliche Folge ist ein Hitzschlag. Hitzschläge treten jedoch äußerst selten bei Läufern auf.

Eine Vorbeugung gegen eine zu starke Erhöhung der Kerntemperatur ist die Befeuchtung der Haut mit kaltem Wasser, insbesondere die Kühlung des Nackens mit einem Schwamm und das Eintauchen der Arme bis zu den Ellenbogen in einen Wassertrog. Auf der 100-Kilometer-Strecke von Biel bieten sich dazu, wenn es denn nachts ausnahmsweise warm sein sollte, die Steintröge an Bauernhäusern an. Gegen den Wasserstrahl aus dem Schlauch habe ich, wenn er auf den Oberkörper und damit auf die Herzpartie statt auf die Beine gerichtet ist, starke Bedenken. Zudem besteht die Gefahr, daß Schuhe und Socken durchnäßt werden und dadurch Probleme auftreten. Doch begegnet man dieser Situation bei Ultralangläufen weit weniger als beim Marathon.

Relativ neu ist eine Kühlweste namens Cooline. Diese nierenfreie Weste funktioniert laut einer PR-Information „nach dem gleichen Prinzip wie das Kühlsystem des menschlichen Körpers: Bei hohen Temperaturen bildet sich Schweiß, der verdunstet und dadurch auf der Hautoberfläche einen Kühleffekt auslöst. Diese Kühlung durch Wasserverdunstung macht sich das Cooline-Hightech-Material ebenfalls zunutze – es wird schnell und unkompliziert mit Wasser aktiviert und kühlt während des Tragens durch die Verdunstung des Wassers. Aufgrund dieses physikalischen Prinzips kühlt Cooline bei höheren Temperaturen stärker, bei niedrigen Temperaturen weniger stark.“ Läuferurteile über die Kühlweste und andere Cooline-Produkte sind positiv ausgefallen.

Da die Wärmeabgabe über den Kreislauf zur Hautoberfläche erfolgt, kann die Haut bei guter Durchblutung mehr Wärme abführen als bei schlechter. Die Durchblutung und damit die Wärmeabgabe ist am höchsten an den Extremitäten. Deshalb ist es unzweckmäßig, die Beine, die ja beim Laufen die muskuläre Hauptarbeit leisten und als erste Gliedmaßen Wärme entwickeln, vor dem Start mit einer durchblutungsfördernden Massage-Emulsion einzureiben.

Hat die Wärmebildung, individuell unterschiedlich, einen bestimmten Grad erreicht, setzt die Schweißsekretion ein. Der Zeitpunkt hängt von der Akklimatisation des einzelnen ab. Auch durch die Literatur geistert noch immer die Behauptung, der Verlust an Salz, an Spurenelementen wie insbesondere Kalium und an Elektrolyten müsse während des Wettkampfes ersetzt werden. Erfahrene Laufmediziner haben dies widerlegt. Dr. Dieter Kleinmann hält fest: „Überbewertet werden die Salzverluste mit dem Schweiß. Der Schweiß ist hypoton, d. h., es geht immer mehr Wasser als Salz verloren." Damit steigt die Salzkonzentration im Körper; diese würde man noch verstärken, wenn man Salz zuführen würde. Auch wenn Salz in Wasser aufgelöst wird, mindert dies die Salzkonzentration nicht erheblich. Eine Salzzufuhr belastet Nieren und Harnorgane nur unnötig. Zu den Läufer-Erfahrungen gehört auch, daß man um so weniger Salz ausschwitzt, je salzärmer die gewöhnliche Nahrung ist. Übergewichtige sind übrigens eher durch einen Hitzschlag gefährdet als Normalgewichtige, schlecht Trainierte mehr als gut Trainierte.

Hitze wird zwar zu Recht als der größte Feind des Läufers bezeichnet; aber die Anpassung des Organismus an Hitze gelingt besser als an Kälte. Bei Kälte sind die Wärmeabgabe vermindert und die Wärmebildung erhöht. Gleichzeitig ist die Durchblutung vermindert. Schließlich setzt als Gegenregulation das Muskelzittern als Mittel der Wärmeproduktion ein.

Durch den Aufenthalt in Hitze oder Kälte kann man sich akklimatisieren, aber das dauert etwa 14 Tage. Die Anpassung an Hitze oder Kälte wird daher am besten durch angepaßtes Training bewerkstelligt. Dr. med. Erika Baum, jetzt Hochschul-Professorin in Marburg, hat nachgewiesen, daß der Grad der Adaptation auch von der Stärke, der Dauer und der Anzahl der Belastungen abhängt und somit schwache Reize in niederer Zahl nur geringe adaptative Veränderungen bewirken. In 18 Versuchsreihen unterzogen sich Probanden, und zwar Nichtsportler, Langstreckenläufer und Schwimmer, in der Klimakammer jeweils einstündigen Belastungen. Dabei ergaben sich signifikante Trends: Die Langstreckenläufer wiesen – unter neutralen Bedingungen – eine geringfügig niedrigere mittlere Körpertemperatur und Kerntemperatur auf. Die Zitterschwelle, also der Zeitpunkt, von dem an der Körper bei Kälte zu zittern beginnt, war zu einer erheblich niedrigeren Körper- und Kerntemperatur verschoben. Analog dazu verschob sich die Schwitzschwelle nach oben. Kälteempfinden und Grad der Kälteunbehaglichkeit (Discomfort) waren bei den Läufern abgeschwächt. Die Schwimmer hingegen unterschieden sich nicht von Nichtsportlern; es waren keine Verschiebungen festzustellen.

In simplen Worten: Langstreckenläufer frieren weniger und beginnen später zu schwitzen. Die verbesserte Thermoregulation ermöglicht es, die Körpertemperatur während eines Laufs auf einem niedrigeren Niveau zu halten. Bei Hitze ist dadurch die Gefahr eines Wärmestaus, der die Dauerleistungsfähigkeit entscheidend begrenzt, geringer. Physiologisch hat die bessere Adaptation einen günstigeren Sauerstoffverbrauch zur Folge. Wenngleich sich bei sinkender Körpertemperatur normalerweise der Sauerstoffverbrauch erhöht, ist diese Erhöhung infolge von Kälte bei Langstreckenläufern geringer.

Mediziner aus Minsk (Weißrußland) haben im Tierversuch nachgewiesen, daß an dieser Anpassung das Hormon Adrenalin ausschlaggebend beteiligt ist. Eine Stimulierung der Adrenalinausschüttung, wie sie beim Laufen erfolgt, wäre also die Erklärung der besseren Kälteverträglichkeit von Läufern.

Die hervorragende Temperaturanpassung zumal beim Ultralauf sollte jedoch nicht zur Leichtfertigkeit bei der Bekleidung verleiten. Zu dünne Oberbekleidung bei niedrigen Temperaturen führt unweigerlich zu schmerzhaften Verspannungen der Schulterpartie.

Starker Wind erhöht die Kälteempfindlichkeit, so daß die gefühlte Temperatur niedriger ist als die tatsächlich gemessene. Ungünstige Wetterbedingungen begleiteten den ersten Supermarathon K 78 im Jahr 1998. Noch am Morgen war in Davos starke Hitze prognostiziert worden. Doch um die Mittagszeit zog ein Gewitter auf, das von einem starken Temperatursturz begleitet war. Viele Läufer, die zu dieser Zeit den Panoramaweg zwischen Kesch-Hütte und Scaletta-Paß zurücklegten, waren auf den Gewitterregen, den hereinbrechenden Wind und den Temperatursturz nicht vorbereitet. Zu diesen Läufern zählte auch ich; der Laufrucksack, den ich mir wenige Tage zuvor gekauft hatte, lag im Hotel. Zahlreiche Läufer erlitten, wie ich auch, eine Unterkühlung. Das Sanitätszelt am Scaletta-Paß, wo den unterkühlten Läufern eine Infusion gelegt werden mußte, war überbelegt. Den Letzten des Feldes wurde der Aufstieg zur Kesch-Hütte (2.625 m) aus Sicherheitsgründen verweigert. Seither werden die Teilnehmer des K 78 ermahnt, sich mit ihrer Kleidung auf einen Wetterumschlag einzurichten. Und in Bergün (etwa km 39) gibt es seither ein Lager, in dem man Regenkleidung und Kälteschutz für die Alpinpassage hinterlegen kann. Die Route über den Sertigpaß reduziert das Risiko ohnehin.

Von der Erfahrung des Jahres 1998 beim Swiss Alpine ist leider unzureichend Kenntnis genommen worden. Beim 16 Kilometer langen Zugspitzlauf im Jahr 2008 kam es nach einem Schlechtwettereinbruch zur Katastrophe; zwei

Menschen sind infolge von Unterkühlung und Erschöpfung unweit des Ziels ums Leben gekommen. Da der Kälteeinbruch angekündigt worden war, wäre es möglich gewesen, sich durch wärmende Bekleidung vor Unterkühlung zu schützen. Offenbar spukt in den Köpfen von Teilnehmern an Berg- und Ultraläufen noch immer die falsche Vorstellung einer Sportkleidung wie zum Start auf einer Kunststoffbahn. Die bessere Thermoregulation bei Läufern ist jedoch kein Freibrief dafür, die Bedingungen im Gebirge zu ignorieren.

MERKZETTEL

- An Änderungen der Wetterlage, zum Beispiel durch Gewitter oder den Aufstieg in alpine Höhen, kann man seine Bekleidung durch das Zwiebelschalen-Prinzip anpassen. Man sorgt für drei oder mehr Bekleidungsschichten. Solange es warm ist, führt man die dritte Schicht, eine Jacke, in Rucksack, Hüfttasche oder umgebunden am Körper mit sich. Unter manchen Bedingungen ist es von Vorteil, auch eine lange Hose dabei zu haben.

„So kann ein 100-Kilometer-Lauf im bequemen persönlichen Tempo mit ausreichenden Pausen eine ‚bekömmliche Strapaze' sein."

Dr. med. Ernst van Aaken

17

Probleme beim Wettkampf

AKKLIMATISIERUNG

Eine Akklimatisierung ist physiologisch immer dann angebracht, wenn sich das Klima am Wettkampfort von dem im Training gewohnten unterscheidet. Für den K 78 des Swiss Alpine wäre wegen der Höhe eigentlich keine Akklimatisierung notwendig. Dennoch ist sie ratsam. Ihre Dauer hängt von individuellen Faktoren wie Alter und Geschlecht, hormonalen Schwankungen, Trainingszustand und Psyche ab, aber auch von Faktoren wie Zeitzone, Mondphase und Meereshöhe. Nicht wenige Läufer reisen bereits eine Woche vor dem Swiss Alpine an. In dieser Woche zu trainieren, ist nicht so wichtig wie die Anpassung an das veränderte Klima in 1.500 Metern Meereshöhe. Wer nicht die Zeit hat, einige Tage vorher anzureisen, sollte erst am Tag vor dem Lauf, also am Freitag, kommen. Eine wirkliche Alternative zu dem Akklimatisierungsaufenthalt ist dies jedoch nicht. Eine völlige Akklimatisierung ist erst nach 14 Tagen erreicht. Ein Indiz erfolgreicher Akklimatisierung ist häufigeres Wasserlassen (allerdings auch nachts).

BARFUSS

Gelegentliches Barfußlaufen wird als Gesundheitsprophylaxe empfohlen. Seit Abebe Bikila 1960 den olympischen Marathon in Rom barfußlaufend gewann, gibt es immer mehr Läuferinnen und Läufer, die Wettkämpfe nicht nur in sogenannten Barfußschuhen, sondern auch gänzlich ohne Fußbekleidung bestreiten. Sie entgehen damit allen Problemen, die eventuell auf Laufschuhe zurückgeführt werden können. Der Schritt zum Barfußlaufen eines Marathons erfordert allerdings eine allmähliche Anpassung der Füße.

Bei den württembergischen Schäferläufen gehört Barfußlaufen zur Folklore; allerdings beträgt die Laufstrecke nur wenige hundert Meter. In den USA sind auch schon Ultramarathons barfuß gelaufen worden. Der Bieler 100-Kilometer-Lauf eignet sich wegen des Ho-Chi-Minh-Pfades schlecht zum Barfußlaufen, sehr wohl hingegen die 10-Kilometer-Runde in Rodenbach. Nach Ansicht des jetzt emeritierten Heidelberger Pädagogik-Professors Dr. Gerhard Treutlein eignet sich Barfußlaufen weniger zum Schnellaufen als zum Langsamlaufen und Gehen. „Es gibt dadurch die Möglichkeit, den eigenen Körper zu beobachten und die Wahrnehmung auf Aspekte zu zentrieren, die beim Schnellaufen kaum beachtet werden können: Auf die Beweglichkeit der Füße, die Massage der Fußsohlen oder das Wohlbefinden beim Barfußlaufen auf Rasenflächen, im Freibad oder im Garten und auf Teppichen in der Wohnung.“[42]

BERGAB

Wer einige Lauferfahrung hat – er muß nicht einmal Marathon gelaufen sein –, weiß, daß nicht das Bergauf-, sondern das Bergablaufen das Problem ist, nämlich eine verstärkte orthopädische Belastung. Ungewohnte Belastungen können wiederum zu Muskelkater führen. Grundsätzlich sollte man einen flüssigen Laufstil anstreben, nämlich weder springen noch bremsen. Dazu wird statt des Abrollens über die Ferse mit dem Vorfuß aufgesetzt. Der Auftritt mit der Ferse hätte eine Bremswirkung zur Folge und würde die Belastung verstärken.[43] Die Schrittlänge hält man am besten kurz, erhöht jedoch die Schrittfrequenz. Der Oberkörper ist leicht nach vorn geneigt, der Blick unbedingt auf den Weg gerichtet. In einem Sekundenbruchteil muß die nächste Auftrittsfläche gefunden werden. Dazu ist hohe Konzentration erforderlich. Ängstlich sollte man nicht sein. Es gilt, die Schwerkraft zu nutzen. Trotz der Fokussierung auf den nächsten Auftritt sollte man ‚entkrampft‘ laufen, dann kann die Bergab-Passage zur Erholung werden. Beim Training auf Bergpfaden sollte man sich kontrollieren, ob die Atmung locker ist. Beim Ausatmen prüft man, ob die Muskulatur entspannt ist. Das Training auf Bergab-Strecken kann man mental unterstützen, indem man sich eine Suggestivformel zurechtlegt, etwa in dem Sinne: „Ich laufe diese

42 „Barfuß-Laufen – Thema schulischer Gesundheitserziehung“.
43 J. Taylor, T. Schneider „Lauftraining für Triathleten und Marathonläufer“.

Bergab-Passage locker und konzentriert. Dieser Streckenabschnitt ist jetzt für mich eine Erholung." Wenn die selbstartikulierte Formel im Training verinnerlicht ist, wendet man sie, eventuell in einer Kurzform, im Wettkampf an. Steile Abschnitte verführen leicht dazu, nicht mehr zu laufen, sondern zu springen. Dabei wird der Druck des Körpergewichts auf die Gelenke vervielfacht. Wer der Versuchung nicht widerstehen kann, bergab zu springen, sollte dies wenigstens erst im letzten Teil eines Wettkampfes tun, so daß Gelenkbeschwerden, sofern sie sich einstellen, das Erreichen des Ziels nicht gefährden. Wer eine Strecke kennt, sollte sich auf die unterschiedlichen Untergründe einstellen. Auf einem stark abfallenden Schneefeld kann es sinnvoll sein, die Ferse zum Auftritt einzusetzen, damit eine Bremswirkung erzielt wird. Die Gelenkbelastung auf Schnee ist minimiert. Auf rutschigen Gefällstrecken kann es angebracht sein, sie nicht schneller, sondern unter Umständen sogar noch langsamer als bei einem Aufstieg zurückzulegen. Wie wichtig die Technik des angepaßten Bergablaufens sein kann, war den Organisatoren des Swiss Alpine Marathons spätestens 2002 klar, als Bergablaufen das Thema eines Symposiums war.

BERGAUF

Landschaftsläufe enthalten nicht selten bergige Abschnitte. Wenn es sich um allmähliche Steigungen handelt, wird man sie laufen, jedoch die Schrittlänge verkürzen und damit die Geschwindigkeit reduzieren. Bergauf zu laufen, hat den Vorteil, daß man nicht aus dem Rhythmus kommt, selbst wenn sich dieser verständlicherweise verlangsamt. Das oberste Prinzip muß immer sein, möglichst ohne Kraftaufwand zu laufen. Wer viel Kraft aufwenden muß, um eine Steigung zu bewältigen, sollte besser vom Laufschritt in den Gehschritt wechseln. Wer laufend nur unwesentlich schneller als gehend ist, häufig an den Mitläufern zu erkennen, sollte die Steigung gehend zurücklegen. Den Zeitverlust macht er dadurch wett, daß er Kraft spart und daher später auf den Laufabschnitten nicht durch Ermüdung an Geschwindigkeit einbüßt. Wichtig ist jedoch, nicht länger zu gehen, als unbedingt notwendig ist. Am besten beginnt man bereits kurz vor dem Kulminationspunkt wieder zu laufen. Dann hat man bereits zum Beginn der Bergab-Strecke seinen gewohnten Laufrhythmus gefunden und muß hier nicht mehr beschleunigen. Auch beim Gehen sollten die Armbewegungen nicht vernachlässigt werden, also das, wodurch sich das Walking vom normalen Gehen unterscheidet. Das kräftige Schwingen der angewinkelten Arme ist auch bei den Gehabschnitten auf Steigungen während eines Ultralaufs von Vorteil. Zugleich trägt das lockere

Schwingen zur Lockerung der beim Laufen zur Verspannung neigenden Schultermuskulatur bei. Auf steilen Serpentinen – mir schwebt gerade der Aufstieg beim Jungfrau-Marathon von Lauterbrunnen nach Wengen vor – läuft oder geht man besser nicht auf der Ideallinie, sondern läuft oder geht die Kurven außen, wo sie nicht so steil wie innen sind; man verliert zwar Sekunden, spart aber Kraft. Wer es sich hingegen leisten kann, wird gerade die Innenkurve suchen und auf diese Weise seinen Mitläufern den einen oder anderen Platz abnehmen. Beim Gehen jedoch nicht bummeln! Beim Wandern rechnet man für 300 Höhenmeter eine Stunde. Als trainierter Läufer muß man anstreben, selbst gehend einiges unter diesem Richtwert zu bleiben.

Auf alpinen Strecken setzt das Herz-Kreislauf-System das Limit. Muskulär wäre während des Swiss-Alpine-Marathons ein rascherer Aufstieg zur Kesch-Hütte (2.625 m) möglich. Doch kann es sein, daß zumal bei Älteren das Herz auf dieser Passage aus dem Takt zu kommen droht. Da hilft nichts, als das Tempo so zu wählen, daß man zwar das Herz spürt, aber keine Probleme – sprich Rhythmusstörungen – bekommt.

Sauerstoffmangel tritt bei alpinen Läufen normalerweise noch nicht auf. Die dünnere Luft wird erst in ungefähr 3.000 Metern Höhe zum Problem. Das bedeutet: Wer am Swiss Alpine teilnimmt, kann noch unbesorgt sein. Beim Gornergrat des verlängerten Zermatt-Marathons hingegen kann es oben kritisch werden, wenn auch nicht gefährlich. Der Aufenthalt in größeren Höhen, also zum Beispiel bei einer Fahrt mit der Jungfraubahn auf 3.000 Meter Höhe oder bei einer Reise in die Anden – die Touristenmetropole Cuzco liegt 3.500 Meter hoch – kann Schwindel eintreten oder sogar ein Anflug von Höhenkrankheit. Leichter Schwindel ist kein Anlaß zur Panik. Sollte jedoch eine Höhenkrankheit ausbrechen (die Symptome sind starker Schwindel und folgender rasender Kopfschmerz, Appetitlosigkeit und die Unfähigkeit, sich zu bewegen), ist Gefahr im Verzug. Dann droht eine Lungenembolie und ist unbedingt Sauerstoffzufuhr notwendig sowie ein sofortiger Abstieg oder Transport in eine niedrigere Höhenlage.

Training am Berg ist für wellige bis alpine Ultrastrecken immer ein Vorteil. Wie aber, wenn man jahraus, jahrein in der Lüneburger Heide läuft, deren höchste Erhebung der Wilseder Berg mit 169 Metern ist? Nun, es gibt immer irgendwo Höhenunterschiede. In unserer technisierten Gesellschaft werden sie durch Fahrstühle und Rolltreppen überwunden. Wer also ein Bergtraining sucht, sollte jede Gelegenheit nutzen, um Treppen zu laufen, sofern er noch welche findet. Ein ehemaliger Kollege hat mich daran erinnert, daß ich bereits Ende der sechziger Jahre im Stuttgarter Turmhaus mit einem anderen Kollegen, einem Alpinisten, nach der Redaktionskonferenz im 1. Stock in unsere Redaktion im 13. Stock sprintete, statt in den Paternoster zu steigen. Wer zudem zwei Stufen auf einmal nimmt und dies lange genug macht – hinunter kann man ja den Fahrstuhl nehmen –, hat einen kompletten Ersatz für das fehlende Hügeltraining. In Frage kommen hierfür Parkhäuser, Kaufhäuser und Bürotürme. Brauchbar sind auch Brückenrampen.

BESENWAGEN, BESENLÄUFER

Eine viel geäußerte Meinung von Läufern mit einem gewissen Leistungsstandard lautet: „Wenn ich nach hinten durchgereicht werde, höre ich auf." Oder: „Wenn ich einmal der Letzte sein sollte, scheide ich aus." Ich widerspreche dem heftig. Der Tag, an dem man im hinteren Feld laufen muß, kommt unweigerlich, auch der Tag, an dem man den Besenwagen zu Gesicht bekommt oder den Besenläufer an seiner Seite hat. Wer dann mit der Teilnahme an Wettbewerben oder mit dem Laufen überhaupt aufhört, verschenkt potentielle Laufjahre und die Chance, noch den einen oder anderen interessanten Lauf kennenzulernen. Man sollte sich freimachen von dem Gedanken, der Letzte zu sein, bedeute eine Schande. Der Kampf mit dem Besenwagen unterscheidet sich im Prinzip nicht vom Kampf des Führenden um seine Spitzenposition. Nur braucht der Letzte mehr Mut als der Führende. Der Führende verliert, wenn er eingeholt wird, seine Spitzenposition. Mehr passiert nicht. Dem Letzten hingegen sitzt der Druck des Zielschlusses im Genick. Besenwagenfahrer, Besenradfahrer und Besenläufer sind Helfer, und zwar diejenigen, die sehr lange präsent sein müssen. Man sollte verstehen, wenn bei ihnen Unlust aufkommt und sie demjenigen, dem sie folgen müssen, mehr oder weniger nahelegen aufzugeben. Auf deren Frage sollte man, wenn man der Letzte ist, vorbereitet sein – auf die Antwort ebenfalls. Sie kann nur lauten: „Ich versuche, bis zum Zielschluß durchzuhalten." Ein Veranstalter ist an den Zielschluß gebunden. Macht ihm das Probleme, muß er ihn in der nächsten Ausschreibung vorverlegen. Zur Ehre der Veranstalter ist jedoch festzuhalten, daß nicht wenige großzügig mit dem Zielschluß umgehen. Nach meiner Kenntnis ist zum Beispiel beim Rennsteig-Supermarathon noch kein Läufer oder Geher bei Zielschluß um 18 Uhr von der Strecke genommen worden, sofern er die Zwischenzeit beim „Grenzadler" vor Oberhof rechtzeitig geschafft hat. Ein Kompromiß für Verspätete ist, daß sie, wenn sie wegen Zeitüberschreitung ausscheiden sollten, auf eigene Verantwortung weiterlaufen oder -gehen. Das setzt jedoch Erfahrung und eine nicht zu schwierige Strecke voraus. Im alpinen Abschnitt des Swiss Alpine könnte das lebensgefährlich werden. Die Fortsetzung des Laufes auf eigene Verantwortung wird man hier, an der Kesch-Hütte, daher nicht zulassen. „Eigene Verantwortung" bedeutet, daß man seine Startnummer und seinen Chip abgeben muß, keine Verpflegungsmöglichkeit mehr hat und auch nicht den Anspruch, daß die Strecke noch markiert bleibt. Der Besenwagen oder -läufer entschwindet; man ist auf sich gestellt. Diese Situation sollte sich jeder, der eher im hinteren Feld plaziert ist, tunlichst vor der Veranstaltung überlegen, um im Ernstfall die richtige Entscheidung zu treffen.

HAUTSCHUTZ

Empfindliche Stellen sollten durch Einreiben mit fetthaltiger Salbe präpariert werden! Solche Stellen sind die Analfalte, unter Umständen die Innenseiten der Oberschenkel, die Brustwarzen, die Achselhöhlen, bei Regen und Hitze die Augenbrauen, bei naßkaltem Wetter die Oberlippe. Vorsicht bei stark wasserhaltigen Cremes! Zum Salben eignet sich weiße Vaseline oder Hirschtalg, ein speziell für extreme Belastungen entwickeltes Pflegeprodukt. Der Wirkstoffkomplex mit Hirschtalg, Aloe Vera und Panthenol bietet besonders beanspruchten Hautstellen optimalen Schutz vor Wundreiben sowie Blasen- und Hornhautbildung und trägt zur schnelleren Regeneration der Haut bei. Die Struktur der Haut bei Frauen unterscheidet sich von der Hautstruktur der Männer. Hirschtalg eignet sich auch für die empfindlichere Haut der Frauen. Für die Lippen gibt es spezielle Talgstifte. Vor Läufen bei sonnigem Wetter und im Hochgebirge unbedingt an Sonnenschutz denken! Alle unbedeckten Körperteile mit Sonnenschutzmittel einreiben. Unter Umständen muß man dies bei sehr langen Laufzeiten unterwegs wiederholen. Menschen mit hellem, empfindlichen Teint sollten nur solche Körperstellen unbedeckt halten, die bereits an Sonne gewöhnt sind. Ich habe erlebt, daß im April (!) ein Teilnehmer eines Mehrtagelaufs wegen Sonnenbrandes ausscheiden mußte.

HEIMFAHRT MIT DEM AUTO

Eine Anzahl Teilnehmer an Ultraläufen reist mit dem eigenen Auto an. Ist der Start am Abend wie in Biel oder bei der Ulmer Laufnacht, planen nicht wenige, sich bald nach dem Zieleinlauf ans Lenkrad zu setzen und heimzufahren. Das ist zwar bei gutem Trainingszustand möglich, birgt aber eine hohe Verantwortung. Wer zum erstenmal bei einem Ultrawettbewerb gestartet ist, sollte danach nicht mehr eine längere Strecke autofahren. Bald nach dem Lauf, wenn man geduscht und sich verpflegt hat, stellt sich wahrscheinlich ein Gefühl der Frische ein, das sich vielleicht sogar als Runner's High beschreiben läßt. In diesem Zustand ist man mit Sicherheit verkehrstüchtig. Die psychophysische Gleichförmigkeit des Autofahrens führt jedoch unweigerlich dazu, daß – und sei es erst nach zwei Stunden – infolge der ausgefallenen Nachtruhe eine starke Ermüdung eintritt. Es kann, wenn die Ermüdungssymptome nicht beachtet werden, zum Sekundenschlaf kommen. Durch eine rechtzeitige Schlafpause kann man dieser Gefahr zwar entgegentreten, aber die Ermüdung wird sich immer wieder aufs neue einstellen und jedesmal eine Schlafpause erfordern. Die Fahrt kann sich daher ausgesprochen quälend gestalten. Ein Assistenzsystem im Fahrzeug, das Ermüdungssymptome erkennt und zum Pausieren mahnt, ist nicht hundertprozentig verläßlich. Daher der Rat, bei ausgefallenem Nachtschlaf lieber noch am Zielort zu übernachten und die Heimfahrt ausgeschlafen erst am nächsten Tag anzutreten. Zahlreiche 100-Kilometer-Läufer reisen mit einer Campingausrüstung an und bauen am Wettkampfort ihr Zelt auf oder stellen ihren Caravan ab.

HITZE

Die Anpassung an hohe Temperaturen kann – in kleinen Schritten, bitte! – trainiert werden. In meiner Vorbereitung zum Spartathlon habe ich zum Lauftraining heiße Tage ausgewählt und bin – zum Kopfschütteln von Passanten – in der Mittagszeit gelaufen. Wichtig ist ein Kopf- und Nackenschutz, im Hochgebirge mit UV-Schutz. Sind Wasserwannen aufgestellt, sollte man die Mütze dort eintauchen. Beim Spartathlon werden auch Eiswürfel angeboten, die man unter die Mütze legen kann und so für kurze Zeit Kühlung bringen. Regelmäßige Saunagänge erleichtern die Anpassung an Hitze. Hilfreich kann das Tragen einer Kühlweste oder -kappe sein.

JUGENDLICHE UND KINDER

Kinder sind zwar Dauerleister, darin ist Ernst van Aaken rechtzugeben; aber das Laufen sollte eine spielerische Note haben. Daher scheidet die Teilnahme an längeren Wettbewerben für sie aus. Auf keinen Fall sollten laufbegeisterte Eltern ihre Kinder zur Teilnahme an Langstreckenwettbewerben motivieren. Kinder- und Jugendläufe, auch im Rahmen von Ultraveranstaltungen, sollten genug sein. Zwar sind bereits einige Kinder und Jugendliche Marathon gelaufen. Diese aber haben vermutlich von sich aus auf die Teilnahme gedrängt. Viele Veranstalter haben für die Teilnahme an ihren Marathonläufen eine untere Altersgrenze von 18 Jahren festgelegt. Dies gilt erst recht für einen Ultramarathon. Ein beglückendes Erlebnis für alle Beteiligten, auch für das Publikum, ist es, wenn Kinder und Jugendliche ihren Vater oder ihre Mutter vor dem Ziel abpassen und mit ihnen gemeinsam ins Ziel laufen.

KOMPRESSIONSSTRÜMPFE

Eine wissenschaftliche Beurteilung des Nutzens von Kompressionsstrümpfen bei Wettbewerben oder im Training steht noch aus. Offenbar erleichtern sie die Regeneration. Die Aussagen von Benutzern sind jedoch subjektiv. Es bleibt daher Interessierten nichts anderes übrig, als selbst auszuprobieren, ob ihnen die Strümpfe helfen. Ein Urteil lautet: „Wenn ich die Strümpfe ausziehe, bleiben meine Waden schlank und leicht, es tritt auch Stunden danach keine Schwellung ein, wie sonst nach mehrstündigem Lauf." Aus medizinischen Gründen wird das Tragen von Kompressionsstrümpfen auf langen Reisen im Auto, im Zug oder im Flugzeug empfohlen.

MUSIK

Ob man beim Laufen Musik hört oder lieber nicht, bleibt eine individuelle Entscheidung. Es gibt Gründe dafür und Gründe dagegen. Man muß es ausprobieren. Wer im Training mit Musik läuft, muß jedoch eindringlich vor den Gefahren des Straßenverkehrs gewarnt werden. So haben sich schon tödliche Unfälle ereignet, weil Läufer, abgelenkt durch das Hörvergnügen, nicht auf Fahrzeuge geachtet haben. Man sollte es sich zur Regel machen, vor dem Überqueren von Straßen die Ohren frei zu halten. Wer beim Laufen mit Musik noch den eigenen Atem hören kann, hat die Lautstärke richtig gewählt. Musik hilft bei längeren Strecken durchaus, die Kräfte zu mobilisieren. Es gibt jedoch Ultraläufe, insbesondere Meisterschaften, bei denen es nicht gestattet ist, mit Musik zu laufen. Offenbar sollen damit gleiche Wettbewerbsbedingungen geschaffen werden. Bei der Anmeldung zu Veranstaltungen sollte man daher die Bedingungen lesen.

Im folgenden eine Liste individueller Musikempfehlungen (zusammengestellt von Natalia Gamm-Fuchs):

I. Zum Einstimmen – Am Start
Moloko: The Time Is Now
Sonique: Sky
Mos Def Featuring Slick Rick: Auditorium
Take That: Greatest Day
Jennifer Lopez: Hypnotico
Xavier Naidoo: Dieser Weg
Armin Van Buuren: Full Focus
Brandon Flowers: Crossfire

II. Zum Loslaufen (bei 20 bis 30 km)
Rocky Balboa Soundtrack: Getting Strong Now
Rocky Soundtrack: Going the Distance
Madonna: Die Another Day
Sonique: I Put a Spell on You
Gossip: Perfect World
30 Seconds to Mars: Night of the Hunter
Armin Van Buuren: Fine without You
Armin Van Buuren: Never Say Never
Mos Def Featuring DJ Honda: Travellin Man
The Temper Trap: Sweet Disposition
Tinie Tempah: Simply Unstoppable

III. Bei Tiefpunkten
Rocky Soundtrack: Eye of the Tiger
Gloria Gaynor: I will Survive
Rosenstolz: Liebe ist alles
Rocky Soundtrack: Burning Heart by Survivor
Pussycat Dolls: Hush Hush-I will Survive
Armin Van Buuren: Mirage
Destiny's Child: Survivor
Max Graham Featuring Ana Criado: Nothing Else Matters
Sonique: Can't Get Enough
Bloc Party: Trojan Horse
Nicki Minaj: Moment 4 Life
Dr. Dre Featuring Snoop Dogg: Still D.R.E
ABBA: Lay all Your Love against Me
Ciara: Gimmie Dat
50 Cent: Baby by me
The Prodigy: Firestarter
Bloc Party: One more Chance
Jennifer Lopez: Lets Get Loud
Madonna: Ray of Light
Jamie Woon: Night Air
Bloc Party: Talons
Moloko: Sing it Back
Mary J.Blige Featuring Jean Charles: Love 1st Sight
Wiley Featuring Emeli Sande, Shy FX Remix: Never be Your Woman
Sean Paul: Now That I've Got Your Love
MC Solar: Solaar Pleure
J. Cole: The Last Stretch
U2: Beautiful Day
Coldplay: Every Teardrop Is a Waterfall
Chase Status Featuring Delilah: Time
30 Seconds to Mars: Closer To The Edge
Medina: Selfish
Sunrise Avenue: Hollywood Hills
Sean Paul: She doesn't Mind
Edward Maya Featuring Vika Jigulina: Stereo Love
Ciara: Work
Tinie Tempah Feat. Ellie Goulding: Wonderman
Chris Brown: Beautiful People
Marianne Rosenberg: Er gehört zu mir
Coldplay: Paradise
Bloc Party: One Month off
Moloko: Familiar Feeling
Benassi Bros Featuring Sandy: Illusion
Crazytown: Butterfly
ABBA: The Winner Takes it All
Snow Patrol: Just Say Yes

IV. Auf der Zielgeraden
Flo Rida: Good Feeling
Armin Van Buuren: Ancient World, Roger Shah Long Haul Flight
Round Table Knights: Cut to the Top
Paul Kalkbrenner: Plätscher
Sunrise Avenue: I don't Dance
ABBA: I Have a Dream
Paul Featuring Fritz Kalkbrenner: Sky and Sand
Leona Lewis: Run
Alexandra Burke: Hallelujah

MUSKELKATER

Eine ungewohnte Belastung führt am Tag danach zu Muskelkater. Verursacht wird er durch unzählige Mikrotraumen, nämlich winzige Verletzungen der

Muskelfasern (nicht von der bei hohen Belastungen vermehrt produzierten Milchsäure). Diese Mikrotraumen heilen jedoch im Verlauf etwa einer Woche folgenlos aus. Im Laufsport stellt sich Muskelkater leicht bei Anfängern ein, bei Trainierten nach ungewohnter Beanspruchung bestimmter Muskelpartien. Das kann zum Beispiel auch das Bergablaufen über eine längere Strecke sein, wobei die Beschleunigung durch die Schwerkraft ständig von den Muskeln abgebremst wird (der Fachausdruck hierfür lautet: exzentrische Kontraktion). In Biel waren vor Jahrzehnten nach dem 100-Kilometer-Lauf groteske Bilder unzureichend trainierter Teilnehmer zu bestaunen. Manche gingen die Treppen lieber rückwärts hinunter. Behandlungsbedürftig ist Muskelkater nicht. Wohltuend ist aber ein Wannenbad, Saunagang oder auch ein Eisbad. Auch ein Basenbad mit Bittersalz und eine basenhaltige Creme wie die Nr. 6 und 10 der Schüsslersalze können dem Muskelkater vorbeugen. Eine Reikibehandlung kann ebenfalls Wunder wirken.

Das Lauftraining sollte bis zum Abklingen des Muskelkaters unterbrochen werden. Für Läufer empfiehlt es sich, in der Regeneration entspannend Sport zu treiben, etwa zu schwimmen und gemächlich Rad zu fahren. Eine Massage hingegen kann, wenn sie nicht sehr sanft ausgeführt wird, den Muskelkater verstärken.

STARTFIEBER

Die Aufregung und Unruhe des sogenannten Startfiebers ist, psychologisch gesehen, eine temporäre Neurose. Medizinisch kann sie besorgniserregende Symptome aufweisen: erhöhten Blutdruck, Tachykardie (Erhöhung der Herzfrequenz in Ruhe auf über 100 Schläge in der Minute), dazu Harn- und Stuhldrang. Auf diese Weise läßt sich wohl auch erklären, weshalb Teilnehmer zahlreicher Marathonläufe nach längerem Warten am Startplatz kaum fünf Minuten nach dem Startschuß ausscheren, um zu urinieren. Da das Startfieber zumal vor dem Ultramarathon auch schon am Tag vorher, ja vielleicht mehrere Tage vorher, auftreten kann und dann die Nachtruhe mehr oder weniger empfindlich beeinträchtigt, wird es als überaus lästig empfunden. Auf die Leistung muß es sich aber nicht auswirken, zumal da auf der Ultrastrecke binnen weniger Kilometer die normale Regulierung aller Funktionen eintritt. Wer unter unruhigem Schlaf oder an Schlaflosigkeit in der Nacht vor dem Start leidet, sollte sich nicht in das Gefühl, nicht schlafen zu können, hineinsteigern, sondern sich bewußt machen, daß auch entspanntes Liegen schon einen Erholungseffekt hat. Auf keinen Fall sollte man Schlafmittel oder Sedativa nehmen, da die

Wirkung von Beruhigungsmitteln auch am nächsten Tag noch anhält. Und dann fehlt während des Laufens jeder ‚Biß'. Psychologisch läßt sich das Startfieber langfristig dadurch angehen, daß man durch gute persönliche Leistungen das Selbstbewußtsein stärkt. Garantiert ist das jedoch nicht. Vorbereitungen zum Start oder zur Anreise sollte man niemals kurz vor dem Zubettgehen treffen. Vielmehr sollte man sich vor dem Einschlafen ablenken. Dabei kann jede Form der Psychohygiene, zum Beispiel Autogenes Training, hilfreich sein. Manche schwören auch auf ein Bier zum Abendessen. Startfieber während der Startaufstellung sollte einen hingegen nicht im mindesten beunruhigen. Vielmehr bringt es einen Aggressionsschub beim Laufen. In dieser Situation muß man sich nur darüber Sorgen machen, seine Laufgeschwindigkeit nicht zu erhöhen.

VIELTAGELÄUFE (MULTIDAY RUNS)

Läufe über mehrere Tage müssen, wie sich versteht, noch länger und präziser vorbereitet werden als der erste Ultralauf. Das gilt erst recht für Läufe über mehrere Wochen. Ob es sich nun um einen dreitägigen Lauf oder um eine Kontinental-Durchquerung handelt, – der zweite Tag ist immer der kritischste. Wer zum erstenmal einen mehrtägigen Etappenlauf bestreitet, muß sich also nicht wundern, wenn er bereits am zweiten Tag eine Krise bekommt. Er sollte daher am ersten Tag immer auch an den zweiten Tag denken und sich mit dem Lauftempo zurückhalten, um sich nicht gleich am ersten Tag zu verausgaben! Nach einer Woche ist dann eine gewisse Anpassung erreicht. Der Streß längerer Etappenläufe besteht dann nicht mehr primär im Laufen, sondern überwiegend in den Umständen außerhalb der Laufstrecke. Gemeinschaftsübernachtungen in Sporthallen sind dem Schlaf und damit der nächtlichen Erholung nicht förderlich. Häufig besteht jedoch keine andere Möglichkeit. Ein Wohnmobil, bewegt von einem Begleiter, wäre die bessere Lösung. Gelegentlicher Schuhwechsel ist bei Vieltageläufen dringend angebracht und muß ebenfalls organisiert sein. Bei der Zusammenstellung der Ausrüstung muß auch ein möglicher Wetterwechsel bedacht werden.

„Ich wollte das letzte Geheimnis des modernen Sports lüften. Und entdeckte eine jahrtausendealte Weisheit wieder: Wir alle sind zum Laufen geboren."

Christopher McDougall in „Born to Run"

18

Die lange Geschichte des langen Laufens

Weshalb läuft der Mensch? Jegliche Aktivität des Bewegungssports ist, anthropologisch gesehen, auf zwei hormonell gesteuerte Reaktionsformen zurückzuführen: Kampf und Flucht. Die Nicht-Reaktion, der aus dem Tierreich bekannte Totstellreflex, ist beim Menschen nur in pathologischen Ausprägungen zu finden: vom Autismus über den Stupor bis zum Rückzug auf sich selbst in die Vereinsamung eines unglücklichen Alters. Diese pathologischen Formen, der Umwelt zu begegnen, indem man sich ihr verschließt, fallen sämtlich in das Fachgebiet der Psychiatrie. Ein gesunder Mensch, der ernsthaft bedroht ist, kämpft entweder oder flieht, und sei es, daß er dies (glücklicherweise) nur noch verbal vollzieht.

Zu beiden Aktivitäten, den kämpferischen und den läuferischen, mußte der *Homo erectus* der Urgeschichte fähig sein; für die Nahrungsbeschaffung durch die Jagd war beides erforderlich, Kampf und Flucht. Von afrikanischen Stämmen wie Hottentotten und Buschmännern wissen wir, daß sie einst stundenlang liefen, um Tiere, vor allem Antilopen, zu Tode zu hetzen und damit die Ernährung des Stammes zu sichern. Antilopen benötigen als Wiederkäuer Ruhezeiten; da die Jäger ihnen diese Zeit nicht ließen, wurden die schnellen Tiere müde und langsamer, so daß sie erlegt werden konnten. Es gibt zahlreiche Berichte über Laufjagden auf Hirsche von den Tarahumara, auf wilde Ziegen von den Kanaka auf den Philippinen, auf Kängurus von den australischen Aborigines.

Die zum Kampf oder zur Flucht benötigten Fähigkeiten, anders als etwa Schwimmen oder Radfahren, brauchen wir nicht zu lernen. Sie sind uns angeboren und immer gegenwärtig. Die ersten Schritte eines Kleinkindes sind nicht, wie es unter Trainingsgesichtspunkten logisch wäre, ein vorsichtiges Herantasten, sondern bereits eine Form des Laufens. Das Ziel, die ausgebreiteten Arme der Eltern, soll rasch erreicht werden.

Eine Anzahl von psychosozialen Problemen in der Industriegesellschaft resultiert daraus, daß für die ursprünglichen biologischen Reaktionsmuster Kampf und Flucht kein Bedarf mehr besteht, sie aber ebensowenig zu eliminieren sind wie nicht mehr benötigte physische Funktionen. Weder Kampf noch Flucht können wir uns im Alltag physisch leisten, obwohl sich in uns nach wie vor, nur als Folge anderer Auslöser, dieselben hormonellen Prozesse abspielen wie bei unseren Urahnen angesichts eines Angriffs oder einer territorialen Verletzung durch einen anderen Stamm. Mit der in Tausenden von Jahren nicht veränderten biologischen Mitgift müssen wir in einem zuweilen schmerzhaften Erziehungsprozeß umzugehen lernen und unerwünschte Impulse in kulturellen Prozessen sublimieren. Einer dieser kulturellen Prozesse und eine effiziente Kompensationsmöglichkeit, allein dank der Regulation von Soll und Haben im Hormonhaushalt, ist der Sport.

Die Bezeichnung ‚Sport' leitet sich von dem Verb deportare = sich vergnügen, sich unterhalten, sich zerstreuen ab. Das spätlateinische Wort ist über das altfranzösische ‚desport' nach England gedrungen. Von ‚sich vergnügen', von körperlicher Betätigung als Vergnügen und als Unterhaltung, konnte in der Entwicklung der Menschheit jedoch lange Zeit keine Rede sein. Die biologische Grundausstattung wurde zum Überleben benötigt.

Den Begriff Sport hat Fürst Pückler-Muskau, ein geistreicher Reiseschriftsteller, verschwenderischer Park-Architekt und obendrein Anglophiler, aus England importiert. In den „Briefen eines Verstorbenen", 1828, gesteht er, er habe keine Übersetzung für den englischen Begriff ‚sports' gefunden. In der Tat ist die Bezeichnung diffus. Mit der Körperlichkeit der Leibesübungen früherer Zeiten hat sie im Grunde nichts zu tun. Das englische ‚sports' umfaßt zum Beispiel auch die Jagd.

Alle ursprünglichen Sportarten sind auf den Kampf- oder den Fluchtimpuls zurückzuführen; selbst Spiel- und technische Disziplinen enthalten Elemente ursprünglicher Sportarten. Ringen und Laufen, die ätiologisch vom Kampf- und vom Fluchtimpuls beherrscht werden, sind denn auch die ältesten Sportarten. Die ersten Darstellungen von Bewegungsaktivitäten rühren aus der Zeit von vor 5.000 Jahren. Kampf- und Fluchtimpuls haben sich im Spiel verselbständigt; sie haben sich von ihrer physiologischen Bestimmung gelöst und sind anthropologisch zweckfrei geworden. Spiel ist nach dem niederländischen Kulturphilosophen Johan Huizinga Kampf oder Darstellung.[44]

Auch der Wett-„Kampf" ist in diesem Sinne Spiel, nämlich Übung des Kampfimpulses ohne Notwendigkeit, oder Übung – man könnte durchaus auch sagen: Darstellung – des Fluchtimpulses.

Aus der Geschichte der menschlichen Fortbewegung sind uns unzählige Zeugnisse des ausdauernden Laufens überliefert. Mancher Beleg scheint zwar exotischen Charakter zu haben; aber bei Betrachtung des Kontextes stellt sich heraus, daß das Sieb der Geschichte eben nur die spektakulären Ereignisse und Gestalten zurückbehalten hat. Über dem späteren Professionalismus des Laufens, der sich in diesen Zeugnissen widerspiegelt, ist verloren gegangen, daß es sich beim ausdauernden Laufen zu jeder Zeit um eine Aktualfähigkeit des Menschen handelt, die, im Verlauf solcher Spezialisierung, nur ungenützt geblieben ist und erst in diesen Jahrzehnten wieder aktiviert wird. Spezialisten des Laufens gab es offenbar in allen Kulturen und zu allen Zeiten, von denen Zeugnisse vorliegen.

Mythologisch liefert das Alte Testament eine ganze Anzahl von Belegen für das Laufen und für Läufer. Nach Jakobs Weissagung (1, Moses, 49,21) sollte sein Sohn Naphtali einen der zwölf Stämme Israels begründen. „Naphtali ist ein schneller Hirsch und gibt schöne Rede." Wenn wir die für unsere Ohren krause Sprache des Alten Testaments auf die Information reduzieren, so berichtet das 18. Kapitel im zweiten Buch Samuels von einem Berufsläufer namens Chusi, der dem König eine schlimme Nachricht überbringen will. Ein Hobbyläufer, Ahimaaz, läßt es sich nicht nehmen, ebenfalls zu laufen. „Also lief Ahimaaz stracks Weges, und kam Chusi vor." Offenbar hatte Ahimaaz Chusi überholt, weil er einen kürzeren Weg lief. Die beiden Bücher Samuelis, der frühen Propheten, stammen aus der Zeit von 1200 bis 561 v. Chr. Auch das Zitat aus dem Buch der Könige (1, 18,46) „Und er gürtete seine Lenden und lief" fällt noch in diese Zeit. Die Nachricht von der Niederlage Israels gegen die Philister wurde dem Hohepriester Eli in das 35 Kilometer entfernte Silo durch einen Botenläufer

44 „Homo ludens", 1937.

überbracht. Von König Salomo (965–926 v. Chr.) wird berichtet, er habe außer tausend Frauen und tausend Pferden auch tausend Läufer gehabt, wobei eine solche Zahl wohl nicht wörtlich zu nehmen ist, sondern schlicht für eine Vielzahl steht. Im ersten Korintherbrief heißt es: „Wisset ihr nicht, daß die, so in den Schranken laufen, die laufen alle, aber einer erlangt das Kleinod? Laufet nun also, daß ihr es ergreifet!" (1. Korinther, 9.24).

LAUFEN ZU MILITÄRISCHEN ZWECKEN

Die frühesten realen Zeugnisse des Laufens stammen wie die des Ringens und anderer Sportarten aus Ägypten. Es handelt sich um nicht mehr und nicht weniger als den Nachweis eines Lauftrainings zu militärischen Zwecken. Schon damals waren die zurückzulegenden Distanzen offenbar ‚Ultrastrecken'.

Erst 1977 wurde die sogenannte Laufstele des Taharqa gefunden, ein Gedenkstein, der an ein besonderes Ereignis, ein soldatisches Laufturnier, erinnern sollte. Das Ereignis bestand, wörtlich übersetzt, in der „Ausübung des Laufes des Heeres des Sohnes der Sonne Taharqa, er lebe ewiglich". König Taharqa (Regierungszeit 690–664 v. Chr.) hatte, der Inschrift zufolge, befohlen, daß sein Heer „laufen solle jeden Tag (in) seinen fünf (Abteilungen)". Der Pharao selbst inspizierte, der Inschrift nach, einen Wettlauf von einem Kampfwagen aus. Dann mischte er sich gar selbst unter die Läufer und zeichnete schließlich den Ersten aus. Die Wendepunktstrecke in der Wüste von Memphis betrug, wie der emeritierte Sporthistoriker und Ägypten-Spezialist Professor Dr. Wolfgang Decker beschrieben hat, je 50 Kilometer – am Wendepunkt wurde eine zweistündige Pause gemacht.[45]

Der wahrscheinlich erste bisher nachgewiesene Wettlauf war demnach also ein 100-Kilometer-Lauf. Man kann aus der Inschrift der Stele sogar die Laufzeit folgern: Für die ersten 50 Kilometer nämlich wurden etwa vier Stunden benötigt; berücksichtigt man sowohl die sich steigernde Hitzeeinwirkung als auch die Erholungswirkung der Pause, kommt man auf eine realistische Laufzeit von 9 Stunden, die in Anbetracht des Untergrundes und der fehlenden Fußbekleidung schlichtweg als hervorragend zu bezeichnen ist. „Sie kommen wie das Kommen der Winde, wie Falken, die mit ihren Flügeln schlagen", heißt es im Text der Stele.

Zur Erinnerung an jenen militärischen Lauf ist am 9. November 2001 in Ägypten ein „Pharaonenrennen" über 100 Kilometer für Einzelläufer und Staffeln ins Leben gerufen worden. Die Strecken- und Lauforganisation übernahm

45 „Sport und Spiel im Alten Ägypten", 1987.

der Berliner Ultraläufer Roland Winkler. Sieger unter den zwölf Finishern war ein Ägypter in 8:35:20 Stunden.

Der seinerzeit mitlaufende König Taharqa kann nicht untrainiert gewesen sein; denn die Pharaonen hatten gewissermaßen von Amts wegen Läufe zu absolvieren. So spielte beim sogenannten Sedfest ein Laufritual eine Rolle. Das Fest wurde anläßlich der 30jährigen Regentschaft des Königs gefeiert und wird daher als Jubiläumsfest bezeichnet. Bei diesem Fest hatte der nun in die Jahre gekommene König für das Volk mit einem Lauf seine physische Stärke und damit Regierungsfähigkeit zu beweisen. Eine in einen Quarzitblock geritzte Zeichnung im Tempelgebiet von Karnak zeigt die Königin Hatschepsut (18. Dynastie, etwa 1490–1468 v. Chr.) bei einem solchen rituellen Lauf, begleitet von einem jungen Apis-Stier. Wir stoßen auch hier wieder anthropologisch auf die Wurzeln von Bewegungsaktivitäten, die Jagd. Wolfgang Decker hält hierzu fest: „Eine eindrucksvolle Belegliste über das Vorkommen des Laufens in ägyptischen Texten liefert das ägyptische Wörterbuch, das eine große Anzahl von Bezeichnungen dieser und verwandter Tätigkeiten kennt."

Das Laufritual der ägyptischen Könige hatte gleichzeitig eine magische Bedeutung: Es sollte die Kräfte des Pharaos erneuern. Andere Forscher halten den rituellen Lauf indes für einen ‚Besitzergreifungslauf', der in der Nomadenzeit wurzelt. Dabei hatte ein neuer Nomadenhäuptling der westlichen Wüste seinen Stamm zu umrunden, um damit seinen Herrschaftsanspruch zu dokumentieren. Für das Sedfest und seinen Lauf, der nach dem Jubiläumsfest alle drei Jahre erneuert wurde, legte man drei Halbkreise an. Solche ‚Laufbahnen' wurden auch in einer Grabanlage dargestellt, ohne daß jemals in ihnen gelaufen worden wäre: Diese Totenanlage von Djoser, 3. Dynastie, also etwa 2.600 Jahre v. Chr., kann man als die älteste Sportanlage der Weltgeschichte bezeichnen, wenn man davon absieht, daß sie allein eine transzendente Bedeutung hatte.

Laufen war als Überlebenstechnik bei feindlicher Bedrohung existenznotwendig. Jedoch wurde diese Technik nicht nur von fliehenden Angegriffenen, sondern auch von Angreifern angewendet. Die Mobilität durch den Lauf wurde zuweilen für Angriffszwecke höher bewertet als der Schutz durch schwere Rüstungen. Die Schlacht von Marathon 490 v. Chr. ist uns zwar durch den legendären Botenlauf immer gegenwärtig; aber weniger bekannt ist, daß die Athener unter Miltiades, als sie sich der Übermacht der Perser gegenüber sahen, in der Angriffstaktik den Laufschritt, wahrscheinlich eine Art Joggingschritt, verwendeten. Bei dieser Gelegenheit stoßen wir auf ein Definitionsproblem: Die Geherregel, wonach beim Gehen ein Fuß immer Erdberührung hat, beim Laufen hingegen beide Füße für Sekundenbruchteile abgehoben sind, hilft uns da nicht sehr viel weiter. Wenn man heute die Indiofrauen im Vor-Andenland zum 20 Kilometer entfernten Markt eilen sieht, weiß man mit Sicherheit nicht, ob man diesen Schritt im Joggingtempo Gehen oder schon Laufen nennen soll. Wenn sich Power Walking rascher als langsames Jogging vollzieht und Altersläufer einen Marathon eben in der Geschwindigkeit von Joggern zurücklegen, wird die Einteilung ziemlich diffus.

Die griechischen Fußkämpfer, insbesondere von Athen und Sparta, die Hopliten, kämpften in geschlossener Phalanx. In ihrem Eilmarsch oder wie immer auch die Geschichtsschreiber diese flotte Art der Fortbewegung bezeichneten, legten die Athener vor Marathon die Distanz von acht Stadien, etwas mehr als 1,4 Kilometer, sehr viel rascher zurück, als die Perser erwartet hatten. Die Perser waren gewohnt, den Feind herankommen zu lassen und dann ihren gefürchteten Pfeilhagel zu eröffnen. Bei Marathon jedoch wurden sie durch die laufenden Angreifer überrascht und mußten sich auf einen Nahkampf einlassen, in dem die Griechen erfahren waren. Dem Schweizer Sportjournalisten Yves Jeannotat zufolge war dies nach Herodot das erstemal, daß eine Armee den Feind im Laufschritt angriff.[46]

Im ausgehenden Mittelalter waren es die Züricher, die 1476 in dreitägigem Eilmarsch zur Murtenschlacht gegen Karl den Kühnen aus Burgund anrückten und damit dazu beitrugen, ihn trotz seiner Übermacht in die Knie zu zwingen. Eidgenössische Söldner waren als bewaffnete Langstreckenläufer der Schrecken gegnerischer Heerführer.

Im Laufschritt anzugreifen, war auch in beiden Weltkriegen bei allen Armeen üblich. Im 18. Jahrhundert war damit Weltgeschichte geschrieben worden: Am 19. April 1775 entschieden die amerikanischen Minutemen, die minütlich Einsatzbereiten, die joggenderweise angriffen, die Schlachten von Lexington und Concord westlich von Boston und begründeten damit, nach Darstellung von Ray Hosler, die Loslösung der amerikanischen Siedler von England. Ihre Geschwindigkeit betrug 8 bis 12 Minuten für die Meile, umgerechnet immerhin 5 bis knapp 7 Minuten für den Kilometer. Dieses Tempo hielten sie, mit ihren Waffen, 20 Kilometer und mehr durch. Seit 1969 ist der dem 19. April, dem Siegestag, am nächsten liegende Montag in den Neuengland-Staaten als „Patriots day“ ein gesetzlicher Feiertag: An ihm findet seit 1897 der Boston-Marathon statt, der älteste ununterbrochen veranstaltete Marathon der Welt; lediglich 1918,

46 „Murten – Freiburg“, 1983.

als sich die Vereinigten Staaten in den Ersten Weltkrieg einschalteten, wurde der Lauf nur symbolisch von einigen Soldaten ausgetragen.

In der Schweiz ist das Laufen Bewaffneter in den Sport eingegangen – als ‚Waffenlauf'. Bereits 1862 war in der Allgemeinen Schweizerischen Militärzeitung die Gründung von Gehvereinen angeregt worden. Die erste Veranstaltung dieser Art fand jedoch erst am 24. September 1916 in Zürich statt, nämlich der I. Schweizerische Armee-Gepäckmarsch, bei dem immerhin 520 Teilnehmer eine Strecke von etwa 40 Kilometern marschierend zurücklegten, der beste in 5:27 Stunden. 1934 wurde der berühmte „Frauenfelder" ins Leben gerufen. Die große Zeit des Waffenlaufs in der Schweiz ist jedoch wohl vorüber. Seine Herausforderung, nämlich in kompletter soldatischer Ausrüstung zu laufen oder im Eilschritt zu marschieren, ist in andere Wettbewerbe integriert worden, insbesondere den 100-Kilometer-Lauf in Biel, wo es eine Militärklasse gibt. In Biel hatte bereits 1917 ein Armeegepäckmarsch stattgefunden.[47]

Eine parallele Entwicklung vollzog sich in Deutschland mit dem preußischen Gepäckmarsch, langen Märschen mit Gepäckbelastung, die ebenfalls militärischem Training dienten. Solche Gepäckmärsche, zum Beispiel über 80 Kilometer, gehörten auch in der deutschen Wehrmacht bis ins letzte Kriegsjahr zum Ausbildungsstandard. Daran zeigt sich die unheilvolle Degeneration der Körperkultur zum Wehrsport.

Es gab jedoch in Deutschland, wie in der Schweiz, auch eine sportliche Variante des Gepäckmarsches. Auf Betreiben des späteren Sportarztes Dr. med. Martin Brustmann, der an den Kriegsminister Karl von Einem ein Gesuch auf Überlassung von Ausrüstung gestellt hatte, fand am 5. Dezember 1905 der erste sportliche Armee-Gepäck-Wettmarsch des Berliner Sportklubs Komet statt. Die 36 Teilnehmer hatten 50 Kilometer mit 31 Kilogramm Gepäck in achteinhalb Stunden zu bewältigen, und zwar von Treptow (heute einem Berliner Bezirk) nach Königswusterhausen und zurück. Die Infanteristen schnitten dabei nicht so gut ab wie die zivilen Geher aus den Sportvereinen.[48]

Der (zivile) Sieger, Emmerich Rath, benötigte sechseinhalb Stunden. Im Jahr darauf veranlaßte Carl Diem (1882–1962) den zweiten Armee-Gepäckmarsch als Patrouillenmarsch. Von den Viererpatrouillen mußten jeweils drei Mitglieder geschlossen am Ziel ankommen. Solche Patrouillenmärsche oder später -läufe wurden auch noch in der jüngeren Vergangenheit als rein sportliche

47 E. Flunser, Basel, in Klaus Jung: „Sportliches Langlaufen".

48 Hans Borowik vermutlich in „Der Leichtathlet" aus den dreißiger Jahren.

Wettbewerbe veranstaltet. Gruppenläufe, bei denen die gesamte Mannschaft geschlossen ankommen mußte, sind auch regelmäßiger Bestandteil des Rennsteiglaufs gewesen. Beim Gruppenlauf wird also kein individueller Sieger ermittelt, sondern hier kommt es darauf an, daß alle gemeinsam das Ziel erreichen. Bereits bei den Centurions, einer internationalen Gilde von Gehern und Läufern, die 1911 in England gegründet worden ist, sind Wettbewerbe allein für Gruppen zugänglich gewesen. Bedingung für die Aufnahme in die Vereinigung ist, daß die Anwärter Amateure sein und 100 Meilen (160,9 km) in 24 Stunden zurückgelegt haben müssen. Eine Liste aus dem Jahr 1926 führt 98 Mitglieder an. Der Rangälteste dieser Langstreckengeher war J. E. Fowler-Dixon, der im Juli 1877 die 100 Meilen in 20:36:8 Stunden zurückgelegt hatte.

Läufer waren die Nachrichtentechniker der Kriege. Die persischen Läufer leben im Schachspiel fort, das vermutlich in Persien erfunden worden ist. Das Schachspiel demonstriert, daß den Läufern eine wichtige Rolle in der Kriegsführung und überhaupt im Dienste von Herrschern zukam. Große Reiche konnten nur dank funktionierenden Nachrichtenverbindungen regiert werden. Der Historiker E. G. Happel berichtet in seinen „Relationes Curiosae“ von solchen Kurierdiensten, zum Beispiel vom Sinesischen Läufer.[49] Die chinesischen Läufer waren mit einer Glocke ausgerüstet, damit sich der jeweils nächste Stafettenläufer startklar machen konnte, sobald er die Glocke vernahm.

Der berühmteste Botenläufer in der Antike wäre zweifellos der Läufer von Marathon gewesen, wenn es ihn denn gegeben hätte. In populären Darstellungen sind oftmals die Fakten verfälscht worden. Als der zuverlässigste Autor der Antike gilt Herodot, geboren etwa um die Zeit der Schlacht von Marathon. Und eben gerade bei diesem ‚Vater der Geschichtsschreibung‘ in der Antike, der zudem dem Ereignis zeitlich am nächsten war, kommt ein Läufer von Marathon, der am Ziel, der Agora von Athen, mit dem Ruf „Freuet euch, wir haben gesiegt“ tot zusammengebrochen sein soll, mit keiner Zeile vor, obwohl doch Herodot für seine ‚Historien‘ – so der deutsche, manchmal auch variierte Titel seiner umfangreichen Geschichtsdarstellungen – Zeitzeugen befragt hatte.

Erst ungefähr 560 bis 640 Jahre später schrieben Plutarch (ca. 46–120 n. Chr.) und der Satiriker Lukian (120–180 n. Chr.) die Geschichte vom Boten von

49 Eberhard Werner (= Guerner) Happel (1647–1690): „Grössester Denckwürdigkeiten der Welt oder so genandte Relationes Curiosae. Worinnen dargestellet, außgeführet und erklähret werden die Denckwürdigste Seltsamkeiten. So da in Historien, natürlichen Wundern, am Himmel, auff und in der Erden, wie auch in und unter dem Meer zu finden seyn. Anderer Theil, einem jeden curieusen Liebhaber zu gut aufgesetzet, in Druck verfertigt, und mit vielen Figuren erläutert“. 1691, Nachdruck Berlin 1990.

Marathon, wobei Lukian das Motiv von dem älteren Plutarch wahrscheinlich nur übernommen hat. Würde man heute das, was ein Schriftsteller der Gegenwart über eine angebliche Begebenheit im Jahr 1400 ‚berichtet', für bare Münze nehmen?

Nun sollte man freilich, wenn man dem schweizerischen Tiefenpsychologen Carl Gustav Jung und seinem Begriff der Archetypen, der ‚vorbewußten Erinnerung', folgt, mündliche Überlieferung nicht geringschätzen. Doch die Legende des Marathonläufers, die zum Mythos geworden ist, taucht eigenartigerweise auch in einer schweizerischen Variante auf: Nach der siegreichen Murtenschlacht 1476 soll ein Läufer die Kunde vom Sieg nach Freiburg (Fribourg) gebracht haben und danach vor Erschöpfung gestorben sein. An der Stelle, wo er zusammenbrach, wurde eine Linde gepflanzt, angeblich von einem Lindenzweig, den jener Läufer in der Hand gehalten hatte. Diese sogenannte Murtenlinde wurde zu einem mächtigen Baum – später einer Baumruine, bis ihr ein Autofahrer den Rest gab. Von Murten nach Freiburg sind es, wie wir von dem seit 1934 bis auf den heutigen Tag veranstalteten Lauf wissen, jedoch nur 17 Kilometer; außerdem lauten die historischen Fakten anders: Die Siegesnachricht wurde in Wahrheit von zwei Reitern übermittelt, und sie hatten noch lange Freude an einer Belohnung für ihre frohe Kunde. Die Linde war obendrein älter als daß sie erst nach der Murtenschlacht hätte gepflanzt worden sein können.

Die Legende vom zu Tode erschöpften Marathonläufer trieb noch weitere Blüten: So starben der Überlieferung nach ein Baseler Stadtläufer, der in 24 Stunden mit einer wichtigen Nachricht von Straßburg nach Basel lief, und der Geschwindläufer des Kurfürsten zu Mainz, der eine zum Tode verurteilte Kindsmörderin begnadigen wollte. Dank seinem Geschwindschritt wurde die Delinquentin zwar in letzter Minute vor der Enthauptung bewahrt, aber der Läufer starb – angeblich – vor lauter Aufregung.

Es mag also sein, daß auch im Jahr 490 v. Chr. ein Fußbote, ein Hemerodromos, vom Schlachtfeld bei Marathon nach Athen gelaufen ist – ja, dies ist geradezu wahrscheinlich. Doch daß er tot zusammengebrochen ist, dafür gibt es keinen historischen Beleg. Eine Strecke von 40 Kilometern gehörte jedenfalls zur Routine von Boten. Sollte einer tot zusammengebrochen sein, wäre es ein Unglücksfall gewesen, so wie er auch heute infolge einer Vorschädigung im Sport vorkommt, allerdings weit mehr auf den Rängen von Fußballstadien, ja zuweilen auf den Sportfeldern selbst, denn auf Laufveranstaltungen. Der Botenlauf von Marathon nach Athen mag sich möglicherweise ereignet haben – der Tod des Läufers am Ziel jedoch ist wohl eine dramatische Überhöhung. Antike Schriftsteller, der Historiker Herodot ausgenommen, liebten dieses Stilmittel.

Bei Herodot findet sich jedoch tatsächlich der Bericht über einen Botenläufer namens Pheidippides oder Philippides, die beiden wichtigsten unter mindestens fünf überlieferten Namen. Dieser Bote lief jedoch vor der Schlacht bei Marathon von Athen nach Sparta. Das waren, wenn man seine Umwege infolge der damaligen Herrschaftsverhältnisse berücksichtigt, etwa 245 Kilometer. Er durfte nicht die bequemere und kürzere Route über Argos entlang am Meer nehmen, sondern mußte durchs Parthenion-Gebirge. Seine Aufgabe war es, die Spartaner zu bitten, den bedrängten Athenern gegen die Perser zu helfen. Der Bote fiel nicht nur nicht tot um, sondern erreichte auch, wie Herodot verhältnismäßig präzise angibt, Sparta bereits am Abend des folgenden Tages.

Ob das überhaupt möglich sein konnte, überlegte Anfang der 1980er Jahre der britische Royal-Air-Force-Captain John Foden, der Geschichte studiert hat. Mit einer elfköpfigen Läufergruppe reiste er nach Griechenland und trat am 8. und 9. Oktober 1982 mit zwei Kameraden den Beweis an: Die Läufer legten die mutmaßliche, 245 bis 246 Kilometer lange Strecke innerhalb oder in wenig mehr als 36 Stunden zurück (Leutnant John Scoltens in 34:30, Captain John Foden in 36:58, Sergeant John McCarthy in 38:58 Stunden); zwei weitere Mitläufer schieden vorzeitig aus, einer wegen einer Knieverletzung bei Kilometer 85, der andere wegen Dehydration und Hungergefühls bei Kilometer 130. John Foden berichtet, daß zu ihrer Überraschung keiner an Muskelkrämpfen gelitten habe. Der Erholungsprozeß sei sehr rasch verlaufen; fünf Tage später nahmen die Briten am Athener Marathonlauf teil und blieben nur jeweils 15 Minuten über ihren Bestzeiten.

Nachdem die Londoner „Financial Times“ über diesen Selbstversuch berichtet hatte, wollten es andere Ultraläufer den drei Testern nachtun. Der griechische Leichtathletikverband entschloß sich, den Lauf für alle auszuschreiben. Ein neuer Ultrawettbewerb war geboren, der Spartathlon. Im Jahr 1983 starteten dazu 48 Läufer; 16 erreichten das Ziel, die Statue des Spartanerkönigs Leonidas in Sparta. Der Spartathlon, der jeweils am letzten Septemberwochenende ausgetragen wird, ist in Europa mit Sicherheit der schwerste Ultralauf. Er setzt die Anpassung an die Hitze des Tages voraus, während es nachts empfindlich kühl werden kann. Nach etwa 155 Kilometern ist der Sangas-Paß (etwa 1.100 Meter hoch) über einen steilen Pfad zu bewältigen. In den frühen Jahren waren hier Posten stationiert, die den Läufern beim Aufstieg zu helfen hatten. Während des Laufs sind die rigide festgesetzten und überwachten Durchgangszeiten zu beachten: die ersten 81 Kilometer bis zum antiken Korinth müssen in höchstens 9:30 Stunden zurückgelegt sein. Ein weiterer zeitlich neuralgischer Punkt ist nach der Überwindung des Sangas-Passes der Ort Nestani (km 172), der in 24 Stunden erreicht werden muß. Dennoch zieht der Spartathlon tendentiell eine immer größere Zahl von Ausdauersportlern aus zahlreichen Nationen an, obwohl oder vielleicht gerade weil nach wie vor die Ausfallquote fast immer höher ist als die der Finisher. Schon deshalb ist vor einigen Jahren eine Qualifikation eingeführt worden: Wer am Spartathlon teilnehmen will, muß in den drei Jahren vor dem Lauf 100 Kilometer in nicht mehr als 10:30 Stunden zurückgelegt haben.

Doch zurück zur Schlacht von Marathon. Der nach Sparta geschickte Bote mußte auch wieder nach Athen zurückkehren, um die Nachricht zu überbringen, daß die Spartaner helfen wollten, der Mond jedoch für den Aufbruch nicht günstig stehe.

Hier hat der britische Schriftsteller Robert Browning (1812–1889)[50] die Geschichte etwas umgeschrieben und beide Botenläufer zu einem einzigen verschmolzen: Pheidippides oder Phillippides. Dieser soll also die Strecke von vermutlich 245 Kilometern zweimal zurückgelegt, jedoch in Athen den wichtigsten Adressaten der Botschaft, den Heerführer Miltiades, nicht vorgefunden haben. Deshalb soll er nach Marathon geeilt sein, was ja nun wahrhaftig ein Klacks war, wo er die Nachricht vom Sieg der Athener empfangen haben soll, um diese nach Athen zu übermitteln.

Damit wäre also der mythische Läufer von Marathon zugleich der Pheidippides des seriösen Herodot. Der Mann lief demnach ohne ausreichende Regeneration zweimal 245 Kilometer plus 40 Kilometer und zurück, macht zusammen 570 Kilometer, und dies wahrscheinlich mit nicht gerade läufergerechter Verpflegung und ohne Trail-Laufschuhe. Auf diese Weise, so die Hypothese,[51] sei es zu dem Unglück in Athen gekommen. Doch hätte man in Athen wirklich keinen frischen Boten für den Weg nach Marathon gehabt?

Yvonne Kempen hat sich in ihrer Dissertation[52] mit den aus der Antike überlieferten Todesfällen von Läufern befaßt und weist auf die Parallelität eines weiteren ‚tödlichen' Laufs hin, den des Euchidas, elf Jahre nach der Schlacht von Marathon. In Plataä in Böotien waren die Perser vernichtend geschlagen worden; sie hatten jedoch zuvor den Tempel verwüstet. Euchidas aus Plataä erbot sich,

50 In dem Gedicht „Phillipides" („Dramatic Idylls").
51 Die sich Andy Milroy zu eigen gemacht hat.
52 Berlin, 1990.

aus dem etwa 90 Kilometer entfernten delphischen Tempel das heilige Feuer zu holen und die erloschene Flamme in Plataä neu zu entfachen. Auch diese Episode wird erst über 500 Jahre später von Plutarch geschildert, genau von jenem Autor, der den ‚Läufer von Marathon' hatte sterben lassen. Auch der Läufer von Plataä muß, diesmal nach etwas mehr als 180 Kilometern, literarisch an Erschöpfung sterben. Der Grundgedanke, der nach der Aristoteles'schen Dramaturgie auch das klassische Drama bis hin zu Schiller bestimmte, war, das eigene Leben heroisch für eine höhere Idee zu opfern. Der Fackellauf des Euchidas hat wohl dem 1936 von Carl Diem begründeten olympischen Fackellauf Pate gestanden.

Yvonne Kempen kommt zu dem Schluß. „Mangelnde Vertrautheit mit antiken Vorstellungen, insbesondere von ‚Sporthistorikern' im engeren Sinne, verleitete immer wieder zu der Annahme, daß es für den Tod des ‚Marathonläufers' eine rationale Erklärung geben müsse. (...) Es ist viel wahrscheinlicher, daß es sich um eine Forderung des jeweiligen antiken Erzählers handelt, zu dessen Dramaturgie das Element des Todes gehört. Hier trifft man unzweifelhaft auf die in der griechischen Antike verbreitete Auffassung, wonach der Mensch erst höchsten Ruhm durch die Art und Weise seines Todes erlangt. (...) Berichte über den Tod von Distanzläufern müssen also aufgrund dieser Überlegungen bezweifelt werden."

Auf jeden Fall bezieht sich die einzige einigermaßen verläßliche Nachricht über einen Botenlauf im Zusammenhang mit der Schlacht von Marathon allein auf den Ultralauf nach Sparta. Es ist verständlich, daß das Fortbestehen des Spartathlons auch in der Krise Griechenlands nicht in Frage gestellt worden ist.

ULTRALÄUFE – DAS HANDWERK DER ZIVILEN BOTEN

Der militärische Botenlauf hat – das ist bereits deutlich geworden – seine zivile Entsprechung. Der Zweck ist derselbe: die Nachrichtenübermittlung. Nun könnte man die Auffassung vertreten, daß Botenläufer Ausnahmenaturen gewesen seien. Doch Botenlauf war ein Beruf wie jeder andere. Ursprünglich standen die Botenläufer in staatlichem Sold, da in erster Linie die Regierenden auf Nachrichten angewiesen waren.

Die Läufer im türkischen Reich, meist Perser, waren für ihre extensiven Leistungen bekannt. Ihre gewöhnliche Poststrecke betrug etwa 100 Kilometer am Tag. Es kam auch vor, daß sie zwei Tage und zwei Nächte unterwegs waren, um Briefe von Konstantinopel nach Adrianopel (200 km) zu befördern. „An denen Fersen haben sie eysern auffgeschlagen Blech oder Huffeysen, wie die Pferde, dann sie haben durch das vielfältige Lauffen über den brennenden heißen Sand, gleich den Arabern, so harte Fußsolen, daß man eyserne Nägel darin schlagen und hefften kann, ohne ihre Empfindung."[53] Der Autor, E. G. Happel, Herausgeber der ersten universellen Zeitschrift, behauptet auch, diesen Boten sei die Milz entfernt worden, damit sie kein Seitenstechen bekämen, ein Gerücht, das in anderen, aufgeklärten Quellen ausdrücklich zurückgewiesen wird.

Auch im Römischen Reich waren ständig Botenläufer von Staats wegen unterwegs. Vornehme Bürger beschäftigten ihre eigenen Läufer, im allgemeinen Sklaven.

Läufer zur Nachrichtenübermittlung gab es in Japan noch bis Ende des 19. Jahrhunderts. Die Quelle dafür klingt dubios; sie ist nämlich eine Postkarte. Doch solche Bildpostkarten sind sehr wohl als kulturgeschichtliche Dokumente zu betrachten. Die Postkarte aus der Zeit vor 1905 hat folgenden Text: „In Japan: Soweit jetzt nicht Eisenbahnen in Betracht kommen, wird der Postverkehr durch laufende Boten hergestellt. Das Bild zeigt zwei solcher japanischen Läufer, kaiserliche Boten in weiten Gewändern. Der eine trägt in Schachteln verschnürt die Briefe, der andere an einer langen Stange eine Papierlaterne, die nachts den Weg erleuchtet. Am unteren Ende der Stange hängt eine Glocke, deren Klang jedem auszuweichen gebietet. Die Läufer legen 6 bis 10 km pro Stunde, an einem Tage 75, ja bis 100 km zurück."

Eines der letzten Länder, in dem noch im 19. Jahrhundert Botenläufer beschäftigt waren, ist Indien. Aus dem 16. Jahrhundert wird berichtet, das reguläre Pensum der Boten seien 80 bis 90 Meilen (128 km bis 144 km) in 24 Stunden gewesen. Sie waren, auch noch unter britischer Herrschaft, so ausgerüstet, daß sie Flüsse durchschwimmen konnten, nur mit Schwimmhose und Kopfbund, dafür aber mit sieben Schwimmblasen um den Bauch und zwei Schwimmblasen, die von den Schultern herabhingen.

Durch spanischsprachige Chronisten, insbesondere Garcilaso de Vega, den Sohn eines spanischen Offiziers und einer Inkaprinzessin, wissen wir Präzises über das Stafettensystem im Inkareich, das noch praktiziert wurde, als die Spanier bereits das Land erobert hatten. Da die Inkas keine Schrift kannten und somit keine Aufzeichnungen hinterlassen konnten, sind die spanischen Zeugnisse trotz schrecklichem Hintergrund ein Glücksfall. Das Botensystem der Inkas, die Chasqui, reichte vom Pazifik bis in die Anden und von Quito (im heutigen Ecuador) bis Cuzco (Peru). Diese 1.600 Kilometer lange Strecke im Verlauf der Cordilleren und der Anden wurde in weniger als zehn Tagen zurückgelegt. Auf dem Weg vom Pazifik in die Hauptstadt Cuzco (3.500 m ü. M.), die den Touristen

53 E. G. Happel: „Relationes Curiosae", zitiert nach Oettermann: „Läufer und Vorläufer".

heute im Sinne des Wortes Kopfschmerzen macht, mußten Höhen von 4.500 bis 5.000 Meter überquert werden. Das Anlegen von Serpentinen war ebensowenig bekannt wie Pferd oder Wagen. Pfade führten also immer geradlinig empor. Die Weglänge, die ein Bote der Chasqui-Stafette zurückzulegen hatte, richtete sich nach der Steigung; an den steilen Passagen waren die Laufstrecken nur jeweils 800 Meter lang. Was den chinesischen Boten die Glocke, war den Chasqui das Muschelhorn. Die Boten hielten sich in Steinhütten an der Strecke auf. Ein nahender Bote kündigte sich durch das Horn an. Nachrichten wurden mündlich weitergegeben; dazu liefen der abzulösende Bote und der neue Bote nebeneinander her, bis der neue Bote die Nachricht auswendig wußte. Nachrichten, die sich in Zahlen ausdrücken ließen, wurden durch Quipus, eine Knotenschnur, übermittelt. Mit den Stafetten wurde jedoch auch Fisch für des Herrschers Tafel weitergereicht; er soll dort innerhalb von drei Tagen angelangt sein. An dieses Botensystem erinnert noch heute ein Stafettenlauf in den Rocky Mountains über 258 Kilometer, der zwischen Banff und Jaspers im Westen Kanadas mit zwei Starts (in Banff und in Saskatchewan) in 15 Etappen zurückgelegt wird.

In Europa sind Botenstafetten, so sinnvoll sie gewesen wären, eher selten praktiziert worden, weil die Kleinstaaterei dies verhinderte. Daher gab es hier meistens nur Einzelläufer, die bestimmten Herren, weltlichen und geistlichen, schließlich auch Städten und Städteverbunden, dienten. Dieser Läuferdienst hatte eine Aufgabe der einstigen Herolde übernommen, die zusammen mit den Turniervögten Kampfspiele vorzubereiten und sonst Botendienste zu verrichten hatten. In Mitteleuropa reichen die Nachrichten über die Botenläufer in die Zeit der Wende vom 14. zum 15. Jahrhundert zurück. Boten standen zunächst in den Diensten der deutschen Kaiser, von Klöstern, Ritterorden und Universitäten. Botenordnungen (wie in Frankfurt am Main oder in Breslau) räumten ihnen Privilegien ein, verpflichteten sie aber andererseits auch durch einen Diensteid. Im Jahr 1601 zum Beispiel stellte der Hohe Rat von Zwickau den ersten ordinären Fußboten in Dienst. Er lief die Strecke Zwickau–Leipzig. Doch machten sich auch Boten selbständig und beförderten Post auf eigene Rechnung und Gefahr. Dies ist zum Beispiel schon aus dem 14. Jahrhundert aus Aachen bekannt. Noch im Jahr 1838 inserierte ein privater Fußpostbote namens Karl Hebenstreit jun. im Herzoglich Sachsen-Altenburgischen Amts- und Nachrichtenblatt: „Ich, unterzeichneter Altenburger Schnelläufer, empfehle mich dem verehrten Publikum zur schnellsten und billigsten Ausführung jedes expressen Weges als Eilbote in der Nähe und Ferne. Ich laufe in der nächsten Tour 13 Meilen; mache zwei Stunden Weges in der Umgebung von Altenburg in 50 Minuten hin und zurück; gehe in drei Stunden nach Leipzig, in sieben hin und zurück; in achteinhalb Stunden nach Dresden, ja wenn es nötig sein sollte, in einem Tag hin und zurück, selbst, wenn dieser Weg den anderen Tag wiederholt werden müßte; in dreieinhalb Stunden nach Chemnitz; in eineinviertel Stunden nach Penig; in dreiviertel Stunden nach Borna; nach Weimar in neun Stunden. Über all diese und noch mehr gemachte Eilwege habe ich die richtigsten Atteste aufzuweisen und werde bei geeigneter Bestellung beweisen, daß ich ein Schnelläufer bin."

Über Organisation und Alltag des Botenwesens im Mittelalter gibt ein Beitrag von Markus Bitterlich Auskunft.[54] Bitterlich hat sich mit den Boten und Gesandten im Dienste der Stadt Görlitz beschäftigt und dazu die reichen historischen Quellen im erhalten gebliebenen Görlitzer Ratsarchiv genutzt. Als Zeitfenster wählte er das 15. Jahrhundert, als die Konflikte zwischen den böhmischen Hussiten und der Kirche zu unruhigen Verhältnissen führten. Die Tuchmacherstadt Görlitz gehörte seit 1346 dem Sechsstädtebund an, einem Bündnis mit Bautzen, Zittau, Löbau, Kamenz und Lauban (Luban) zum Schutz der Handelsstraßen, allen voran der Via Regia. Eine der Quellen der Botentätigkeit sind diverse Rechnungen. Wir lesen zum Beispiel aus dem Jahr 1422: „Hassen vor ein paar stevlin, als her von Norenberge quam, 12 gr." (Hasse für ein Paar Stiefel, als er von Nürnberg kam, 12 Groschen). Hasse ist der Name eines Mannes, der in den Rechnungen öfter auftaucht. Bitterlich mutmaßt: „Auch wenn wir sonst kaum etwas über ihn in Erfahrung bringen können, so schien er doch damals für die Stadt, die ihn oft in ihre Dienste nahm, sehr wichtig gewesen zu sein. Seinen Lohn erhielt Hasse für Botengänge, die er für die Stadt Görlitz verrichtete."

Die Boten gingen überwiegend zu Fuß. „Die Görlitzer Ratsrechnungen erwähnen oft ‚Läufer' oder ‚laufende Boten'." ‚Laufend' bezieht sich dabei nach Recherchen von Bitterlich auf eine schnelle Gangart. Die Reisegeschwindigkeit eines laufenden Boten kann man mit 60 Kilometern am Tag ansetzen. Die Boten konnten über eine schlechte Entlohnung nicht klagen: Ein Görlitzer Bote bekam für etwa 25 Kilometer Laufweg einen Groschen; für dieses Geld konnte man etwa ein Kilogramm Rindfleisch oder fast zehn Brote kaufen. Der Botenlohn galt auch für Strecken außerhalb des Sechsstädtebundes; für die 130 Kilometer lange Strecke nach Schweidnitz (Swidnica) gab es 11 Groschen.

54 „Unterwegs mit wichtigem Auftrag und in bedeutender Funktion" in „Menschen unterwegs – die Via regia und ihre Akteure".

Wir lesen weiter: „In vielen Fällen verzeichnen die Ratsrechnungen den Namen des Boten. Durch wiederholte Namensnennungen kann erschlossen werden, wie viele Boten sich zeitweise im Dienst der Stadt befanden. Ihre Anzahl variiert sehr stark. In Konfliktsituationen, wie in bestimmten Phasen der Hussitenkriege oder im Verlauf von Fehden, erhöhte sich die Anzahl der Boten. Der Bedarf sank hingegen in ruhigeren Zeiten, als die Intensität des Nachrichtenaustauschs wieder zurückging." Außer den Namen der Boten finden sich auch Hinweise auf deren Beruf. Zum Beispiel wurde ums Jahr 1420 ein ‚Bierschröter', ein Transporteur von Bier- und Weinfässern, genannt, der Nachrichten im Auftrag des Görlitzer Rates überbrachte. Auch Stadtbüttel wurden in den Nachrichtendienst einbezogen.

Insbesondere in Konfliktsituationen scheint der Botendienst nicht ungefährlich gewesen zu sein. Die Nachrichtenüberbringer waren offenbar bewaffnet und im Kriegshandwerk nicht unerfahren. Ein Bote namens Luckehannus zum Beispiel bekam Ende August 1427 von der Stadt eine Armbrust bezahlt. Im Jahr darauf wurde einem Boten ein neues Schwert genehmigt, als er das seinige zerschlagen hatte, um sich gegen drei Gegner zu wehren.

Zeitgenössische Abbildungen zeigen die Boten oft in den Farben oder mit dem Wappen ihres Auftraggebers und mit einem Beutel oder einer sogenannten Botenbüchse, in denen die Schriftstücke aufbewahrt wurden. Gelegentlich wurden Nachrichten auch nur mündlich übermittelt.

Boten zu Pferde wurden nur in besonders dringenden Fällen verwendet, weil das Pferd einen erhöhten Kostenfaktor darstellte. Gesandte hingegen, die anders als die Boten auch verhandeln durften, reisten zu Pferde. Die Aufgabe des Boten setzte eine möglichst gute Ortskenntnis voraus. Weiter entfernte Ziele waren nur Spezialisten bekannt. Es ist zu vermuten, daß einige Görlitzer Boten solche Spezialisten waren. Grundsätzlich wurden bewährte Straßen wie die Via Regia benützt. Insbesondere längere Reisen wurden, wenn möglich, auf bestimmte Zeiten des Jahres gelegt. Größere Reisen im Winter konnten zu langwierigeren und kostspieligen Unternehmungen werden.

Längere Reisewege, so hat der Autor herausgefunden, stellten für Boten eher eine Ausnahme dar. „Für den Sechsstädtebund zeichnet sich vielmehr eine Art regionales Stafettennetz ab, in dem Nachrichten von Ort zu Ort weitergeleitet wurden, bis sie schließlich den Empfänger erreichten. (...) Mit der logistischen Organisation des kaiserlichen Kurierwesens durch die Familie Thurn und Taxis setzte schließlich ab 1490 eine deutliche Zäsur in der Entwicklung des Nachrichtenwesens ein."

Bitterlich kommt zu dem Schluß, daß Boten und Gesandte wichtige Instrumente der Außenpolitik von Städten und Institutionen im Mittelalter und in der frühen Neuzeit gewesen seien. Für Ultraläufer heute dienen die laufenden Boten als Vorbild für die Bewältigung von Ultrastrecken.

WETTEN AUF HERRSCHAFTSLÄUFER

Der feudale Läuferdienst entstand an den französischen und italienischen Höfen und wurde von der Mitte des 17. Jahrhunderts an auch in das Gesinde des europäischen Adels übernommen. Die Läufer hatten Schriftstücke zu übermitteln; später übernahmen sie zusätzlich repräsentative Aufgaben. Schließlich hielten sich adelige Herrschaften eine Weile lang Läufer nur noch aus Gründen der Repräsentation. Wie auf gute und schöne Pferde war man auch auf schnelle Läufer stolz. Darin, daß sich viele feudale Arbeitgeber ihrer Läufer rühmten, liegt eine Wurzel sportlicher Wettbewerbe. Insbesondere die Wettleidenschaft der Briten förderte die Konkurrenz von Herrschaftsläufern untereinander. Der ‚Wett'-kampf war geboren. Der mecklenburgische Großherzog in Schwerin ließ 1833 seinen talentierten Läufer Joachim Ehrke in Galauniform porträtieren. Am Dresdener Hofe entwickelte sich Adolf Halsband zu einem Schnelläufer, der dann in Neustrelitz tätig war und bei Wettkämpfen in Dresden und in Wien erste Preise gewann.

Die Läufer selbst wetteiferten in eigener Regie miteinander. Darüber haben wir authentische Zeugnisse insbesondere aus Wien. Dort übte – infolge der zahlreichen Stadtpalais des Adels und der Gesandtschaften – eine Menge Läufer ihren Beruf aus. Läufer zu werden, war ein Lehrberuf wie andere auch. Die angehenden ‚Laufer' in Wien mußten im sogenannten Freilauf eine Strecke von 18 Kilometern in 1:12 Stunden bewältigen, in einem Viererschnitt also. Damit hätten sie fast die Qualifikation gehabt, die jahrelang zur Teilnahme an der Deutschen Marathonmeisterschaft erforderlich gewesen war. Die amtlichen Boten in den Jahrhunderten zuvor mögen häufig, schon in Anbetracht unwegsamen Geländes, ihre Strecke im Geschwindschritt und nicht im Dauerlauf zurückgelegt haben. Ehrgeiz eines guten Läufers war es jedoch, schneller als ein Pferd zu laufen. In einem Exkurs behandelt die Ultraläuferin Birgit Lennartz[55] Läufe gegen Pferde. Sie ist zu dem Schluß gekommen, daß Läufer gegen trainierte Pferde nur auf sehr kurzen Strecken eine Chance hätten. „Die Siege von Läufern über Pferde auf Ultradistanzen ist wohl damit zu erklären, daß diese Pferde in

55 Diplomarbeit: „Geschichte des Ultralanglaufes unter besonderer Berücksichtigung der Entwicklung in Deutschland", 1989.

der Regel nur für kurze Strecken trainiert werden. Wird ein Pferd auf langes Laufen vorbereitet, ist der Mensch ihm auch hier unterlegen." Läufe gegen Pferde gebe es vereinzelt noch heute, schreibt sie.

Im 18. und 19. Jahrhundert hatte das Laufen gegen Pferde zuweilen praktischen Wert. An Plätzen wie in dem an Adelspalästen reichen Wien, aber auch anderswo, als nicht mehr die Nachrichtenübermittlung, sondern das Repräsentieren im Vordergrund stand, rannten die Läufer den Kutschen ihrer Herrschaft voraus, um ihnen freie Bahn zu verschaffen oder die Strecke zu erkunden, tagsüber mit langen Stäben, abends mit Fackeln oder Windlichtern. An einem Jugendstilhaus in Wien, das an der Stelle des abgerissenen Geburtshauses von Ludwig Anzengruber steht, nämlich in der Alserstraße/Ecke Kinderspitalstraße, erinnern drei überlebensgroße Figuren an die herrschaftlichen ‚Laufer'. Die Skulpturen von Viktor Tilgner zeigen die Läufer in reicher Tracht, in den Händen haben sie lange Stäbe und brennende Fackeln. In Wien soll es mehrere solcher ‚Dreilauferhäuser' gegeben haben. Vorläufer liefen auch an zahlreichen anderen Adelssitzen den herrschaftlichen Karossen voraus. In England waren es die ‚Running footmen', die in die Laufgeschichte eingegangen sind.

Die Wettbewerbe der Wiener ‚Laufer' dienten zwar auch als Qualifikationsnachweis, aber sie sind ebenso der Gattung der ständischen Läufe zuzuordnen, und sie verkörpern zugleich auch das spätere Moment des Zuschauersports. In einem Bericht des Polizeidirektors Ley vom 21. April 1795[56] heißt es, daß morgens um 6 Uhr an der Mariahilfer Linie „26 hiesige Herrschaftslaufer" einen Zulauf von fast 3.000 Menschen verursacht hätten. Wenn wir das hochrechnen, entspräche das bei einem Volkslauf mit 3.000 Teilnehmern 345.000 Zuschauern. Es versteht sich, daß die Behörden derartige Menschenansammlungen im Hinblick auf die Verkehrsregelung für gänzlich unzuträglich hielten, ob es sich nun um ein „menschenunwürdiges Schauspiel" in Wien, um den ersten New York City Marathon 1976 oder um die ersten deutschen Stadtmarathons 1981 in Frankfurt am Main und Berlin handelte.

Im Jahr 1822 wechselte der Schauplatz des Wettlaufens in Wien; die Strecke wurde von der Marienhilfer Vorstadt in den Prater verlegt. Auch hier hatte die Polizeidirektion Einwände; sie befürchtete, daß die Bevölkerung, die am Lauftag, dem 1. Mai, in den Prater strömte, belästigt würde; wahrscheinlich würden auch die Praterwirte um ihren Verdienst gebracht. Die Zahl der Zuschauer hatte sich auf 30.000 verzehnfacht. Offenbar hatte der Lauf auch einen starken

56 „Zur Geschichte der Wiener Laufer" im „Wiener Neujahrs-Almanach", 1898.

Aufforderungscharakter, nicht anders als heutige City-Marathons. Damals versuchten manche Zuschauer, insbesondere Jugendliche, neben den Teilnehmern mitzulaufen. Die Laufbahn erstreckte sich über die Hauptallee zum Lusthaus, wo die Läufer ein Abzeichen erhielten, das sie am Ziel der Wendepunktstrecke wieder abgeben mußten. Diese Strecke ist in den heutigen Wiener Frühlingsmarathon integriert.

Die freiheitlichen Bestrebungen, die 1848 zur ersten bürgerlichen Revolution führten, machten jedoch dem Mai-Lauf den Garaus. Die Wiener Polizeidirektion Leopoldstadt artikulierte in einem Bericht vom 3. April 1848: „Bereits vor dem in den Märztagen stattgefundenen Umschwung der Dinge in Wien (...) sind Stimmen laut geworden, welche die Abschaffung des Wettlaufes der herrschaftlichen Laufer als inhumanes und barbarisches Fest gefordert haben. Auch sei dieses Wettlaufen nach ärztlichem Ausspruche mit den nachtheiligsten Folgen für die Gesundheit verbunden." Das von Ernst van Aaken gegeißelte „Schondenken in der Medizin" manifestierte sich schon damals. Die Forderung, den Lauf zu verkürzen und den Wettbewerbern eine Fahne mit der Aufschrift ‚Fortschritt' voranzutragen, konnte nicht mehr verwirklicht werden. Die Laufer hatten ausgedient, und über ein Jahrhundert verging, bis der erste Wiener Frühlingsmarathon 1984 der Einwohnerschaft neue Betrachtungsweisen eröffnete. Bis auf Ausnahmen endete die Zeit der laufenden Boten Mitte des 19. Jahrhunderts.

KULTISCHE HANDLUNG IM LAUFSCHRITT

Laufen als Handwerk ist nur eine der beiden großen Entwicklungslinien des Laufens. Die andere beginnt ebenfalls sehr früh, nämlich als Teil kultischer Handlungen. Nicht nur, daß dieser Aspekt in der Sportgeschichte überbewertet worden ist – er macht sich ja auch besser, als das Laufen auf militärische Erfordernis zurückzuführen –, Carl Diem sah in kultischen Handlungen sogar den Ursprung des Sports überhaupt. Dies jedoch ist, wenn wir an den militärischen Gebrauch des Laufens denken, mit Sicherheit zu eng gesehen. Der kultische Zusammenhang soll damit nicht kleingeredet werden, zumal da große Sportveranstaltungen wie die Olympischen Spiele oder beispielsweise Rituale im Fußball durchaus kultische Elemente aufweisen, auch wenn Johan Huizinga genau deren Mangel beklagt.

Ein kultischer Einschlag ist bereits bei dem Erneuerungslauf der ägyptischen Pharaonen deutlich geworden. Eindeutig aber hatten in der griechischen Antike Leibesübungen kultische Bedeutung. In Homers „Ilias" kommen sowohl

Verfolgungsläufe, also Laufen im Zusammenhang mit Kampf, als auch kultische Läufe vor. Im 23. Gesang der „Ilias“ richtet Achill eine Totenfeier für seinen gefallenen Freund Patroklos aus und stiftet für Wettkämpfe, die sich an die Trauerrituale anschließen, wertvolle Preise. Die Wettkämpfe, nämlich Wagenrennen, Faustkampf und Ringkampf, werden mit einem Laufwettbewerb beendet. Für Wettbewerbe auf Totenfeiern gibt es eine ganze Anzahl literarischer Belege. Gemeinsam ist ihnen, daß sie keine Langläufe waren, sondern im heutigen Sprachgebrauch Mittelstreckenläufe.

Aus den kultischen Totenfeiern haben sich in der griechischen Antike die Wettkämpfe verselbständigt. Diese sogenannten Agone, Wettkämpfe auf dem Gebiet der Leibesübungen, Fahr- und Reitwettkämpfe und musische Agone, fanden bei den Panhellenischen Spielen, darunter den Spielen von Olympia, und an anderen Orten statt. Die Geschichte der antiken Olympischen Spiele ist besonders gut erforscht. Eine Langlaufdisziplin in einer der heute üblichen Dimensionen gab es jedoch nicht. Die längste Strecke war der Dolichos, der mit dem 5.000-Meter-Lauf vergleichbar ist. Gelaufen wurde im Stadion. Hier sind die Anfänge des Zuschauersports zu suchen.

Es kam aber vor, daß Olympiasieger nach ihrem Wettkampf laufend eine Ultradistanz von bis zu 180 Kilometern zurücklegten, um sich möglichst rasch in der Heimat als Sieger zu präsentieren und in den Genuß von Belohnungen zu kommen. Von zwei Siegern zum Beispiel weiß man, daß sie nach ihrem Wettkampf in Olympia nach Hause liefen: Ageos 100 Kilometer bis Argos und Drymos 140 Kilometer nach Epidauros. Plinius berichtet von dem spartanischen Läufer Anystis und einem Läuferboten Alexanders des Großen, Philonides, die den 250 Kilometer langen Weg von Sykion nach Elis angeblich innerhalb eines einzigen Tages zurücklegten. Auch dies ist wieder ein Hinweis darauf, daß das Laufen langer Strecken eher ein Mittel zum Zweck war denn eine sportliche Herausforderung. Wenn der Mensch jedoch vor über 2.000 Jahren fähig war, ohne weiteres Ultradistanzen zurückzulegen, weshalb sollte er heute, zumal da ihm im wahrsten Sinne des Wortes alle Wege geebnet sind und die Verletzungsgefahr durch äußere Umstände weit geringer ist, dazu nicht in der Lage sein?

Die früheste Nachricht von Ultralangläufen auf der Bahn liegt aus Rom vor. Diese Läufe fanden im Circus Maximus auf einem Kurs von etwa 600 Metern statt, der überwiegend für Wagenrennen benützt wurde. Plinius berichtet über ein Rennen auf 160 römischen Meilen (238 km). Im Jahre 59 n. Chr. unter dem Konsulat des Fonteius und des Vipstanus lief ein achtjähriger Knabe in sechs

Stunden 75.000 Schritte, das sind etwa 60 Kilometer in sechs Stunden, was durchaus unseren Schülerleistungen im Marathonlauf entspricht.[57]

Die detaillierte Kenntnis der Antike sollte uns aber nicht den Blick dafür verstellen, daß es Zeugnisse kultischer Leibesübung auch aus anderen Teilen der Welt gibt: Was das Laufen betrifft, so sei an die Rarámuri (spanisch: Tarahumara), einen Indiostamm der mexikanischen Sierra Madre, als das authentische Beispiel einer in Südamerika verbreiteten Laufkultur erinnert. Der Norweger Carl Lumholtz bezeichnete Ende des 19. Jahrhunderts die Tarahumara enthusiastisch als die besten Läufer der Welt, wenn auch nicht als die schnellsten. Ein Tarahumara ist demnach in der Lage, 170 englische Meilen (273 km) ohne Unterbrechung im Dauerlauf zurückzulegen – und sich dabei gewöhnlich lediglich von geröstetem Maismehl und Wasser zu ernähren.

Bei ihren Laufwettbewerben, die sich auf einer bis zu etwa 20 Kilometer langen Strecke, möglichst einem Rundkurs, über 200 bis 270 Kilometer erstrecken, pflegen die Männermannschaften auch heute noch eine Holzkugel, die hipa, vor sich her zu schießen. Die Kugel soll angeblich die Sonne symbolisieren. Dieses Spiel, die Raráhipa (= Kugelspiel), ist sehr populär. Zweiköpfige Frauenmannschaften hingegen bewegen jeweils einen handtellergroßen, aus Rohr oder Draht geflochtenen Ring über 100 Kilometer mit sich fort, was bei Dunkelheit gar nicht so einfach ist.[58] Die Wettbewerbe, die Raráhipama, bei denen auch Kinder auf Strecken über drei Stunden wetteifern, finden insbesondere nach der Maisernte statt und sind ein geselliges Ereignis. Bei dem Wettbewerb treten zwei Ortschaften gegeneinander an, auf die Sieger werden Wetten abgeschlossen. Die nichtlaufenden Einwohner verfolgen das Rennen überaus lebhaft; sie unterstützen die Läufer mit Beifall und Verpflegung. Frauen gießen den Läufern lauwarmes Wasser über den Rücken, nachts werden Fackeln entzündet. Früher wurde barfuß gelaufen, Ende der 1920er Jahre fingen die Rarámuri damit an, Autoreifen zurechtzuschneiden und als Sohlen zu benutzen. In solchen ganz einfachen Sandalen liefen 1994 auch drei Rarámuri die damals 64 Kilometer des Swiss Alpine Marathons, allerdings ohne Kugel. Andere Stämme, zum Beispiel die Jê-Indianer in Zentralbrasilien, tragen bei ihren Läufen einen Baumklotz mit sich. ‚Klotzlaufen' ist auch hier für Männer und Frauen eine sportliche Disziplin.

Der historische Kontext von Bewegungsspielen in Südamerika ist geeignet, eine Hypothese zur Erklärung der berühmten Erdzeichnungen von Nazca zu stützen. Diese 1928 entdeckten Konfigurationen und scheinbar endlosen Linien

57 Dr. med. Ernst van Aaken in „Spiridon" 2/1977.

58 Carl Sofus Lumholtz: „Unknown Mexico", 1903, Patrick Aknin in „Spiridon" 1/1978, Günter Herburger in „Runner's World", deutsche Ausgabe, 3/1998.

in der Wüste des Andenvorlandes, die etwa ums Jahr 600 n. Chr. entstanden sind, geben bis heute Rätsel auf. Den Schriftsteller Erich von Däniken regten sie zu Phantastereien über Landebahnen von Außerirdischen an. Dem Münchener Patentanwalt Dr. Georg von Breunig, kein Läufer, war seinerseits der Gedanke gekommen, es könne sich um Laufbahnen handeln. Dazu trug er eine Anzahl von Indizien zusammen. Die etwa drei Dutzend Konfigurationen, darunter vor allem Tierfiguren, legen nach seiner Ansicht den Schluß nahe, daß sie kultischen Läufen gedient haben könnten. Solche kultischen Läufe kennen wir außer von Ägypten noch aus Tibet und Mikronesien sowie Nord- und Mittelamerika. Interessant ist, daß Manfred Steffny, Autor unter anderem von „Marathontraining", für seine Laufseminare ohne Kenntnis eines historischen Vorbildes Spiralen abgesteckt hat, um den Laufstil seiner Teilnehmer besser beobachten und filmen zu können. Genau solche Spiralen sind im Andenvorland in den Sand gescharrt worden. Da hier kein Regen fällt, haben sie sich über Jahrhunderte erhalten. Die Sandbilder sind nicht selten mit unendlich scheinenden Linien verbunden. Über die Art der Läufe, die hier hinein interpretiert werden, ist damit noch nichts gesagt. Doch hat es Feste gegeben, bei denen Laufen zum Ritual gehörte, und es finden sich in der Moche-Kultur, der Epoche vor der Nazca-Kultur, bildliche Darstellungen von etwas ins Groteske verfremdeten Läufern, die Bohnensäckchen mit sich tragen. In Bohnen sieht Georg von Breunig das Symbol der männlichen Testes, der Hoden.

Die Rarámuri sind nicht der einzige Indiostamm, von dem Laufaktivitäten über lange Strecken bekannt sind. Auch die Seri, ein kleiner Stamm, der auf der Insel Tiburon im Golf von Kalifornien und auf dem mexikanischen Festland zu Hause ist, vollbringen erstaunliche Laufleistungen beim Fangen von Hasen und Hirschen.[59] Seri-Frauen legen den etwa 50 Kilometer weiten Weg von Costa Rica zur Küste in einer Nacht zurück; ihre Säuglinge haben sie dabei an der Hüfte, auf dem Kopf tragen sie einen Krug mit Wasser und auf dem Rücken weiteres Gepäck. Berichten zufolge soll eine Frau ein krankes, etwa ein Jahr altes Kind in einer Nacht 72 Kilometer weit zur nächsten weißen Ansiedlung gebracht haben. Es heißt, sie habe unterwegs noch nebenbei einen Hasen gefangen, den sie den Weißen als Honorar für die Behandlung anbieten wollte.

Patrick Aknin, der die Läufe der Rarámuri studiert und einen Film darüber gemacht hat, berichtet, daß er bei den Indios keinerlei Training beobachtet habe. Zwischen dem Lauf der Rarámuri und dem modernen Sport lägen Welten. Offenbar befähigten das Leben in und mit der Natur und die Märsche die

59 Mc Gee: „The Seri Indians", 1898.

Halbnomaden in größerer Höhe zu solchen Ausdauerleistungen ohne Training. Bei jungen Indios, die in der Stadt lebten, sei kein Anzeichen dafür zu entdecken, daß sie gute Langstreckenläufer würden.

Wenn die Rarámuri als Ausnahme auch unter den Indios bezeichnet werden, kann man daraus unter anderem schließen, daß sich die anderen Stämme bereits zu weit von dem natürlichen (und beschwerlichen) Leben in der ursprünglichen Umgebung entfernt haben. Dieser Prozeß verstärkt sich zusehends. Die Indios in den Anden legen heute noch weite Wegstrecken, insbesondere zum Markt, zu Fuß zurück. Jährlich verlassen jedoch Tausende, wenn nicht Zehntausende die kargen Täler und Hochebenen der Anden und vergrößern die Elendsviertel in Lima, die aus Hütten mit Zuckerrohrdächern, Erdlöchern mit Plane und, im besten Fall, primitiven Behausungen mit gemauerten Wänden bestehen. Die Disposition zu langen Laufleistungen und die Lauftradition gehen damit verloren.

Die allzu sportgeschichtliche Betrachtungsweise, die im Laufen immer nur eine leistungsorientierte Sportart sieht, hat vielen den Blick für die nichtsportlichen Aspekte des Laufens getrübt, darunter auch für die kultische Bedeutung der Fußbewegung. Vielleicht sollte man in tiefenpsychologischer Sicht berücksichtigen, daß das Kind in seiner geistigen Entwicklung ein Stadium des magischen Denkens durchmacht, eine archaische Denkform, die von Entwicklungspsychologen als typisch für das Kindesalter und als Vorstufe des rationalen Denkens angesehen wird. Das dürfte in der Entwicklung von Völkern nicht anders sein.

Die christliche Wallfahrt, mag sie heute auch zuweilen mit dem Autobus stattfinden, ist nichts anderes als eine kultische Fortbewegung. Auch wenn gegangen und selten gelaufen worden ist, so sind doch häufig lange Strecken zurückgelegt worden, die man keineswegs als Sonntagsausflug bezeichnen kann. Zumindest bei der Kärntner Vierberge-Wallfahrt, die noch auf keltische Zeiten zurückgeht, ist der Übergang vom Gehen zum Laufen, im Prinzip also dem Jogging, erkennbar. Bis zum Sonnenuntergang müssen nämlich fast 50 Kilometer und 2.000 Höhenmeter überwunden werden. Die älteste schriftliche Erwähnung dieser Wallfahrt stammt aus den 1620 erschienenen „Annales Carintiae" von Hieronymus Megiser (1554–1619): „Auff diese 4 Perg (Anmerkung: St.-Magdalensberg bei St. Veit, wo einst ein keltisches Heiligtum stand, Ulrichsberg, Veitsberg, Lorenziberg) laufft das gemeine Landvolk alle Jahr Kirchfährten an der Heiligen Drei Nägl Tag (Anmerkung: Zweiter Freitag nach Ostern) und muß dies Kirchfahrtlauffen auff einen Tag verrichtet werden. Darum sie sich dann nicht lang saumen, wann sie in der Kirchen aini kommen: Gehn alle flux umb den Altar, naigen sich und lauffen daß auch zu Zeiten etlich gar sterben, denn es ist ein langer Weg und wie etlich nachraiten wol zwölf Teutsche Meil sein sollen."

Dabei werden auch mehrfach Messen besucht. Der Eilschritt ist erforderlich, weil die Wallfahrt bis zum Einbruch der Dunkelheit beendet sein soll. Einen rituellen Grund dafür gibt es nicht. In den 1830er Jahren nahmen 3.000 bis 5.000 Menschen an dieser Wallfahrt teil; in den 1930er Jahren waren es nur noch einige Dutzend. Seit etwa den 80er Jahren erfreut sie sich wieder großen Interesses. Der Vierberge-Lauf ist zum geselligen Ereignis geworden, was auch wieder nicht ganz neu ist, wie wir aus den „Canterbury Tales" von Geoffrey Chaucer (1340–1400) wissen, der Beschreibung einer Wallfahrt mit höchst weltlichem Amüsement. Es ist anzunehmen, daß zu der religiösen Motivation heute zumindest unterschwellig sportliches Streben gekommen ist.

Auch die individuelle Wallfahrt zu Fuß oder mit dem Fahrrad auf dem Jakobsweg, etwa 600 Kilometer von den Pyrenäen oder sogar schon von Deutschland oder Frankreich aus, nach Santiago de Compostela im spanischen Galicien, ist zunehmend beliebter geworden und keineswegs immer primär religiös motiviert. Die Parallelität des Teilnehmerwachstums solcher Fußwallfahrten und der Entwicklung des Volkslaufs ist auffällig.

Zum Geselligen kommt noch ein Moment hinzu: die Lust des Menschen an freigewählter Ortsveränderung, der wir den Tourismus verdanken. Die Wallfahrten des Mittelalters sind – neben den Handelszügen – die Frühform des Tourismus. Die Kreuzritter, die ins Heilige Land pilgerten, besaßen Pferde, dem gemeinen Mann blieben nur die Füße. Die Arbeit, die die Gehwerkzeuge verrichteten, war nun einem höheren, einem kultischen Zweck geweiht. Man durfte unterwegs sein, ohne daß dieser Gang als Müßiggang angesehen wurde. Seit der frühen Kirchengeschichte sind Millionen von Pilgern, insbesondere von den britischen Inseln oder den Nord- und Ostsee-Anliegergebieten, über See nach Santiago gereist, auch wenn der Wert einer solchen Reise nicht den einer echten Pilgerfahrt zu Fuß erreichte.

Mit Pferdewechsel unterwegs konnte ein reitender Pilger im Durchschnitt 50 bis 60 Kilometer am Tag zurücklegen. Für Fußpilger mit langen Strecken waren 30 Kilometer und mehr eine gute Leistung. Der thüringische Landgraf Ludwig und seine Begleiter schafften im 13. Jahrhundert 1.500 Kilometer in 40 Tagen – „eine achtunggebietende Leistung; denn der Trupp mußte die Alpen überqueren und mit der Julihitze Italiens fertig werden."[60]

60 „Pilgerstab und Jakobsmuschel: Wallfahren in Mittelalter und Neuzeit".

ORTSVERÄNDERUNG IN DER AUFKLÄRUNGSZEIT

Weshalb wohl drängt es noch heute Menschen, ihre Heimat zu verlassen und andere Länder kennenzulernen? Ein Grund dafür mag eine archaische Freude an der Entdeckung sein, an der Erweiterung unseres Lebensradius, eine Neugier, der wir schließlich unser Wissen überhaupt verdanken. Diese lustbetonte Neugier ist der Ursprung des Tourismus, der ja, was heute schwer vorstellbar ist, zunächst eine häufig beschwerliche Aktivität gewesen ist. Wer es sich leisten konnte, ritt oder fuhr in der Kutsche. In der Tat folgte auf das Stadium der Wallfahrten erst die Epoche des aristokratischen Reisens. Wenngleich die Alpen von Personen besserer Stände zuweilen in der Sänfte überquert wurden – sogar eine Kutsche wurde zerlegt über die Saumpfade des Gotthards transportiert – , so gab es doch Situationen, in denen nur die eigenen Füße weiterhalfen. Francesco Petrarca (1304–1374), dem italienischen Dichter und Humanisten, ist die erste Bergbesteigung der Geschichte zugeschrieben worden, die Besteigung des Mont Ventoux in Frankreich – und zwar nicht aus kultischen Gründen, sondern aus Freude an der Entdeckung.

Für Jean-Jacques Rousseau (1712–1790) gehörte Wandern zum Erziehungskonzept. Einschlägige Kernsätze in seinem „Emile oder Über die Erziehung“[61] lauten: „Wir reisen also nicht mit der Extrapost, sondern wie einfache Wanderer. Wir denken nicht allein an die beiden Endpunkte unserer Reise, sondern auch an den Weg, der zwischen ihnen liegt. Die Reise selbst gewährt uns Genuß; sitzen wir doch nicht mißgestimmt und wie eingepfercht in einem kleinen festverschlossenen Käfig, noch reisen wir mit der Weichlichkeit und Ruhe der Frauen. Wir sperren uns nicht gegen die freie Luft ab, noch berauben wir uns des Anblicks der uns umringenden Gegenstände, noch lassen wir uns um die Gelegenheit bringen, sie nach Herzenslust und so oft es uns gefällt in Augenschein zu nehmen. Emil wird seinen Fuß nie in einen Postwagen setzen, nie mit der Post fahren, wenn nicht die größte Eile nötig ist. (...) Ich kann mir nur eine Art zu reisen vorstellen, die noch angenehmer als das Reisen zu Pferde ist, nämlich das Reisen zu Fuß. Man bricht nach Belieben auf, rastet, wenn es einem behagt, und macht größere oder kleinere Tagesreisen, je nach Lust und Laune. Man betrachtet die ganze Gegend; wendet sich bald zur Rechten, bald zur Linken; untersucht alles, was einen ergötzt, und macht an allen Aussichtspunkten halt. Sehe ich einen

61 1762, frei aus dem Französischen übersetzt von H. Denhardt.

Fluß, so wandere ich sein Ufer entlang; bemerke ich einen Laubwald, so suche ich seinen Schatten; gewahre ich eine Grotte, so lenke ich meine Schritte nach ihr; stoße ich auf einen Steinbruch, so untersuche ich sein Gestein. Überall, wo es mir gefällt, weile ich. In demselben Augenblicke, wo ich mich zu langweilen beginne, setze ich meinen Wanderstab weiter. Ich bin weder von den Pferden noch vom Postillion abhängig. Ich brauche mich deshalb nicht an die fahrbaren Straßen und bequemen Wege zu binden. Ich komme überall hin, wohin sich ein Mensch den Weg zu bahnen vermag, ich sehe alles, was ein Mensch sehen kann, und da ich lediglich von mir abhängig bin, so genieße ich alle Freiheit, die irgend ein Mensch nur genießen kann."

Rousseaus Erziehungsgrundsätze, einschließlich der Lobpreisung des Wanderns, sind in die Erlebnispädagogik eingegangen – erst bei den Philantropen, dann in das öffentliche Schul- und Erziehungswesen bis hin zu dem Pionier Kurt Hahn (1886–1974) oder den Pfadfindern Robert Baden-Powells. Rousseaus Gedanken förderten das Reisen, insbesondere das Reisen zu Fuß, wie zuvor schon die Reisebeschreibungen des Naturwissenschaftlers Conrad Gesner, der unter anderem den Schweizer Berg Pilatus beschrieb.

Wer nun fragt, was das alles mit dem Laufen zu tun haben soll, sei daran erinnert, daß der Dauerlauf nur die sportliche Form der Ortsveränderung ist. Was ist der Landschaftslauf, oder, in moderner Terminologie, das Trailrunning anderes als eine Wanderung, nur ein bißchen schneller als der Fußmarsch? All die großen Einzelunternehmungen von Läufern, die Durchquerung ganzer Länder oder Kontinente, haben ihre Wurzel in jenem geistigen Eroberungsdrang, jener Neugier, die uns über Land treibt. Das alles gilt, versteht sich, genauso für das Wandern. Es ist auffällig, daß sich viele nicht mehr mit dem Sonntagsausflug vom Parkplatz aus begnügen, sondern zu wochenlangen Fernwanderungen aufbrechen.

Zwischen Wandern und Dauerlaufen sollte man keinen Gegensatz konstruieren, wie das noch am Anfang der Laufbewegung und im Hinblick auf das Walking sogar noch vor wenigen Jahren der Fall gewesen ist. Der Unterschied der Fortbewegung ist nur graduell, eine andere Technik: die ständige Bodenberührung beim Gehen, das Abheben beider Füße beim Laufen. Unter dem Aspekt des Ausdauertrainings hat der Ultramarathon mit dem Wandern entschieden mehr gemein als mit der Kurzstrecke auf der Kunststoffbahn. Die großen Distanzmärsche des 19. und frühen 20. Jahrhunderts galten zu Recht als sportliche Angelegenheiten, auch wenn die Teilnehmer mit Hut und Schirm zuweilen nicht so sportlich aussahen.

ERGÖTZEN IN DER SUBKULTUR DES LAUFENS

Die Frage, ob es denn auch in der Vergangenheit eine Art Volkslauf, ein zweckfreies Laufen, der Unterhaltung wegen, im Sinne des ‚deportare' gegeben habe, läßt sich mit dem Hinweis auf solche Läufe wie in Südamerika, das Maifest der Wiener Laufer oder die Wallfahrten, die immer auch eine starke soziale Komponente gehabt haben, leicht beantworten: Ja, es gab eine Subkultur des Laufens, so wie es eine Subkultur des waffenlosen Zweikampfes gab. Nur gibt es dafür wenige aussagekräftige Quellen. Das ist auf anderen ethologischen Teilgebieten nicht anders. Was das Volk trieb, schien im Gegensatz zu den offiziellen Aktivitäten der oberen Gesellschaftsschicht nicht darstellenswert. Volksszenen wie Breughels „Kinderspiel" und andere bleiben künstlerisch in der Minderzahl.

Zwar nahm die Kirche eine distanzierte Haltung zu Leibesübungen ein; aber es entfaltete sich auch im Mittelalter durchaus eine Körperkultur. Es liegt nahe, daß wir immer nur von der Leibesübung der herrschenden feudalen Schicht lesen, den Turnieren der Ritter, die der Vorbereitung des bewaffneten Kampfes dienten. Doch es gibt auch eine ganze Anzahl von Zeugnissen dafür, daß im gemeinen Volk körperliche Übungen ohne einen anderen Zweck als den des Vergnügens betrieben wurden. In verschiedenen Städten waren eigens Plätze dafür ausgewiesen. Papst Pius II. (1405–1462), der eine ganze Anzahl mitteleuropäischer Orte besucht hat, schildert zum Beispiel aus Basel: „Über das hat es in der Neuwen Stadt viel Matten oder Plätze mit grünen Bäumen und lieblichen Grass", die für „Kurzweil" (Laufen, Ringen, Schießen, Pferderennen, Steinstoßen, Bogenschießen, Ballspiel und Reigentänze) freigegeben seien. Allerdings wurden beim Laufen nur kurze Strecken zurückgelegt; die Ultrastrecken blieben eine Sache der ‚Profis', der Boten. Eine Ultrastrecke läuft man mit Sicherheit nicht, um Unterhaltung zu haben und Lust zu empfinden.

Für die Leute, „di man heyst die gemeynen", nämlich für Knechte und Mägde, veranstaltete der Rat der Stadt Nördlingen 1442 einen Wettlauf. Die Stadt Nürnberg kaufte 1443 die Hallerwiese und richtete sie für ‚Ergötzlichkeiten', darunter das Laufen, ein. In München wurde vor dem Schwabinger Tor eine eigene Rennbahn gebaut. Für das Jahr 1470 verzeichnet der Veranstaltungskalender ein ‚Stahlschießen', bei dem auch Wettläufe stattfanden. Hans Sachs, der offenbar eine zwiespältige Haltung einnahm, versuchte in einem „Kampffgesprech: Das Alter mit der Jugend" (1534) sowohl den Interessen der Jugend als auch denen des Alters gerecht zu werden. Der Jugend gesteht er die Kurzweil zu; Leibesübungen wie das Wettlaufen seien jedoch „eytel vergencklich freud und wollust". 1470 pflegte die Stadt Augsburg ihr Image als guter Nachbar durch ein großes Armbrustschießen, bei dem auch andere Lustbarkeiten wie ein Wettlaufen angeboten wurden.

Als sich im Mittelalter eine ständische Gesellschaft herausbildete, gab es auch ständische Bräuche. Hierzu gehörte das Laufen. Eine Veranstaltung dieser Lauffolklore, die bis ins Jahr 1445 zurückreicht, hat sich bis in die Gegenwart gehalten, nämlich der Schäferlauf am Bartholomäustag (24. August) in vier Orten Württembergs. Dieser ursprünglich barfüßige Lauf von Schäferinnen und Schäfern übers Stoppelfeld ist heute in Markgrönungen oder Bad Urach, in Wildberg und in Heidenheim an der Brenz als Folklore eine Touristenattraktion. Die Kür der Schnellsten zum Schäferkönig und zur Schäferkönigin hat sicher zur ständischen Identität eines bescheidenen Berufes beigetragen. Weshalb nun gerade die Schäfer liefen und nicht die Kaufleute? Schäfer mußten schnell sein, um notfalls ein flüchtendes Schaf einfangen zu können. Also lag es wohl nahe, um Schnelligkeit zu wetteifern.

Der Schäferberuf galt als sehr naturverbunden. In den Jahren der Aufklärung und damit einer von der Vernunft geprägten Zeit, erwachte die Sehnsucht nach einem beschaulichen Leben, das man offenbar der Schäferei unterstellte. Schäferpaare waren ein beliebtes Motiv der Kunst, insbesondere der Gebrauchskunst. Das ‚Schäferstündchen' hat sich aus jener Zeit selbst in der modischen Zeitungssprache erhalten. In die Schäfer projizierten andere Schichten jene Vitalität, die sie selbst eher nicht hatten.

Das erinnert an eine andere, jüngere Projektion: In der Anfangszeit des Volkssports Laufen hatten rauchende, trinkende und der Natur entfremdete Journalisten dem Laufen Gefährdungen angedichtet oder tatsächliche Risiken weit übertrieben, dabei jedoch die Bewegungsarmut als das bei weitem größte Risiko völlig aus dem Auge verloren. Laufen mobilisiert offensichtlich bei Bewegungsarmen Aggressivität, wie wir in den 1960er und 1970er Jahren mehrfach erfahren haben, als uns beim Laufen mehr oder weniger dumme Zurufe und ironisches Zählen „Eins, zwei…" begleiteten; in New York flogen in den 1920er Jahren beim Marathon sogar Steine. Und Leistung ist solange verdächtig, bis die Betreffenden selbst gezwungenermaßen oder durch Reife und Einsicht zu der dem Menschen eigenen Leistungsmotivation gekommen sind.

Die deutsche Romantik konkretisierte die bis dahin vage Vorstellung von bukolischer Idylle in Darstellungen ‚idealisierter Landschaften', in der Musik (Franz Schubert) und in der Literatur (klassisch Joseph von Eichendorffs „Aus dem Leben eines Taugenichts", einer frühen Darstellung von „on the road"), ja, durch die Realisierung solcher Wanderwunschbilder selbst. Der Schriftsteller

Johann Gottfried Seume (1763–1810) unternahm 1801/2 seinen „Spaziergang nach Syracus", dem wir Sentenzen verdanken, die noch immer aktuell sind: „Ich halte den Gang für das Ehrenvollste und Selbständigste in dem Manne und bin der Meinung, daß alles besser gehen würde, wenn man mehr ginge. (...) Fahren zeigt Ohnmacht, Gehen Kraft." Anders als der 14 Jahre ältere Goethe auf seiner „Italienischen Reise" benützte er bis auf winzige Ausnahmen keine Kalesche, sondern „tornisterte", wie er schreibt. In seinem Tornister befanden sich zwei Hosen, zwei Westen, zwei Unterhosen, ein blauer Frack, zwei Paar Strümpfe, zwei Taschentücher, vier Halstücher, ein Paar Straßenschuhe, ein Paar Stiefel, Flickzeug, Bürste, zwei Notizbücher und die Werke von neun lateinischen Schriftstellern. Im Grunde ist seine neunmonatige Wanderung über mehr als 4.000 Kilometer nach Sizilien und zurück, die alles andere als ein ‚Spaziergang' war, das Urmuster aller Fernläufe der modernen Laufbewegung. Seume trat noch weitere Fernwanderungen an. Eine Nordland-Wanderung beschrieb er in „Mein Sommer" (1805). Hier lesen wir: „Wer geht, sieht im Durchschnitt anthropologisch und kosmisch mehr, als wer fährt. (...) Sobald man im Wagen sitzt, hat man sich sogleich einige Grade von der ursprünglichen Humanität entfernt." Nach seinem frühen Tod im Jahr 1810 während einer Kur im böhmischen Teplitz, für die er sich das Geld hatte leihen müssen, fand er etliche Nachahmer. Die bekannteste literarische Darstellung der Seume'schen Unternehmung ist wohl von Friedrich Christian Delius: „Der Spaziergang von Rostock nach Syrakus", 1998.

Zwar war auch Goethe schon gewandert – literarisches Zeugnis vom Kickelhahn: „Wanderers Nachtlied" – , aber erst nach Seume unternahmen Autoren ausgedehnte Fernwanderungen: Ernst Moritz Arndt (1769–1860) war anderthalb Jahre als Wanderer in Ungarn, Italien, Frankreich, Belgien und in Deutschland unterwegs. Theodor Fontane (1819–1898) schrieb seine „Wanderungen durch die Mark Brandenburg" (1. Auflage 1861: „Grafschaft Ruppin").

So wie im 19. Jahrhundert das Wandern die Literatur angeregt hatte, ist es, vielleicht in geringerer literarischer Intensität, im 20. und 21. Jahrhundert das Laufen. Läufer drängt es offenbar, ihre Wahrnehmungen und ihre Reflexionen beim Laufen literarisch zu verarbeiten. Die Fülle von Laufpublikationen, nicht nur Sachbüchern, ist im Vergleich zu anderen Sportarten auffällig. Auch und gerade der Ultramarathon ist zu einem Thema der Belletristik geworden. Eine Chronologie der Erscheinungsdaten scheint auch die Entwicklung des Ultralanglaufs widerzuspiegeln – Gerhard Günther (Pseudonym für Prof. Dr. Gerhard Uhlenbruck):

„Nicht für immer. Liebes- und Leistungsgedichte“ (mit dem Gedicht „100 km Biel“), 1975, Werner Sonntag: „Irgendwann mußt du nach Biel“, 1978, Tom McNab: „Flanagan’s Run“, 1982, Ernst Kalkus: „Die Herausforderung“, 1987, Günter Herburger: „Lauf und Wahn“, 1988, „Traum und Bahn“, 1994, „Schlaf und Strecke“, 2004, Marco Heinz: „Hundert Kilometer – hundert Gedanken“, o. J. (2000), Marc Buhl: „Rashida oder Der Lauf zu den Quellen des Nils“, 2005, Dean Karmazes: „Ultramarathon Man“, 2006, Haruki Murakami: „Wovon ich rede, wenn ich vom Laufen rede“, 2007. Sachbücher wie von Christopher McDougall: „Born to Run“, 2009, und von Scott Jurek: „Eat & Run“, 2012, haben auch eine literarische Qualität. Umgekehrt sind literarische Laufbücher stark faktenorientiert. In „Running Emotions – laufend glücklich sein“ reflektiert Bernhard Sesterheim, der erst mit 54 Jahren zu laufen begann, über seine Marathon- und Ultramarathonteilnahmen.

Als im 19. Jahrhundert Dampfmaschine und Eisenbahn das Reisen demokratisiert hatten, entfaltete sich in Mitteleuropa auch eine ausgedehnte Bewegung zu Fuß. Die sportlichen Engländer begründeten den Alpinismus; von 1880 an entstanden Gebirgs- und Wandervereine.

Fortbewegung zu Fuß war das Berufsbildungsprogramm des Handwerks. Nach dem Prinzip des „Learning by doing“ verbrachten Handwerksgesellen ein oder mehrere Jahre, indem sie von Werkstatt zu Werkstatt wanderten; ‚auf der Walz‘ lernten sie andere deutsche oder europäische Länder und deren handwerkliche Techniken kennen, manchmal auch eine Handwerkerwitwe, die ihnen zur Seßhaftigkeit verhalf. Mein Schwiegervater hat eine solche Walz noch selbst praktiziert. Wie er mir erzählt hat, lief er sich dabei die Schuhe entzwei, hatte jedoch kein Geld, neue zu kaufen oder sie reparieren zu lassen. Andererseits wollte er Verwandte besuchen und schämte sich, mit diesen Schuhen vor sie zu treten. Was tat er? Er färbte die aus dem Schuh lugenden Zehen mit Schuhcreme ein, damit der Defekt nicht gleich auffiel.

Die Wanderschaft der Zimmerleute hat in den letzten Jahrzehnten eine Wiederbelebung erfahren. Auch an diese Walz sollte man im Zusammenhang mit ständischen Läufen erinnern. Es handelte sich schließlich im wahrsten Sinne des Wortes um einen ‚Volkslauf‘.

Außer solchen Gehtraditionen gab auch noch eine andere Kategorie ständischer Läufe, und zwar im Sinne von Wettläufen: Sehr alt sind die sogenannten Hurenläufe. Eine Buchillustration, die gern als bemerkenswertes frühes Dokument laufender Frauen gezeigt wird, stellt in Wahrheit einen Hurenlauf dar, erkennbar schon daran, daß der Künstler eine Satire geschaffen hat: Eine Anzahl Frauen läuft mit blankem Busen oder in einer Art Bikini. Eine ist gestolpert und hingefallen. Der Wettlauf fand 1470 beim Großen Augsburger Schießen statt.

Möglicherweise gibt es dafür ein Muster aus verschiedenen italienischen Städten, das noch auf die Zeit der Etrusker zurückgehen soll. Der Lauf Palio del Drappo Verde in Verona, dokumentiert über 590 Jahre und damit das Fußrennen mit der längsten bekannten Entwicklung, wurde in der Karnevalszeit ausgetragen. Die Männer liefen nackt; von den Frauen weiß man es nicht, nimmt es jedoch an. Wenn sich nicht genügend ehrbare Frauen fanden, nahm man Prostituierte hinzu.[62]

Zu den Hurenläufen bin ich in der „Sittengeschichte" von Eduard Fuchs, abgeschlossen 1912, fündig geworden. Das älteste Gewerbe war in der ständischen Gesellschaft durchaus anerkannt und in Städten zahlreich vertreten. In Nürnberg erinnert die Frauengasse daran, wo noch immer der örtliche Strich untergebracht ist. Huren hatten unter anderem eine soziale Funktion, nämlich die der Unterhaltung, im Dreißigjährigen Krieg auch die der Betreuung in einem ganz umfassenden Sinn. Wenn Kaiser oder Landesherren in eine Stadt kamen – die Kaiser hatten ja im Umherziehen regiert – wurden sie im Auftrag dieser Stadt von Huren empfangen. Als in Konstanz das Konzil tagte, bevölkerten auch Hunderte von Huren die Stadt (Zimmerische Chronik), denn die geistlichen Herren waren anspruchsvoll. Huren waren schlechthin dafür zuständig, für gute Stimmung zu sorgen, ein Klima des Frohsinns zu schaffen, auf daß sich die hohen Besucher wohlfühlten. Die sogenannten freien Töchter vollführten dazu Schaustellungen, Turniere und eben auch Wettläufe. Eduard Fuchs schreibt: „Eine besonders beliebte Attraktion waren die sogenannten Hurenwettläufe, denn hier säumte der Zufall niemals, gefälliger Kuppler der Sinne der Zuschauer zu sein." Als Preis der Wettläufe war nicht selten ein Stück Tuch ausgesetzt. Tuch war im Mittelalter eine Kostbarkeit, und manche Stadt (wie das erwähnte Görlitz) lebte von Tuchmachern und vom Tuchhandel.

Ein Scharlachtuchrennen gab es mehr als 150 Jahre lang auch in Wien, hier jedoch handelte es sich um einen Wettbewerb bürgerlicher Reiter. Die Bürger sollten sich im Gebrauch von Waffen und im Kampf zu Pferde üben. Über eine Straße, die noch heute Rennweg heißt, wurde das Wettrennen zu Pferde ausgetragen, zurück dann zu Fuß. Der Sieger des Fußrennens erhielt ein Stück Barchent, ebenfalls eine begehrte Textilie.

62 Mitgeteilt von dem britischen Laufhistoriker Andy Milroy mit Assistenz von Indro Neri.

Von Bräuchen wie Hurenläufen – darauf weist Fuchs hin – erfuhr man häufig erst durch deren Verbote. Im Ratsprotokoll der Stadt München findet sich unter dem 10. Juli 1562 die Eintragung: „Huernlauff bey dem Rennen (Turnier) zue St. Jacobstag Inn der dult. An heute obgemelt Ist in Aim Rhat beschlossen, das man hinfuero die gmeinen Weiber nit mer woll lauffen lossen. In bedenkhung der großen Ergernis ond das sy so schentlich lauffen, sich gar bleßten (entblößten), Jungen Leuten ein böses Exempl geben, ond Anreitzen hinab zekhomen (hinab ins Hurengäßchen), das ettwo sonsten nit beschöchen." In Wien war der jährliche Hurenlauf bereits 1534 aufgehoben worden.

Wem Eduard Fuchs als Quelle suspekt erscheint, weil seine Sittengeschichte mit ihren entsprechenden Illustrationen eine Lektüre in den Herrenzimmern war, kann sich in der seriösen Sexualwissenschaft Hilfestellung holen. Die „Enzyklopädie der Sexualität" nennt das Stichwort ‚Pallio', eine italienische Bezeichnung sowohl für ‚Gewand', nach der Enzyklopädie auch ‚Samtmantel', ‚Trophäe' und ‚Wettlauf'. Ich zitiere den Herausgeber, den Sexualwissenschaftler Ernest Borneman: „Dieses sprachlich merkwürdige Zusammentreffen so divergierender Begriffe geht auf eine mittelalterliche Sitte zurück, die ihrerseits wahrscheinlich in einem heidnischen Fruchtbarkeitsritus wurzelt. Nach einem militärischen Sieg pflegte der Kommandant alle Soldaten- und Landsknechtsweiber zusammenzutrommeln, um zwischen ihnen ein Wettrennen zu veranstalten, dessen Preis ein roter Samtmantel war. Das Rennen wurde stets nackt abgehalten. Die Siegerin war die einzige, die angezogen (im Samtmantel) zurückkam. Die anderen Frauen standen den Soldaten zur Verfügung."

Hier wird eine Entwicklung vom griechischen Bacchanale über die römischen Saturnalien bis zum heutigen Karneval sichtbar. Ohne daß es hier eine Wechselwirkung der Kulturen gegeben hätte, ist aus dem heutigen Peru ein ähnlicher Brauch überliefert, der offenbar noch zu Anfang des 20. Jahrhunderts ausgeübt wurde, denn ein Bischof hat ihn damals aufgezeichnet. Während der Festlichkeit Acataymita, die sich im Dezember, der Zeit der sommerlichen Sonnenwende in Peru, über sechs Tage und sechs Nächte erstreckte, trafen sich Männer und Frauen in den Avocado-Hainen, und zwar völlig unbekleidet. Auf ein Signal, nicht anders als bei sportlichen Wettbewerben, liefen die Frauen los. Nach einer zeitlichen Vorgabe starteten die Männer. Wenn ein Mann eine Frau eingeholt hatte, versuchte er, sie niederzukämpfen. Von beiden Geschlechtern war akzeptiert, daß sie dann an Ort und Stelle koitierten. Nach einer anderen Quelle[63]

63 Federico Kaufmann-Doig: „Sexualverhalten im Alten Peru", 1979.

versammelten sich Männer und Jünglinge nackt auf einem kleinen Platz und liefen von dort zu einem weit entfernten Berg. „Zu der Frau, die sie beim Rennen erreichten, hatten sie Zugang." Die Acataymita-Läufe und -Kämpfe könnten sowohl der Eheanbahnung gedient haben als auch ein Fruchtbarkeitskult gewesen sein.

Wenn man an solche Läufe denkt, kommt einem die karnevalistische Note mancher heutigen Marathons durchaus nicht mehr aufgesetzt vor. Puristen des Leistungsmarathons hatten ursprünglich, auch noch in den 1970er Jahren, Kostümierungen beim Marathon verpönt. Doch je mehr sich der Marathon seit den ersten City-Läufen in enger Kommunikation mit dem Publikum zum Volksfest gestaltete, desto stärker prägten sich karnevalistische Momente aus. Am Anfang waren es nur einzelne, die sich verkleideten. Der vielleicht bekannteste dieser Richtung war der Münchener Architekt Alfred Pohlan (1920–2000), der als Tarzan im Leoparden-Höschen selbst bei Schneefall im April durch die Straßen lief, begleitet von seiner Jane im Leoparden-Badeanzug. Der in Frankfurt am Main lebende Franzose Michel Descombes trägt seit Jahrzehnten in immer wieder veränderter frankophiler Kostümierung als Marathonläufer zur Kommunikation mit dem Publikum bei. Ein anderer, Dietmar Mücke, absolviert seine Spenden-Sammel-Marathons in Pumuckl-Verkleidung. Die Amerikaner, die ohnehin alles unbelastet von Traditionen nehmen, trugen durch Cheerleader zur Karnevalisierung des Marathons bei. Einige Marathonläufe sind bekannt für die Vielfalt karnevalistischer Kostümierungen. Ich denke an New York und auch London sowie an den Marathon von Honolulu, mit dessen Läuferverkleidungen die polynesischen Tänzerinnen der Gruppen am Rande korrespondieren. Nebenbei: Auch Hawaii hat eine läuferische Tradition. Bis zum Beginn des 18. Jahrhunderts hatten Botenläufer die Kommunikation auf den Inseln besorgt. Die Botenwege durch die Lavafelder waren durch kleine weiße Steine markiert. Die professionellen Boten wurden King's Runner genannt.

Den unmittelbarsten Bezug zu den Ursprüngen des Karnevals, der Libido, habe ich beim Médoc-Marathon erlebt, wo der karnevalistische Charakter Veranstaltungsprogramm ist und die originellsten Kostüme prämiert werden. Unabhängig voneinander haben sich männliche Läufer einen Kunststoffbusen oder -hintern angeschnallt, einer am Tanga gar einen Penis. Der Priap-Kult der Antike ist damit satirisch wiederbelebt worden.

Von Ultraläufen hingegen sind Verkleidungen nur in Einzelfällen bekannt. Dafür mag es mehrere Gründe geben. Zum einen beschränkt sich hier fast überall die Kommunikation mit einem Publikum, wenn überhaupt, auf nur wenige

Kilometer. Populäre 100-Kilometer-Läufe werden nachts gelaufen, so daß schon deshalb keine Zuschauer zu erwarten sind. Ganz sicher jedoch beansprucht die physische und psychische Anforderung einen Ultraläufer bis an die Grenzen der Dauerleistungsfähigkeit. Kaum einer will sich da auch noch unnötig mit einem Kostüm oder einer falschen Haartracht belasten. Dennoch, es gibt verkleidete Ultraläufer, wie ich selbst in Biel gesehen habe. Mehrfach ist Keith Straw, ein Programmierer aus Pennsylvania, beim Badwater im selbstgenähten Ballettröckchen gelaufen, wie aus der deutschen Begleit-Crew berichtet worden ist. Ein anderer, Ed Ettinghausen aus Kalifornien, hat den Badwater mehrfach mit der Narrenkappe des Till Eulenspiegel zurückgelegt.

„SCHAUSTELLER DES SPORTS"

Wir erkennen an der Geschichte des Laufens, daß das professionelle und das kultische Laufen in das unterhaltende Laufen mündeten. Der kommerzielle Lauf der Boten führte zum Kunstlauf, vom zweckbestimmten Lauf zu l'art pour l'art, zur Laufkunst an sich. Botenläufer, aber auch andere, liefen nun, um ihre Fähigkeit zu zeigen, manchmal auch mit irgendwelchen Erschwernissen, als ‚Kunst' eben. Das Zeitalter der „Schausteller des Sports", um ein Wort Carl Diems für spätere Berufssportler zu gebrauchen, brach an. Veranstaltungen zeigten exzentrische Varianten. Laufen war zur Darstellung geworden.

Einen profilierten Beitrag dazu leistete der Pedestrianismus, das Laufen oder Gehen insbesondere langer Strecken, vorzugsweise als Schau. Andere Schwerpunkte des Sports jener Zeit waren der Pugilismus, später Boxen genannt, Pferderennen, Cricket und Hahnenkämpfe. Den Boden dafür bereitete die Wettleidenschaft der Engländer, die sich freilich auf die sozial besser Gestellten beschränken mußte. Als das älteste Datum eines Schaulaufes wird das Jahr 1653 angegeben;[64] demnach soll ein Engländer 20 Meilen (etwa 33 Kilometer) in 1:30 Stunden gelaufen sein (eine Zeit, die für die angegebene Entfernung unwahrscheinlich erscheint). Aus den 1660er Jahren sind verschiedene ‚Wett'-Läufe erwähnt. Darunter sind auch Läufe, bei denen jeweils ein footman, einer der Begleiter von Kutschen, antrat. Zunächst war der Laufwettbewerb von footmen wohl ein Teil der Pferderennen. Britische Aristokraten setzten dabei auf den Sieg ihrer eigenen Bediensteten. Auf diese Weise gerieten die ultralangen Strecken in den Blickpunkt der Öffentlichkeit. In einem späteren Stadium der Entwicklung wetteiferten die Adligen selbst miteinander. Man sprach vom

64 Klemens C. Wildt: „Daten zur Sportgeschichte", Teil 1.

Pedestrianism. Die Pedestrianisten traten weniger gegeneinander an als vielmehr jeweils solo fürs Publikum.[65]

Zwei footmen, der Ire Thomas Butler und der Schotte Peter Hughson, wetteten im April 1721 um 500 Guineen (525 £), daß sie in sechs Tagen von St. Giles' Pound nach York und zurück laufen würden. Die ersten 30 Meilen liefen sie einträchtig miteinander, dann fiel Butler zurück und gab nach einiger Zeit auf, zumal da sehr schlechte Wetterbedingungen herrschten. Hughson, running footman des Earl of Essex, löste jedoch die Wette ein.

Am 17. März 1726 umrundete ein Geher dreißigmal in 12 Stunden den St. James-Park in London und gewann 500 Guineen. Am 26. Februar 1730 legte der Geflügelhändler Newbol über 100 Meilen in 27 Stunden zurück; die reine Gehzeit betrug 24 Stunden. Am 5. März 1730 wurde eine ähnliche Leistung registriert. Für den 21. Oktober 1730 meldet eine Zeitung eine Gehleistung vom Hyde-Park-Corner nach Windsor. Angesetzt waren 12 Stunden; benötigt wurden zehneinhalb. Als Preisgeld winkten 20 Guineen.

Aus einem Tagebuch von Henry Luttrell erfahren wir, daß gegen Ende des 18. Jahrhunderts ein 64 Jahre alter Deutscher beabsichtige, 300 Meilen (482,700 km) in sechs Tagen im Hyde Park zurückzulegen. Im Jahr 1789 wettete ein Mann namens Savage, daß er in sechs Tagen 404 Meilen (643,600 km) entlang der Straße zwischen Hereford und Ludlow bewältigen werde; er kassierte dafür zehn Guineen.[66]

Robert Bartley aus Hutford in Norfolk (1719–1784), der sich in seiner Jugend durch Schnelligkeit auszeichnete, bewältigte im Alter häufig die 81 Meilen (knapp 137 km) von Thetford nach London jeweils an einem einzigen Tag und lief am Tag danach zurück. Dies und die folgenden Informationen können wir dem Buch „Pedestrianism" von Walter Thom entnehmen: Reed, ein Pedestrian aus Hampshire, ging im Jahr 1787 im Hafenstädtchen Gosport an einem einzigen Tag 100 Meilen (160,9 km) und im Jahr 1791 in Weymouth 50 Meilen in wenig mehr als 9 Stunden. Im Alter von 55 Jahren legte John Batty im Juli 1788 nicht weniger als 700 Meilen (1.153 km) in 14 Tagen zurück. Am ersten Tag waren es 59 Meilen, am zweiten über 55, am dritten über 52, am vierten 51, am fünften 50, am sechsten 51, am siebten 43, am achten über 42, am neunten über 44, am zehnten 51, am elften 51, am zwölften über 54, am dreizehnten 51 und am vierzehnten Tag über 36 Meilen. Die gesamte Distanz walkte er 5 Stunden schneller als zugebilligt. Im Jahr 1792 bewältigte der 77 Jahre alte Mr. Eustace

65 Karl Lennartz.

66 Alle diese Informationen aus www.ultralegends.com

die Distanz von 200 Meilen (321 km) von Liverpool nach London in vier Tagen, wie Walter Thom schreibt.

Einer der berühmtesten Pedestrianisten, zumal in der Anfangszeit des Pedestrianismus, war Foster Powell (1734–1793) aus Horseforth bei Leeds, ein Kanzleibediensteter, der 1762 nach London kam, um für einen Rechtsanwalt zu arbeiten. Zwei Jahre später begann er seine Laufbahn als Pedestrianist, indem er 50 Meilen (80 km) in sieben Stunden marschierte. Er war kleinwüchsig, aber ausdauernd und zäh. Im November 1773 lief er in fünf Tagen und 13 Stunden 400 Meilen (637 km) von London nach York und wieder zurück, was ihm einen Wetterlos von 100 Guineen einbrachte. In den Jahren 1786–1788 ging er 100 Meilen (160,9 km) zunächst in 23:15 Stunden und verbesserte diese Zeit später auf 21:35 Stunden. 1792 eilte er von London-Shoreditch nach York Minster und zurück in fünf Tagen und 15 Stunden und 15 Minuten. Seine frühen Rekorde haben sehr lange Bestand gehabt. Als er 1793 starb, kamen zahlreiche Sportler zu seiner Beisetzung.

Einer alten schottischen Familie entstammte Robert Barclay Allardice, in die Laufgeschichte eingegangen als Captain Barclay (1779–1854). Sein Vater schon hatte eine spektakuläre Fußleistung vollbracht, als er in zehn Tagen 510 Meilen (820 km) von seinem Wohnsitz Ury bei Stonehaven (Schottland) nach London gegangen war. Schon als Fünfzehnjähriger lief Barclay junior knapp 10 Kilometer in einer Stunde. Seine bemerkenswerteste Leistung bestand darin, daß er im Jahr 1809 zwischen dem 1. Juni und dem 12. Juli tausend Stunden lang in jeder Stunde eine Meile (1,6 km) zurücklegte. Das brachte ihm einen Wetterlös von 1.000 Guineen ein. Vorangegangen waren: Walking über 110 Meilen (177 km) in 19:27 Stunden, 64 Meilen (103 km) in 10 Stunden, 72 Meilen (116 km) zwischen Frühstück und Dinner, 100 Meilen (160,9 km) in 19 Stunden, 78 Meilen (125 km) in 14 Stunden, verschiedentlich über schlechte oder hügelige Straßen.

1813 erschien Walter Thoms Buch „Pedestrianism". Darin befaßt er sich zunächst mit der Gymnastik in der griechischen Antike, führt dann chronologisch die einzelnen Fußleistungen im britischen Königreich auf und beschreibt insbesondere den Stil, das Training, die Lebensweise und die Wettkämpfe des Captain Barclay. Danach empfahl Barclay den angehenden Athleten, ihre Vorbereitungen mit einer Heilkur zu beginnen, nämlich alle vier Tage 1–1,5 Unzen (28,35–42,42 Gramm) Glaubersalz einzunehmen. Nach drei bis vier Wochen sollten sie dann mit regelmäßigen Übungen beginnen. Das Tagesprogramm war: Morgens um 5 Uhr aufstehen und sofort mit voller Schnelligkeit bergauf eine Meile laufen, dann sechs Meilen in Normaltempo gehen. Das Frühstück um 7 Uhr bestand aus Rinder- oder Lammbraten mit braunem Brot und Bier. Danach abermals sechs Meilen Gehen in Normaltempo. Mittags eine halbe Stunde Ruhe, dann wieder vier Meilen Gehen. Zu essen gab es das gleiche wie beim Frühstück. Nun sollte Gehen mit voller Leistung folgen. Um 7 Uhr abends sollte man sich schlafen legen. Dieses Programm erstreckte sich über vier Wochen. Danach sollte zum Training ein warmer Flanellanzug getragen und mit voller Kraft gegangen werden; heiße Getränke sollten das Schwitzen unterstützen. Schließlich sollten sich die Pedestrianisten im Flanellanzug in ein Polsterbett unter sechs bis acht dicke Decken legen. Nach halbstündigem Schwitzen sollten sie in langsamem Tempo zwei Meilen gehen und sich dann ihrer gewohnten Tagesarbeit zuwenden. Die Trainingsanleitung befaßt sich auch mit dem Essen und seiner Zubereitung.

Eine ähnliche Entwicklung wie in Großbritannien, nur zeitverzögert, vollzog sich in den Vereinigten Staaten von Amerika. Meist waren es Einwanderer, insbesondere aus England, Irland und Schottland, die ihren Ausdauersport mitbrachten. Ein Ureinwohner hingegen war der als Deerfoot bekannte Lewis Bennett (wahrscheinlich 1830–1895), der aus einem Indianerreservat stammte. Bennett begann seine Karriere bei einem Besuch Englands. Da er nicht Englisch sprach, verständigte sich sein Trainer pantomimisch mit ihm. Sein Ruf gründete sich auf seine Schnelligkeit; Ultralaufleistungen von ihm sind nicht bekannt.

Der berühmteste Pedestrianist in den USA war Edward Payson Weston. Erstmals beachtet wurde er 1861, als er zur Amtseinführung des amerikanischen Präsidenten Lincoln in zehn Tagen über 700 Kilometer von Boston nach Washington ging. 1874 legte er nach drei vergeblichen Versuchen erstmals in sechs Tagen 500 Meilen zurück, und zwar in einer Halle, im Madison Square Garden in New York. Solche Ausdauerläufe und -märsche wurden sowohl in den USA als auch in England veranstaltet. Vor allem in den Jahren zwischen 1870 und 1880 waren Sechstageläufe populär. Die Radfahrer übernahmen die Art der Veranstaltung in Form der Sechstagerennen. Welches Leistungsniveau die damaligen Ausdauerläufe und -märsche hatten, ist zum Beispiel daran zu erkennen, daß der Rekord von George Littlewood aus dem Jahr 1888, nämlich 1.003 Kilometer in sechs Tagen zu gehen, bis zum Jahr 1984 Bestand hatte.

Etwa 50 bis 100 Jahre später als die Pedestrians in England begann in den deutschen Ländern die Zeit der Schnell- und Kunstläufer. Der erste, zumindest der erste dokumentierte dieser Läufe, vollzog sich am 18. Januar 1824; damals startete der 28 Jahre alte Tagelöhner Peter Bajus genannt Stolz, der in seiner

Heimatstadt Nauheim schon durch beträchtliche Schnelligkeitsleistungen im Alltag aufgefallen war, in Mainz-Kastel, um nach Frankfurt am Main und zurück zu laufen und damit eine Wette einzulösen. Nach 2:15 Stunden erreichte er das Bockenheimer Tor, ließ sich vom Zöllner seine Ankunft bescheinigen und machte sich auf den Rückweg. Dazu brauchte er allerdings länger; die geplanten 5 Stunden für das gesamte Unternehmen konnte er nicht einhalten. Nach einem aktuellen Zeitungsbericht lag dies daran, daß er die „alten zerlöcherten Schuhe" weggeworfen hatte und ihm die „geflickten, alten Socken schon in Hochheim in Lappen abgefallen waren". Zudem hatte er sich nicht um Verpflegung gekümmert, und er war, als ihm Zuschauer wenige Kilometer vor Mainz-Kastel zuriefen, er habe die Wette schon verloren, eine Weile im Gehschritt gegangen. Die Zuschauer hatten sich eingefunden, obwohl die Wette nicht öffentlich angekündigt worden war. Eine Geldsammlung erbrachte über fünf Gulden und einige andere Geschenke.

Kurze Zeit später folgten zwei weitere Läufe; Hindernisse ergaben sich aus dem Menschengedränge. Das Sammelergebnis jedoch gestattete es Peter Bajus, einige Gulden für die Mainzer Bedürftigen zu spenden. In zeitgenössischen Veröffentlichungen wird er als ‚Prästipediateur', als Schnellfüßler, bezeichnet.[67] In einer gereimten Kunde seiner Leistungen heißt es: „Zu Frankfurt an dem Affentor/ kam jüngst der Läufer Matador/ von Darmstadt laut gültigem Beleg/ vor eins in hundertfünf Minuten an;/ man weiß, sechs Stunden Wegs beträgt die Bahn." Seine öffentlichen Läufe stellte Bajus bald ein; Großherzog Ludwig I. war auf ihn aufmerksam geworden und nahm ihn in Darmstadt als Hofläufer in Dienst. Nach dem Ende seiner Dienstzeit und einem wenig erfolgreichen Versuch des öffentlichen Auftretens übersiedelte Bajus in fortgeschrittenem Alter mit seiner Frau nach Kanada, wo er 1854 starb. Seine Laufbahn ist somit ein Beispiel dafür, daß nicht alle Herrschaftsläufer, die arbeitslos geworden waren, sich fortan als Schnelläufer freiberuflich präsentierten, wie von Stephan Oettermann in „Läufer und Volksläufer" beschrieben.

Das Auftreten von Peter Bajus im Jahr 1824 rief bald weitere Schnelläufer auf den Plan. Nicht selten traten, worauf Bauch und Birkmann in ihrer Studie hinweisen, Gastwirte als die Initiatoren solcher Veranstaltungen auf und versprachen sich zu Recht von den angelockten Zuschauern eine Umsatzsteigerung. Die lokalen Zeitungen veröffentlichten Anzeigen der Läufer und der veranstaltenden Wirte und trugen durch ausführliche Berichte dazu bei, daß das Interesse an den Schnell- und Kunstläufen geweckt und gesteigert wurde.

67 Herbert Bauch/Michael Birkmann: „...die sich für Geld sehen lassen...".

Noch im Februar 1824, fünf Wochen nach dem ersten Lauf von Peter Bajus, unternahm der Schreinermeister Johann Valentin Görich aus Langen bei Frankfurt am Main einen Schnellauf von Offenbach nach Sprendlingen. Auch Görich hatte seine Fähigkeit durch Zufall entdeckt: Nachdem ein Kutscher seine Mitfahrt abgelehnt hatte, setzte er sich in Trab und traf acht Minuten früher als die Kutsche an seinem Ziel ein. Samuel Hartwig aus Offenbach, ein Glaser, zeitweilig Schauspieler und Soldat, startete zu seinem ersten Lauf von Bornheim nach Bonames und zurück. Er legte die üblicherweise vier Gehstunden lange Strecke zwischen den beiden heutigen Frankfurter Stadtvierteln in 60 Minuten zurück und damit 12 Minuten unter der ihm bewilligten Zeit. Im Jahr darauf startete Moritz Rummel aus Westhofen bei Worms seine Schnellauf-Karriere. Er traf später mit Carl Giese aus Danzig zusammen, dessen Stärke die – nach heutigem Begriff – Ultrastrecke war.

Da die Schnelläufer relativ viel reisten, um ihre Fähigkeiten zu zeigen, verbreitete sich das Schnellaufen rasch, und zwar dermaßen rasch, daß vielen das Laufen allein nicht mehr genügte. Aus dem Schnellauf wurde der Kunstlauf, zum Beispiel wurde rückwärts gelaufen, im Walzerschritt oder mit der Fesselung durch Ketten. Vielleicht hat auch der spätere ‚Dreibeinlauf' als sportliche Disziplin, der Lauf mit einem Partner, wobei die zueinander gewandten Beine zusammengebunden wurden, seinen Ursprung im Kunstlauf. Häufig traten die Schauläufer kostümiert auf; sie übernahmen damit ein Element der Schaustellerei, wobei die ungewöhnliche Kleidung auch der besseren Unterscheidung von den Zuschauerspalieren dienen sollte.

Legendären Ruhm erwarb der Norweger Mensen Ernst (1799–1843), ein Seemann, der zum Laufen fand. Einer seiner ersten Läufe führte von London nach Portsmouths; für die 116 Kilometer brauchte er 9 Stunden. Fortan lief er in allen größeren Städten Europas. Auf dem Weg durch Rußland wurde er der Spionage verdächtigt und festgehalten, konnte sich aber befreien und legte die 2.500 Kilometer dennoch in 14 Tagen statt der veranschlagten 15 zurück. Eine Spitzenleistung war auch seine Lauftour von Konstantinopel nach Kalkutta und zurück; die 8.300 Kilometer lange Strecke meisterte er in 59 Tagesetappen zu je durchschnittlich 140 Kilometern. 1841 betraute ihn Fürst Pückler mit Kurierläufen von seinem Schloß Branitz (bei Cottbus) nach Berlin und zurück. Angeblich machte er sich 1842 im Auftrag des Fürsten auf, um die Quellen des Nils zu suchen. Man weiß nicht, ob er das Ziel erreicht hat. Offenbar erkrankte er an der Ruhr; englische Touristen fanden später seinen Leichnam und bestatteten ihn in der Sahara südlich von Assuan.

Ein weiterer bekannter Schnelläufer war der Maurer Fritz Käpernick (1857–1887). Einer seiner aufsehenerregenden Dauerläufe ging von Berlin nach Wien; die 600 Kilometer lange Strecke legte er in 92 Stunden zurück. Er gastierte auch in England und unternahm in Leipzig ein Wettrennen gegen ein Rennpferd: in 20 Runden zu je etwa einer Meile besiegte er das Pferd. 1882 mußte er seine Karriere beenden, nachdem er bei einem sogenannten Grenadierlauf, einem Lauf mit Gewehr und Tornister, gestürzt war und sich durch einen Schlag des Gewehrs gegen den Brustraum innere Verletzungen zugezogen hatte. Später erkrankte er an Schwindsucht und starb 1887.

Auch die heute zum Standard gehörenden Ultradistanzen wie 50 und 100 Meilen sowie 12- oder 24-Stunden-Rennen wurden bereits im 19. Jahrhundert, weit vor dem ersten Marathon, gelaufen. Populär waren vor allem 72-Stunden-Rennen.[68]

Auf den langen Distanzen waren auch Frauen zu finden, in England zum Beispiel Madame Anderson, Exilde La Chapelle oder Bertha von Burg, die im Sechstagerennen 372 Meilen (fast 600 Kilometer) lief und ging. In einem Sechstagerennen von 25 Frauen im Madison Square Garden errang Amy Howard mit 393,3 Meilen (632 Kilometer) den Sieg. Kurioserweise hatte sich ein verkleideter Mann in dieses Rennen eingeschlichen. Frauen liefen also bereits im 19. Jahrhundert Ultradistanzen, während ihnen der Marathon – abgesehen von Volksläufen – offiziell bis 1984 verwehrt blieb. Der Schwarzwaldmarathon hatte als weltweit erste Veranstaltung am 6. Oktober 1968 quasi heimlich eine Frauenklasse eingeführt, schon weil der Veranstalter, Roland Mall, in den heimischen Skiläuferinnen ein Potential sah.

Auf dem Kontinent hatte die erste Schnelläuferin, Auguste von Lerchenstein, 1825 in Posen (Westpreußen) ihren ersten Auftritt. Weitere Frauen folgten. Sehr bald wurden auch Paarläufe inszeniert. Bei all diesen Läufen ging es jedoch um kurze Distanzen, die schnell zurückgelegt werden mußten. Von ultralangen Distanzen ist, im Gegensatz zu England, aus dieser Zeit nichts bekannt.

In der zweiten Hälfte des 19. Jahrhunderts flaute das Interesse an Schauläufen allmählich ab, wenngleich Anfang des 20. Jahrhunderts noch einzelne Akteure zu sehen waren, wie Arthur Lambert, der ehemalige Vorsitzende der IGÄL, aus seiner Kindheit berichtet hat. Demnach besuchte ein Schauläufer Lamberts Vaterstadt Wittenberg, empfangen von einem Menschenspalier. Arthur machte

68 John Cumming: „Runners and Walkers".

es wie noch heute die Kinder: Er begleitete den Läufer; jedoch endete Arthurs Lauf nach etwa hundert Metern.

Die Pedestrianisten und die Schauläufer verkörpern bereits den Typ des Berufssportlers, nämlich eines Menschen, der zwar das Laufen zum Beruf gemacht hat, aber es, anders als die Botenläufer, als Sport betreibt. Lange Zeit jedoch weigerte sich die Turn- und Sportbewegung, solche Darbietungen als Sport anzuerkennen.

FRUCHT DER AUFKLÄRUNG: KÖRPERKULTUR

Im Zeitalter der Aufklärung begannen einige, die der Zeit voraus waren, sich individuell mit Leibesübung zu befassen. Friedrich Gottlieb Klopstock bedichtete den Eislauf, Goethe badete mit seinem Landesherrn, Herzog Karl August von Weimar, nackt in Schweizer Flüssen, Lord Byron erlernte das Boxen. Als Nachwirkung der Aufklärung und unter dem Einfluß des Erziehungsromans „Emile" von Jean-Jacques Rousseau entstand im 18. Jahrhundert in Mitteldeutschland die Bewegung des Philantropismus, übersetzt: der Menschenliebe. J. B. Basedow gründete 1774 in Dessau eine Erziehungsanstalt, das Philantropin. Ihr Ziel war eine Humanisierung des gesellschaftlichen Lebens, eine von Vernunft getragene ‚natürliche' und auf Lebensnähe bedachte Erziehung, wobei der starke Einfluß der Kirchen zurückgedrängt werden sollte. Praktische Dinge und Leibesübungen nahmen einen großen Raum ein. Nach dem Muster des Philantropins in Dessau wurden weitere Erziehungsanstalten errichtet, von denen die 1784 von C. G. Salzmann in Schnepfenthal gegründete am längsten bestand.

An dieser Salzmannschen Erziehungsanstalt wirkte der Pädagoge Johann Christoph Friedrich GutsMuths (1759–1839). Er begründete „so überzeugend wie kein anderer deutscher Pädagoge vor ihm die Notwendigkeit regelmäßiger körperlicher Übungen".[69] Damit versuchte er, die Gedanken weitblickender Mediziner, nämlich Samuel-Auguste Tissot, Johann Peter Frank, Christoph Wilhelm Hufeland,[70] die allesamt die Wechselwirkung von Psyche und Physis betonten, in die Erziehungspraxis umzusetzen. Seine Pädagogik der Leibesübungen legte er in der „Gymnastik für die Jugend" (1793)[71] nieder. Darin heißt es

69 W. Schröder in „Rennsteiglauf", 1982.

70 Samuel-Auguste Tissot: „Avis au peuple sur la Santé", 1761, Johann Peter Frank: „System einer vollständigen medicinischen Polizey", 1779, Christoph Wilhelm Hufeland: „Makrobiotik oder die Kunst, das menschliche Leben zu verlängern", 1796.

71 Der vollständige Titel lautet: „Gymnastik für die Jugend. Enthaltend eine praktische Anweisung zu Leibesübungen. Ein Beytrag zur nöthigsten Verbesserung der körperlichen Erziehung" von GutsMuths, Erzieher zu Schnepfenthal, im Verlage der Buchhandlung der Erziehungsanstalt 1793.

im Prolog: „Die Hauptabsicht der Erziehung ist schon seit Jahrhunderten, daß eine gesunde Seele im starken, gesunden Körper sey. Wie kömmts denn aber, daß wir die Ausbildung des Letzteren gemeinhin vergessen, ungeachtet wir mit unwidersprechlicher Gewißheit wissen, daß den Schwachen, Kränklichen und Siechen, daß den Weichlingen und Verzärtelten nichts, gar nichts, weder Geld noch Ordensband, weder Gelehrsamkeit noch Tugend, vor den bejammernswertigen Folgen schütze, die aus seinem Zustande für ihn entstehn?" Weiter schreibt er: „Es giebt keinen einzigen Theil des Leibes, den eine sitzende Lebensart nicht schwächen sollte und ganz besonders werden auch die Nerven davon angegriffen." Von der Gymnastik, der „Arbeit im Gewande jugendlicher Freude", erwartet er: „Wir wünschen, daß sie (die Arbeit) von weichlicher Sinnlichkeit abziehe und den physischen und geistigen Menschen mehr stähle; sie sey also mit Mühe verknüpft, verlange Geduld, Ausdauer, stöhre die weichliche Ruh, gewöhne den Uebenden an bald geringern, bald merklichern Schmerz, damit er ihn verachten lerne; sie stelle ihn der Witterung und den Elementen bloß, damit seine Haut sich abhärte, denn sie ist es ja, die das Ganze schützen soll." Über das Laufen heißt es: „Unter den Mitteln, sagt Mercurialis, welche die Natur dem gesammten Thiergeschlechte zur Erhaltung des Lebens gab, ist das Laufen das wichtigste. (…) Eine der strengsten Übungen für den Körper ist das lange anhaltende Laufen. (...) Es kommt aber alles nur darauf an, daß man allmählich zu Werke gehe, um den jungen Leuten Kraft in die Beine und Schenkel zu bringen, die nie durch Stillsitzen erlangt wird. (...) Nicht immer ist die Laufbahn zu laufen nöthig. Der Gymnast wählt das freye, ebene und unebene Feld, Berg, Thal und Wald, er bindet sich oft an keinen Weg, sondern durchschneidet die Waldung in geraden Linien." Man muß den letzten Satz nicht mehr wörtlich nehmen. In Anbetracht der Stadionbindung des Publikums ist die Vorstellung von GutsMuths jedoch noch immer aktuell. Er schuf auch die Voraussetzungen dafür, gymnastische Übungen zu betreiben; ihm ist die erste Sportstätte in Deutschland zu verdanken; sie kann in Schnepfenthal-Rödichen, einem Ortsteil von Waltershausen in Thüringen, besichtigt werden.

Gemessen an GutsMuths, dessen Andenken in der einstigen DDR weit mehr gepflegt worden ist als in der damaligen Bundesrepublik Deutschland, ist Friedrich Ludwig Jahn in Deutschland stark in den Vordergrund gerückt worden. Kaum ein Sportplatz in Deutschland, zu dem nicht eine Jahnstraße führt. Doch wo sind die GutsMuths-Straßen? Für die Popularität Jahns war sicher seine nationale Einstellung maßgebend. Außerdem ist er als ‚Turnvater' mißverstanden worden; vom Turnier der Ritter hat er das Kunstwort ‚turnen' abgeleitet. Die Leibesübungen in den deutschen Ländern und dann im Deutschen Reich wurden bis zu dessen Zusammenbruch vom Geräteturnen dominiert. Die Turnvereine, die sich gegen Ende des 19. Jahrhunderts in Deutschland gründeten, stellten sich in einen unseligen Gegensatz zu den englischen ‚sports'. Als Baron Pierre de Coubertin zu den 1. Olympischen Spielen in Athen aufrief, verweigerten sich ihm die deutschen Turner. Eine Zeitung forderte gar, man solle Turner, die dennoch an diesen Spielen des „Sportfexentums" und der „Kraftmeier" teilnähmen, aus den Vereinen ausschließen. Die Spaltung zwischen dem Jahn'schen Turnen und dem aus England importierten Sport ist auf Vereinsebene bis in die jüngere Vergangenheit sichtbar gewesen. Die Laufbewegung hat, wie ich selbst erlebt habe, darunter gelitten. Dabei hat Jahn selbst keineswegs einseitig das Geräteturnen betont, sondern ebenso das Laufen und andere spätere Leichtathletikdisziplinen gepflegt. Andere Länder haben dieses Problem nicht gehabt. Entschärft wird es lediglich durch die verwaschene Anwendung der Begriffe Turnen und Sport in den Medien. So nehmen an den Deutschen Turnfesten angeblich „Sportler" teil, und Sportler laufen in „Turnschuhen".

In Deutschland also werden die Leibesübungen im 19. Jahrhundert vom Turnen beherrscht. Neuere Strömungen wie die der Olympischen Bewegung und von Importen wie dem Fußball, dem „englischen Stauchballspiel", werden zunächst abgelehnt. Daher gehören denn auch Ausdauerleistungen in Deutschland eher einer Subkultur an. Aber es gibt sie. Auf der einen Seite Schnell- und Kunstläufer, „...die sich für Geld sehen lassen...",[72] auf der anderen Seite anonyme Teilnehmer von Distanzmärschen, die ganz schlicht eine Herausforderung annehmen. Eine Anzahl Distanzmärsche wird, so es sich ergibt, zur Werbung für den Vegetarismus genutzt.

Wettkampfmäßiges Gehen über lange Distanzen wird in England seit 1867, als die erste Meisterschaft im Gehen ausgetragen wurde, veranstaltet. Berühmt ist das jährliche „Hundred Miles Walking", bei dem die Teilnehmer die 161 Kilometer innerhalb von 24 Stunden zurückgelegt haben müssen. Bis in die jüngere Zeit ist jahrzehntelang ein Gehen von Paris nach Straßburg über 506 Kilometer veranstaltet worden. Auch in Deutschland zogen Distanzmärsche nach englischem Muster Menschen an. So fand 1893 in Deutschland das erste Distanzgehen statt, nämlich über 578 Kilometer von Berlin nach Wien, auf einer Strecke, die vorher von Reitern und Radfahrern zurückgelegt worden war. Der Wechsel zwischen Gehen und Laufen war den Teilnehmern erlaubt. Otto Peitz schilderte in einem Bericht seine Teilnahme an diesem Distanzmarsch, zu dem 15 Geher

72 Titel der Studie von Herbert Bauch und Michael Birkmann.

und Läufer starteten. Peitz kam zwar als erster an, war aber am letzten Tag entgegen der Regel zu früh aufgebrochen, so daß dem Zweiten, Arno Elsässer aus Magdeburg, der Sieg zuerkannt wurde. Elsässer bewältigte die Strecke in sechs Tagen, 10 Stunden und 35 Minuten.

Andere Strecken folgten: 1894 Berlin–Friedrichsruh (heute Gemeinde Aumühle, Kreis Herzogtum Lauenburg) über 270 Kilometer, Berlin–Stettin 155 Kilometer, Berlin–Magdeburg 150 Kilometer. Im Jahr 1906 wurde umgekehrt die Strecke von Magdeburg nach Berlin zurückgelegt. Einer der Teilnehmer des Marsches Berlin–Breslau, ein Herr Gottwald, war zu jener Zeit 78 Jahre alt. Bei einer Meisterschaft im Jahr 1895 in Berlin hatte ein Däne namens Rheingaard überlegen gesiegt. Dabei hatte er den ‚englischen' Gehstil praktiziert, der noch heute Kriterium des sportlichen Gehens ist, nämlich immer mit einem Fuß Bodenberührung zu haben und das Bein kurz vor dem Auftritt zu strecken. Rheingaard gewann auch andere größere Wettkämpfe. Dies veranlaßte den Berliner Johannes Böge, sich von Rheingaard trainieren zu lassen. Und in der Tat entwickelte sich Böge zu einem der besten deutschen Geher. 1905 erreichte Richard Wilhelm bei einem 100-Kilometer-Marsch in Frankfurt am Main unter 33 Teilnehmern mit 11:26:30 Stunden einen Gleichstand zu dem für unschlagbar gehaltenen Emmerich Rath aus Prag, einem Vegetarier wie auch Elsässer und Peitz. Das Kampfgericht beschloß, nach einer einstündigen Pause ein Stechen zu veranstalten; in diesem Marsch über 1.200 Meter entschied Wilhelm das Rennen mit einem Meter Vorsprung für sich.

Diese Gehwettbewerbe und Ausdauermärsche waren jedoch Unternehmungen noch für wenige. Erst mit der wachsenden Zahl von Sporttreibenden definierten sich in einem Jahrzehnte dauernden Prozeß präzise Sportdisziplinen und kam es zu eindeutigen Organisationsformen. „Die Entstehung des Kunstwortes ‚Leichtathletik' ist keineswegs geradlinig verlaufen. Das jahrzehntelange Schwanken des Sprachgebrauchs war Ausdruck von Orientierungsschwierigkeiten", schreibt der Sporthistoriker Professor Hajo Bernett.[73] Bei den Verbandsgründungen in den 1890er Jahren sei für die Benennung nur ‚Athletik' in Frage gekommen, so auch bei der Gründung der Deutschen Sport-Behörde für Athletik (DSBA) im Jahr 1898. Später differenzierte man zwischen leichter und schwerer Athletik. Die Zusammenschreibung Leichtathletik begann 1904 sich durchzusetzen. Auf die DSBA führt der nach dem Zweiten Weltkrieg gegründete Deutsche Leichtathletik-Verband seine Tradition zurück.

73 „Leichtathletik im geschichtlichen Wandel".

Bernett folgt übrigens der Erkenntnis von Victor Silberer, wonach, wenn man von einer Geschichte der Athletik spreche, überhaupt nur von England die Rede sein könne, denn „wir Continentalen sind auf diesem Gebiete Schüler und Nachahmer“[74]. Mehrfach habe sich gezeigt, daß die englische Leichtathletik aus dem Laufsport hervorgegangen sei. Der Pedestrianismus verkörpere die Vorgeschichte der Leichtathletik; in den USA sei sie perfektioniert worden, in Deutschland hätten dort ansässige Engländer den Sport verbreitet. Fußball- und Cricketspieler übernahmen auch leichtathletische Übungen in ihr Training. „Der Fußballsport war der Geburtshelfer, der Radsport der Entwicklungshelfer der Leichtathletik“, hält Bernett fest. Ursprünglich hatten Radrennbahnen die Sportplätze umgeben; diese Rennbahnen durften auch von Läufern benützt werden. Wenn man von den wenigen Marathons absieht, blieb das Laufen an das Stadion gebunden.

Ein Schritt voran ist in dieser Beziehung Carl Diem (1882–1962) zu verdanken. Diem, der bereits als Schüler gelaufen war, hatte sich vergeblich bemüht, Wettläufe außerhalb des Stadions genehmigt zu bekommen. 1906 wurde er gar mit einer Strafe von 6 Reichsmark belegt, wegen „Durchführung einer nicht genehmigten Veranstaltung“. In jenem Jahr erlebte er in Athen bei Olympischen Spielen – es waren die sogenannten Zwischenspiele – den Marathonlauf, und in ihm erwachte der Gedanke: „Ich wollte auch einmal die Bevölkerung der Stadt so aufregen, ihnen ein sportliches Ereignis vor die Nase setzen, wie dies die Athener vermocht hatten.“[75] Es schien „ein etwas wahnwitziges Unterfangen, einen Wettlauf durch die Straßen von Berlin versuchen zu wollen. Zudem mußte ich befürchten, daß der Anblick eines Marathonlaufs, wie ich ihn in Athen erlebt hatte, bei uns die gegenteilige Wirkung auslösen würde. Rief man uns doch schon bei den harmlosen Waldläufen Zweifel am Verstande und Töne des tiefsten Bedauerns nach, daß wir derartig gegen unsere Gesundheit wüteten und uns ‚die Lunge aus dem Halse liefen‘. Ich verfiel also auf den Gedanken, zwar einen großen Lauf zu wagen, das Publikum aber zu betrügen, indem jedweder immer einen frischen Mann sehen sollte. Ich dachte an einen Groß-Staffellauf auf der Strecke von Potsdam nach Berlin und zwar vom Potsdamer Stadtschloß bis zum Berliner Stadtschloß.“ Der Lauf über 25 Kilometer mit 50 Läufern je Staffel fand am 14. Juni 1908 zum erstenmal statt. Da manche Vereine nicht einmal 50 Mitglieder zählten, mußte jedes Mitglied an den Start. Wir haben es hier also nicht mehr mit einer Selektion der besten Läufer zu tun, wie bei den frühen Marathons, sondern mit einem Jedermannslauf, einem wirklichen Volkslauf.

---

74 Victor Silberer: „Handbuch der Athletik“, 1. Auflage, 1885.
75 Carl Diem: „Potsdam – Berlin. Geschichte eines Staffellaufes“.

Im Laufe der Zeit entfalteten sich örtliche Initiativen für lange Läufe. Zum Beispiel wurde im Jahr 1927 der „1. Nationale 20-km-Brockenlauf" ins Leben gerufen, der erste Berglauf in Deutschland, der wegen seiner Ansprüche zunächst für nicht praktizierbar gehalten worden war.[76]

Wer nach dem Zweiten Weltkrieg ohne sportliche Vergangenheit zum Laufen fand, mußte sich als wenig Trainierter hinter einem leistungsstarken Feld behaupten. Typisch war eine Situation bei der Deutschen Marathonmeisterschaft am 3. August 1967 in Stuttgart, als das Zielgericht noch lange auf einen beleibten älteren Herrn, den letzten der etwa 270 Läufer, warten mußte. Die Deutsche Meisterschaft hatte einen Hauch von Volkslauf bekommen.

AUFBRUCH ZUR BEWEGUNG FÜR ALLE

Das Jahr 1963 markiert in der Geschichte des Distanzlaufens den Aufbruch zur Bewegung für alle: Am 13. Oktober 1963 hat in Deutschland der erste Lauf für jedermann, der dann später Volkslauf genannt worden ist, stattgefunden. Initiator war Otto Hosse (1923–1992). Er und drei seiner Sportfreunde in Bobingen stützten sich mit ihrer Initiative auf das Modell der Volkssportstruktur in der Schweiz. Die Veranstaltung in Bobingen zählte bereits 1.654 Teilnehmer. Die Idee verbreitete sich rasch; jedes Jahr entstanden neue Volksläufe. Die Streckenlänge betrug jeweils etwa 10 bis 12 Kilometer.

Otto Hosse, gebürtig in Halle an der Saale und aus dem Sudetenland vertrieben, Walter Gelke, Herwig Leiter und Werner Heimbach hatten 1962 in Mosnang bei Wattwil in der Schweiz an einem Geländelauf teilgenommen, bei dem sie mehr als 1.000 Teilnehmer angetroffen hatten. Den Grund der für damalige Verhältnisse hohen Teilnehmerzahl erfuhren sie bald: Jeder konnte ohne Vereinszugehörigkeit an den Start gehen, und jeder erhielt am Ziel eine Medaille als Auszeichnung. Der Kaufmann Hosse, der vom Rudern kam, strebte an – so hat er selbst das einmal ausgedrückt: „Sport für alle mit großen Umsätzen billig zu produzieren." Im Hintergrund stand die von dem Augsburger Arzt Eugen Goßner unterstützte präventive Absicht, der damals gerade erkennbaren Zunahme von Herz-Kreislauf-Erkrankungen durch das sogenannte Grüne Rezept, gewissermaßen ärztlich verordnetes Bewegungstraining, entgegenzuwirken. Damit war er nicht der einzige: Dr. med. Peter Beckmann zum Beispiel schuf Anfang der 60er Jahre die ‚Ohlstädter Kur', in der er seine Patienten nicht Wässerchen schlucken ließ, sondern sie zu einem Gesundheitstraining anleitete – zwar nicht

76 Der Lauf ist von 1927 bis 1939, von 1954 bis 1960 und, nun ununterbrochen, seit 1990 veranstaltet worden.

zum Laufen, wohl aber zu einem forcierten Wandern, zu Gymnastik und Hautbürstungen unter einem Wasserfall. Nachdem unglücklicherweise einer seiner Kurpatienten, die ja gesundheitlich schwer angeschlagen waren, während der Kur gestorben war, fiel das Nachrichtenmagazin „Spiegel" über den Chefarzt Beckmann her; das hat ihn tief getroffen.

Der Terminus ‚Managerkrankheit' war damals in vieler Munde, wenngleich Manager, die sich im Gegensatz zu Arbeitnehmern voll entfalten können, am wenigsten davon betroffen waren. Obwohl Professor Dr. Hans Selye, der in den 1930er Jahren den Streß-Begriff eingeführt hat, bereits zwischen positivem Eustreß und schädlichem Disstreß unterschieden hatte, wurde im Alltag unter Streß meist nur Disstreß verstanden und unterschlagen, daß Eustreß durchaus anregend ist. Sowohl von der rehabilitativen als auch der präventiven Seite kamen Impulse für ein Bewegungstraining. Ein Beispiel dafür war das Konzept des ‚Zweiten Wegs', das der Deutsche Sport-Bund als Dachorganisation der Sportverbände 1959 initiierte. Damit sollte der bisherigen Tendenz entgegengewirkt werden, Sport in vorgerücktem Alter nur dann zu treiben, wenn man ihn von Jugend an betrieben hatte. Die Jedermannsläufe schienen wie geschaffen für die Absicht des Deutschen Sport-Bundes, solche Menschen zu sportlicher Aktivität zu motivieren, die zuvor keinen Sport, zumindest keinen Leistungssport, betrieben hatten.

Genau diese Absicht verfolgte der damalige Student Horst Milde, der am 8. November 1964 mit Kommilitonen der Freien Universität Berlin gegen den Widerstand des Berliner Leichtathletik-Verbandes den „1. Berliner Cross-Lauf" ins Leben rief. Die Veranstaltung am Teufelsberg im Grunewald zählte etwa 700 Teilnehmer – ein überraschendes Ergebnis, wenn man bedenkt, daß damals bereits 100 Teilnehmer als viel galten. Horst Milde hat 1974 die erste Marathon-Veranstaltung für Jedermann in Berlin organisiert und von 1981 bis 2004 den Berlin-Marathon geleitet. Er gilt als der Mann, „der Berlin das Laufen beibrachte".

Zu jenem Volks-Geländelauf in Mosnang in der Schweiz war, um ein Beispiel für die Ausbreitung der Idee zu geben, auch Ludwig Birk aus Kressbronn am Bodensee gekommen. Ohne von Otto Hosses Initiative erfahren zu haben, organisierte er 1966 den 1. Argenlauf (einen Lauf entlang des Flüßchens Argen), den mit Ellwangen ersten Volkslauf in Baden-Württemberg. Später ist dann in Kressbronn der Bodensee-Marathon ins Leben gerufen worden. Ebenfalls 1966 stellte Heinz Spies in Bremen den ersten norddeutschen Volkslauf und mit 3.865 Finishern die damals, zumindest in Europa, größte Laufveranstaltung auf die Beine. Von jenen ersten Volksläufen – es waren meistens reichlich ‚krumme'

Streckenlängen – führt eine direkte Entwicklungslinie zum Marathon wie dem Brenztal-Marathon in Heidenheim, organisiert von Werner Hirrlinger, und dem Schwarzwaldmarathon in Bräunlingen bei Donaueschingen, den Roland Mall ins Leben gerufen hatte, der ursprünglich einen Ultramarathon veranstalten wollte. Im Gegensatz zu dem ältesten noch bestehenden Marathon in Deutschland, dem Marathon rund um den Baldeneysee in Essen, bei dem im Jahr 1962 nur etwa 50 gut trainierte Leichtathleten starteten, handelte es sich hierbei um Veranstaltungen, an denen jeder ohne Rücksicht auf Vereinszugehörigkeit teilnehmen konnte.

Am Anfang freilich hatte sich der leistungssportlich orientierte Deutsche Leichtathletik-Verband mit dem Volkslauf und den Volksläufern schwer getan. Die Volkslaufveranstalter gliederten sich erst am 7. Januar 1968 dem DLV an. Roland Mall kritisierte: „Dabei fand jedoch ein Aufbau von oben nach unten und nicht wie üblich umgekehrt statt. Und so erfolgte auch die Unterstellung der überwiegend aus dem Lager der Turner, Skiläufer, Fußballer und Kommunen stammenden Veranstalter unter vorher vom DLV ernannte Landeswarte auf rechtlich ziemlich problematische Weise. Gab es doch hier für die Veranstalter weder eine Wahl, geschweige denn eine Alternative.“[77]

Manche Veranstalter verzichteten daher auf das sportliche Niveau und gründeten den Internationalen Volkssportverband (IVV), der sich bis 1970 mit etwa 70 Events ohne Zeitnahme gut etablierte. Eine weitere Veranstaltergruppe bildete sich als Europäische Volkssport-Gemeinschaft.

Nun werden zwar neue Entwicklungen von einzelnen Persönlichkeiten eingeleitet und gefördert; aber wenn Vorstellungen erfolgreich realisiert und von vielen mitgetragen werden sollen, müssen die Zeit reif und das Klima dafür günstig sein. Der Laufsport war ja keineswegs neu, das Laufen erst recht nicht. Das Kontinuum des Laufens besteht, wie diese Streiflichter deutlich machen sollen, aus diesen Bezugspunkten: Krieg, Kult, Kommerz, Kunst, Körperkultur, Kompensation.

Wer diesen Aspekt nicht berücksichtigt, sah sich, als immer mehr Menschen in den Laufschritt verfielen, einem Phänomen gegenüber, für das man im Grunde keine Erklärung hatte. Die meisten Medien suchten Ursachen des Phänomens. Da die damit befaßten Journalisten weder historisch noch psychologisch dachten, erklärten sie die Entwicklung damit, daß so viele Amerikaner

77 „Condition“ 1/1970.

liefen. Die Welle des ‚Jogging' sei nach Europa übergeschwappt, schrieben sie. Abgesehen davon, daß dies so nicht stimmt, ist damit eine Erscheinung ja nicht erklärt, sondern nur geographisch verschoben. Weshalb liefen denn so viele Amerikaner? Das heißt, sie liefen nicht, sondern ‚joggten'. Den amerikanischen Ausdruck für Traben, für Zuckeltrab, verbreitete der „Spiegel" im Jahr 1978. Bis dahin war man in Deutschland nicht gejoggt, sondern gelaufen. Der erste ‚Lauftreff', den Enzio Busche 1974 in Dortmund als Konzept geselligen Laufens und der Anfängerbetreuung initiierte, war kein ‚Joggingtreff'. Der Deutsche Sport-Bund, der damals nach dem privaten Deutschen Trimm-Club die ‚Lauftreff'-Idee übernahm, bemühte sich um einen Begriff für das nichtleistungsbetonte Laufen, für den Gesundheitslauf. Eine von ihm beauftragte Werbeagentur kreierte die Bezeichnung Trimm-Trab. Wie so viele Kunstworte verschwand auch dieses in der Ideenentsorgung. Auch die Deutschen begannen zu joggen, statt zu traben. Diejenigen jedoch, die bis dahin gelaufen waren, konnte man mit der Bezeichnung ‚Jogger' tödlich beleidigen. Doch um solche Nuancen kümmern sich die Medien nicht.

Didaktisch wäre es, versteht sich, richtig gewesen, zuerst den ‚Lauftreff' zu erfinden und dann den ‚Volkslauf'. Daran, daß es sich umgekehrt verhielt, sieht man, daß die Volksläufe Impulse gaben. Die Volksläufe waren geeignet, zum Mitmachen und damit zu einem Lauftraining zu motivieren. Die Volksläufe mögen nicht immer unbedenklich gewesen sein, weil ja keinerlei soziale Kontrolle über den Trainingsstand der Teilnehmer ausgeübt werden konnte; aber sie schufen ein Klima für die Entstehung des Gesundheitslaufs. Zudem verbesserte sich der Trainingsstand der Teilnehmer ständig, und Ärzte entdeckten den gesundheitlichen Nutzen des Lauftrainings, so daß subjektive Risiken minimiert werden konnten.

Ich halte es für keinen Zufall, daß die Idee eines Ausdauerwettbewerbs für alle genau in die Zeit der Volksmotorisierung und damit der beginnenden Bewegungsarmut fiel. Viele waren damals vom Fahrrad auf ihr erstes Auto umgestiegen. „Wo aber Gefahr ist, wächst das Rettende auch", hat Hölderlin erkannt. Das Rettende ist, in der Sprache der Psychologie, die Kompensation. Der Sport als Aktivität der Massen ist die Kompensation der im Laufe der Zeit aus dem Alltag geschwundenen körperlichen Bewegung. Er ist freilich noch mehr. Aber die Kompensation des zunehmenden Bewegungsmangels ist die wichtigste Funktion des Gesundheitssports.

Bevor im Laufen außerhalb des Stadions die Aktivierung von Nichtleistungssportlern begann, hatte der nach Carl Diem größte Laufpionier des Jahrhunderts bereits die theoretischen Grundlagen für den Dauerlauf gelegt: Ernst van Aaken (1910–1984), praktischer Arzt in Waldniel am Niederrhein, hatte verschiedene Sportarten, insbesondere den Stabhochsprung, ausgeübt. Sein medizinischer Lehrer war Otto Warburg, der 1931 den Nobelpreis für seine Sauerstofftheorie bekommen hatte, auf die sich später auch Manfred von Ardenne berief. Der „Élan vital", der Lebensschwung der Körperzellen, „wird durch den Sauerstoff unserer Atmung unterhalten", sagte Ernst van Aaken in einem Vortrag. Daher wandte er sich vehement gegen das damals im Leistungssport übliche Intervalltraining nach Woldemar Gerschler in Freiburg i. B., weil hier lediglich die Sauerstoffschuld trainiert werde. Als Gesundheitsregel für jedermann stellte er auf: „Laufe täglich, laufe langsam, laufe viel. D. h., die Kilometerzahl ist im Lauftraining und allen Ausdauersportarten entscheidend, nicht die Intensität. (...) Drossele die Intensität, wenn die Pulsfrequenz über 150 Schläge pro Minute hinausgeht."

Professor Dr. med. Wildor Hollmann entwickelte dann eine Formel zur Bestimmung der optimalen Pulsfrequenz, die sogenannte Hollmann-Formel: 180 minus Lebensalter. Der Deutsche Leichtathletik-Verband hat diese Formel später werbewirksam für alle auf einen Wert von 130 Schlägen pro Minute verkürzt. Diese Pulsfrequenz ist jedoch kein ehernes Gesetz. Die Tendenz geht eher zur Variabilität und zu einer niedrigen Pulsfrequenz. Interessant ist, daß auch Dieter Baumann, dem man eher ein Konzept forcierten Trainings zutrauen sollte, empfiehlt, im Training langsamer zu laufen, als dies nach einer (allerdings in der Praxis oft angezweifelten) Untersuchung der Sporthochschule Köln vielfach geschieht.

Ernst van Aaken, der bereits kurz nach dem Zweiten Weltkrieg begann, sich gezielt mit dem Lauftraining zu beschäftigen, war also seiner Zeit weit voraus, auch wenn ihm unpräzise Verallgemeinerungen und Irrtümer unterlaufen sind. Van Aakens Ansprechpartner waren zunächst ehemalige Leistungssportler. Dazu gründete er 1964 die Interessengemeinschaft älterer Langstreckenläufer (IGÄL), die 1969 ins Vereinsregister eingetragen wurde. Die von 1964 an regelmäßig erschienenen Rundbriefe der IGÄL waren der Vorläufer der 1970 von dem Werbefachmann Hans Jürgensohn konzipierten „Condition", der wahrscheinlich ältesten Laufzeitschrift der Welt. Die Umsetzung der van Aaken'schen Ideen besorgten in der Regel andere; van Aaken war der Vordenker, der Anreger, ein Vortragender und Schriftsteller. In „Programmiert für hundert Lebensjahre" und „Alternativ-Medizin durch Ausdauer" betonte er die präventive Bedeutung der regelmäßigen Bewegung und der „bekömmlichen Strapaze".

In der vermehrten Sauerstoffversorgung durch dosiertes Lauftraining sah er die wichtigste Krebsprophylaxe. Der Kinderlauf und der Frauenlauf lagen ihm besonders am Herzen.

Van Aaken unternahm auch eine ausgedehnte Vortragsreise durch die USA. Sein Trainingsprinzip wurde als ‚LSD' umschrieben, was eine Anspielung auf die damaligen Drogen-Apologeten war. LSD, bezogen auf van Aaken, ist die Abkürzung von „Long slow distance". Die Bezeichnung taucht noch immer in der amerikanischen Laufliteratur auf. In den USA stellte der Luftwaffenarzt Kenneth Cooper präzise Untersuchungen über den Effekt gezielter Bewegungsübungen an. Der Titel seines ersten Werkes „Aerobics" deutet die Zielrichtung an: das aerobe Training. Das Buch, das vielen Amerikanern Beine machte, erschien 1968, in deutscher Übersetzung 1971. Fünf Jahre später, 1976, wurde in New York ein Kongreß über den Marathon abgehalten, über physiologische, medizinische, epidemiologische und psychische Aspekte. Man muß jedoch daran erinnern, daß in New York erst 1970 im Central Park wieder ein Marathon, eine unbedeutende Veranstaltung, mit 127 Teilnehmern von dem rumänischen Immigranten Fred Lebow organisiert worden war, von denen nach vier Runden ganze 55 Starter das Ziel erreicht hatten. Frauen nahmen an der Premiere überhaupt nicht teil. Unbestritten bleibt die Tatsache, daß die Joggingbewegung der Amerikaner einen Synergieeffekt für die deutsche Laufbewegung darstellte. Zwar haben die USA mit dem Boston-Marathon den ältesten ununterbrochen veranstalteten Marathon der Welt – nur 1918, nach Amerikas Eintritt in den Ersten Weltkrieg, liefen ihn ausschließlich Soldaten –; aber der Boston-Marathon war lange eine betont leistungssportliche Veranstaltung von hohem Anspruch, Volkslaufcharakter hat er erst mit dem zunehmenden Potential gut trainierter Freizeitläufer, die die strengen Qualifikationsnormen erreichen konnten, und mit dem Lauftourismus bekommen. Vielleicht könnte man den südafrikanischen Comrades-Marathon über etwa 90 Kilometer schon als Volkslauf bezeichnen, auf jeden Fall aber dann den 100-Kilometer-Lauf und -Marsch von Biel in der Schweiz, der im Jahr 2008 sein Fünfzig-Jahr-Jubiläum gefeiert hat.

Obwohl die Leibesübung, wie wir gesehen haben, eine Frucht der Aufklärung ist und Ärzte mit Weitblick schon vor mehr als 200 Jahren auf ihren gesundheitlichen Wert hingewiesen haben, ist das Lauftraining erst nach dem Zweiten Weltkrieg zu einer Massenbewegung geworden. Dies wäre nicht geschehen, wenn es sich nur um ein zielgerichtetes Training zur Prophylaxe von Zivilisationskrankheiten oder zur Rehabilitation gehandelt hätte.

Im Volkslauf als einer Herausforderung für jedermann spiegeln sich auf zeitgenössische Weise die anthropologischen, kultischen, historischen und psychosozialen Aspekte des Laufens wider. Emil Zátopek, dessen Erfolge auf der Langstrecke und dessen Persönlichkeit ebenfalls die Wirkung eines Verstärkers gehabt haben, hat das anthropologische Moment 1976 bei der Eröffnung der Trimm-Trab-Aktion in Arolsen auf die kürzeste und schlichteste Formel gebracht: „Fisch schwimmt, Vogel fliegt, Mensch läuft." Für den Hochleistungssport hat der Laufsport ‚Arbeitscharakter',[78] analog zu den zweckbestimmten Ausübungen des Laufens zu kriegerischen oder nachrichtentechnischen Zwecken in der Geschichte. Für Millionen von Menschen dagegen hat das Laufen im Freizeitsport den Charakter einer ‚Alltagskultur'.[79] Das Laufen ist eingebaut in den Alltag, bei vielen kaum noch als ‚Training' erkennbar, sondern vielmehr selbstverständliche Hygiene. In dieser Alltagskultur trägt der Volkslauf Festcharakter.[80]

Man kann, auch wenn manche Marathonläufer für Außenstehende aus ihrem Sport einen Kult zu machen scheinen, nicht mehr wie einst bei Ägyptern, Griechen und südamerikanischen Indios vom kultischen Laufen sprechen. Der Verlust der Transzendenz im Lebensgefühl hat sich auch auf diesem Gebiet ausgewirkt. An die Stelle des Kultes ist die Psychologisierung des Individuums getreten. Was Volksläufe heute zu Festen macht, zu ‚Märkten', ist das psychosoziale Erlebnis. Bereits der erste Volkslauf in Bobingen hatte diesen Festcharakter. Otto Hosse drückte dies ganz schlicht aus: „Ein besonderes Anliegen: Geselligkeit und Freude bei unseren großen Sportfesten..."

Dem Sport, dem nun, von Mitte der 60er Jahre an, nicht mehr nur gealterte Leistungssportler nachgingen, sondern dem sich eine Generation von Nichtsportlern, zum Teil in vorgerücktem Alter, ja, im Rentenalter, widmete, wohnt eindeutig ein Leistungsstreben inne. Leistung war als Folge der Achtundsechziger-Bewegung vorübergehend in Verruf geraten; doch das ist nur noch eine ideologische Fußnote. Der Mensch, von seiner Umwelt zu jeder Zeit zur Leistung herausgefordert, strebt nach Leistung. Leistungsverweigerung ist die perverse Reaktion auf perversen Mißbrauch von Leistung. Fehlende Herausforderung im Alltag kann im Freizeitbereich kompensiert werden. Sicher, eine Herausforderung wie ein Wettbewerb, zum Beispiel der Marathon oder die Ultrastrecke, birgt Risiken. Das größere Risiko jedoch ist, keine Herausforderung zu haben.

---

78 Ein von der sogenannten Frankfurter Schule der Soziologen geprägter Ausdruck.
79 Prof. Hans-Jürgen Schulke, Bremen.
80 Prof. Ronald Lutz, Erfurt.

Der Schwarzwaldmarathon war mit über 2.000 Teilnehmern zeitweise der größte Marathon der Welt. Dabei spielte sich der Marathon nicht nur hierzulande im Grünen ab. Selbst in New York war im Park Marathon gelaufen worden. Auch historische Marathons wie Boston oder London hatten nicht durch die Stadt geführt, sondern nur dort geendet. Erst 1976 wurde gegen alle Widerstände eine Marathonstrecke mitten durch eine Weltstadt gelegt: der New York City-Marathon durch die fünf Stadtbezirke – mit 2.090 Teilnehmern und einer Ausfallquote von mehr als 25 Prozent. Doch immerhin war damit der erste City-Marathon geboren; er diente den Laufveranstaltungen von London, Frankfurt am Main und Berlin, alle erstmals 1981 ausgetragen, zum Vorbild. Jedem, der in den Anfangsjahren dabei war, ist klar geworden, daß der Marathon, ja, der Laufsport, mit dem City-Marathon nun eine neue Qualität erreicht hatte. Manche erkannten das Phänomen erst viele Jahre später. Da sie es nicht einzuordnen vermocht hatten, lehnten sie es erst einmal ab.

Worin bestand diese neue Qualität beim City-Marathon? Zum einen in der hohen Professionalisierung der Organisation – das konnte ein Verein allein, und sei es ein so hoch spezialisierter wie der New York Road Runners Club, nicht mehr leisten. Zum anderen in der Kommunikation mit einem in New York bereits damals mindestens eine Million Menschen zählenden Publikum entlang der Strecke. Zumindest bei den Volksläufern kommt beim City-Marathon das Sightseeing durch die Teilnehmer hinzu, das Kennenlernen einer Stadt und ihrer Menschen im Laufschritt. In New York ein ethnisches Sightseeing, das einem keine Autobusfahrt vermitteln kann, in Berlin die emotionale Bewegung beim Lauf über die ehemalige Todeszone des Mauerbereichs und schließlich durch das Brandenburger Tor.

Die Entwicklung des City-Marathons mit einem Läuferfeld von 2.000 hin zu Finisherzahlen von mehr als 35.000 in wenig mehr als 20 Jahren, zeigt, daß der Endzustand allein durch die Grenzen der Kapazität, insbesondere der Verkehrswege, erreicht wird. Die lange verkannte Ausdifferenzierung des Laufsports, als er vornehmlich noch im Stadion betrieben wurde, ist weitergegangen, zum Beispiel im Berglauf, einer Laufdisziplin von Spezialisten oder auch, wie sich beim Swiss Alpine gezeigt hat, von Generalisten. Die Frequentierung von Veranstaltungen für Minderheiten, wie die der Bergläufer, gestattet auch eine Antwort auf die Frage, ob die kleinen Veranstaltungen noch eine Zukunft haben. Manchmal besteht in dieser Hinsicht schon Anlaß zur Sorge.

Die Anziehungskraft der City-Marathons gründet sich auf die zumindest angestrebte Perfektion der Organisation, größtenteils weniger auf die absolute

Bestzeit – die ist für die Medien und vor allem für die Sponsoren von Belang –, als vielmehr auf die Begegnung Tausender von Läufern und damit auf das psychosoziale Erlebnis, auch die Internationalität. City-Marathon bedeutet, in sportlicher wie in emotionaler Beziehung Stimulation durch das Publikum, eine mentale Optimierung der Marathonleistung also und damit der Kommunikation mit dem Publikum, die an den Schaulauf des vorigen Jahrhunderts anknüpft. Jeder Läufer ist damit ein Schausteller im Diem'schen Sinne. Viele Läufer genießen dies. City-Marathon bedeutet die Rückgewinnung des Stadtkerns, Modell einer Utopie.

Der Stadtmarathon ist jedoch nur eine Möglichkeit eines Ausdauerwettbewerbs. Der „Lauf nach innen" findet auf der einsamen Strecke statt. Wer das nie kennengelernt hat, hat sich einer Selbsterfahrung beraubt. Die Chance kleiner Veranstaltungen besteht nicht darin, Stadtmarathons nachzuahmen, sondern im Landschaftslauf mit Naturstrecken das Landschaftserlebnis anzubieten und in der gewollten oder zwangsläufigen Bescheidenheit eine familiäre Atmosphäre zu schaffen. Der Stadtmarathon ist abhängig von Sponsoren und Verwaltungen. Der Provinzmarathon ist ebenfalls abhängig, jedoch vorzugsweise davon, wie weit man das Engagement der Helfer strapazieren kann.

Eine lebendige Weiterentwicklung des Volkslaufes, auch wenn sie in den Vereinen nicht so recht wahrgenommen wird, ist der Ultramarathon. Diese Distanzen waren lange Zeit außer von Soldaten und von Boten im großen Ganzen nur von einzelnen Schauläufern zurückgelegt worden. Mit einer Ausnahme: Am 4. September 1892, bereits vier Jahre vor dem ersten Marathon, fand in der Schweiz, auf einer Wendepunktstrecke von Genf nach Préverenges, ein 100-Kilometer-Lauf statt. Von den 173 Teilnehmern blieben 63 unter 24 Stunden. Der Sieger, Louis Orsat, brauchte 11:23:18 Stunden. Dieser Lauf ist 1982, 1983 und 1985 als Gedenklauf wiederholt worden. Zu dem jeweiligen Memorial war allein die Ultra-Elite eingeladen.

Geschichtlich hat sich der sportliche Ultralanglauf aus dem Pedestrianismus entwickelt. Im Juli 1803 ging ein gewisser Captain Robertson von London nach dem Seebad Brighton und wieder zurück und brauchte dafür 45 Stunden.[81] Im folgenden November wiederholte er das Unternehmen und bewältigte die etwa 85 Kilometer nach Brighton in 14 Stunden. Im folgenden Jahr legte John Bell die Strecke laufend zurück, 1825 unterbot ein Pedestrianist namens Tomlinson

81 Die Informationen über den Lauf von London nach Brighton beruhen auf der Darstellung der Website „Ultramarathon World" (David Blaikie, Andy Milroy, Ian Champion).

die bisherigen Leistungen in umgekehrter Richtung mit 9:50 Stunden. Am 30. Januar 1837 machten sich die beiden Berufsläufer John Townsend und Jack Berry auf den Weg. Townsend hatte 14 Jahre zuvor die 633 Kilometer lange Strecke von London nach York und zurück in fünf Tagen, 14 Stunden und 50 Minuten bewältigt. Nach weiteren Läufen von London nach Brighton und zurück kam es 1897 auf dieser Strecke zu einem Gehwettbewerb und 1899 zum ersten Amateurwettbewerb „Go-as-you-please“ (Wahlfreiheit Gehen oder Laufen). Die drei Gewinner (Bestleistung 6:58:18 Stunden) wurden zur Teilnahme am olympischen Marathon für das Jahr 1900 nominiert. 1903 promotete eine Zeitung einen Lauf für Berufsläufer. Dann vergingen 21 Jahre, bis ein aus Südafrika zurückgekehrter Engländer, Arthur Newton, mit zwei Sololäufen – beim besten in 5:53:43 Stunden – die vormaligen Bestleistungen unterbot. 1937 gab es ein internationales Rennen, zu dem der führende südafrikanische Läufer Hardy Ballington eingeladen wurde. Ballington siegte, den zweiten Platz errang der kanadische Marathonläufer Norman Dack.

Für Amateure fand das erste Rennen 1951 statt und begründete gleich eine Tradition. 1974 trennten den Zweitplazierten nur 6 Sekunden vom Sieger, ein Phänomen, das Jahre später auch beim Ultramarathon öfter vorkam. 1979 beteiligten sich inoffiziell erstmals Frauen an der Laufveranstaltung; im Jahr darauf folgte der erste offizielle Frauenlauf.

Bei dem Rennen nach Brighton hatten immer wieder Südafrikaner eine Rolle gespielt. Das kam nicht von ungefähr, verfügte man doch dort schon über Erfahrungen im Ultramarathon. Im Jahr 1921 rief der Engländer Vic Clapham, der seit seinem 13. Lebensjahr mit seinen Eltern in Südafrika lebte, den Comrades-Marathon ins Leben. Clapham hatte am Ersten Weltkrieg teilgenommen, dabei 2.700 Kilometer zu Fuß zurückgelegt und wollte nach Friedensschluß den Gefallenen ein lebendes Denkmal setzen. Er war nach seinen Kriegserfahrungen der Ansicht, daß Athleten fähig seien, die 56 Meilen (knapp 90 Kilometer) zwischen Pietermaritzburg und Durban zu bewältigen. Die Liga überlebender Soldaten, an die er sich gewandt hatte, stimmte nach einigem Zögern zu. Am 24. Mai 1921, dem Empire Day, wurde schließlich auf der Fernstraße Nr. 103 der erste Lauf von Pietermaritzburg nach Durban mit 34 Läufern (16 gelangten ins Ziel) ausgetragen. Mit Ausnahme der Kriegsjahre 1941–1945 wurde der Comrades-Marathon jedes Jahr veranstaltet, wobei die Laufrichtung jährlich (mit bisher einer Ausnahme) wechselt. Dieser Lauf rückte in Europa allerdings relativ spät ins Bewußtsein, weil er hier während der Apartheid boykottiert worden war. Der Deutsche Leichtathletik-Verband zum Beispiel schloß deutsche Comrades-Teilnehmer von DLV-Veranstaltungen aus. Erst nach der Beseitigung der Apartheid wurden die Verbandsrestriktionen aufgegeben; 1993 wurde der Comrades-Marathon schließlich erstmals mit internationalem Starterfeld ausgetragen. Die Zahl der Teilnehmer – 1975 waren es etwa 1.500 Läufer – vervielfachte sich bis dahin auf etwa 16.000, in einem Jubiläumsjahr sogar auf 20.000.

Traditionell ertönt bei diesem Lauf vor dem Startschuß ein Hahnenschrei. Mit ihm hat es folgende Bewandtnis: Als im Jahr 1948 die früher benützte Startkanone ihrer Funktion nicht gleich nachkam, imitierte einer der Organisatoren, Max Trimborn, im Morgengrauen einen Hahnenschrei, und das Starterfeld setzte sich in Bewegung. Das gefiel den Teilnehmern derart, daß der Hahnenschrei beibehalten worden ist. Seit Trimborns Tod ertönt seine Stimme vom Band. Die Laufveranstaltung ist ein einzigartiges Volksfest; an der zwischen 85 und 92 Kilometer langen Strecke gibt es keinen Kilometer, an dem nicht jubelndes Publikum stünde. Sowohl von der Zahl der Teilnehmer her als auch im Hinblick auf die Kommunikation mit den Zuschauern ist es ein Lauf der Superlative.

Auf den ersten Blick scheint es zwar einfacher zu sein, von Pietermaritzburg (620 m) nach Durban zum Ozean zu laufen als im Jahr darauf in der Gegenrichtung; doch die Strecke hat so viele Steigungen, daß man sich am Schluß mit weichen Knien über das Gefälle nicht mehr so richtig freuen kann. Zudem wird unerbittlich nach 12 Stunden (von 1928 bis 2000 waren es 11 Stunden) sekundengenau das Ziel geschlossen. Charly Doll hat den Lauf als einziger Deutscher 1993 in 5:39:41 gewonnen; die eingebürgerte Maria Bak siegte dreimal (2002 in der besten Zeit von 6:14:21), Birgit Lennartz 1999 in 6:31:03. Jedoch hat weder der Lauf von London nach Brighton noch der Comrades-Marathon die Entwicklung einer Ultralanglaufbewegung in Deutschland begründen können. Das hat erst der 100-Kilometer-Lauf in Biel bewirkt.

Dieser Lauf und Marsch kam 1959 als Abschluß eines Offizierslehrgangs zustande. In der Schweiz war es üblich, solche Lehrgänge mit einer ungewöhnlichen Leistung zu beenden. Ein Teilnehmer, der Werkmeister Franz Reist, entschloß sich mit zwei Kameraden vom Unteroffiziersverein Biel, Urs Spörri und Hans Brönnimann, die fällige Herausforderung aus einem Lauf oder Marsch über 100 Kilometer bestehen zu lassen. Die drei arbeiteten eine Route aus, die von Biel aus auf ein Kartenblatt passen mußte. In einer kalten, nebligen Novembernacht, vom 14. zum 15. November 1959, um Mitternacht war es dann soweit: 35 Teilnehmer[82] machten sich am Schulhaus zu Biel-Madretsch auf den

82 Laut zeitgenössischem Pressebericht 32 Teilnehmer.

Weg, nur 16 von ihnen erreichten nach 100 Kilometern das Ziel, der erste nach 13:45 Stunden. Im Jahr darauf war die Herausforderung fortan allen zugänglich. In seiner besten Zeit zählte der Lauf mehr als 4.200 Teilnehmer. Der Rückgang auf etwa ein Viertel heutzutage hat nichts mit einem eventuell rückläufigen Trend des Ultramarathons zu tun, sondern beruht darauf, daß Biel zum Muster einer Anzahl weiterer Ultralangläufe geworden ist.

Bereits knapp drei Jahre nach dem ersten deutschen Volkslauf, 1966, startete Helmut Urbach in Biel. Seine Erfolge dort und seine Berichte haben mit Sicherheit entscheidend dazu beigetragen, daß sich der Ruf des Bieler 100-Kilometer-Laufs in der Bundesrepublik verbreitete. Lange Zeit noch waren – wo gab es das sonst bei Laufwettbewerben? – nur die Minuten, nicht die Sekunden gestoppt worden. Bis zum Jahr 2002 war Franz Reist Chef der Organisation. Er weitete den 100-Kilometer-Lauf zu den Bieler Lauftagen aus und führte den Lauf durch die Innenstadt, wo dadurch auf mehreren Kilometern eine Atmosphäre wie bei einem City-Marathon herrscht. Im Prinzip ist die Route von 1959 zwar geblieben, im Detail aber schon wegen Baumaßnahmen häufig geändert worden. Man kann die Runde heute als optimiert bezeichnen.

Einer der deutschen Teilnehmer des Bieler 100-Kilometer-Laufs, Horst Altenhoff, entschloß sich bereits 1969, in seiner Heimatstadt Unna den ersten 100-Kilometer-Lauf in Deutschland nach Bieler Muster zu veranstalten. Am Start waren damals etwa 450 Teilnehmer.

In der Ausschreibung aus dem Jahr 1981 heißt es: „Laufen bzw. gehen Sie nicht allein, sondern in Gruppen. Gespräche und Unterhaltung mit den Kameraden (auch mal ein Witz) oder Gesang mit einer Gruppe verkürzen zwar nicht die Strecke, vertreiben aber die Zeit.“ Die Teilnehmerzahl bei diesem Lauf stieg bald auf den Höchststand von 1.134. Streckenänderungen und die Zunahme anderer Laufveranstaltungen sowie schließlich die Beschränkung auf eine 10-Kilometer-Runde führten danach aber zu einem erheblichen Teilnehmerrückgang, bis die Veranstaltung 1996 eingestellt wurde.

Weitere Neugründungen wie zum Beispiel die 10-Kilometer-Runde von Hamm oder der 100-Kilometer-Lauf von Illertissen folgten. Zuweilen wurde, wie in Kusel oder in Marburg, der Bieler Hunderter als erklärtes Vorbild genommen. Das Bieler Ideal ist in Deutschland aber nirgends erreicht worden; viele Veranstaltungen verschwanden wieder aus dem Kalender. Es stellte sich auf diesem Gebiet gar für einige Zeit eine Phase der Stagnation ein.

Davon betroffen war auch der für die Leistungsmessung optimale 100-Kilometer-Lauf auf zehn Runden in Rodenbach bei Hanau. Ihn hatte Harry Arndt, einst Sportwart, dann Präsident der 1985 gegründeten Deutschen Ultramarathon-Vereinigung (DUV), 1984 ins Leben gerufen. Hier fand auch, nachdem Arndt ein Regelwerk geschrieben hatte, 1987 die erste Deutsche 100-Kilometer-Meisterschaft statt. Der Deutsche Leichtathletik-Verband hatte den Ultramarathon integriert, auch wenn immer wieder einmal Sand im Getriebe knirschte. Gemessen an den Vorurteilen gegen den Ultralanglauf, die vor der Gründung der DUV unter Funktionären in Darmstadt und in den örtlichen Mitgliedsvereinen weit verbreitet waren, hat sich jedoch ein erheblicher Wandel vollzogen. Dazu mag auch die Entwicklung des Ultra-Erlebnislaufs und des Geländelaufs, heute gern als Trail bezeichnet, beigetragen haben.

Leistungswettbewerb und Erlebnislauf werden seit langem nicht mehr als Gegensätze empfunden. Im Verlauf der Ausdifferenzierung des Ultralaufs werden im Auftrag der DUV, des mittlerweile größten Ultraläuferverbandes der Welt, Verbandsmeisterschaften in den verschiedensten Ultradisziplinen ausgetragen: vom 50-Kilometer-Lauf bis zum 24-Stunden-Lauf.

Im Jahr 1973 ist in der damaligen DDR der bekannteste und größte deutsche Ultralauf, der GutsMuths-Rennsteiglauf, entstanden. Einige Orientierungsläufer, Studenten der Universität Jena, waren 1971 und 1972 auf dem Rennsteig unterwegs und planten, 1973 dort einen Etappenlauf zu unternehmen. Es war allerdings schwierig, am Rennsteig Übernachtungsmöglichkeiten zu finden. Da beschlossen sie, von der Hohen Sonne bei Eisenach bis Masserberg östlich von Schmiedefeld einfach durchzulaufen. Hans-Georg Kremer, Hans-Joachim Römhild, Wolf-Dieter Wolfram und Jens Wötzel legten die fast 90 Kilometer tatsächlich gemeinsam zurück, betreut von ihrem Kommilitonen Dietrich Saalfeld. Der Jenaer Sporthistoriker Professor Dr. Willi Schröder schlug schließlich vor, den Lauf mit dem Namen GutsMuths zu verbinden. So geschah es, als im Jahr darauf zwölf Läufer an der Salzmann-Schule in Schnepfenthal, dem Wirkungsort von GutsMuths, zu einem Gedenklauf nach Schmiedefeld starteten. Der dritte Lauf wurde als 50 Meilen GutsMuths-Gedenklauf für Studenten und Ausdauerläufer von Sportgemeinschaften der DDR ausgeschrieben. 1976 erhielt der GutsMuths-Rennsteiglauf, wie er fortan hieß, sein Kern-Profil: Zwei Strecken wurden ausgewiesen: eine lange von der Hohen Sonne nach Schmiedefeld, die zu DDR-Zeiten auf weiten Teilen einem Crosslauf entsprach, und eine kürzere von Steinheid westlich von Neuhaus nach Schmiedefeld. Das gemeinsame Ziel erreichten damals 1.349 Läufer; im Jahr darauf waren es bereits 4.445. Schließlich mußte die Teilnehmerzahl limitiert werden.

Hoch entwickelt war das Gemeinschaftsgefühl der Teilnehmer, die nicht selten eine schwierige An- und Abreise zu organisieren hatten. Nach der

Wende konnten DDR-typische Unzulänglichkeiten beseitigt werden: Der Bau von Duschräumen auf dem Schmiedefelder Sportgelände ersetzte die Feuerwehrschläuche, aus denen nur kaltes Wasser geflossen war. Da das Restaurant „Zur Hohen Sonne" nicht mehr bewirtschaftet werden konnte, entschloß sich das Organisationskomitee, gestützt auf das Ergebnis einer Teilnehmerbefragung, die lange Strecke zu verlängern und auf dem Eisenacher Marktplatz starten zu lassen. Der GutsMuths-Rennsteiglauf-Verein wurde gegründet, das Streckenangebot ausgebaut. Inzwischen nehmen mehr als 15.000 Läufer, Walker und Wanderer die Herausforderung auf dem Rennsteig an. Weitere Läufe, darunter ein Etappenlauf über den gesamten Rennsteig von Blankenhain nach Hörschel, werden das ganze Jahr über ausgetragen, so daß die Kernveranstaltung gedanklich immer präsent ist. Kontakte zu den Veranstaltern in Biel und in Schwäbisch Gmünd führten zur Einrichtung eines „Cups der Ultramarathons" (ecu), bei dem drei von mehreren Veranstaltungen in europäischen Ländern gewertet werden. Zu den zahlreichen historischen Grenz- und Gedenksteinen am Rennsteig sind inzwischen mehrere Gedenksteine zur Erinnerung an die Entwicklung des GutsMuths-Rennsteiglaufs aufgestellt worden.

Schaut man sich den Laufkalender an, so ist ein Trend zur Veranstaltung immer anspruchsvollerer Ultraläufe zu beobachten. Das Modell dafür ist ganz sicher 1985 mit dem Swiss Alpine, dem Ultraberglauf in Graubünden, geschaffen worden. Im Hinblick auf die Distanz, aber auch auf die Öffentlichkeitswirkung, hat der erstmals 2011 ausgetragene Mauerweglauf in Berlin (160,9 km) einen Maßstab gesetzt; die im Jahr 2013 anfänglich zur Verfügung stehenden 200 Startplätze waren in überraschend kurzer Zeit vergeben.

24 Stunden lang laufen – es gibt nicht wenige, die den Sinn eines solchen Unternehmens in Frage stellen. Kritiker sind auch unter Läufern zu finden; selbst die Teilnehmer müssen sich immer wieder mit ihrer Motivation auseinandersetzen. Warum machen sie es dann? Welchen Sinn hat es, 24 Stunden lang Fuß vor Fuß zu setzen, nämlich einen Tag und eine Nacht lang – bis auf relativ kurze Pausen – ständig in Bewegung zu sein, und das auch noch wie in einem Hippodrom auf einer winzigen Runde? Der 24-Stunden-Lauf ist eine relativ junge Disziplin, die jedoch an Ausdauerleistungen im 19. Jahrhundert anknüpft. Erstmals ist eine 24-Stunden-Laufleistung vom 13. Mai 1871 dokumentiert, als Edward Payson Weston auf dem Empire Skating Ring in New York 180,248 Kilometer lief. 1878 wurde in London erstmals die 200-Kilometer-Marke überschritten.

1970 ist erstmals in der Bundesrepublik ein 24-Stunden-Lauf ausgetragen worden, und zwar in Mörlenbach im Odenwald. 1978 folgte Apeldoorn in den Niederlanden, später kamen auch entsprechende Veranstaltungen in anderen Ländern dazu, insbesondere in Frankreich und Großbritannien. Im Jahr 1979 versicherte in Mörlenbach ein Läufer, Friedrich Marquardt: „Ich bin eine Ein-Mann-Staffel." Er wechselte also nicht, sondern trabte als einziger 24 Stunden am Stück (191,439 km). Ihm tat es im Jahr darauf Horst Preisler gleich (194,643 km). Inzwischen haben beide zahlreiche Nachfolger gefunden.

Auch andernorts haben sich 24-Stunden-Läufe etabliert, darunter in Reichenbach im Vogtland, in Fellbach-Schmiden bei Stuttgart und in Wörschach in Österreich. In der Schweiz hat sich – dank dem Sri Chinmoy Marathon Team – die Veranstaltung in Basel einen guten Ruf erworben. Gewiß, eine Massenbewegung ist nicht entstanden; doch ein deutlicher Trend zu dieser Ausnahmeleistung hin zeichnet sich ab. Immerhin gibt es seit 1989 einen inoffiziellen Europa-Cup der 24-Stunden-Läufer.

Obwohl der 24-Stunden-Lauf im Grunde als eine Erweiterung des 100-Kilometer-Laufs erscheint, geht er auf eine ältere Tradition zurück: Einen Tag und eine Nacht lang zu laufen, war die Arbeit von Botenläufern. Schaut man in die Geschichte zurück, so spielte bei der Laufleistung ursprünglich die Ausdauer, nicht die Zeit eine Rolle. Die Objektivierung der Leistung durch die Uhr kam erst ziemlich spät.

Der 24-Stunden-Lauf, so eintönig er auf das Publikum wirkt, ist eine Präsentation, ja Demonstration der Ausdauer, der Widerstandsfähigkeit gegen Ermüdung. Es zählt nicht die Art, wie man eine Runde von etwa 1.500 Metern bewältigt; sondern wie oft. Die erfolgreiche Teilnahme an einem 24-Stunden-Lauf ist ein Triumph der Ausdauer. Dabei mehr als 200 Kilometer zurückzulegen, ist eine hervorragende Leistung. Der Weltrekord durch den Griechen Yiannis Kouros steht bei 290,221 Kilometern, aufgestellt am 2. und 3. Mai 1998 in Basel. Bei den Frauen schaffte die Ärztin Sigrid Lomsky einen Rekord von 243,657 Kilometern, aufgestellt am 1. und 2. Mai 1993 ebenfalls in Basel. Die deutsche Bestleistung mit 276,209 Kilometern geht auf Wolfgang Schwerk zurück, aufgestellt am 8. und 9. Mai 1987 in Köln (Stand: 2013).

Betrachtet man die Multiday-Läufe, so waren die beiden ersten Gruppen-Durchquerungen Nordamerikas 1928 und 1929 – individuelle Durchquerungen hatte es bereits 1890 und in den 1970er Jahren gegeben – eher von spekulativen denn sportlichen Motiven bestimmt. Die meisten Teilnehmer der „Bunion derbys“ (Derbys mit ‚entzündeten Fußballen‘) waren Abenteurer und Glücksritter. Anders beim ersten sportlich seriösen Transamerikalauf 1992. Seither ist die Anzahl der Länderdurchquerungen und der anderen Fernläufe kaum noch zu überblicken.

Die Entwicklung des Distanzlaufens auf Ultrastrecken läßt diesen Schluß zu: Die Faszination des Ultramarathons ist ungebrochen. Mag die Zahl der Teilnehmer an spektakulären Fernläufen auch beschränkt sein, – über ‚kurze‘ Ultradistanzen bis zu 100 Kilometern finden in zunehmendem Maße Marathonläufer zum Ultramarathon.

MERKZETTEL

- Von einem frühen Ultralauf zeugt die Laufstele des Königs Taharqa in Ägypten.
- Schon in der griechischen Antike wird von dem Ultralauf eines Boten von Athen nach Sparta berichtet (Herodot).
- Läufe über Ultrastrecken waren die Aufgabe militärischer und ziviler Boten.
- Britische Pedestrians und deutsche Schauläufer zogen überwiegend im 18. und 19. Jahrhundert das Publikum an.
- Den entscheidenden Impuls für den Ultramarathon in Europa gab der 100-Kilometer-Lauf in Biel.

„Ich habe das Gefühl, daß Langstreckenlaufen eigentlich gar kein Sport ist. Es ist vielmehr eine Aktivität, die in völligem Einklang mit unserem biologischen Erbe steht. Und dieser Einklang ist so umfassend, daß wir es schaffen können, auf diese Weise aus den Grenzen unserer bisherigen Lebenswelt auszubrechen und eine größere Harmonie mit uns selbst und unserer Umwelt aufzubauen."

Thaddeus Kostrubala,
amerikanischer Lauftherapeut und Autor

19

Wo zum erstenmal starten?

DAZU EIN ÜBERBLICK ÜBER ANSPRUCHSVOLLE ULTRALÄUFE

Wer zu diesem Buch gegriffen hat, beabsichtigt vermutlich, auch an einem Ultra-Wettkampf teilzunehmen. Doch an welchem? Das soll hier erörtert werden.

Das Angebot ist in den vergangenen Jahren beträchtlich gewachsen. Der europäische Terminkalender nennt jährlich etwa 400 Veranstaltungen mit etwa 500 verschiedenen Strecken; weltweit sind es mehr als 1.000. Dabei scheint sich ein neuer Trend abzuzeichnen: die Entwicklung aus einem Marathon heraus. Der renommierte, anspruchsvolle Monschau-Marathon zum Beispiel ist durch eine Zusatzrunde von 14 Kilometern zu einem Ultralauf erweitert worden (www.monschau-marathon.de), ebenso der Eifelmarathon in Waxweiler nordwestlich von Bitburg durch eine Zusatzschleife auf 51,4 Kilometer (www.eifelmarathon.de). Eine interessante Kombination von Marathon plus Halbmarathon (42 plus 21 Kilometer) bietet der Köln-Marathon (www.koeln-marathon.de).

Wer sich an die 100 Kilometer vorsichtig herantasten will, sollte einen Landschaftslauf wie den Röntgenlauf (63 km) um Remscheid, den Churfranken-Lauf (73 km), den Müritz-Lauf (75 km), den Karwendelmarsch, den Wörthersee-Trail oder eine Runde des Mozart100 (55 km) erwägen, die drei letztgenannten finden in Österreich statt. Im Internet wird man sicher auf weitere für Einsteiger geeignete Veranstaltungen stoßen (http://statistik.d-u-v.org/calendar.php, www.Steppenhahn.de, www.wikipedia.de).

Der 50 Kilometer lange Schwäbische-Alb-Marathon mit Start und Ziel in Schwäbisch Gmünd ist zwar sehr schön und gut organisiert, aber wegen der Dreikaiserberge nur Berggewohnten als Einstieg zu empfehlen (www.albmarathon.de). Auch im Voralpenland, mit dem Voralpenmarathon über 50 Kilometer (www.voralpenmarathon.de), sollte man eher nicht beginnen. Landschaftsläufe, zum Beispiel die Harzquerung von Wernigerode nach Nordhausen, stellen auf jeden Fall im Hinblick auf Höhenmeter und Wegbeschaffenheit eine größere Herausforderung dar als eine relativ ebene Mehrrundenstrecke oder ein Sechsstundenlauf. Der 54 Kilometer lange Stromberg-Extrem-Lauf ist zwar nicht so extrem, wie es scheint, aber auch nicht einfach (http://kirbachtallauf.de). Der Pfalz-Trail mit 69 Kilometern kommt gar auf 1.745 Höhenmeter (www.pfalztrail.de) und die 80 Kilometer lange winterliche Brocken-Challenge auf 1.900 Höhenmeter (www.brocken-challenge.de).

Kuriositätensucher werden entdeckt haben: Selbst unter dem Hallendach kann man einen Ultramarathon laufen. In Senftenberg (Brandenburg) folgt auf den Marathon in der Niederlausitzhalle anderntags ein 50-Kilometer-Lauf. Für Ultra-Erststarter eignen sich 200 Runden jedoch schlecht als Einstieg, zumal da die Teilnehmerzahl eng limitiert ist und das Ziel bereits nach 6 Stunden (www.hallenmarathon.de) geschlossen wird. In Radebeul bei Dresden gibt es einen Treppenlauf, der für Unerfahrene aber ebenfalls nicht geeignet ist.

Für den ersten großen Ultramarathon rate ich nach wie vor zu den 100 Kilometern von Biel. Wie bisher bietet die Königsstrecke der Bieler Lauftage die besten Voraussetzungen insbesondere für Erststarter, nämlich das soziale Erlebnis, das starke Naturerlebnis, das psychische Erlebnis des Laufs durch die Nacht. und für die meisten vor allem genügend Zeit, nämlich 21 Stunden, bis zum Zielschluß. Biel ist mit mehr als 1.000 Startern noch immer einer der teilnehmerstärksten 100-Kilometer-Läufe in Europa. Das bedeutet, daß es ein sehr breites Teilnehmerfeld gibt, dessen Zieleinlauf sich möglicherweise über 14 Stunden hinzieht. Nicht selten finden sich bei so vielen Startern andere Läufer mit der gleichen Leistungsstärke. Man hat hier also die Möglichkeit, zumindest einen kleinen Streckenabschnitt zusammen mit einem Mitläufer oder in einer Gruppe zurückzulegen. Andererseits sollte man keineswegs darauf bauen, die komplette Strecke gemeinsam mit anderen zu laufen. Der abendliche Start findet seit dem Juni 2011 im Stadtzentrum statt, wo seit 2012 auch das Ziel ist. Park- und Campingmöglichkeiten gibt es am etwa eine Viertelstunde Fußweg entfernten Bieler See. Da die Strecke durch die Stadt führt, stellt sich zunächst ein Gefühl wie bei einem Stadtmarathon ein, der Lauf durch die Nacht ist ein Erlebnis für sich. Höhepunkte sind die gedeckte Brücke in Aarberg (km 17), der Ho-Chi-Minh-Pfad (die scherzhafte Bezeichnung für den Streckenabschnitt parallel zur Emme) und die Strecke entlang des Nidau-Büren-Kanals. Im Laufe der Jahre ist die Strecke mehr und mehr verbessert worden; insbesondere sind auf den letzten 10 Kilometern die Steigungen weggefallen. Die Höhendifferenz beträgt zusammen etwa 645 Meter, die einzelnen Steigungen – die letzte und schärfste nach Kilometer 76 – verursachen keine Probleme. Die langjährige Erfahrung des Organisationskomitees gewährleistet im großen Ganzen einen korrekten Ablauf. Einige Probleme bei der Umstellung der Organisation im Jahr 2011 hat man, wie bei früheren Umstellungen, in den Griff bekommen. Gegen eine Lizenzgebühr kann man sich den größten Teil der Strecke von einem eigenen Betreuer mit dem Fahrrad begleiten lassen (www.100km.ch). Auf einer privaten Website kann man sich im einzelnen über den Bieler 100-Kilometer-Lauf informieren (www.99km.ch). Wer das Bieler Seeland vorher kennenlernen möchte, kann vier Wochen zuvor beim Lauf um den Bieler See (50 km) Eindrücke sammeln (www.ultrabielersee.ch).

In Deutschland eignet sich für den Einstieg der 100-Kilometer-Lauf um Ulm (Start und Ziel in Blaustein). Der Lauf ist nach Bieler Muster organisiert, die Organisatoren sind professionell bemüht. Allerdings ist die Teilnehmerzahl relativ gering. Der Lauf findet ohne Öffentlichkeit statt (www.ulmer-laufnacht.de). Der Bödefelder Hollenlauf (www.hollenlauf.de) bietet unter fünf Laufstrecken auch zwei Ultradistanzen (67 und 101 Kilometer). Einen Ultralauf mit starker Teilnehmerlimitierung wie den Elbe-Lübeck-Kanal-Ultralauf oder einen Einladungslauf wie den Rheinsteiglauf (www.kleinerkobolt.de) sollte man nicht gerade als Einstieg wählen. Dagegen kommt die 50-Kilometer-Strecke des Heidschnucken-Ultras, eines Pendellaufes von Hamburg in die Lüneburger Heide und zurück (100 km), durchaus in Frage, sofern man es nicht scheut, quasi für sich allein zu laufen (http://lebenundlaufen.over-blog.de/pages/1-heidschnucken-ultra).

Für leistungsstarke, zumindest leistungsmotivierte Erst-Ultraläufer ist der Supermarathon des GutsMuths-Rennsteiglaufs von Eisenach bis Schmiedefeld (72,7 Kilometer, Durchgangszeit bei km 54 spätestens nach 9 Stunden, Zielschluß nach 12 Stunden) sehr zu empfehlen. Man kann darüber streiten, ob dieser Lauf über den Kammweg des Thüringer Waldes, geprägt durch eine DDR-spezifische Tradition, wegen seiner Höhenunterschiede und Cross-Passagen nicht schwieriger ist als der längere Bieler Hunderter. Das Etikett „Europas längster Cross“ ist jedoch nur noch Reklame. Die Frage, was denn nun schwerer sei, die 100 Kilometer von Biel oder die 72,7 Kilometer des Rennsteigs, läßt sich vielleicht so beantworten: Wer im Stück durchlaufen möchte, sollte die 100 Kilometer von Biel bevorzugen. Wer es schätzt, immer wieder dazwischen zu wandern, wird mit dem Rennsteig gut zurechtkommen. Ein gestandener Ultraläufer sollte selbstredend beide kennen. Es ist durchaus möglich, an beiden Läufen im selben Jahr teilzunehmen, sofern zwischen den Terminen drei Wochen liegen; zudem sollte man nur einen der beiden Läufe leistungsoptimiert angehen. Auf jeden Fall ist der Rennsteiglauf ein erlebnisreicher Lauf mit einer besonderen Atmosphäre im Sportgelände von Schmiedefeld (www.rennsteiglauf.de).

Von Ultraläufen auf 10- und 5-Kilometer-Runden sollte man, wenn man kein leistungsorientierter Läufer ist, bei der Ultra-Premiere absehen. Wer sich dagegen testen möchte, ist mit dem gut organisierten Rodenbach-Lauf (50 und 100 Kilometer), der jedoch nicht mehr regelmäßig stattfindet, hervorragend bedient (www.scc-hanau-rodenbach.de). Hochleistungsorientiert sind die 100-Kilometer-Läufe Kienbaum in Berlin-Grünheide (auf einem 5-km-Kurs) und im Leipziger Auenwald (auf einem 10-km-Kurs).

Sechsstunden-Läufe, die wie 24- und 12-Stunden-Läufe auf einer kurzen Runde gelaufen werden, sind ein guter, wenn auch etwas langweiliger Einstieg. Daher gibt es nicht wenige Erst-Ultraläufer, die einen schwierigeren Landschaftslauf bevorzugen.

Starts in Ländern, die einem unbekannt sind, sollte man, von Ausnahmen wie Österreich und der deutschsprachigen Schweiz abgesehen, besser für später aufsparen und nicht dort, in einem ungewohnten Umfeld, die Ultralauf-Karriere beginnen wollen.

Die folgenden Laufveranstaltungen setzen zum Teil erhebliche Ultra- und Berglauf-Erfahrung voraus: Der Swiss Alpine mit seiner Ultrastrecke von jetzt 78 Kilometern und 2.600 Metern Höhenunterschied stieß 1985 das Tor zu einer neuen Richtung im Amateur-Laufsport auf: dem anspruchsvollen Erlebnislauf. Wer Ultra läuft, sollte unbedingt auch einmal den K 78 des Swiss Alpine von Davos gelaufen sein (www.swiss-alpine.ch). Anspruchsvoll ist der Thüringen Ultra mit dem Start in Fröttstädt zwischen Eisenach und Gotha. Die 100 Kilometer führen durch den Thüringer Wald. Der Lauf ist nicht als Konkurrenz zum Rennsteiglauf, sondern eher als dessen Erweiterung konzipiert. In Anbetracht von 2.150 Höhenmetern sollte Berglauferfahrung vorhanden sein (www.thüringenultra.de). Bereits im März findet im Elsaß der Trail du Petit-Ballon (47 km, 2.100 Höhenmeter) statt (www.rouffach-athletisme.org). Bitte beachten: Für die Teilnahme an Laufveranstaltungen in Frankreich ist die Vorlage eines ärztlichen Gesundheitsattestes gesetzlich vorgeschrieben. Der Dirndltal-Extrem-Ultramarathon im österreichischen Pielachtal (111 km) hat zwar eher Mittelgebirgscharakter, bringt es aber auf 5.000 Höhenmeter und erfordert wie der Chiemgauer Hunderter (100 km und 100 Meilen) die Fähigkeit zu autonomem Handeln; man darf sich also bei solchen Laufveranstaltungen, auch was die Verpflegung betrifft, nicht allein auf das Organisationskomitee verlassen (www.dirndltalextrem.com). Ein traditionsreicher und charaktervoller Lauf (seit 1973) ist in Italien der Passatore von Florenz nach Faenza; stimmungsvoll ist der nächtliche Einlauf. Allerdings ist der Autoverkehr durch motorisierte Laufbegleiter gewöhnungsbedürftig (www.100kmdelpassatore.it/en). Einer der von der Strecke her schönsten Ultramarathons ist der neue, 101 Kilometer lange Lauf im Berner Oberland, der in Grindelwald startet und mit 6.000 Höhenmetern über das Faulhorn, die Schynige Platte und den Wanderpfad am Eiger führt. Auch der Lauf über die halbe Strecke (Grindelwald–Schynige Platte) verspricht ein großartiges Erlebnis (www.eigerultratrail.ch).

Wer den Schritt von 100 Kilometern zu 100 Meilen wagen möchte, dem sei der Mauerweglauf in Berlin empfohlen, der nun – schon wegen einer Cup-Wertung – jährlich stattfindet. Die LG Mauerweg hat sich den Mauerweg (fast ohne Steigungen) für Trainingsausflüge zu eigen gemacht (www.100meilen.de). 100 Meilen kann man auch bei der Umrundung der Insel Wangerooge laufen (www.mattejiet.net).

Ein erlebnisstarker Ultramarathon ist der Comrades in Südafrika, der mit Start und Ziel im Wechsel entweder von Durban nach Pietermaritzburg (bergauf) oder von Pietermaritzburg nach Durban gelaufen wird. Die

Streckenlänge beträgt etwa 90 Kilometer; die Kilometerzahl differiert zuweilen. Auch die Bergab-Strecke enthält mit fünf Erhebungen nicht geringe Steigungen. Der Zielschluß, auf 12 Stunden verlängert, wird streng gehandhabt. Wer den Zielkanal nicht rechtzeitig erreicht, wird nicht gewertet und erhält keine Medaille. Der Comrades ist nicht nur der teilnehmerstärkste Ultramarathon der Welt, sondern auch der mit der umfangreichsten Publikumskulisse, was ihm eine besondere Atmosphäre verleiht. Er fand bereits im Jahr 1921 zum erstenmal statt und zählte damals nur 34 Teilnehmer. Mit Ausnahme der Kriegsjahre 1941 bis 1945 wurde der Comrades-Marathon ununterbrochen jedes Jahr veranstaltet. Nach Möglichkeit sollte man als Ultraläufer wenigstens einmal im Leben diesen traditionsreichen Ultramarathon gelaufen sein. Botschafter der Veranstaltung ist in Deutschland derzeit Klaus Neumann (Neumann.KL@t-online.de). Allerdings hat die starke Nachfrage dazu geführt, daß Qualifikationszeiten vorgegeben werden, die Anmeldeliste bereits im Jahr zuvor geschlossen und die Auswahl im Losverfahren entschieden wird (www.comrades.com). Ein schöner Erlebnislauf, jedoch mit engem Zeitlimit, ist ebenfalls in Südafrika der Two-Oceans-Run über 56 Kilometer (www.twooceansmarathon.org.za).

Einer der anspruchsvollsten Ultramarathons ist der Spartathlon, der zumindest in Europa der Höhepunkt im Leben eines ambitionierten Ultramarathonläufers sein dürfte. Die Teilnahme an dem knapp 246 Kilometer langen Lauf von Athen nach Sparta innerhalb von 36 Stunden setzt ein hohes Leistungsniveau voraus, das in einer Qualifikation belegt werden muß. Den Kontakt zum Veranstalter hält die DUV aufrecht (www.spartathlon.gr). Noch eine Steigerung bedeutet in den USA der Badwater-Lauf vom Death Valley auf den Mount Whitney mit etwa 4.000 Höhenmetern (www.badwater.com), zu dem die Teilnehmer nur nach entsprechender Einladung antreten dürfen. Der Ultra-Trail du Mont-Blanc (UTMB), der seit 2003 ausgetragen wird, folgt mit einer Streckenlänge von etwa 160 Kilometern und über 9.000 Höhenmetern hauptsächlich dem Fernwanderweg Tour du Mont-Blanc und zählt zu den anspruchsvollsten Bergläufen der Welt. Die Hürden vor dem Start sind entsprechend hoch: Man muß bei anderen schweren Läufen Punkte sammeln und sich neuerdings einem Losverfahren unterwerfen (http://ultratrailmb.com).

Manche Laufveranstaltungen, wie die Tortour de Ruhr, mit 230 Kilometern der längste im Stück zu laufende Ultramarathon in Deutschland, sind

Einladungsläufe, richten sich also an erwiesenermaßen erfahrene Ultraläufer, in diesem Fall an 24-Stunden-Läufer.

Aus der Website der Deutschen Ultramarathon-Vereinigung oder ihrer Zeitschrift „Ultramarathon" kann man sowohl für den Einstieg als auch für läuferische Lebensziele weitere Ideen schöpfen. Einen umfassenden Überblick aus eigenem Erleben hat zudem Stefan Schlett, der seit über 30 Jahren an Abenteuer- und Extremläufen teilnimmt (www.ultraschlett.de).

Grundsätzlich gilt. Da die Laufveranstaltungen fast immer von privaten Initiativen meist engagierter Ultraläufer abhängen, wandelt sich das Angebot von Jahr zu Jahr. Allein bei den schon sehr lange bestehenden Ultraläufen kann man davon ausgehen, daß sie auch im kommenden Jahr stattfinden werden.

MERKZETTEL

(Entnommen der Website www.ultralegends.com Training for first Ultra)

- Wähle ein Rennen vier Monate vor dem Termin. Das gibt dir genügend Zeit, effizient zu trainieren. Im Idealfall solltest du noch mehr Zeit haben, aber vier Monate sollten dich in die Lage versetzen, deinen ersten Ultralauf gut zu überstehen.
- Schau dir deinen Wochenablauf an und lege eine Zeit fest, in der du effizient trainieren kannst.
- Sei nicht besorgt, wenn du einige Tage das Training unterbrechen mußt, weil du verletzt oder krank bist. Training in diesem Zustand würde es nur schlimmer machen.
- Lerne, während des Laufes zu essen und zu trinken, und wähle Nahrung und Getränke, die du auch im Wettkampf zu dir nehmen möchtest. Probiere keine neuen Produkte während des Wettkampfes aus!
- Nimm komfortable Fußbekleidung zum Training, benütze keine sehr alten Schuhe. Wenn du zum Wettkampf neue Schuhe nehmen willst, kaufe sie spätestens einen Monat vor dem Wettkampf.
- Trage komfortable Kleidung während des Trainings!
- Suche einen Betreuer für deinen Wettkampf! Für den ersten Ultramarathon wird ein Betreuer sehr empfohlen (Relativierender Kommentar im Kapitel Technik und Taktik).

- Wähle eine Zeit oder eine Distanz für den Wettkampf!
- Ausgenommen die langen Trainingseinheiten am Wochenende, kannst du das Training durch Radfahren (Cross-Training) unterstützen, aber vergiß nicht, daß die Zeit auf den Füßen das Wesentliche ist.
- Geschwindigkeit ist nicht die Hauptsache beim Training.
- Trainiere auf der Bodenbeschaffenheit, die du im Wettkampf vorfindest!
- Halte dein Training in einem Tagebuch fest!

„Je länger die Distanzen, desto unwichtiger werden reine Kraft und Geschwindigkeit.“

David Costill,
amerikanischer Sportmediziner und Pionier der Trainingswissenschaft

20

Wissenswertes

Ultramarathons stehen wie Volksläufe jedermann offen. Bei bestimmten Veranstaltungen wie Meisterschaften oder sehr anspruchsvollen Rennen werden Qualifikationen verlangt.

In den letzten Jahren hat sich ein Trend zur Zulassung von Staffeln herausgebildet. Auf diese Weise kann man Ultramarathonstrecken partiell kennenlernen, ohne eine ganze Ultramarathondistanz laufen zu müssen. Zu berücksichtigen ist, daß die Streckenabschnitte von den Staffelläufern in weit höherer Geschwindigkeit als von den Teilnehmern der vollen Distanz gelaufen werden. Es hat sich eingebürgert, daß der letzte Staffelläufer auf den letzten Metern von den übrigen Angehörigen der Staffel ins Ziel begleitet wird.

Ultraläufer haben sich in der Deutschen Ultramarathon-Vereinigung (DUV) organisiert. Die Vereinigung ist am 29. Dezember 1985 auf Initiative von Harry Arndt gegründet worden. Sie pflegt sowohl den Leistungssport als auch den Erlebnislauf. Ihre viermal im Jahr erscheinende Zeitschrift „Ultramarathon“ spiegelt die Aktivitäten der Mitglieder wider; man kann hier auch detaillierte Berichte solcher Veranstaltungen lesen, deren Existenz einem nicht oder nicht mehr bekannt war. Über die Website hat man Zugang zu der aktuellen umfangreichen Statistik und findet hier auch die Termine der Ultraläufe in aller Welt (www.d-u-v.org).

Der Deutsche Leichtathletik-Verband (DLV) veranstaltet die Deutsche Meisterschaft im 100-Kilometer-Lauf (www.laufen.de). Meisterschaften in anderen Ultradisziplinen werden von der DUV veranstaltet.

Eine seit Jahr und Tag beliebte und sehr umfassende Website der Ultraläufer ist der „Steppenhahn". Man findet dort eine Fülle aktueller Informationen (www.Steppenhahn.de). Siegfried Bullig hat im Internet ein Ultramarathon-Lexikon angelegt, in dem Begriffe des Ultramarathons erklärt und, insbesondere bei Personen, Verweise zur Statistik gegeben werden (www.ultralauf.org). Andere Ultraläufer stellen auf persönlichen Websites ihre Leistungen und damit auch die Veranstaltungen, auf denen sie vollbracht worden sind, vor. Das Angebot an solchen Websites ist nahezu unüberschaubar.

Die International Association of Ultrarunners (IAU) ist der Weltverband der Ultraläufer. Dem 1984 von einigen wenigen Initiatoren ins Leben gerufenen Verband gehören heute über 50 Ultralaufvereinigungen an. Die jährlichen IAU-Wettbewerbe sind: 100 km World Championships under the patronage of the IAAF, 100 km Area Championships, 24 h World Championships, 24 h Area Championships, Trail World Championships, 50 km World Trophy (www.iau-ultramarathon.org). Die International Association of Athletic Federations (IAAF) ist der Dachverband der Leichtathletikverbände in der Welt (www.iaaf.org).

Wer beabsichtigt, an alpinen Läufen teilzunehmen, könnte erwägen, vorher ein spezielles Seminar zu besuchen. Angeboten werden kommerzielle Trainingslager und solche der DUV. Im schweizerischen Scuol (Graubünden) hat Fränzi Gissler eine ganzjährig tätige Laufschule, in der hochqualifizierte bergerfahrene Trainer und die Ultraläuferin und dreifache Siegerin des Ultra-Trails du Mont-Blanc Elizabeth Hawker ihr Wissen vermitteln (www.laufschule-scuol.ch).

Die LG Mauerweg Berlin e. V. und der DUV-Förderstützpunkt Berlin bieten von Zeit zu Zeit einen GPSies Workshop an.

21

Literatur

25 Jahre 100 km Biel-Bienne. 1984

45 Jahre 100-km-Lauf von Biel. Fakten, Daten, Bilder. 1959 – 2003. Biel, 2003

50 Jahre Bieler 100-km-Lauf. Biel, 2008

Aaken Dr. med. Ernst van: Programmiert für 100 Lebensjahre. Wege zur Gesundheit und Leistungsfähigkeit. Celle, 1974

Aaken Dr. med. Ernst van: Das van Aaken Lauflehrbuch. Aachen, 1984

Aaken Dr. med. Ernst van und Lennartz Dr. Karl: Das Laufbuch der Frau. Aachen, 1987

Aderhold Dr. med. Dr. med. dent. Lutz und Dr. Weigelt Stefan: Laufen! ...durchstarten und dabeibleiben – vom Einsteiger bis zum Ultraläufer. Stuttgart, 2012. Trainingspläne unter http://www.schattauer.de/de/book/unser-service/fuer-leser/zusatzmaterial/aderhold-weigelt-2840.html

Andrews Valerie: The Psychic Power of Running. How the body can illuminate the mysteries of the mind. Wellingborough, Northamptonshire/GB, 1978

Aus der Geschichte des OSC Waldniel. 1978

Bartel Constanze: Die Entwicklung des Langlaufs in Deutschland vor und nach der Wiedervereinigung unter besonderer Berücksichtigung des Marathonlaufs. Magisterarbeit, München, 2005

Bartmann Prof. Dr. Ulrich: Laufen und Joggen … und seine positiven Auswirkungen auf die Psyche: Streß, Ängste und Depressionen hinter sich lassen. Mit Schwung zu mehr Ausgeglichenheit und Selbstbewußtsein. Trainingsanleitungen. 5. Auflage. Tübingen, 2009

Bartosch Holle: Frauen laufen anders. Berlin, 2005

Bauch Herbert und Birkmann Michael: ... die sich für Geld sehen lassen... Über die Anfänge der Schnell- und Kunstläufe im 19. Jahrhundert. Marburg, 1996

Baum Erika: Adaptative Modifikationen des thermoregulatorischen Systems im Verlauf wiederholter Kältebelastungen des Menschen sowie bei Langstreckenläufern und Schwimmern. Diss., Gießen, 1976

Baumann Prof. Dr. Sigurd: Psychologie im Sport. Aachen, 2009

Baumann Prof. Dr. Hartmut (Hrsg.): Altern und körperliches Training. Bern, Göttingen, Toronto, 1992

Beck Hubert: Das große Buch vom Ultramarathon. Ausrüstung, Trainingspläne, Ernährung, Erfahrungsberichte. München, 2013

Bergmann Dr. W.: Die Frau und der Sport. Oldenburg, 1925

Bernett Prof. Dr. Hajo: Leichtathletik im geschichtlichen Wandel. Schorndorf, 1987

Bertsch Robert: Peter Bajus, der Schnellläufer. Darmstadt, 1992

Bessy Prof. Olivier: The North Face Ultra-Trail du Mont-Blanc. Un mythe, un territoire, des hommes. 2012

Billard Philippe: La plus belle course du monde. The North Face Ultra-Trail du Mont-Blanc. 2013

Bircher Dr. Ralph: Höchstleistungskost für Sport, Berg, Eis, Wüste und Dschungel. Bad Homburg vdH und Erlenbach-Zürich, 1980

Bitterlich Markus: Unterwegs mit wichtigem Auftrag und in bedeutender Funktion. In: Menschen unterwegs. Die Via regia und ihre Akteure. 3. Sächsische Landesausstellung. Dresden, 2011

Bogeng G. E. A. (Hrsg.): Geschichte des Sports aller Völker und Zeiten. Leipzig, 1926

Bremer Dieter, Engelhardt Martin, Kremer Alexandra und Wodick Reinhard (Red.): Triathlon: Psychologie, Training, Doping. Internationales Triathlon-Symposium Nürnberg 1987. Ahrensburg, 1988

Bruker Dr. med. Max Otto: Unsere Nahrung, unser Schicksal. Lahnstein, 1999

Büsing Rolf: Streß vor dem Wettkampf. Analyse und Bewältigung. Lübeck, 1988

Butz Andreas und Butz Gisela: Vitale Läuferküche. München, 2009

Cooper Mildred und Dr. med. Kenneth H.: Bewegungstraining für die Frau. Aus dem Amerikanischen. Frankfurt a. M., 1972

Conzelmann Achim: Zur Entwicklung der Ausdauerleistungsfähigkeit im Alter. Eine empirische Untersuchung an 48 der besten 50- bis 60jährigen Mittel- und Langstreckenläufer in der Bundesrepublik Deutschland. In: Sportwissenschaft, 18. Jg., 1988/2

Cottereau Serge: La Course de Fond. Saint-Affrique/F., 1980

Cottereau Serge: La Belle Histoire des 100 km de Millau. Saint-Affrique/F., 1981

Crisp Margret: Das war van Aaken. Hilden, 1984

Csikszentmihalyi Prof. Dr. Mihaly: Das Flow-Erlebnis. Jenseits von Angst und Langeweile: im Tun aufgehen. 1975. Aus dem Amerikanischen, 5. Auflage. Stuttgart, 1993

Csikszentmihalyi Prof. Dr. Mihaly: Flow. Das Geheimnis des Glücks. 1990. Aus dem Amerikanischen, 3. Auflage. Stuttgart, 1993

Csikszentmihalyi Prof. Dr. Mihaly: Flow im Sport. Der Schlüssel zur optimalen Erfahrung und Leistung. 1999. Aus dem Amerikanischen. München, 2000

Cumming John: Runners & Walkers. A Nineteenth Century Sports Chronicle. Chicago, 1981

Decker Prof. Dr. Wolfgang: Sport und Spiel im Alten Ägypten. München, 1987

Decker Prof. Dr. Wolfgang: Sport am Nil. Texte aus drei Jahrtausenden ägyptischer Geschichte. Hildesheim, 2012

Denk Prof. Dr. Heinz, Pache Dr. Dieter, Schaller Prof. Dr. Hans Jürgen (Hrsg.): Handbuch Alterssport. Grundlagen, Analysen, Perspektiven. Schorndorf, 2003

Diem Carl: Weltgeschichte des Sports. Stuttgart, 1960

Diporta Leo: Zen Running. New York, 1977

Donath Rolf und Schüler Klaus-Peter: Ernährung der Sportler. Berlin, 1985

Dtsch Z Sportmed 51 (2000) 226-233

Dyer Dr. K. F.: Catching up the Men. Women in Sport. London, 1982

Eberspächer Prof. Dr. Hans: Sportpsychologie. Reinbek bei Hamburg, 1993

Eberspächer Prof. Dr. Hans: Mentales Training. Reinbek bei Hamburg, 5. Auflage 2001

Eichel Wolfgang: Illustrierte Geschichte der Körperkultur. Berlin, 1984

Engels Dr. med. Tanja und Neumann Bernd: Optimal trainieren. 4. Auflage, München, 2001

Exel Dr. med. Wolfgang und Dungl Willi: Zerrung, Prellung, Tennisarm. Wien, 1984

Faszination Rennsteiglauf. Erfurt, 1992

Feil Dr. Wolfgang, Oberem Sonja und Reichenauer-Feil Andrea: Ernährungscoach. Mehr Leistung im Sport. Stuttgart, 2005

Fixx James F.: Das komplette Buch vom Laufen. Aus dem Amerikanischen. Frankfurt a. M., 1979

Fuchs Eduard: Illustrierte Sittengeschichte. 6 Bände. München, 1909 – 1912

Fuchs Dr. Ulrich und Reiß Prof. Dr. Manfred: Höhentraining. Das Erfolgskonzept der Ausdauersportarten. Münster, 1990

Furrer Werner: 100 km Biel. Diplomarbeit zur Erlangung des Eidgenössischen Turn- und Sportlehrerdiploms II. Bern, 1982

Gebhardt Dr. Willibald: Soll Deutschland sich an den Olympischen Spielen beteiligen? Ein Mahnruf an die Deutschen Turner und Sportsmänner. Berlin, 1896. Reprint Kassel 1995

Gehri Beat: 1959 – 1973 100-km-Lauf Biel. Sondernummer der (schweizerischen) Laufsportzeitschrift „Spiridon", 1973 (nicht zu verwechseln mit dem 1975 gegründeten deutschen Laufmagazin „Spiridon" von Manfred Steffny)

Geiß Dr. med. Kurt-Rainer und Hamm Prof. Dr. Michael: Handbuch Sportler-Ernährung. Reinbek bei Hamburg, 1992

Glöckle Hanns: Geschichte des Sports. Nach Bildreportagen von 1840 – 1900. München, 1987

Gootas Thor: Running. A Global History. Aus dem Norwegischen. Englische Ausgabe. London, 2009, deutsche Ausgabe „Laufen". Bielefeld, 2012

Grix Arthur E.: Unter Olympiakämpfern und Indianerläufern. Berlin, 1935

Gronwald Dr. Thomas: Hirnaktivität im Sport – Analyse der zentralnervalen Aktivierung während definierter Ausdauerbelastungen auf dem Fahrradergometer unter Normoxie und Hypoxie. Hamburg, 2012

Grosser Manfred, Brüggemann Peter und Zintl Fritz: Leistungssteuerung in Training und Wettkampf. München, 1986

Grüning Manfred, Temsch Joachim und Weber Urs: Laufbuch. München, 2012

Grupe Prof. Dr. Ommo (Hrsg.): Schwerpunktthema: Langlaufen. Sportwissenschaft, 17. Jahrgang, 1987/2. Schorndorf, 1987

GutsMuths: Gymnastik für die Jugend. Nach der Originalausgabe von 1793. Nachdruck Dresden, o. J.

GutsMuths-Rennsteiglaufverein e. V. (Hrsg.): Vom Abenteuer zum Kultlauf. GutsMuths-Rennsteiglauf, Zahlen, Fakten, Emotionen. Schmiedefeld, 2012

Gutjahr Ilse: Die vitalstoffreiche Vollwertkost nach M. O. Bruker. Lahnstein, 1992

Gutjahr Ilse und Sonntag Werner: Sport und Vollwert-Ernährung. Lahnstein, 2004

Hadbawnik Iris: Bis ans Limit und darüber hinaus. Faszination Extremsport. Göttingen, 2011

Hahn Dr. Martin: Die Leibesübungen im mittelalterlichen Volksleben. Langensalza, 1929

Happel Eberhard Werner (Guerner): Größte Denkwürdigkeiten der Welt oder Sogenannte Relationes Curiosae. Nachdruck, Berlin, 1991

Hartkopf Dr. med. Hans: Glück des Laufens. Aachen, 1987

Haug-Verlag (Internet): Ernährung & Medizin, abgerufen im August 2012, 27 (2)

Heddier H., Dr. Jung Klaus und Bresch Dr. H.: Veränderungen von Gewicht, Körperlänge und Fettmasse durch eine extreme Dauerleistung. In: Condition, o. J. (vermutlich Ende der siebziger Jahre)

Heinrich Prof. Dr. Bernd: Laufen. Aus dem Amerikanischen: „Racing the Antilope". München, 2003

Herodot: Historien. Bücher I – IX. Zweisprachige Ausgabe Griechisch – Deutsch. 2001

Hollmann Prof. Dr. med. Wildor und. Strüder Heiko K: Sportmedizin – Grundlagen für körperliche Aktivität, Training und Präventivmedizin. 5. völlig neu bearbeitete und erweiterte Auflage, Stuttgart, 2009

Hollmann Prof. Dr. med. Wildor: Gesund und leistungsfähig bis ins hohe Alter. Lahr, 2006

Hosler Ray (Hrsg.): Boston – America's oldest Marathon, 1980

Hottenrott Prof. Dr. Kuno und Zülch Martin: Ausdauertrainer Laufen. 11. Auflage, Reinbek bei Hamburg, 2011

Howell Daniel: The Barefoot Book: 50 Great Reasons to Kick Off Your Shoes. 2010

http://helmuturbach.de

Huizinga Johan: Homo Ludens. Vom Ursprung der Kultur im Spiel. Aus dem Niederländischen. Reinbek bei Hamburg, 1957

Hüllemann Prof. Dr. med. Klaus-Diethart: Leistungsmedizin Sportmedizin. Stuttgart, 1976

Hüllemann Prof. Dr. med. Klaus-Diethart (Hrsg.): Sportmedizin für Klinik und Praxis. Stuttgart, 1991

Israel Prof. Dr. med. Siegfried: Die Erscheinungsformen des Übertrainings. Sportmed 9 (1958) 207-209

Israel Prof. Dr. med. Siegfried und Weidner Dr. paed. Alfred: Körperliche Aktivität und Altern. Sportmedizinische Schriftenreihe 26. Leipzig, 1988

Jagow Udo: Sport und Naturheilverfahren. Ein Ratgeber für Athleten und Therapeuten. Teningen/ Schweiz, 1987

Jamison Neal (Hrsg.): Running through the Wall. Personal Encounters With the Ultramarathon. Halkottsville, New York, 2003

Jeannotat Yves: Murten–Freiburg. Aus dem Französischen. Magglingen, 1983

Jokl Prof. Dr. Ernst: Alter und Leistung. Berlin, Göttingen, Heidelberg, 1954

Jung Prof. Dr. med. Klaus: Phänomen 100-km-Lauf. Physiologische, medizinische, psychologische Aspekte. München, 1981

Jung Prof. Dr. med. Klaus: Sportliches Langlaufen. Der erfolgreiche Weg zur Gesundheit. Puchheim, 1984

Jung Prof. Dr. med. Klaus: Sport und Ernährung. Aachen, 1984

Jung Prof. Dr. med. Klaus: 1000 Kilometer von der Ostsee bis zu den Alpen. Deutschlandlauf 1987

Jung Prof. Dr. med. Klaus: Prinzipien der rohkostangereicherten Vollwertkost im Ausdauersport. In „Ausdauersport. Bedeutung für Prävention und Rehabilitation". Schriftenreihe des Deutschen Verbands langlaufender Ärzte. Augsburg, 1988

Jung Martl: Barfuß über die Alpen. München, 2013

Junker Prof. Dr. Dietmar, Schnabel Günter und Thieß Günter: Trainingstermini der Ausdauersportarten. Berlin, 1990

Jurek Scott with Steve Friedman: Eat & Run. My unlikely Journey to Ultramarathon Greatness. London, 2012

Jütting Prof. Dr H. Dieter (Hrsg.): Die Laufbewegung in Deutschland – interdisziplinär betrachtet. Münster, 2004

Kasper Prof. Dr. med. Heinrich: Ernährungsmedizin und Diätetik. 5. Auflage, München, Wien, Baltimore, 1985

Kaufmann-Doig Prof. Dr. Federico: Sexualverhalten im Alten Peru. Aus dem Spanischen. Lima, 1979

Kempen Yvonne: Krieger, Boten und Athleten. Untersuchungen zum Langlauf in der griechischen Antike. Diss. Sankt Augustin, 1992

Klatt Heinz (Hrsg.): 100-km- und Marathon-Jahrbuch 1980. Linden, 1980

Klatt Heinz (Hrsg.): 100-km-Jahrbuch 1983/84. Koordinationsausschuß der Deutschen Ultralangläufer (KOA-U), 1984

Klein Dr. Michael (Hrsg): Sport und Geschlecht. Reinbek bei Hamburg, 1983

Kleinmann Dr. med. Dieter: Laufen und Walking im Alter. Wien, New York, 2006

Kleinmann Dr. med. Dieter: Laufnebenwirkungen. Vom Ermüdungsbruch zum plötzlichen Herztod: Was können Sie dagegen tun? 2. Auflage. Köln, 2009

Kloeren Maria: Sport und Rekord: Kultursoziale Untersuchungen zum England des 16.–18. Jahrhunderts. Leipzig, 1935, Nachdruck Münster, 1985

Knechtle Beat, Knechtle Patricia, Rosemann Thomas, Senn Oliver.: What is associated with race performance in male 100 km ultra-Marathoners: Anthropometry, training or marathon best time? Journal of Sports Sciences, 29: 571–577, 2011

Knechtle Beat, Knechtle Patricia, Wirth Andrea, Rüst Christoph Alexander, Rosemann Thomas: A faster running speed is associated with a greater body weight loss in 100-km-Ultramarathons. Journal of Sports Sciences, Vol. 30, Issue 11, 2012, 1131–1140

Knörzer Prof. Dr. Wolfgang: Ganzheitliche Gesundheitsbildung in Theorie und Praxis. Heidelberg, 1994

Knörzer Prof. Dr. Wolfgang: Integratives Mentaltraining im Sport. Aachen, 2006

Kollath Prof. Dr. med. Werner: Die Ordnung unserer Nahrung. 9. Auflage, Heidelberg, 1981

Konopka Dr. med. Peter: Sporternährung. Leistungsförderung durch vollwertige Höchstleistungskost. München, 1985

Krise Raymond and Squires Bill: Fast Tracks. The History of Distance Running. Brattleboro (Vermont) und Lexington (Massachusetts), 1982

Kulin Katja: Barfuß zu mehr Gesundheit und Lebensfreude. Murnau, 2012

Laufreport.de, Internet-Laufsportmagazin, Trainingspläne von Constanze und Walter Wagner sowie Rainer Frieland

Laufzeit. Berlin, 7-8/2012

Ledergerber Notker: Vom „Lauf der Verrückten" zum Klassiker. Swiss Alpine Marathon Davos. Chur, 1990

Leitzmann Prof. Dr. Claus: Spezielles Ernährungsverhalten bei körperlicher Aktivität im höheren Lebensalter. arzt + sport 2/1993

Leitzmann Prof. Dr. Claus, Koerber Karl W. von und Männle Thomas: Vollwert-Ernährung. 11. überarb. Auflage, Heidelberg, 2012

Lennartz Birgit: Geschichte des Ultralanglaufs unter besonderer Berücksichtigung in Deutschland, Teil I und II. Diplomarbeit. Köln, 1989

Lennartz Dr. Karl: Der Läufer Carl Diem. Jogging um die Jahrhundertwende. Darmstadt, 1982

Lennartz Dr. Karl: Marathonlauf. 3 Bände. Hilden/Lohmar, 2005–2007

Lilliefors Jim: Total Running. All About the Mental and Spiritual Side of Running. New York, 1979

Linzbichler Helmut: Der Transamerika-Lauf. 5000 Kilometer von Los Angeles nach New York. Berlin, 1992

Lumholtz Carl Sofus: Unknown Mexico. A Record of five Years' Exploration Among the Tribs of the Western Sierra Madre, in the Tierra Caliente of Tepic and Jalisco, and Among the Tarascos of Michracan. London, 1903

Lutz Prof. Dr. Ronald: Laufen und Läuferleben. Zum Verhältnis von Körper, Bewegung und Identität. Frankfurt a. M., New York, 1989

Mangi Richard, M. D., Jokl Peter, M. D., O.William Dayton, A.T.C.: The Runner's Complete Medical Guide. New York, 1979

Mangnus Henk und de Vugt Mattie: Trainings-Rezepte für Läufer. Trainingspläne und Laufzeiten für Läufer aller Klassen. Oberhaching, 1991

„Marathon aktuell", 1986.

McDougall Christopher: Born to Run. Ein vergessenes Volk und das Geheimnis der besten und glücklichsten Läufer der Welt. Aus dem Amerikanischen. München, 2010

Marlovits Dr. Andreas M.: Laufpsychologie. Dem Geheimnis des Laufens auf der Spur. Regensburg, 2004

Marquardt Dr. med. Matthias: Natural Running: Schneller, leichter, schmerzfrei. Hamburg, 2011

Mele Veerle van und Renson Roland: Traditional Games in South America. Schorndorf, 1992

Mellerowicz Prof. Dr. med. Harald: Gesundheit und Leistung. Training als Mittel der präventiven Medizin. Ein kurzer Grundriß. Berlin, Heidelberg, New York, Tokyo, 1985

Milroy Andy (compiled by): The Long Distance Record Book. A Road Runners Club Publication. 1981

Milroy Andy (Hrsg.): Training for Ultras. Flimwell, 1987

Milroy Andy (Hrsg.): International Ultra Training. Flimwell, 1989

Misángyi Dr. O.: Die Epoche des Pedestrianismus. In: „Der Leichtathlet", 1938

Morgan William P.: Sport Personology: The Credulous-Sceptical argument in perspective. In: Ismail A. H. (ed.): Psycho-social behaviour of Sport and Play. Indiapolis, 1978

Morgan William P. and Pollock Michael L: Psychologic Characterization of the Elite Class Runner. In Milvy Paul (ed.): The Marathon: Physiological, Medical, Epidemiological, and Psychlogical Studies. New York, 1977

Müller-Windisch Dr. Manuela: Aufgeschnürt und außer Atem. Die Anfänge des Frauensports im viktorianischen Zeitalter. Frankfurt a. M., New York, 1995

Nabokov Peter: Indian Running. Native American History & Tradition. Santa Fe, New Mexico, 1981

Nacht van Vlaanderen (Nacht von Flandern): First 1991 Post-Race Ultrarun Clinic. Methods of 100 km Ultrarun Training. Torhout/Belgien, 1991

Neumann Prof. Dr. med. Georg, Pfützner Dr. Arndt und Berbalk Dr. med. Anneliese: Optimiertes Ausdauertraining. Aachen, 6. Aufl. 2010

Noakes Prof. Dr. med. Tim, MD: Lore of Running. Leeds, 4. Auflage, 2003

Noakes Prof. Dr. med. Tim, MD: Waterlogged. The Serious Problem of Overhydration in Endurance Sports. Leeds, 2012

Nöcker Prof. Dr. Josef: Die Ernährung des Sportlers. 2. Auflage. Schorndorf, 1978

Oettermann Stephan: Läufer und Vorläufer. Zu einer Kulturgeschichte des Laufsports. Frankfurt am Main, 1984

Ohler Norbert: Pilgerstab und Jakobsmuschel: Wallfahrten in Mittelalter und Neuzeit. Düsseldorf, Zürich, 2000

Olbrich Wolfgang: Handbuch Ultralauf. Trainingspläne für 50 km und mehr, Mentaltraining, Ernährungstipps. Aachen, 2011

Osler Tom: Ultramarathoning, The Next Challenge. The Authoritative History and Training Guide for Races Beyond the Marathon. Mountain View, Ca., 1979

Pfister Prof. Dr. Gertrud (Hrsg.): Frau und Sport. Frankfurt a. M., 1980

Powell Bryon: Relentless, Forward, Progreß. A Guide to Running Ultramarathons. Includes advice from Geoff Roes, Krissy Moehl and many more. Halcottsvielle, New York, 2011

Prokop Prof. Dr. med. Ludwig (Hrsg.): Frauensportmedizin. Wien, Berlin, 1988

„Psychologie heute", Weinheim, 7/2002

Radford Prof. Peter: The Celebrated Captain Barclay. Sport, Gambling and Adventure in Regency Times. London, 2001

Rambali Paul: Der Mann, der barfuß lief: Die Geschichte des Abebe Bikila. Hamburg, 2008

Raschka Dr. Dr. Dr. Christof und Ruf Dr. Stephanie: Sport und Ernährung. Stuttgart und New York, 2012

Rehrer N. J., Brouns F., Beckers E. J., Frey W. O., Villiger B., Riddoch C. J., Menheere P. P. C. A. and Saris W. H. M.: Physiological changes and gastro-intestinal symptoms as a result of ultra-endurance running. Eur J Appl Physiol. (1992) 64 : 1–8

Reinberg Burkhard: Big Foot. Unten ohne durchs Leben... Oder warum machen Schuhe blind? Neuenkirchen, 2011

Reuter Lutz: Therapie und Prophylaxe bei Verletzungen und Überlastungsschäden im Langstreckenlauf. Ahrensburg, 1987

Richards Dr. Craig und Hollowell Thomas: The Complete Idiot's Guide to Barefoot Running. New York, 2010

Rieh Dr. med. Wolf: Regeneration – aus internistischer Sicht. In: Belastung und Erholung im Dauerlauf. Von Dr. Hans-Jürgen Schulke und Uwe Fietze (Hrsg.). Bremen, 1988

Robillard Jason: The Barefoot Running Book: The Art and Science of Barefoot and Minimalist Shoe Running. 2. Auflage, Allendale, Michigan, 2012

Rókusfalvy Prof. Dr. Pál: Sportpsychologie. Bad Homburg, 1984

Rümmele Dr. Edgar: Zur sportlichen Laufbahn von Marathonläufern. Ein Beitrag zur Psychologie des Marathonläufers. Frankfurt a. M., 1986

Sacks Michael H., M. D. (Editor), Sachs Michael L., Ph. D. (Associate Editor): Psychology of Running. Chapter 15: Mental Status and Psychological Coping During a 100-Mile-Race. Champaign, Ill., 1981

Samuelson Joan Benoit and Averbuch Gloria: Running for Women. Emmaus, Pennsylvania/USA, 1995

Sandler Michael: Barefoot Running: How to Run Light and Fry by Getting in Touch with the Earth. 2011

Saxton Barefoot Ken Bob: Barefoot Running Step by Step. 2011

Saziorski W. M., Aljeschinski S. J. und Jakunin N. A.: Biomechanische Grundlagen der Ausdauer. Aus dem Russischen. Berlin, 1987

Schenk Sylvia (Hrsg.) : Frauen – Bewegung – Sport. Hamburg, 1986

Scherrer August: Quer durch Nordamerika. Uster/CH, 1929

Schleske Prof. Dr. Wolfram: Meditatives Laufen. Abenteuer der Selbstentdeckung und Welterfahrung. Stuttgart, Bonn, 1988

Schlüter Dr. Wolfgang: 100-Kilometer-Lauf. Bielefeld, 1981

Schriewer H., Jung K., Emke F. und Assmann G.: Observations of HDL Components in Female Probands Following an Ultra-Long Distance Run of 100 Miles. In: J. Clin. Chem. Clin. Biochem., Vol. 23, 1985, pp. 21–25

Schubert Dr. Frank: Psychologie zwischen Start und Ziel. Berlin, 1981

Schulke Dr. Hans-Jürgen (Hrsg.): Alltagslauf als Aufbruch. Wuppertal, 1988

Schulke Dr. Hans-Jürgen und Fietze Uwe (Hrsg.): Belastung und Erholung beim Dauerlauf. Berichtsband zum wissenschaftlichen Symposium im Rahmen des Bremen Marathon. Bremen, 1988

Schürch Dr. med. Peter: Flüssigkeitsaufnahme und Sport. Erlangen, 1991

Sears Edward S.: Running Through the Ages. Jefferson/North Carolina, and London, 2001

Sheehan Dr. med. George: Running & Being. The total Experience. New York, 1978

Sonntag Werner: Bieler Juni-Nächte. Facetten eines Lauf-Jubiläums. Ostfildern, 2008

Southmayd William, M.D./ Hoffman Marshall: Sports Health. The Complete Book of Athletic Injuries. New York/ London, 1981

„Spiridon Laufmagazin", Erkrath

„Sportwissenschaft". Schorndorf, 1988/2

Stach Reiner (Hrsg.): Zur Psychologie des Laufens. Frankfurt a. M., 2000

Steffny Herbert, Pramann Ulrich, Doll Charly: Perfektes Lauftraining – Das Ernährungsprogramm. München, 2003

Steffny Manfred: Marathon-Training. Mainz, 1977

Steffny Manfred und Breuer Rosemarie: Das Frauen-Laufbuch. Hilden, 1982

Stoll Prof. Dr. Oliver und Ziemainz Dr. Heiko: Mentale Trainingsformen im Langstreckenlauf. Ein Handbuch für Praktiker. Butzbach-Griedel, 1999

Stolzenberg Günther: Die gesunde Kost für Sport und Rekord. Die Grundlagen der Vollwert-Ernährung. München, 1985

Swesdin W. W., Konoplew W. W., Kusowenkow W. W., Popow J. A., Nabatnikowa M. J., Fominych A. G. und Tschumakowa R. S.: Ausdauerentwicklung. Theoretische Grundlagen. Aus dem Russischen. Berlin, 1974

Tamini Noël: La Saga des Pédestrians. La grande histoire de la course à pied. 1997

Terry Peter: Mental zum Sieg. Ängste erkennen, Motivation steuern, sportliche Leistung steigern. Aus dem Englischen: The Winning Mind – Fine tune your mind for superior sports performance. München, 1989

Thom Walter: Pedestrianism, or an account of the performance of Celebrated Pedestrians during the last and present century, with a full Narrative of Captain Barclay's public and private matches, and an essay on training. Aberdeen, 1813, Nachdruck 2011

Thomann Dr. med. Klaus-Dieter: Wenn das Knie schmerzt... Verletzungen und Erkrankungen des Kniegelenks. Stuttgart, 1991

Thomas Prof. Dr. Alexander: Einführung in die Sportpsychologie. Göttingen, Toronto, Zürich, 1978

Touny A. D. und Wenig Dr. Steffen: Der Sport im alten Ägypten. Leipzig, 1969

Treutlein Gerhard und Knörzer Wolfgang: Barfuß-Laufen – Thema schulischer Gesundheitserziehung. In: Alltagslauf als Aufbruch. Von Hans-Jürgen Schulke (Hrsg.). Wuppertal, 1988

Triathlon-Verein Deutscher Ärzte und Apotheker: Triathlon: Psychologie, Training, Doping. Internationales Triathlon-Symposium Nürnberg 1987. Ahrensburg, 1988

Turnverein Unna 1861 e. V.: Zehn Jahre 100-km-Lauf und -Marsch in Unna. 1979

Ueberhorst Prof. Dr. Horst (Hrsg.): Geschichte der Leibesübungen. Band 1. Berlin, München, Frankfurt a. M., 1972

Unger Dr. Wolfgang: Erlebnis Rennsteig. Wandern und Laufen im Thüringer Wald. Schmiedefeld, o. J.

Ultramarathon, 3/2012

Urhausen Prof. Dr. med. Axel und Kindermann Prof. Dr. med. W: Aktuelle Marker für die Diagnostik von Überlastungszuständen in der Trainingspraxis. Dtsch Z Sportmed 51 (2000) 226-233

Vellage Erich: Läuferin Langstrecklerin Marathonläuferin. Praktische Anleitung für einen systematischen Trainingsaufbau. Bruchhausen-Vilsen, 1986

Verbraucher-Zentrale: Fit für den Sport. Richtige Ernährung für Freizeitsportler. Berlin, 2003

Villiger Dr. med. Beat, Egger Kaspar, Lerch Dr. med. René, Probst Dr med. Hanspeter, Schneider Dr. med. Werner, Spring Dr. med. Hans und Tritschler Thomas: R-Gym 3. Ausdauer. Stuttgart, New York, 1991

Wagner Günter, Peil Dr. med. Johannes M., Schupp Gerhard: Trink dich fit. Handbuch für das richtige Trinken im Sport. Darmstadt, 1993

Weber Prof. Dr. Alexander (Hrsg.): Gesundheit und Wohlbefinden durch regelmäßiges Laufen. Darin: Sonja Gehlen: Laufen und Körper-Yoga zur Steigerung des Wohlbefindens. Paderborn, 1984

Weber Prof. Dr. Alexander: Anfängerlaufen für Hausfrauen. In: Alltagslauf als Aufbruch. Von Schulke Hans-Jürgen (Hrsg.). Wuppertal, 1988

Weber Urs: Ausrüstungshandbuch für Läufer. Aachen, 2010

Weiler Prof. Dr. Ingomar: Der Sport bei den Völkern der Alten Welt. 2. Auflage. Darmstadt, 1988

Wesp Gabriela: Frisch fromm fröhlich Frau: Frauen und Sport zur Zeit der Weimarer Republik. Königstein/Taunus, 1998

Wiegand Arnold: Vegan + Sport. Vegane Ernährung und Ausdauersport. Norderstedt, 2006

Wiener Neujahrs-Almanach: Zur Geschichte der Wiener Laufer. Wien, 1898

Wikipedia (Internet-Lexikon)

Wildt Dr. Klemens C.: Daten zur Sportgeschichte. Teil 1: Die alte Welt und Europa bis 1750. Schorndorf, 1970

Wirz Peter: Erlebnis pur. Das offizielle Buch zum Jubiläumslauf 25 Jahre Swiss Alpine Marathon Davos. Zürich, 2011

Witter Manfred (Hrsg.): Der Rennsteig ruft. Der GutsMuths-Lauf ist 40. Berlin, 2012

Worm Dipl. oec. troph. Nicolai und Schröder Dipl.-troph. Eva-Maria: Die Ausdauer-Vollwert-Ernährung. Oberhaching, 1987

Wurster Dr. med. Kurt Götz und Keller Prof. Dr. med. Erich (Hrsg.): Frau im Leistungssport. Berlin, Heidelberg, New York, London, Paris, Tokyo, 1988

Ziemainz Dr. Heiko, Schmidt M. A. Ulf, Stoll Prof. Dr. Oliver: Psychologie in Ausdauersportarten. Butzbach-Griedel, 2000

Zintl Fritz: Ausdauertraining. Grundlagen, Methoden, Trainingssteuerung. München, 1988

Stichwortverzeichnis für die Laufpraxis

Über den Autor

Werner Sonntag, geboren 1926 in Görlitz, Journalist, 17 Jahre Redakteur der „Stuttgarter Zeitung“, viele Jahre Korrespondent der „ZEIT“. Ultralauf 1972 – 2010. 339 Marathons, davon 147 Ultramarathons, unter anderem 33mal Finish der 100 km von Biel, Deutschlandlauf (1.100 km) 1981, Spartathlon-Finish in den Jahren 1989, 1990 und (wegen Verspätung ohne Wertung) 1992. Gründer und fünf Jahre Leiter des ersten Lauftreffs in Stuttgart, Mitgründer des Schönbuch-Marathons, Veranstalter des „1. Touristiklaufs“ (1978), Ausbildung als Gesundheitsberater (GGB). Freier Mitarbeiter von „Spiridon“, Chefredakteur von „Condition“, Mitarbeiter von „Volkssport“, „Runner's World“, seit 2002 Autor von „Sonntags Tagebuch“ in www.laufreport.de. Laufbücher: „Irgendwann mußt du nach Biel“ (1978), „Spaß am Laufen“ (1979), „Mehr als Marathon“ Band 1 (1985) und Band 2 (1986), „Fit mit Laufen“ (1988), „Herausforderung Marathon“ (1988), „Laufende Vorgänge“ (1996), „Sport und Vollwert-Ernährung“ (zusammen mit Ilse Gutjahr und anderen, 2004), „Bieler Juni-Nächte“ (2008), Buchbeiträge in „Hilf dir selbst: Laufe!“ (1999), „Psychologie in Ausdauersportarten“ (2000), „Marathon“ (2004), „Warum Cooper Aerobics erfand“ (2005). Gründungs- und Ehrenmitglied der Deutschen Ultramarathon-Vereinigung und des 100 Marathon Clubs, Ehrenmitglied des Deutschen Verbandes langlaufender Ärzte und Apotheker, Medien Award 2003, Adolf-Weidmann-Preis 2006.

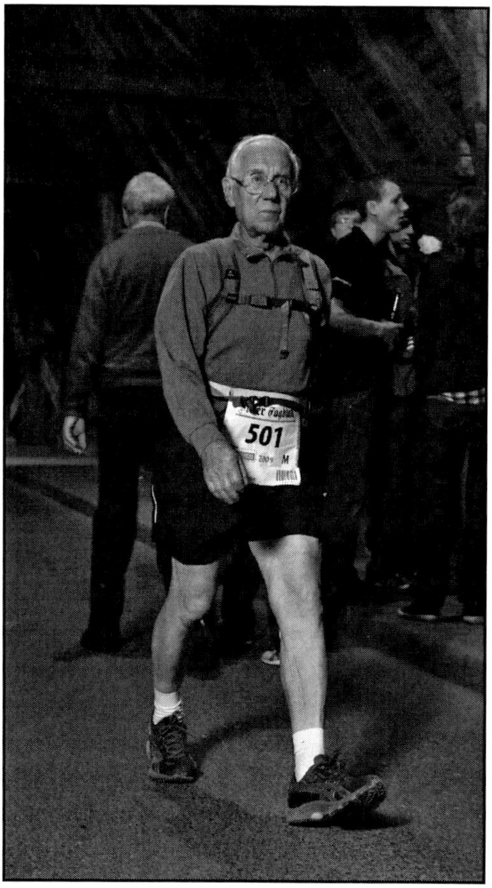

Im Jahr 2009 auf der Brücke von Aarberg.
Bild: Alphafoto

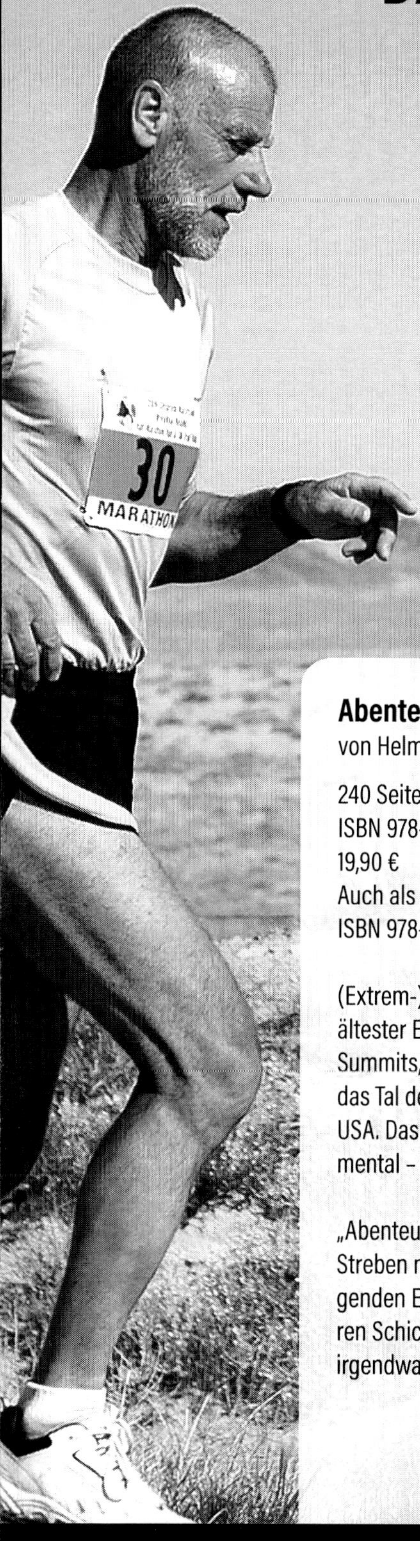

30
MARATHON

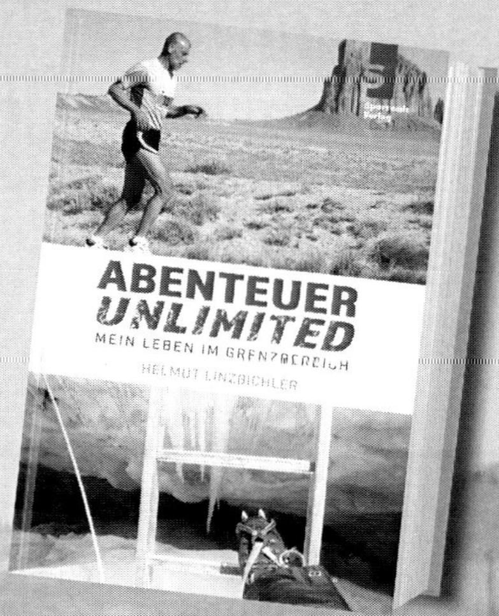

ABENTEUER
UNLIMITED
MEIN LEBEN IM GRENZBEREICH
HELMUT LINZBICHLER